内 容 简 介

本书是华中科技大学国学研究院主持编辑的大型学术集刊，内容包括政治史、学术史、思想史、哲学史、社会史、古文字学及古典文学等国学研究的各个分支，涵盖了历史学、文学、哲学、语言学等四个学科，集中展现了海内外国学研究的部分最新学术成果。所选文章多立足学术前沿，注重新材料的发掘和新方法的运用，展现新视角、发明新观点，一定程度上代表了当前国学研究领域的先进水平。本书主要面向科学研究机构的专业研究人员，也适用于广大文史爱好者。

图书在版编目(CIP)数据

华中国学. 2018年. 秋之卷：总第十一卷/罗家祥主编. —武汉：华中科技大学出版社，2019.1
(国学研究丛书)
ISBN 978-7-5680-4864-4

Ⅰ.①华… Ⅱ.①罗… Ⅲ.①国学-文集 Ⅳ.①Z126.27-53

中国版本图书馆 CIP 数据核字(2018)第 291296 号

华中国学 2018 年 · 秋之卷(总第十一卷) 罗家祥 主编
Huazhong Guoxue 2018 Nian · Qiu zhi Juan

策划编辑：周晓方 钱 坤
责任编辑：刘 莹
封面设计：原色设计
责任校对：李 弋
责任监印：周治超
出版发行：华中科技大学出版社(中国·武汉) 电话：(027)81321913
武汉市东湖新技术开发区华工科技园 邮编：430223
录 排：华中科技大学惠友文印中心
印 刷：湖北恒泰印务有限公司
开 本：787mm×1092mm 1/16
印 张：15 插页：2
字 数：476 千字
版 次：2019 年 1 月第 1 版第 1 次印刷
定 价：78.00 元

总序

General preface

近 30 年来，尤其是进入 21 世纪以来，我国社会发生了翻天覆地的变化。举世震惊的经济成就，日新月异的科学技术巨大进步，飞速发展的国力提升，迎来了史诗般的中华民族伟大复兴的曙光，也为实现中华民族几千年文化的伟大复兴与飞跃发展提供了历史性的契机。神州大地蔚为大观的“国学热”，正是在这一宏伟的背景下出现的。

中华民族固有的文化之所以重新得到如此热烈的关注，原因就在于其本身具有不可估量的独特价值。纵观人类文明发展史，世界上唯有古老的中华文明经过数千年风雨坎坷，非但没有消亡，而且从未中断，成为当今世界人类共同珍视的宝贵财富和智慧源泉，这不能不说是人类文明史上的奇观！之所以如此，传统中华文化起了极为关键的作用。

中华文化又具有哪些独特价值？以中华原典中最具代表性的《老子》和《论语》为例，虽然它们具有的价值取向似乎有所不同，即所谓出世与入世，但却有着共同内核，这就是“和”的理念。在中华民族数千年历史长河中，这一理念在不同的历史阶段产生过积极的作用；而当代中国要构建和谐社会，《老子》和《论语》无疑也是最重要的本土的思想宝库。中华文化向来注重以人为本的“天人合一”，强调主观世界和客观世界的自然一体；讲究在认识和改造客观世界时遵循“相反相成，物极必反”和“守弱居柔”的规律；信守中庸之道，深怀忧患意识以及“不争”与“无为”，“不争”即“天下莫能与之争”的“不争”，“无为”即“无所不为”的“无为”，这些文化特质所表现出的整体观、变化观、本质观都是中华文化贡献给人类社会的宝贵财富。生物得到稳定的延续靠的是基因的遗传，又靠基因的变异得到发展，而人类社会的“基因”则是文化。文化本质上就是人化，即以文化人，以人化物。过去留下的东西就是文化，这里既包括有形的，又包括无形的，人类社会就是靠文化的传承才得以延续，又靠文化的创新才得以进步。民族文化是民族的基因。中华文化所凝现的民族精神蕴涵着丰富而深刻的民族文化哲理，在中华民族的发展历程中一直产生着巨大的作用，成为中华民族生生不息、团结奋进的不竭动力。

如今，中华民族以崭新的雄姿迈入 21 世纪，弘扬中华优秀传统文化便显得尤为迫切。从某种意义上讲，中华民族固有的优秀传统文化可以说是中华民族的身份证，是中华民族的根基。因为一个民族的特性不取决于遗传的自然基因，而是取决于人文文化，只有人文文化才能彰显一个民族的身份。如果一个民族遗弃了自己固有的文化，丢失了自己的传统，那将只是一个种族，不能称之为民族。在科学技术与物质文明高速发展和高度发达的今天，一个国家、一个民族如果没有先进科学，没有现代技术，就会落后，一打就垮，痛苦地受人宰割；然而，没有民族文化，没有人文精神，就会空虚和异化，则会不打自垮，甘愿受人奴役。因此，没有科学技术进步就绝没有社会进步，但只有科学技术进步，那这个社会就是很危险的；一个社会的精神文明很落后，这个社会也是很野蛮落后的；如果一个社会科学技术很进步，而精神文明非常落后，这个社会将是灾难性的。毫无疑问，科学技术是第一生产力，但是，人文文化是第一生产力的动力源、方向盘。中华民族要全面而迅速地实现伟大复兴，在新的历史条件下继承与弘扬中华民族固有的人文与传统，其意义不言而喻。

人们可能要问，在如火如荼的现代化进程中，中华优秀的传统文化是否能与现代社会兼容？中外无数事例表明，中华文化的独特价值、人文精神和智慧不仅不会与现代社会产生冲突，而且还会在新的历史条件下产生奇特的效果，即令在市场经济条件下，中华传统文化也可发挥出巨大作用。日本明治维新后，有一位著名企业家涩泽荣一，一生创办了 500 多家企业，被称为日本企业之父、金融之王，他 80 多岁退下来之后，在日本财团开办的讲习班上专门讲他如何用《论语》来办企业，堪称毕生将中华文化、《论语》与西方的资本主义经济完美结合的典范，也是中华原典在市场经济条件下发挥巨大作用的经典案例。直至今日，他的五世孙、日本著名的投资者涩泽健还在强调他的哲学名言："商业的发展必须以社会伦理为根基，否则会把人引入歧途。企业赚钱的目的不是为了中饱私囊，而是为了给社会创造财富。"这是利与义多么紧密的结合。此外，我国台湾地区、新加坡以及其他东方国家和地区的成功经验也充分说明，古老的中华文化与现代社会之间并不存在不可逾越的鸿沟。我们完全可以做到既背靠五千年历史文化，又坚持三个面向。

在未来的世界格局中，中华民族要形成强大的竞争力，要在世界民族之林中有更大的作为，就必须具备强大的创新能力；而要具备强大的创新能力，拥有大量的创新型人才和健全而良好的国民素质就是最基本的前提。在这方面，人文教育与科学教育相辅相成，缺一不可。我认为，人文对科学至少有三大作用。首先，人文为科学发展指引方向。科学求真，但科学不能保证其方向完全正确。无数的事例证明，20 世纪科技的高速发展在给人类带来巨大福利的同时也产生了许多严重负面影响。科学求真，人文求善，科学需要人文导向，人文的提升当然也需要以科学为基础。其次，人文为科学提供了动力。事实证明，只有将人文教育与科学教育进行完美的结合，才能结出符合现代化建设事业需要的高素质、复合型人才之果。在我国近代化进程中，这样的范例不胜枚举。20 世纪享誉中外的我国老一辈科学巨子如华罗庚、苏步青、茅以升、李国平等以及美籍华人杨振宁、李政道、陈省身、丘成桐等在国学方面均有极高的素养，这不仅深刻影响着其人格风貌、精神境界，也在一定程度上促成了他们在科学领域的巨大成功；而著名物理学家吴健雄教授，则将其在物理学领域取得的巨大成就直接归因于国学大师胡适。第三，人文为科学开辟原创性源泉。科学讲逻辑，讲分析、解决问题，但科学中最重要的是发现问题，提出问题，这就需要直觉和灵感，需要丰富的想象力。直觉、灵感、想象力从哪里来？科学教育固然有其重要的一面，但更多则来自人文教育。人文教育可以培养出高尚的人性和高级的灵性，科学创造是离不开人的人文素养的。因此，中华民族优秀的传统文化在我国现代化进程中应该占有重要地位。

从处于转型过程中的我国社会现实需要看，通过汲取中华优秀传统文化来建设当代文化、构建当代中国的核心价值体系已刻不容缓。江泽民同志、胡锦涛同志近 20 年来在不同场合曾一而再、再而三地强调传统文化、民族文化的重要性，强调中华民族文化对创新的重要性，如在 2006 年 1 月，胡锦涛在全国科学技术大会上谈到人文文化和科学文化的关系时，深刻阐明了中华文化与创新的关系，提到中华文化含有丰富的创新内容，强调“天行健，君子以自强不息”。2006 年 11 月，胡锦涛同志在全国文联、作协代表大会上的讲话中指出，社会每一次飞跃、文明每一次升华，无不镌刻着文化烙印。不管从理论上还是从实践上看，中华文化对增强民族创造力、自信心和凝聚力，对促进中华民族的伟大复兴具有不可替代的功能与作用。

我国国民的思想道德素质、科学文化素质和我们的传统文化是紧密联系在一起的，随着社会转型的加速和中国社会主义现代化建设事业的纵深发展，社会上许多十分严重的隐忧与显忧正受到越来越多的关注，当代中国的道德建设和核心价值体系构建显得极为重要和空前迫切，而中华文化中的许多精华养分则是亟待继承、弘扬的。举例来说，我国几千年来强调信守仁、义、礼、智、信，显然是可以纳入现代社会的价值体系，予以继承和弘扬的。所谓“大忠大爱是为仁，大孝大勇是为义，修齐治平是为礼，大恩大恕是为智，公平合理是为信”，对社会的和谐稳定，对当前的诚信建设与道德建设显然特别有着无可置疑的积极意义。何况，通过弘扬优秀中华文化，陶冶国民感情，启迪国民智慧，提升国民素质，增强国民的凝聚力与创造力，其意义非同一般。

以上所讲只是我个人的一些体会与感受。当然，挖掘几千年中华优秀传统文化的内在价值，并使之产生积极影响，这需要社会各界的共同推动与共同努力，需要大批专业工作者扎扎实实的辛勤耕耘。同 20 世纪初比，当代意义上的国学具有更为丰富的内涵，它不仅指中华传统文化本身，而且还应包含近代以来借鉴西方学术、特别重要的是马克思主义对中华传统文化进行研究的成果，这也需要本学术领域的专家学者具有更开阔的视野、更博大的胸襟、更深远的抱负，肩负起继往开来、推陈出新的责任和使命，为当代我国的文化建设付出更多的努力。

近 10 年来，我校国学研究队伍不断壮大，整体实力不断增强，已成为一道亮丽的学术景观；2009 年 4 月，华中科技大学国学研究院宣告成立，本学科的发展更进入了一个新的历史时期。“潮平两岸阔，风正一帆悬。”值此凝聚着大家心血的《华中国学》问世之际，谨致衷心的祝贺，更寄以深厚的期望！

最后应声明一点，我只是一名工科教师，由于种种原因，介入了国学研究之内，然而毕竟大非内行，所讲的不对之处，希望读者特别是本领域专家批评指正，我不胜感谢。

是为序。

中国科学院院士

华中科技大学学术委员会名誉主任

二〇一二年九月一日

前言 Preface

华中科技大学于 2008 年正式发文成立国学研究院后，所有同仁便有一心愿，即编辑出版国学辑刊，使之成为反映国学研究成果的园地。最初的想法是分门别类，逐年一辑。于是，2008 年岁尾，国学研究院即组建国学辑刊编辑委员会，出版过一部主要反映我校历史学研究成果的集子，冠之以“中国历史文化论集——华中科技大学国学研究院辑刊第一辑”，由香港华夏文化艺术出版社出版。后来经过多次商议，编委会调整了原有思路，遂将辑刊改名为“华中国学”，自 2015 年起，每年春秋各出一卷，为半年刊，篇幅在 20 万字左右；在内容方面，除我校同仁的论文之外，也适当吸纳国内外学者的研究成果。

收录在这本集子的论文，鉴于目前学界对“国学”一词内涵和外延的诠释见仁见智，故未按经、史、子、集研究予以分类，也未按时下通行的学科领域进行处理，而是根据诸位同仁的学术专长、根据此次所辑论文的内容进行了大致的划分。若干篇近现代史研究的成果，因系本校历史所教师劳作的产物，也一并收录。这些成果中有些已在相关刊物上发表，有的则是作者提供的近作。如果这些作品能得到学界各位师友、各位同仁的关注、批评与指正，将不胜欣慰与荣幸！

从国学研究院的成立到《华中国学》的编辑出版，我们要深深感谢一批具有远见卓识的学界前辈、学校领导和学校有关职能部门对人文学科的关心、爱护、支持与扶持。我校国学研究院成立庆典举行于 2009 年 4 月 11 日，中国科学院院士、原华中理工大学校长、校学术委员会主任杨叔子先生当时正在北京参加中国科学院院士评选，为参加这一活动，退掉原先订好的返程机票，重新订票，赶回学校时已是凌晨，并在当天的成立大会上做了主题讲话；校党委书记路钢教授从百忙中抽出时间，参加成立大会并发表高屋建瓴、热情洋溢的致辞；校长、中国工程院院士李培根教授因 11 日要赴京参加中国工程院院士的遴选，于 10 日专门打电话到我家中对国学研究院成立表示祝贺，并对他不能与会表示歉意；原校党委副书记、对我校文科发展做出卓越贡献的刘献君教授更是全程参加了成立大会，并发表重要讲话；时任中国人民大学校长的纪宝成教授，原西北大学校长、哲学家、历史学家张岂之教

授，复旦大学历史学家葛剑雄教授，武汉大学历史学家朱雷教授，武汉大学哲学家萧汉明教授，武汉大学语言学家宗福邦教授，华中师范大学语言学家邢福义教授，历史学家熊铁基教授等近 70 名著名专家学者或发来贺信，或莅临大会发表重要演讲；中国工程院院士、我国著名水电能源学家张勇传先生则欣然为国学研究院题写了院名。没有他们各种形式的关心与支持，我校人文学科是不可能发展到如今这一局面的。

在这里，我们要特别感谢一位德高望重、具有非凡人格力量的学界前辈，一位深具战略眼光和充满人文情怀的教育家，一位一辈子并不以人文学科为工作对象但又时时刻刻对人文学科念兹在兹、一往情深的卓越科学家，这就是前文已经提及的中国科学院院士杨叔子先生。杨先生毕生耕耘于机械工程领域，在同微电子技术、计算机技术、信息技术、网络技术等新兴技术领域的交叉研究中，特别是先进制造技术、设备诊断、信号处理、无损检测新技术、人工智能与神经网络的应用等方面均有独创性的贡献，在我国现代化建设事业中居功甚伟，1991 年获选中国科学院院士。但是，他对人文学科、对中华优秀文化的传承与弘扬始终倾注了满腔的热忱，真正是不遗余力地以各种形式予以关心和支持。除前述参加国学院成立大会的感人事迹外，杨先生为本辑刊的出版所展现的人格风范、人文情怀与高尚情操更使我们增添了难以言表的感戴之情。卷首这篇 3500 字的“总序”是杨先生在抱病卧床的情况下断断续续完成的，其间数易其稿，初稿及二稿上到处是密密麻麻的改动文字。须知，先生已是 81 岁的老人，且此类不情之请不仅不是他应做的工作，也为撰写“总序”时的健康状态所不容许，是完全可以避开的。先生独特的人格风范、宽广无私的胸襟、对弘扬中华优秀传统文化的满腔热情和古道热肠实在是摄人心魄，令人永远难以忘怀！

《华中国学》得以顺利出版，还得感谢华中科技大学出版社总编辑姜新祺先生，以及策划编辑周晓方女士和钱坤先生，没有他（她）们对中华传统文化的关注、热爱以及注重发展本校人文学科的情怀，这套辑刊纳入出版社的出版计划并如期问世，是不可能的。此外，辑刊的执行主编、历史研究所夏增民博士在论文整理归类、规范体例、编辑文本以及联系出版事宜等诸多方面也做了大量工作，谨此一并致谢。

华中科技大学国学研究院院长

罗家祥

二〇一二年九月三日

二〇一四年九月十日修订

目录 Contents

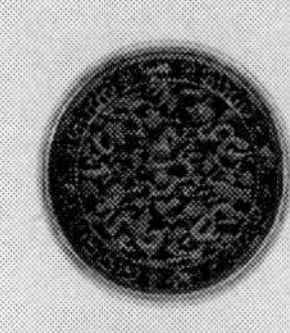

秦代算赋三辨

——以近出简牍材料为中心

南京师范大学 历史系 晋文

摘要：里耶秦简证实了当时的家庭中有多妻和蓄婢的现象，又证实了存在着一些和父母生活的直系家庭，为算赋是向妇女专门征收的赋提供了众多可信依据。再加上传世文献和张家山汉简的佐证，便构成了一条完整的证据链，更加证明了秦代算赋是对妇女征收的赋。从这一事实出发，对算赋以实物为主的征敛形式、『初为赋』的内涵应囊括所有赋税、秦汉户赋的嬗变，以及人头税在汉初的最终形成等，也可以作出新的评判。

关键词：秦代；算赋；初为赋；户赋；人头税

在历史上，秦代算赋是一个长期不被注意的问题。自 20 世纪 20 年代日本学者加藤繁发表《关于算赋的小研究》[①]后，这一问题才开始进入中国学者的视野。

根据加藤繁先生的研究，秦代算赋乃渊源于商鞅变法，是一种作为人头税的军赋，而且汉代算赋实际上也继承了秦制。至于论据，则主要有两条。一条是《汉书·晁错传》所载晁错上书说："今秦之发卒也，有万死之害，而亡铢两之报，死事之后不得一算之复，天下明知祸烈及己也。"[②]其中提到了"不得一算之复"的现象，因而，加藤先生认为：

> 在秦代，详细说来，在秦统一海内的时代，虽然是战死者的遗族，也没有给予免除一算(即每个人的算赋)的特例。晁错比董仲舒还要稍微早一些，文帝时，为太常掌政，为中大夫，由文帝之命，曾经就故秦博士济南伏生受尚书。无论从那个时代来说，无论从他亲受秦博士伏生的教益这一点来说，他对于秦代，一定是有精确的知识的。因而，从他的"死事之后不得一算之复"这一句话，可以说就已经表示了秦代有算赋的存在。

另一条是《史记·秦本纪》孝公十四年的记载："十四年，初为赋。"及《史记索隐》注引谯周曰："初为军赋也。"[③]由于认为算赋就是军赋，加藤先生"断定孝公十四年的赋和汉代的算赋是同一种制度，汉代算赋就是起源于孝公十四年"。

加藤繁的研究具有开创性质。在他的启发下，中国学者在确认秦代确有算赋外，又作了进一步的研究[④]。除了认为算赋应为口赋外，主要补充了一条重要史料，这就是《后汉书·南蛮传》所载秦昭王时的规定："复夷人顷田不租，十妻不算。"及注云："优宠之，故一户免其一顷田之税，虽有十妻，不输口算之钱。"[⑤]从而更加证实了秦代确有算赋，且创设于秦统一全国之前。在以上研究的基础上，笔者也对秦代算赋作了一些探讨，认为算赋"并非口赋，而是属于军赋，是一种对妇女所征收的赋"[⑥]。现就近出秦汉简牍材料，对秦代算赋再作一些辨析。

关于算赋何以专向妇女征赋，且怎样理解"一算"和"十妻不算"的问题，我们的理由和依据是：所谓"一算"，实际是对妇女应如何征赋的一种计数单位。[⑦]因秦人家庭中往往有较多成年女性，而绝非仅"妻"一人，故其"一算"，或"十妻不算"，对于妇

---

* 收稿日期：2018-03-11。

* 基金项目：本文为国家社科基金重点项目"秦汉简牍史料中的土地制度"(13AZS004)研究成果之一，并得到江苏省一级学科重点学科南京师范大学中国史项目的资助。

① 加藤繁：《关于算赋的小研究》，原载大正八年(1920 年)《史林》第 4 卷第 4 期，收入氏著《中国经济史考证》第 1 卷(东洋文库 1952 年版)，商务印书馆，1959 年中文版，第 125-139 页。以下凡引此文，均不再注明。

② 《汉书》卷四八《晁错传》，中华书局，1962 年，第 2284 页。

③ 《史记》卷五《秦本纪》注九，中华书局，1959 年，第 203-204 页。

④ 杨宽：《战国史》(修订本)，上海人民出版社，1998 年，第 209 页；杨宽：《从"少府"职掌看秦汉封建统治者的经济特权》，载中国秦汉史研究会编：《秦汉史论丛》第 1 辑，陕西人民出版社，1981 年，第 208-226 页；黄今言：《秦代租赋徭役制度初探》，载中国秦汉史研究会编：《秦汉史论丛》第 1 辑，陕西人民出版社，1981 年，第 208-226、61-82 页。

⑤ 《后汉书》卷八六《南蛮传》，中华书局，1965 年，第 2842 页。

⑥ 晋文：《秦代算赋辨析》，《山东师大学报(人文社会科学版)》1988 年增刊《青年学者专辑》，转刊于中国人民大学复印报刊资料《先秦、秦汉史》1990 年第 1 期；《关于商鞅变法赋税改革的若干考辨》，《中国农史》2001 年第 4 期。按：后文对前文作了较多资料上的补充，在论述上也更为完善。

⑦ 晋文：《秦代算赋辨析》，《山东师大学报(社会科学版)》1988 年增刊《青年学者专辑》。

女所交纳的算赋都完全成立①。具体来说，有三种情况：一是当时有些家庭中丈夫纳妾；二是在秦人的家庭结构中，除了大多数的核心家庭，还有着数量可观的直系家庭(主干家庭)，即存在父母和一个成年儿女组成家庭或已达婚龄却尚未出嫁女儿的现象；三是许多家庭往往蓄婢。但限于资料，关于多妾和多女的论证，拙文主要是依据传世文献。例如：

《战国策·秦策三》称，秦人父能令子必行者，曰："去贵妻，卖爱妾。"又《七国考》卷十二引桓谭《新论》载李悝《法经》说："夫有一妻二妾，其刑馘。"《孟子·离娄下》："齐人有一妻一妾。"《韩非子·说林上》宋人"有妾二人"。《史记·苏秦列传》：苏秦"大困而归，……妻妾窃皆笑之"。也表明纳妾现象在战国时期是比较多见的。这自然就存在着被一算、二算乃至三算、五算的可能性。所以，作为"优宠"，秦昭王便以夷人"妻"的数量而极言曰："十妻不算。"②

令人意外的是，算赋专向妇女征收的看法在近20年后被里耶秦简所证实。如《里耶发掘报告》说：

(户籍简)第二栏为户主或兄弟的妻妾名，一般直接记下"妻曰某"，22号简为"疾妻曰姽"，强调了户主的名字。9号简有"隶大女子华"，可能是女奴隶充当妾室。8号简录有户主之母名。10号简户主宋午妻子的名字削去，可能是宋午妻子离去或死亡，故不录入户籍。14号简的户主"献"也许有三个妻子。《七国考》二引《通典》注云："'一户免其一顷之租，虽有十妻，不输口算之钱。'昭襄王时，巴郡阆中夷廖促等射杀白虎。昭王以其夷人，不欲加封，乃刻石为盟要，复夷人顷田不租，十妻不算。"昭王时对待夷人的政策不太可能为秦始皇用来管理新占领的楚地，户籍上载名(明)妻妾数应当还是为征收算赋。③

当然，《里耶发掘报告》并没有征引拙文，所引史料都是转引的第二手材料，同时也不能视之为行文草率，或故意违反学术规范，因为从简文的内容就近乎可以直接看出，载明妻妾数是为了征收算赋。但无论怎样理解，里耶秦简既证实了当时的家庭中有多妻(妾)现象，又证实了存在着一些和父母生活的直系家庭，为算赋是向妇女专门征收的赋提供了众多可信依据，却是毫无疑问的。

不仅如此，在上述多妻或多妾现象被里耶秦简证实的情况下，至秦亡之后数年到数十年之间的相关汉简，如张家山汉简，也可以作为拙见的补充性证明。在《二年律令》中，对多妻妾的现象便有着不少记载。如《置后律》规定：

疾死置后者，彻侯后子为彻侯，其毋適(嫡)子，以孺子□□□子。关内侯后子为关内侯，卿侯<后>子为公乘，【五大夫】后子为公大夫，公乘后子为官大夫，公大夫后子为大夫，官大夫后子为不更，大夫后子为簪袅，不更后子为

① 臧知非先生最近提出："秦昭王的'十妻不算'是免除其徭役而非'算赋'。"见臧知非：《"算赋"的生成与汉代徭役货币化》，载《历史研究》2017年第4期；但没有什么史料支撑，且回避了"不得一算之复"的问题。因笔者已另文探讨，此不赘述。

② 晋文：《关于商鞅变法赋税改革的若干考辨》，《中国农史》2001年第4期。

③ 湖南省文物考古研究所编著：《里耶发掘报告》，岳麓书社，2007年，第208页。

上造，簪袅后子为公士，其无適(嫡)子，以下妻子、偏妻子。(367-368)[①]

其中，“以孺子□□□子”，整理小组注曰：“简文所残字应为‘子、良人’，孺子、良人，彻侯姬妾，参看前第二二二简。”而簪袅以上爵位者，则均可娶有“下妻”或“偏妻”，簪袅以下者也多半应有妻妾。这与传世文献和里耶秦简便构成了一条完整的证据链，更加证明了“一算”及“十妻不算”的指向。

此外，就蓄婢而言，我们曾主要引用睡虎地秦简的材料。而里耶秦简等也提供了较多这方面的实例，如《都乡守沈爰书》：

> 卅五年七月戊子朔乙酉，都乡守沈爰书：高里士五(伍)广自言：谒以大奴良、完，小奴嚋、饶，大婢阑、愿、多、□，禾稼，衣器、钱六万，尽以予子大女子阳里胡，凡十一物，同券齿。典弘占。(8-1554)[②]

其中记录了士伍广把四名“大婢”和许多财产都传给女儿胡。《识劫娩案》也记载，娩为“故大夫沛妾。沛御娩，娩产羛(义)、女娕”(112)[③]。这就更加证明了在富人家庭中有数量不等的婢女。

对算赋征敛的形式，拙文曾提出应以实物为主：

> 至于算赋的征敛形式，看来是以交纳为主，即征收“布”、“帛”等物品。据《史记·秦始皇本纪》：“献公立七年，初行为市。”惠文王“立二年，初行钱”。可知秦国工商业的发展当时比较落后。因此，在商鞅变法甚至于“初行钱”以后的一段时期里，算赋的征敛都应当是交纳实物。尽管所谓“初行钱”也并不意味秦国直到这时才出现货币流通，但当时秦国的商品交换较少，货币需求量不大，由此却可以想见。……故即使以后秦国经济得到了发展，各种赋敛都允许交钱，这恐怕也是与交纳实物同时并存，乃至仍以粟帛、粮布等实物为主的。[④]

从新出简牍来看，这一判断也符合事实。如征收户赋，里耶简8-518记载：

> 卅四年，启陵乡见户当出户赋者志：☑
> 见户廿八户，当出茧十斤八两。☑[⑤]

此简有秦始皇三十四年(前213)的明确纪年。故不管是什么原因，比如新占领的楚地，或者商品经济落后，这也都说明，秦代对妇女征收的户赋在某些地区是要求或允许交纳实物的。再如岳麓书院藏秦简(以下简称岳麓秦简)《金布律》：

> 出户赋者，自泰庶长以下，十月户出刍一石十五斤；五月户出十六钱，其欲出布者，许之。十月户赋，以十二月朔日入之，五月户赋，以六月望日入之，

---

① 张家山二四七号汉墓竹简整理小组：《张家山汉墓竹简[二四七号墓]》(释文修订本)，文物出版社，2006年，第59页。

② 陈伟主编：《里耶秦简牍校释(第1卷)》，武汉大学出版社，2012年，第356-357页。

③ 朱汉民、陈松长主编：《岳麓书院藏秦简(叁)》，上海辞书出版社，2013年，第154页。按：简文中的娩字原为婏，是娩的异体字。

④ 晋文：《关于商鞅变法赋税改革的若干考辨》，《中国农史》2001年第4期。

⑤ 陈伟主编：《里耶秦简牍校释(第1卷)》，武汉大学出版社，2012年，第172页。

岁输泰守。十月户赋不入刍而入钱者，入十六钱。(118-120)[①]

也明确规定对妇女征收的户赋既可以交钱又允许“出布”，对成年男性征收的户赋既允许“入刍”又可以“出钱”。这就充分说明：算赋的征敛形式实与秦的经济发展同步，其早期皆征收实物，中期以交纳实物为主，后期直到秦亡，则是交钱与交纳实物并存。

还有征收算赋的根源，我们认为秦代算赋乃是以耕织相结合的小农经济的产物，也是与田租同样重要的国家税收的一个组成部分。

> 商鞅创设的算赋乃是对妇女所征收的、与田租同样重要的、封建税收的一个组成部分，换句话说，秦的赋税制度不但有口赋及其他杂赋，也不仅仅是男子的田租与刍稿等附加税，而且还包括了妇女的算赋。其名目之繁多，制度之严密，诚可谓前所未有。[②]

根据前揭《金布律》，亦可得出以下几点结论。

第一，《金布律》中的户赋仅部分对应了按户征收的户赋钱和户刍钱，而没有涵盖按人征收的妇女的算赋和成年男性的口赋。这说明《金布律》只是关于按户征收“女织”和“男耕”附属产品的户赋规定，对按人征收的妇女算赋和成年男性的口赋亦当另有规定。在睡虎地秦简《法律答问》中，便有把成年男性的人头税称为“户赋”的说法：“可(何)谓‘匿户’及‘敖童弗傅’？匿户弗繇(徭)、使，弗令出户赋之谓殹(也)。”[③]尽管对敖童的解释还存在一些争议，但无论把他们视为“成童”，即“男子十五岁以上未冠者”[④]，还是说成具有特殊身份的“豪奴”[⑤]，抑或是“傲童”“游童”等[⑥]，其性别皆为男性是无可争辩的。从“成童”或“傲童”已长大应被登记为成人看，律文中的“户赋”显然是指按人头征收的口赋，而不是按户征收的户刍钱。因为户刍钱仅为十六钱，四户合计才六十四钱——“户刍钱六十四。卅五年”(8-1165)[⑦]。而汉代减轻赋税后的算赋，则规定每人每年一百二十钱。更不用说，即使这十六钱也已由户主交纳了。再从“豪奴”来看，由于奴婢的户籍与赋税都必须登记在主人名下，所偷逃的“户赋”也显然应包括口赋。如睡虎地秦简《封诊式》：“乡某爰书：以某县丞某书，封有鞫者某里士五(伍)甲家室、妻、子、臣妾、衣器、畜产。……臣某，妾小女子某。”[⑧]前揭《都乡守沈爰书》：“大奴良、完，小奴嚋、饶，大婢阑、愿、多、□，禾稼，衣器、钱六万，尽以予了大女子阳里胡。”

① 陈松长主编：《岳麓书院藏秦简(肆)》，上海辞书出版社，2015 年，第 107 页。

② 晋文：《关于商鞅变法赋税改革的若干考辨》，《中国农史》2001 年第 4 期。

③ 睡虎地秦墓竹简整理小组：《睡虎地秦墓竹简·法律答问》，文物出版社，1978 年，第 222 页。

④ 睡虎地秦墓竹简整理小组：《睡虎地秦墓竹简·法律杂抄》，文物出版社，1978 年，第 143 页。

⑤ 黄留珠：《秦简“敖童”解》，《历史研究》1997 年第 5 期。根据岳麓秦简《繇律》规定：“毋敢擅傳(使)敖童、私属、奴及不从车牛，凡免老及敖童弗傅者，县毋敢傳(使)，节载粟乃发敖童年十五岁以上，史子未傅先觉(学)觉(学)室，令与粟事，敖童当行粟而寡子独与老父老母居，老如免老，若独与癃病母居者，皆勿行。”(陈松长主编：《岳麓书院藏秦简(肆)》，上海辞书出版社，2015 年，第 120 页，简 157-159)可知敖童的地位当高于被主人放免男奴身份的私属，有可能是一种介于平民与奴隶的贱民。

⑥ 黄今言：《秦汉赋役制度研究》，江西教育出版社，1988 年，第 260 页；熊铁基：《秦汉军事制度》，广西人民出版社，1990 年，第 11 页；马怡：《秦人傅籍标准试探》，《中国史研究》1995 年第 4 期；刘志：《也说“敖童”》，《青春岁月》2011 年第 8 期；苏辉：《赵惠文王时期的纪年兵器研究》，《南方文物》2012 年第 2 期。

⑦ 陈伟主编：《里耶秦简牍校释(第 1 卷)》，武汉大学出版社，2012 年，第 286 页；邬文玲：《里耶秦简所见“户赋”及相关问题琐议》，载《简帛》第 8 辑，上海古籍出版社，2013 年，第 215-228 页。

⑧ 睡虎地秦墓竹简整理小组：《睡虎地秦墓竹简·封诊式》，文物出版社，1978 年，第 249 页。

及《都乡守武爰书》："卅二年六月己巳朔壬申，都乡守武爰书：高里士五(伍)武自言以大奴幸、甘多，大婢言、言子益等，牝马一匹予子小男子产。典私占。"(8-1443+8-1455)[①]《贰春乡守福爰书》："卅三年十月甲辰朔乙巳，贰春乡守福爰书：东成大夫年自言以小奴处予子同里小上造辨。典朝占。"(10-1157)[②]那么，参证汉代"贾人与奴婢倍算"[③]的规定，便足以证明奴婢的户籍与赋税都算在其主人的名下。可见口赋也属于户赋，只不过与按户征收的"户赋"相比，它征收的钱数更多，应归为另一个类别。

第二，从道理上讲，既然成年男性的人头税被律文称为"户赋"，那么把妇女按人数征收的算赋及其按"舆田"(8-1519)[④]征收的田赋都列入"户赋"，恐怕也不算离谱。这意味着秦的所有赋税可能统称为户赋，同时又可以单独称为田租、刍稿、户刍钱、户赋、口赋和算赋等。拙文曾一再提出：

> 所谓"初为赋"，这实际是商鞅根据秦国新的土地制度所进行的一次重大赋税改革。就内容来说，它既不单纯是指口赋，也不单指田赋，更不单纯是指军赋，而可能是包括了上述三种赋敛及其他赋税。[⑤]

秦代户刍钱、刍稾、户赋钱、口赋都可以称为户赋，算赋和田租也应该被列入户赋，就是一个新的例证。

第三，秦汉户赋的异同，也启发我们重新认识秦代算赋的消失和汉代户赋范围变小的原因。秦代算赋对汉代几乎没有什么影响。汉代虽有算赋，并且规定"女子年十五以上至三十不嫁，五算"[⑥]，但这只是因袭其名称，保留着秦代算赋的一些遗痕而已。根据《二年律令·田律》："卿以下，五月户出赋十六钱，十月户出刍一石，足其县用，余以入顷刍律入钱。"(255)[⑦]可知汉初户赋的征收乃直接继承秦代《金布律》的规定。但除了这种户赋，汉初户赋的范围已大为缩小，而成为"诸多赋税中的一个单独税目"[⑧]。以往我们认为，秦代算赋的消失是因为汉代减轻了赋税。

> 加藤先生认为秦汉算赋相同，而事实上秦的算赋对汉代并没有留下多少影响。……汉代算赋是成年人的人口税，这已为国内史学界所公认。如《汉书·高帝纪》注引如淳曰："民年十五以上至五十六出赋钱，人百二十为一算。"这种

---

① 陈伟主编：《里耶秦简牍校释(第1卷)》，武汉大学出版社，2012年，第326页。

② 里耶秦简博物馆、出土文献与中国古代文明研究协同创新中心中国人民大学中心编著：《里耶秦简博物馆藏秦简》，中西书局，2016年，第197页。

③《汉书》卷二《惠帝纪》注引应劭曰，中华书局，1962年，第91页。

④ 陈伟主编：《里耶秦简牍校释(第1卷)》，武汉大学出版社，2012年，第345页；晋文：《里耶秦简中的积户与见户——兼论秦代基层官吏的量化考核》，《中国经济史研究》2018年第1期。

⑤ 晋文：《"初为赋"新探——兼与林剑鸣等先生商榷》，《徐州师范学院学报》1983年第1期；晋文：《关于商鞅变法赋税改革的若干考辨》，《中国农史》2001年第4期。

⑥《汉书》卷二《惠帝纪》，中华书局，1962年，第91页。

⑦ 张家山二四七号汉墓竹简整理小组：《张家山汉墓竹简[二四七号墓]》(释文修订本)，文物出版社，2006年，第43页。按：律文中的"入顷刍律"，即同上41页《田律》："入顷刍稾，顷入刍三石；上郡地恶，顷入二石；稾皆二石。令各入其岁所有，毋入陈，不从令者罚黄金四两。收入刍稾，县各度一岁用刍稾，足其县用，其余令顷入五十五钱以当刍稾。刍一石当十五钱，稾一石当五钱。"(240-241)"刍稾节贵于律，以入刍稾时平贾(价)入钱。"(242)

⑧ 于振波：《从简牍看汉代的户赋与刍稾税》，《故宫博物院院刊》2005年第2期。

现象的出现，显然是与减轻剥削有着直接关系。[①]

现在看来，有两点需要补充：一是在户赋的名称上，汉代只是就按户征收的男耕女织的税钱与秦代实行了对接，包括原本征收纺织品的户赋钱和征收刍稾的户刍钱。[②]仅就其钱数而言，似乎还没有减轻户赋。[③]二是秦代算赋和口赋虽然算不上严格意义的人头税，但它们分别按性别及其人数征赋，也为征收真正的人头税即“口率出泉”奠定了基础。因此，为了便于征收，汉初即将秦代的算赋和口赋合并为人头税，不分男女，统一按人头收税。而且把成年男女的人头税称为算赋，把未成年男女的人头税称为口赋，实际也保留了原有名称，体现了秦汉赋税制度的因革关系。从汉初“量吏禄，度官用，以赋于民”[④]来看，除了减轻田租外，总体减少口算的钱数，应当是其中一个主要内容。中国古代的人头税虽然滥觞于战国，如董仲舒说：“至秦则不然，用商鞅之法，……田租口赋，盐铁之利，二十倍于古。”[⑤]但真正意义的人头税应创始于汉初，亦可谓研究秦代算赋的一个发现。

总之，根据近出相关简牍，我们更加证明了秦代算赋是向妇女专门征收的赋。从这一事实出发，对算赋以实物为主的征敛形式、“初为赋”的内涵应囊括所有赋税、秦汉户赋的嬗变，以及人头税在汉初的最终形成等，都可以作出新的评判。

---

① 晋文：《关于商鞅变法赋税改革的若干考辨》，《中国农史》2001 年第 4 期。

② 参见杨振红：《从出土简牍看秦汉时期的刍稿税》，载吴荣曾、汪桂海主编：《简牍与古代史研究》，北京大学出版社，2012 年，第 87-102 页。

③ 参见陈松长：《秦代“户赋”新证》，《湖南大学学报(社会科学版)》2016 年第 4 期。

④ 《史记》卷三〇《平准书》，中华书局，1959 年，第 1418 页。

⑤ 《汉书》卷二四上《食货志上》，中华书局，1962 年，第 1137 页。

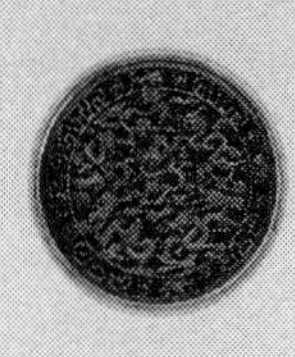

汉晋时期的『鸡首、牛首人身』神像新解

河南省南阳市汉画馆　牛天伟　牛一帆

摘要：在陕北、河西走廊等地的汉晋墓葬艺术中，均发现有『鸡首、牛首人身』神像，它是我国古代东夷的太阳鸟(天鸡)信仰与西羌的牛崇拜习俗相互碰撞、交融，在阴阳观念的支配下形成的一种独特的艺术形象，其原型是秦人的『宝鸡神』与羌人的『大梓牛神』。这种对偶神像之所以会在东汉乃至魏晋时期在我国西北盛极一时，其主要的社会原因是汉人对羌人进行统治的政治需要。

关键词：汉晋墓葬艺术；鸡首牛首；宝鸡神；大梓牛神

“鸡首、牛首人身”神像在陕北、山东、苏北、皖北等地的汉画像石墓(包括墓上祠堂)以及河西走廊的魏晋墓葬壁画中均有发现，其中尤以陕北汉画像最为典型，具有鲜明的地域特色。关于此类画像的定名、成因以及文化寓意等，尽管已有专家、学者进行过考释和探究，但至今依然存在着悬而未决的问题，所以，我们认为有必要对其进行重新解读。

一 鸡首、牛首神像研究现状述评

(一)关于神像的定名问题

李发林在《汉画考释和研究》一书中把山东嘉祥洪山、宋山等地的“鸡头人身怪物”考释为“陈宝”。[①]此说尽管有一定的文献依据，但仅是对山东的单体鸡首像而言，并没有关照到陕北汉画中的鸡首像的对偶神牛首像，牛首像为何神？二者为何是对偶神？这些问题都没有解决。

李锦山在《西王母题材画像石及其相关问题》一文中认为，山东、江苏汉画中的马首、鸡首、狗首等怪物是“生肖神参拜西王母”。[②]《论衡·物势篇》云：“寅，木也，其禽虎也；戌，土也，其禽犬也……”“午，马也，子，鼠也，酉，鸡也，卯，兔也……亥，豕也，(未，羊也。)丑，牛也……巳，蛇也。申，猴也。”《论衡·言毒篇》云：“辰为龙。”由此确证汉代已有十二生肖的信仰，但这并不表明汉代已把十二生肖塑造成了人与动物相组合的艺术形象。从考古发现资料来看，人身兽头的生肖神塑像最早出现在隋唐墓葬中(而纯动物形的十二生肖在南北朝墓葬壁画中就已经出现了)，它是一个固定的形象群体，而汉画中类似的形象只是个别没有稳定组合关系的个体，很难确定其为“生肖神”。再者，生肖神为何要参拜西王母？生肖神与西王母的关系没有文献依据。更重要的是，用“十二生肖”无法解释鸡首、牛首神像这一特定的对偶图式。

《中国画像石全集·陕西、山西汉画像石》的图像注释，把与西王母、东王公一样端坐于仙山神树之上的牛首、鸡首神称为“鸡首西王母、牛首东王公”，而有时又笼统地叫作“怪兽”或“神人”。[③]显而易见，其对牛首、鸡首神像的称谓不准确而且混乱。《神木大保当：汉代城址与墓葬考古报告》将其定名为“鸡首、牛首东王公、西王母”。[④]叶舒宪在《牛头西王母形象解说》一文中沿用“牛头西王母”之说，考释这一形象的来源，推测牛头鸡头神可能是由《山海经·西次三经》中的“其角如牛”的“狡”兽和“其名曰胜遇”的鸟演变而来的。[⑤]

赵吴成在《河西墓室壁画中“伏羲女娲”和“牛首人身、鸡首人身”图像浅析》一文中说：“在甘肃河西中西部地区诸多晋墓中，有许多牛首人身、鸡首人身图像出现在照

* 收稿日期：2017-11-28。

① 李发林：《汉画考释和研究》，中国文联出版社，2000年，第192页。

② 李锦山：《西王母题材画像石及其相关问题》，《中原文物》1994年第4期。

③ 汤池编：《中国画像石全集》第5卷《陕西、山西汉画像石》，山东美术出版社、河南美术出版社，2000年，图版说明第1、12页，第59、64页。

④ 陕西省考古研究所、榆林市文物管理委员会办公室编著：《神木大保当：汉代城址与墓葬考古报告》，科学出版社，2001年，第117页。

⑤ 叶舒宪：《牛头西王母形象解说》，《民族艺术》2008年第3期。

墙上……照墙，也叫门楼，是用青砖夹嵌砖雕和画像的仿木结构的门楼。照墙上除了砖雕外，就是数量较多的画像砖，表现的内容主要是仙幻神兽及阙门上站立的牛首人身和鸡首人身形象。牛首人身、鸡首人身图像在河西晋墓照墙上出现的很频繁，高台、酒泉、嘉峪关、敦煌的晋墓照墙均有发现。它们不是独立存在，而是依附于阙门左右同时出现的，这是河西中部地区诸多晋墓照墙上的一个规律……”，“既然牛首人身、鸡首人身图像是依附在阙门上的，必然与‘门’有联系……它们应是一个有机整体……”，“阙门，应该是升天之门——也称为‘阊阖’。……而‘牛首人身’和‘鸡首人身’也是墓中天门两边的守门人，他们身着官服，手持笏板，站立在阙门前……”[①]但作者认为，鸡首、牛首神可能是天门守护神即“帝阍”的观点值得商榷，因为这种推测缺乏必要的文献依据。

晋王嘉《拾遗记》云：“尧在位七十年，……有秖支之国，献重明之鸟，一名双睛，言双睛在目。状如鸡，鸣似凤……能搏逐猛兽虎狼，使妖灾群恶不能为害。……国人或刻木，或铸金，为此鸟之状，置于门户之间，则魑魅丑类，自然退伏。”肖亢达认为，甘肃嘉峪关壁画墓门楼砖雕上的鸡首人身像可能源于重名鸟的传说，其职能“大概与当时的驱恶避邪的习俗有关”。至于“牛首人身像，虽不知所据，其作用也应相同”[②]，这种观点同样不能令人信服。

还有人认为，鸡首、牛首神像具有西王母、东王公、太阳神、陈宝、门神、神农、狻等多重身份。如朱存明、李姗姗在《汉画像西王母神怪侍者研究》和《浅析汉画像鸡首人身神怪象征意义》中认为：“陕西地区有较多鸡首人身神怪是以东王公的形象，同牛首西王母对偶出现。”鸡首人身神怪是“物化后的太阳形象或太阳神的物化形象”，即太阳鸟的世俗化身，是东夷人心中的“太阳金鸡神”，又认为历史上关于鸡首人身形象的记载主要是“陈宝”，而且“得雄者王，得雌者霸”。又如，在民俗中，鸡与吉利的“吉”同音，所以鸡首人身怪具有祈求吉祥的神性。另外，《荆楚岁时记》中记载有农历正月一日贴画鸡于门户上的风俗，表明鸡是“引导亡者灵魂前往阴间世界的神物，同样具有驱邪的神性职能”。总之，鸡首人身怪是吉祥与驱邪的仪式性图式。同时，作者认为牛首神怪代表了汉代人对“母”的崇拜，对土地的崇拜，对生殖繁育后代的希冀。又认为其是“神农”或“极有可能是司农业丰收之神——狻。”[③]

我们认为这种杂糅多种观点的论述看似全面，其实是对图像性质的认识模糊不清。首先，作者把鸡首、牛首神怪释读为东王公、西王母是错误的，这种图像是受到山东一带流行的西王母与东王公对峙模式的影响而出现的，充其量只是被赋予了与西王母、东王公一样的神性职能。或者只能认为“在某种程度上有与西王母、东王公相同的意义”[④]。因为陕北汉画中还有鸡首神怪跪拜西王母的图像，在山西汉画中，鸡首、牛首神怪常常被置于西王母、东王公之下，成为西王母、东王公的守护神。其次，认为鸡首神怪是东夷人的“太阳神”，同时又认为是西方秦人的“陈宝”神，有自相矛盾之嫌。既然是东夷的太阳神，又为何会在西北地区盛极一时呢？作者并未作进一步的解释。最后，从阴阳对应关系上来看，若视鸡首神怪为太阳神，那么太阳神鸡对应的牛首神怪应该是月亮神

① 赵吴成：《河西墓室壁画中“伏羲女娲”和“牛首人身、鸡首人身”图像浅析》，《考古与文物》2005 年第 4 期。

② 肖亢达编著：《嘉峪关壁画墓发掘报告》“注释”，文物出版社，1985 年，第 9 页。

③ 朱存明、李姗姗：《汉画像西王母神怪侍者研究》，李姗姗：《浅析汉画像鸡首人身神怪象征意义》，载中国汉画学会、河南博物院编：《中国汉画学会第十三届年会论文集》，中州古籍出版社，2011 年，第 299、310 页。

④ 李淞：《论汉代艺术中的西王母图像》，湖南教育出版社，2000 年，第 170 页。

蟾蜍或玉兔，而不是“母”或者“土地”，更与“生殖”和“农业丰收”不相干。

(二)关于陕北鸡首、牛首神像的来源与成因问题

陕北画像中有如下几种图像形式：①纯动物形的鸡神、牛神攀树形象(黄家塔)，属于当地特有的图像模式；②鸡首神怪跪拜在西王母前，显然是受到了山东嘉祥图式的影响；③参照山东西王母、东王公的对称构图而创新的鸡首神、牛首神对峙模式；④单独的牛首神怪形象。

关于陕北、晋西北画像中鸡首、牛首图像的来源地，一般人都认为是山东和苏北。

李凇认为，陕北、晋西北地区“更具地方色彩的是有鸡首人身像和牛首人身像的一类画像石。这两个像如何配成对并出现在墓室中，文献中没有记载”。“这类鸡首(牛首)像除了鲁南和苏北这一区域外，在其他地区很少见……鲁南和苏北在东汉初期比较流行这种图像，至东汉中后期的嘉祥样式中还能见到……这些画像的出现时间都要早于陕北和晋西北画像石，应是后者的图像来源。”①

我们认为文化的影响应该是相互的、双向性的，而且外来文化因素要想在当地扎根，还需要经过适当的改造，使其与当地的某些风俗信仰相适应。再者，某种图像的出现往往要晚于这种图像所表达的观念的形成时间。因此，尽管从时间上看，与西王母相组合的鸡首、牛首神像最早出现在山东、苏北，但最早形成鸡神和牛神信仰观念的地区不一定都在这里。在山东、苏北以及皖北区等广大的东部地区，鸡首或鸟首神出现的数量很多，但牛首神像并不多见，二者出现的数量相差悬殊，更为重要的是，鸡首、牛首神像呈对应模式出现在陕北最具特色，但这样的图像在山东和苏北则较少，而且时间较晚，应该是受到了陕北图像模式的影响。

关于陕北鸡首、牛首神像出现的原因，郑红莉认为有以下三点：其一是社会大环境下神仙崇拜的产物。当汉代民间造神(仙)运动波及陕北时，人们模仿传说中的神鸡(天鸡)故事，将家鸡神仙化。其二是社会生活与阴阳五行观念的产物。即牛首人身神的出现“可能与其处于边郡的地理位置相关。陕北地区在汉时属于西河郡和上郡管辖，是游牧民族与汉民族的分界线，农耕与游牧并存”。牛作为现实生活中常见的畜力，在造神运动的大环境中被神化。此外，在阴阳五行思想的支配下，也许是受到了造西王母匹配神——东王公的启发。其三是“人们相信半人半兽的神具有比完全人形的西王母可能具有更多的超自然力量，这种力量更容易福佑死者升天、生者平安，所以才会得到人们的顶礼膜拜，其崇拜一度甚至超过了对西王母的崇拜”。②

以上三点尽管有一定的道理，但并没有揭示出鸡首、牛首神像在西北地区盛极一时的实质性原因。因为不论是“造神运动”还是“阴阳五行思想”都是汉代社会的普遍现象，神的种类繁多，阴阳思想泛滥，为何只选择鸡和牛，而不是他物？要想探究其中真正的原因，恐怕只有从当地的文化、风俗和信仰中去寻找答案了。

---

① 李凇：《论汉代艺术中的西王母图像》，湖南教育出版社，2000年，第162-170页。

② 郑红莉：《陕北汉画像石所见“鸡首人身”“牛首人身”图像辨析》，载中国汉画学会、四川博物院编：《中国汉画学会第十二届年会论文集》，中国国际文化出版社，2010年，第41页。

二　鸡首、牛首神像形成原因分析

我们认为，从种种迹象来看，鸡首人身像也许产生于我国东南地区，即盛行鸟崇拜的古代东夷民族 ，但鸡首图像的来源不应该是单一的，其形成的要素可能有两个：一是间接的，也就是抽象的观念层面上的，即源于东方太阳鸟的神话；二是直接的，也就是直观的形象层面的，即脱胎于西方秦人的“宝鸡神”传说。至于牛首人身像，其渊源应该在西北地区，即崇拜牛的西羌民族，其原型是“大梓牛神”。另外，这种画像在汉代的出现与流行，与人口的流动迁徙、文化的交流传播、民族关系的变化乃至阴阳思想的泛滥有着密切的关系。

(一)鸡首神像与秦人的“宝鸡”传说

我们从《史记·秦本纪》中可以看出，秦人对西戎的征战主要是从秦仲开始的，到秦文公时代，历经庄公、襄公、文公三代对西戎的打击，通过无数次的残酷战争，最终使秦人在西戎得以立足，为秦穆公时代称霸西戎打下了稳固的基础。《史记·秦本记》云：“秦仲立三年，周厉王无道，诸侯或叛之。西戎反王室，灭犬丘、大骆之族。周宣王即位，乃以秦仲为大夫，诛西戎。西戎杀秦仲。秦仲立二十三年，死于戎。有子五人，其长者曰庄公。周宣王乃召庄公昆弟五人，与兵七千人，使伐西戎，破之。……庄公居其故西犬丘，生子三人，其长男世父。……遂将击戎，让其弟襄公。襄公为太子。……襄公二年，戎围犬丘，世父击之，为戎人所掳。……七年春，周幽王用褒姒废太子……诸侯叛之。西戎犬戎与申侯伐周，杀幽王骊山下。而秦襄公将兵救周……周避犬戎难，东徙洛邑，襄公以兵送周平王。平王封襄公为诸侯，赐之岐以西之地。曰：‘戎无道，侵夺我岐、丰之地，秦能攻逐戎，即有其地。’……襄公于是始国……十二年，伐戎而至岐，卒。生文公。……(文公)十三年，初有史以纪事，民多化者。十六年，文公以兵伐戎，戎败走。于是文公遂收周余民有之，地至岐，岐以东献之周。十九年，得陈宝。”《正义》引《括地志》云：“宝鸡神祠在岐州陈仓县东二十里故陈仓城中。《晋太康地志》云：秦文公时，陈仓人猎得兽，若彘，不知名，牵以献之。逢二童了，童了曰：‘此名为媦，常在地中，食死人脑。’即欲杀之，拍捶其首。媦亦语曰：‘二童子名陈宝，得雄者王，得雌者霸。’陈仓人乃逐二童子，化为雉，雌上陈仓北阪，为石，秦祠之。”

《史记·封禅书》云：“(秦)文公获若石云，于陈仓北阪城祠之。其神……来也常以夜，光辉若流星，从东南来集于祠城，则若雄鸡，其声殷云……命曰陈宝。”

《汉书·郊祀志》云：“作鄜畤后九年，文公获若石云，于陈仓北阪城祠之。其神或岁不至，或岁数。来也常以夜，光辉若流星，从东方来，集于祠城，若雄雉，其声殷殷云，野鸡夜鸣。以一牢祠之，名曰陈宝。”师古曰：“野鸡，亦雉也，避吕后讳，故曰野鸡。”臣瓒曰：“陈仓县有宝夫人祠，或一岁二岁与叶君合。叶君神来时，天为之殷殷雷鸣，雉为之雊也。”

《一统志》记载“祀鸡台”云：“陕西凤翔府宝鸡县(今陕西省宝鸡市)东二十里，有祀鸡台，秦文公立宝鸡祠，筑此台祀之。”关于“宝鸡神”，晋干宝《搜神记》卷八的记载最为详尽。

陈仓，古县名，秦置，因山得名，治所在今陕西宝鸡市东，唐至德二年(757)改名宝鸡。①

上述“陈宝”的传说是秦国称霸西戎的祥瑞之兆，汉晋时期的“鸡首人身像”即源于此。扬雄《校猎赋》云：“及至罕车飞扬，武骑聿皇；蹈飞豹，绢嘄阳；追天宝，出一方……”颜师古曰：罕车，毕罕之车也。聿皇，疾貌。应劭曰：天宝，陈宝也。晋灼曰：天宝，鸡头而人身。而秦人之所以祭拜“陈宝”，与秦人的图腾神鸟崇拜有密切的关联。

1. 宝鸡与秦人的鸟图腾崇拜

《史记·秦本纪》云：“秦之先，帝颛顼之苗裔孙曰女修。女修织，玄鸟陨卵，女修吞之，生子大业。大业取少典之子，曰女华，女华生大费……佐舜调训鸟兽，鸟兽多驯服，是为柏翳。舜赐姓嬴氏。大费生子二人：一曰大廉，实鸟俗氏；二曰若木，实费氏。其玄孙曰费昌，子孙或在中国，或在夷狄。……大廉玄孙曰孟戏、中衍，鸟身人言。……中衍之后，遂世有功，以佐殷国，故嬴姓多显，遂为诸侯。其玄孙……在西戎，保西垂。生蜚廉。蜚廉生恶来。恶来有力，蜚廉善走，父子俱以材力事殷纣。周武王之伐纣，并杀恶来。是时蜚廉为纣石北方，还，无所报，为坛霍太山，而报，得石棺，铭曰‘帝令处父(蜚廉别号)不与殷乱，赐尔石棺以华氏’。死，遂葬于霍太山。”《索隐》云：“言处父至忠，国灭君死而不忘臣节，故天赐石棺，以光华其族。”大费即柏翳，柏翳也就是“伯益”。《汉书·地理志》云：“伯益知禽兽。”《后汉书·蔡邕传》云：“伯益综声于鸟语。”清梁玉绳《汉书人表考》卷二云：“益者，燕也……燕之象形。”这里的“蜚廉”应该就是“飞廉”。《楚辞·离骚》云：“后飞廉使奔属。”王逸注：“飞廉，风伯也。”洪兴祖补注：“应劭曰：‘飞廉，神禽，能致风气。’……”《太平御览》卷九一五引《括地志》云：“孟亏人首鸟身，其先为虞氏训百兽。夏后之末世，民始食卵，孟亏去之，凤凰随与止于此。”《博物志》云：“孟舒国民，人首鸟身……训百禽，夏后之世，始食卵。孟舒去之，凤凰随焉。”这里的“孟亏”“孟舒”即《史记》中所说的“孟戏”。女修食玄鸟卵生大业；大费善训鸟兽所以被称为“伯益”，“益”即燕子；大廉为鸟俗氏；“若木”即扶桑，是太阳鸟的栖息神树；孟戏、中衍“鸟身人言”；蜚廉又可能是鸟形风神“飞廉”。另外，《说文》云：“秦，伯益之后所封国。地宜禾，从禾，舂声。一曰秦，禾名。”禾即黍。甲骨文中的“秦”字，像一双手抱杵舂禾之形。晋王嘉《拾遗记》卷一云：“炎帝时有丹雀衔九穗禾，其坠地者，帝乃拾之，以植于田，食者老而不死。”正是炎帝把飞鸟嘴中掉下的禾穗种到田里，由此而发明了原始农业，所以才被尊为“神农氏”。此外，鸟与原始农业也产生了密切的关系，即鸟与禾关系密切，有鸟才有禾。或认为：“秦的先祖皆为人，但至中衍却成了一只能言的鸟，完全有悖于人情事理。”并将“鸟身人言”解释为“中衍身上刺着鸟的文身，但却会说殷商人(文明人)的话”。②笔者认为，中衍“鸟身人言”并不“有悖于人情事理”，因为从《史记·秦本纪》中明显可以看出，秦人的不少先祖均与鸟有着或明或暗的神秘联系，也由此证明鸟是秦人的图腾神。

《山海经·海外东经》云：“东方句芒，鸟身人面，乘两龙。”郭璞注：“木神也，方面素服。《墨子》曰：‘昔秦穆公有明德，上帝使句芒赐之寿十九年。’”另外，《论衡》的

---

① 《辞海》编辑委员会：《辞海·地理分册·历史地理》，上海辞书出版社，1982年，第136页。

② 杨大忠：《史记·秦本纪“鸟身人言”刍议》，《文史杂志》2006年第1期。

《无形篇》《福虚篇》也有“秦穆公有明德，上帝赐之十九年”之说。今本《墨子·明鬼下篇》云:“昔者郑穆公，当昼日中处乎庙，有神入门而左，鸟身，素服三绝，面状正方。郑穆公见之，乃恐惧奔。神曰:‘无惧，帝享女明德，使予赐女寿十年有九，使若国家蕃昌，子孙茂，毋失。’郑穆公再拜稽首，曰:‘敢问神名?’曰:‘予为句芒。’”很显然，这里的郑穆公是秦穆公之误。句芒为什么要眷顾秦穆公呢?因为句芒的鸟身形象表明了他可能是秦人的远祖神，而祖先担负着庇佑子孙后代的职责。

秦人偏居西陲，为何会与东夷人一样崇拜鸟呢?因为秦人是东夷族西迁的一支。而我国古代的东夷、东北夷及东南的吴越等广大的东部地区，不少民族都流行太阳鸟感生或卵生的图腾信仰习俗。

总之，把鸡(雉)神“陈宝”视为祥瑞，其实就是秦人鸟图腾信仰的遗俗。同时，也与东夷的太阳神崇拜有关。

鸡是鸟类经过人类长期驯化的家禽，人工饲养的家禽鸡属鸟纲雉科，远祖是古代的原鸡。东夷人起初崇拜的太阳神为鸟——阳乌，后来，出现普遍饲养家鸡时，经过长期的观察人们发现:日将出时，鸡就会打鸣。雄鸡报晓原本是一种自然现象，但囿于科学知识的贫乏，古人将这种鸡与日的关系神秘化，又将鸡视为太阳神，或者说太阳神由“阳乌”进一步演变成了“天鸡”。《太平御览》卷九二七引《神异经》云:“北海有大鸟……名曰天鸡。”李白《梦游天姥吟留别》曰:“半壁见海日，空中闻天鸡。”这里的“天鸡”就是指代太阳。

《山海经·大荒东经》云:“汤谷上有扶木，一日方至，一日方出。”《海外东经》曰:“汤谷上有扶桑……有大木，九日居下枝，一日居上枝。”高诱注《淮南子·坠形训》曰:“扶木，扶桑也，在汤谷之南。”

《玄中记》云:“东南有桃都山，上有大树，名曰桃都……上有一天鸡，日初出，光照此木，天鸡则鸣，群鸡皆随之鸣。”又云:“蓬莱之东……上有扶桑之树，树高万丈。树颠有天鸡，为巢于上。每夜至子时则天鸡鸣，而日中阳乌应之;阳乌鸣则天下之鸡皆鸣。”

从上述文献记载中可以看出，天鸡与阳乌存在着重叠关系，是传说中两种不同的太阳神鸟形象。二者相比之下，乌为日神的观念更原始、古老，而鸡为日神的信仰更世俗化、生活化。

尽管鸡首人身像的图像模式可能受到了东方“天鸡”传说的影响，但它能在我国西北很快流行开来，并一度成为当地的特色，与当地的文化、风俗有着密切的关系。因为一种外来文化只有遇到了比较适合它生存的土壤，并被适当地改造之后，才能够被接受而不被排挤。鸡首人身像之所以会在西北地区盛行一时，最直接的原因是当地民间早已存在鸡神——“陈宝”崇拜的风俗。东方的“天鸡”变为西方的“石鸡”，其实是高贵的太阳神鸟为了融入当地的灵石崇拜民俗文化中，而不得已被世俗化的结果。

2. 羌人的灵石崇拜与“陈宝”石鸡

羌人有灵石崇拜之俗。四川西部的雅砻江、岷江上游是古代氐羌族的发祥地，今岷江上游的羌族仍有白石(白色石英石)崇拜的习俗，他们将白石分别放在屋顶、火塘、山顶

和田地等处，作为乐神、火神、山神、地神等各种神灵的象征，视其为家族的保护神。[①]最早的蜀王蚕从氏就生长在岷江上游，《先蜀记》云："蚕丛始居岷山石室中。"《华阳国志·蜀志》云："(蚕从)氏死，作石棺石椁……每王薨，辄立大石，长三丈，重千钧，为墓志，今石笋是也。……蜀王妃死，蜀王遣五丁作冢，盖地数亩，高七丈，上有石镜。"羌人生时居"石室"，死后葬石棺(椁)、立"石笋"、悬"石镜"等现象反映的正是灵石崇拜遗俗。

《史记·六国年表》云："禹兴于西羌。"《太平御览·帝王世纪》云："伯禹夏后氏，姒姓也，生于石纽……长于西羌，西羌夷(人)也。"所以学者们认为：夏族是以羌族为主形成的人类共同体。它起源于西羌，逐渐从西向东发展，迁到伊洛河汾地区。[②]在"启母化石"的神话传说中，夏禹的儿子也是从石中诞生的，与夏禹"生于石纽"一样，蕴含着羌人的石崇拜遗俗。

《后汉书·南蛮西南夷列传》云："昔高辛氏有犬戎之寇……盘瓠得女，负而走入南山，止石室中。"又云："其山有六夷、七羌、九氐……皆依山居止，累石为室……"

《汉书·地理志》："临羌西北至塞外，有西王母石室、仙海、盐池。……有弱水、昆仑山祠。"临羌县，西汉置，治所在今青海湟源东南，东汉时曾移护羌校尉于此。[③]《水经注·河水三》："南有湟水出塞外，东迳西王母石室。"《太平御览·汉旧仪》："祭西王母于石室，皆有所，二千石令长奉祠。"《汉书·司马相如传》注引张揖："西王母其状如人，豹尾虎首，蓬发皜然白首，石城金室，穴居其中。"《淮南子·地形训》："西王母在流沙之濒。乐民……在昆仑弱水之洲。三危在乐民西。"西王母生活的地方"三危"是羌人的聚居地之一。西王母"豹尾虎首"的形象表明其是以虎豹为图腾的一支羌人的女祖先神。传说中的"西王母石室"与蚕丛氏所居的石室一样，也是羌人灵石崇拜习俗的一种反映。

秦昭王遣李冰为蜀守，李冰修建都江堰(这一带居住的土著人主要是氐人)，治理岷江，将石人、石马、石犀立在江水中以镇水怪，这也是秦人遵从当地习俗——灵石崇拜的具体表现。今岷江上游的氐人仍有白石崇拜的习俗。巴蜀人的一部分是古羌人的后裔，因此，汉代四川一带流行的崖墓，墓内往往有石棺葬具，应该是受到了羌人丧葬习俗的影响。

《史记·秦本纪》云"其玄孙……在西戎，保西垂。生蜚廉。蜚廉生恶来。恶来有力，蜚廉善走，父子俱以材力事殷纣。周武王之伐纣，并杀恶来。是时蜚廉为纣石北方，还，无所报，为坛霍太山而报，得石棺，铭曰'帝令处父(蜚廉别号)不与殷乱，赐尔石棺以华氏'。死，遂葬于霍太山。"《索隐》云："言处父至忠，国灭君死而不忘臣节，故天赐石棺，以光华其族。"因为羌人有死后葬石棺的习俗，所以笔者认为，天赐秦人的"石棺"应是称霸西羌的祥瑞之物。其象征寓意是天赐秦先祖蜚廉石棺而葬，表明作为外来民族的秦人只有入乡随俗，才能受到当地民族的接纳从而站稳脚跟。

羌人的灵石崇拜是陈宝变为石鸡的民俗依据。《艺文类聚》"雉"引《列异传》云，陈仓人得二童子化为雉。"山鸡"引《辛氏三秦记》曰："陈仓山在太白之西，上有石鸡

---

① 李鉴踪：《羌族白石崇拜渊源探》，《文史杂志》1990年第4期。

② 周九香：《江渎崇拜与西蜀文明》，《文史杂志》2006年第1期。

③ 《辞海》编辑委员会：《辞海·地理分册·历史地理》，上海辞书出版社，1982年，第188页。

与山鸡，赵时差使烧山，山鸡飞去，石鸡不去，晨鸣山头，声闻三十里，或云是玉鸡。”《太平御览》卷九一八引《辛氏三秦记》云：“陈仓山在太白山之西，去长安八百里。上有石鸡，与山鸡各别。赵高使烧山，山鸡飞去，石鸡不去。晨鸣山头，声闻三十里。或云是玉鸡。”太白山在秦岭。

《汉书·郊祀志》云：“或言益州(在今四川、云南、贵州一带)有金马碧鸡之神，可醮祭而致，于是遣谏大夫王褒使持节而求之。”《汉书·南蛮西南夷列传》云：“青蛉县禺同山(在今云南)有碧鸡金马，光景时时出见。”这里所谓的“碧鸡”也是一种石鸡，即碧玉石鸡。或认为益州的“碧鸡”来源于秦朝的“宝鸡”神。

笔者认为：不论是陈仓的石鸡或是益州的碧鸡，均源于东方扶桑山或扶桑树上的太阳神——天鸡的传说。《神异经·东荒经》云：“巨洋海中，升载海日。盖扶桑山上有玉鸡，玉鸡鸣则金鸡鸣，金鸡鸣则石鸡鸣，石鸡鸣则天下之鸡悉鸣，潮水应之矣。”

东夷崇拜的太阳鸟——天鸡，原本是具有报晓功能的雄鸡，后来随着秦人的西迁而传入我国西北地区，在当地饲养的雌性家禽鸡(食卵为主)的基础上，为求得生存，不得不适应当地盛行的民俗信仰——原始的母(雌)性崇拜，将天鸡改变性别，与羌人的灵石崇拜相融合而创造了雌性石鸡“陈宝”的传说。

总之，秦人得石鸡——陈宝与羌人的灵石崇拜有着密切的关系。

(二)牛首神像与羌人的“大梓牛神”

《史记·秦本纪》云：“(秦文公)二十七年，伐南山大梓，丰大特。”《集解》引《录异传》云：“武都郡立怒特祠，是大梓牛神也。”这里所谓的“大梓牛神”应该是羌族的图腾神，其主要依据有二，其一是羌人的牛崇拜信仰，其二是羌人的“被发”习俗。

1. 羌人的牛崇拜习俗

较早记载神牛形象的文献主要是《山海经》，如《山海经·北山经》云：“少咸之山……有兽焉，其状如牛，而赤身……名曰窫窳。”《山海经·西次二经》云：“其七神皆人面牛身，四足而一臂，操杖以行，是为飞兽之神。”穷奇是一种像牛的神兽，《山海经·西山经》云：“邽山，其上有兽焉，其状如牛，猬毛，名曰穷奇……”《神异经·西北荒经》云：“穷奇兽似牛，而色狸，尾长曳地。”上述牛神，不论是兽形或者是人兽合体形，其所处的地理位置都在西北方，因此，可认为牛神信仰最早出现在我国西北的戎羌地区。

《列子·黄帝篇》说伏羲女娲、夏后氏都是“蛇身人面，牛首虎鼻”。而传说伏羲、夏禹均出生于西羌之地。《说文》曰：“羌，西戎牧羊人也。从人从羊，羊亦声。”羌即戎，这个民族不仅崇拜牛，还崇拜羊、虎等。有学者认为：炎帝和蚩尤是牛图腾的两大代表神话人物，而炎帝是一个最强大的牛氏族部落，与黄帝为代表的强大的蛇部落，通过兼并战争和文化融合，最终构成了龙的主体——牛首蛇身。后世牛神、牛王的崇拜主要散见于我国西南的山地民族，并且与佛教信仰相关联，人们称其为牛王菩萨。土家人的牛王信仰有着悠久的历史源头，牛与其祖先有密切关系。而土家人的先民是巴人，巴人又出自羌人。苗族也是羌人的后裔，至今相传蚩尤是他们的祖先，所以那里盛行牛角崇拜。婚嫁时门前挂牛角酒杯，盛酒供客人饮用。跳铜鼓舞时，要在场地中央树立一根牛角柱。

妇女喜欢头戴形似水牛角的银角饰物。①

蜀人亦崇牛，对此可以从秦昭王时蜀郡太守李冰化牛与牛形的江神(蛟)相斗的传说中得到印证(今有“斗犀台”遗迹)。《太平广记》卷二九一引《成都记》曰：“李冰为蜀郡守，有蛟岁暴，漂垫相望。冰乃入水戮蛟，己为牛形……”蜀人的牛崇拜也来源于羌人。《后汉书·南蛮西南夷列传》云：“昔永初中，羌入汉川，郡县破坏……至建和二年，羌复大入……”汉刘向《列仙传》云：“葛由者，羌人也。……骑羊而入西蜀，随之者……皆得仙道。”羌人的牛崇拜习俗随着南迁而带入蜀地。羌人的牛崇拜习俗至今仍保留在四川羌人集聚地的民俗中。②

《蜀王本纪》《秦惠王本纪》均记载：“秦惠王欲伐蜀，乃刻五石牛，置金其后，蜀人见之，以为牛能大便金，牛下有养卒，以为此天牛也，……即发卒千人，使五丁力士拖牛成道。”

北魏郦道元《水经注·沔水》引《来敏本蜀论》云：“秦惠王欲伐蜀而不知道，作五石牛，以金置尾下，言能屎金。蜀王负力，令五丁引之成道。秦使张仪、司马错寻路灭蜀，因曰‘石牛道’。”

笔者认为，若蜀人没有牛神信仰和灵石崇拜观念，是不可能上当受骗的。秦王就是利用了蜀人的这一信仰，才轻而易举地打通了自陕西入川的通道——石牛道。

牛神崇拜是西戎或戎羌民族的古老习俗。作为羌族最有代表性的传说人物炎帝，其形象就是“牛首人身”，《帝王世纪》曰：“炎帝神农氏，姜姓。母女登，游华阳，感神而生炎帝，长于姜水，是其地也。”《水经注·渭水》曰：“岐水又东，迳姜氏城南，为姜水。”姜水是岐水的一段。岐水在岐山南，源于岐山，过武功，折南流入渭水。渭水南为秦岭，古代统称华山。所谓的“华阳”即秦岭南。今宝鸡市城南门外即渭水，过渭水南一二里有一村叫姜城堡(附近曾发现有新石器时代的仰韶文化遗址)，堡西一小河叫清姜河，从秦岭中流出，堡东约一里许有一座神农庙。由此表明，崇拜牛的姜姓炎帝族就发源于此。考古界大都认为仰韶文化发源于陕、晋、豫三省交界处一带，这里最早进入原始农业阶段。在宝鸡市东的斗鸡台新石器时代遗址中出土的陶器里发现有霉黑的谷粒。姬姓的黄帝族与姜姓的炎帝族通婚，周人从此才由游牧阶段进入农业文明，周的先祖弃被奉为稼穑(稷)神。炎帝族一部分东迁，在东方建立了申吕(今南阳)、齐(今山东北部)、许(今许昌)等国。③

汉代牦牛羌已在蜀郡和汉水上游一带生活，羌人崇牛的习尚，至今仍表现在四川羌人集聚地的民俗中，如四川茂汶羌人的“杀牛祭山”，阿坝羌族在牛王会上祭牛王神等。我国南方山地民族大多信仰牛神，有与牛崇拜相关的各种节日。主要有云南的彝族、哈尼族、纳西族、普米族，湘西的苗族、布依族、瑶族等。如苗族崇牛，认为水牛是老虎的大哥，比虎更辟邪，牛与龙、水三位一体。从这些民族的历史文化渊源看，他们大多属于藏缅语族，不是氐羌人的支系，就是与氐羌文化有密切的关系。同样是羌人支系的土家人将牛与祖先并提，牛王节祭牛神，同时又祭祖宗，表明牛神与祖先的关系很密切。④“以牛头、羊头、马头随葬的习俗常见于西北地区和北方草原的先秦墓葬中。”2011年，

---

① 刘毓庆：《图腾神话与中国传统人生》，人民出版社，2002年，第29、37页。

② 萧放：《清江土家节俗》，《寻根》2002年第4期。

③ 徐旭生：《中国古史的传说时代》(增订本)，文物出版社，1985年，第41-46页。

④ 萧放：《清江土家节俗》，《寻根》2002年第4期。

陕西黄陵县寨头河战国戎人墓地(延安南部地区)发现的中型墓葬中也常见以牛、羊、马头随葬。[①]

2. 羌人的“被发”之俗

《史记·集解》引徐广曰：“今武都(在今甘肃东南部，东汉时，有‘参狼羌’在这一带生活)故道有怒特祠，图大牛，上生树本，有牛从木中出，后见于丰水(渭水一支流)之中。”《正义》引《括地志》云：“大梓树在岐州陈仓县南十里仓山上。”《录异传》云：“秦文公时，雍南山(即渭水南面的秦岭)有大梓树，文公伐之，辄有大风雨，树生合不断。时有一人病，夜往山中，闻有鬼语树神曰：‘秦若使人被发，以朱丝绕树伐汝，汝得不困耶？’树神无言。明日，病人语闻，公如其言伐树，断，中有一青牛出，走入丰水中。其后牛出丰水中，使骑击之，不胜。有骑坠地复上，发解，牛畏之，入不出，故置髦头。汉、魏、晋因之。武都郡立怒特祠，是大梓牛神也。”《艺文》引《列异传》曰：“秦文公伐梓树，梓树化为牛，文公遣骑击之，骑堕地被发，牛畏之，入水不出，没丰水中，秦乃立怒特祠。”所谓“髦头”即不加任何修饰的一种发饰。《后汉书·光武帝纪》李贤注引《汉官仪》云：“旧选羽林为髦头，被发前驱。”这种不绾发髻披头散发的发型是少数民族通用的发饰。《礼记·王制》云：“东方曰夷，被发文身。”汉代羽林军之所以采用这种发饰，据《玄中记》和《列异传》之说，是源于上述秦代以披发武士战胜怪牛的神话。[②]

《后汉书·西羌传》曰：“司徒掾班彪上言：‘今凉州部皆有降羌，羌胡被发左衽，而与汉人杂处，习俗既异，言语不通……’”“羌无弋爰剑者，秦厉公时为秦所拘执，以为奴隶……后得亡归……与劓女遇于野，遂成夫妇。女耻其状，被发覆面，羌人因以为俗，遂俱亡入三河间。”所谓“被发覆面”即“留全发，垂于项背，不结髻编辫子”[③]。

1968 年发掘出土的山东诸城前凉台画像石墓有一幅髡笞图，根据上面的题刻文字可知墓主为汉阳太守孙琮。[④]据史料可知，东汉明帝永平十七年(74)以后，今甘肃天水一带的天水郡改成汉阳郡，三国曹魏以后恢复原名，孙琮任汉阳太守的东汉中晚期是羌患正烈的时代，邢义田认为：“图中的俘虏应该就是羌人。他们受髡刑正被除去长发，其中有三人头发已削，露着光头。此画像也印证了羌人被发之俗。”[⑤]以上举例的文献和文物图像均证明羌人有被发之俗。

《山海经·海内北经》记载：“穷奇，状如虎，有翼，食人从首始。所食被发，在蜪犬北。一曰从足。”《山海经·西山经》载：“邽山，其上有兽焉，其状如牛，猬毛，名曰穷奇，所食被发……”穷奇是生活在我国西北方的一种神兽，它似虎似牛，其所处地理位置、形象特征与羌人的主要聚集地和图腾崇拜物都相吻合，所以，穷奇“所食被发”，应该也与羌人的被发习俗有关。

笔者认为，秦人“被发”才能伐倒大梓树和大梓牛神畏“被发”人的传说，应该与羌人的“被发”之俗有内在的关联性。因为伐树人或追牛人装扮成“被发”的形象，容易被大梓牛神误认为是它的子孙而得到它的佑助或宽恕。

---

① 陕西省考古研究院：《陕西黄陵县寨头河战国戎人墓地》，《中国文物报》2012 年 1 月 6 日。

② 孙机：《汉代物质文化资料图说》，文物出版社，1991 年，第 234 页。

③ 肖亢达编著：《嘉峪关壁画墓发掘报告》，文物出版社，1985 年，第 68 页。

④ 王恩田：《诸城凉台孙琮画像石墓考》，《文物》1985 年第 3 期。

⑤ 邢义田：《画为心声：画像石、画像砖与壁画》，中华书局，2011 年，第 358 页。

大梓树应该是羌人心目中的神树，藏身于大梓树中的公牛是羌人崇拜的图腾动物。羌人曾在武都郡建“怒特祠”，用来祭祀因失去住所——大梓树而愤怒的牛神。秦人伐倒大梓树，把大梓树中的神牛赶入丰水中，其实质是对戎羌人在精神层面的征服。因为精神层面的征服对于文明程度较低的民族来说，可能比武力征服更重要。这种看似荒诞的传说，实际上具有深层次的文化象征意义，也因此被史家载入正史。

基于对羌族的牛崇拜和“被发”习俗的考察与分析，我们有理由相信：牛首神像的来源应该是羌人图腾神——“大梓牛神”。

(三)鸡首、牛首神像与汉羌民族关系

陕北画像石中最流行鸡首、牛首人身神像的时间也是在东汉中期，具体为公元 107 年之后，与我国西北地区羌人起义的时间基本一致。笔者认为这不是一种偶然性的巧合，二者之间有一定的关联性，即羌汉民族矛盾的激化是鸡首、牛首神像盛极一时的主要社会原因。

我国西北地区是羌人最为集中的地区，东汉时，羌人又分许多部落，如生活在陕西北部的“东羌”主要有虔人羌、牢姐羌、沈氏羌、全无羌、罕种羌、烧何羌等；生活在陕西西南部与甘肃、青海一带的“西羌”主要有巩唐羌、参狼羌、白马羌、鸟吴羌、钟羌、傅难羌等。[①]西汉末年，羌人大量入居塞内，在金城、陇西、汉阳、三辅、北地、上郡、武都、河西等地与汉人杂居。自东汉安帝永初元年(107)起，至 169 年之间，北地、武都、上郡、西河等郡的羌人相继起义，反抗东汉政权的统治。永初元年，东汉政府撤回西域都护，并征发金城、陇西等郡的羌人，随王弘前往掩护，至酒泉时，羌人纷纷逃散，汉朝官吏发兵截击，羌人被迫反抗。同时，北地、武都、上郡、河西等地的羌人也相聚反叛。他们东攻赵魏，南入益州，进击关中，截断陇道。永初五年(111)，部分羌人联合一些对朝廷不满的汉人发动起义，持续十余年才被镇压下去。顺帝永和元年(136)以后，凉州、并州、关中的羌人又相继发动反抗汉朝统治的斗争，绵延十年之久。桓帝延熹二年(159)之后，各地羌人相继再次发动起义，反抗汉朝的统治。[②]

《后汉书·西羌传》云：“司徒掾班彪上言：‘今凉州部皆有降羌，羌胡被发左衽，而与汉人杂处，习俗既异，言语不通……’光武从之，即以牛邯为护羌校尉(治所在临羌县)，持节如旧。”“自羌叛十余年间，兵连师老，不暂宁息。军旅之费，转运委输，用二百四十余亿，府币空竭。延及内郡，边民死者不可胜数，并凉州遂至虚耗。”安帝“永宁元年春，上郡沈氏种羌五千余人复寇张掖。”“是岁，虔人种羌与上郡胡反，攻谷罗城。”“击众羌于上当羊头山，破之，诱杀降者二百余人……”汉桓帝在位期间的 161 年，陕北一带的虔人羌、牢姐羌、沈氏羌、全无羌起兵反汉。[③]《后汉书·西羌传》云：“桓帝建和二年(148)，白马羌寇广汉属国，杀长吏。”“明年，武都参狼羌反，(马)援又破降之。”

鲁迅《古小说钩沈》辑(晋郭璞)《玄中记》曰：“汉桓帝时，出游河上，忽有一青牛从河中出，直走荡桓帝边，人皆惊走。太尉何公时为殿中将军，为人勇力，走往逆之。牛见公往，乃反走还河。未至河，公及牛，乃以手拔牛左足脱，以右手持斧斫牛头而杀

---

① 郭沫若主编：《中国史稿地图集》(上册)，《东汉时期羌族人民起义》，地图出版社，1996 年，第 42 页。

② 翦伯赞主编：《中国史纲要》(第一册)，人民出版社，1979 年，第 186 页。

③ 郭沫若主编：《中国史稿地图集》(上册)，《东汉时期羌族人民起义》，地图出版社，1996 年，第 42 页。

之。此青牛是万年木精也。”《太平御览》卷八八六引《玄中记》曰：“千岁树精为青羊，万岁树精为青牛，多出游人间。”这里所谓的木精“青牛”应该是从戎羌人崇拜的大梓牛神演变过来的，秦人曾经只是把它赶入丰水中，并未能将它杀死，显示出其顽强的生命力。保护戎羌人的大梓牛神，对于汉人来说，就变成了危害人类的精怪。“青牛”从河中窜出，欲加害桓帝，被随从杀死。笔者认为这一神奇的传说，很可能是对东汉桓帝时武力镇压羌人叛乱(起义)事件的影射(暗示)。大梓牛神是羌人的图腾神，是羌人的精神支柱，汉人将它杀死，就等于羌人失去了祖先神的佑护。汉人之所以编造这一传奇故事，是试图从精神层面上彻底摧毁羌人的反抗心理。因为汉朝统治者十分清楚：要想真正制服羌人，精神打击也许比军事镇压更重要。

在汉羌之间的民族矛盾日益激化的情况下，东汉朝廷除了采取必要的武力手段镇压反叛之外，还要利用收买人心的伎俩试图缓和矛盾与冲突。对偶图式的鸡首、牛首神像在西北一带的流行应该与这种时代背景有关，它是基于缓和民族矛盾的政治需要而出现的，是汉羌两个民族的人们渴望和平友好的时代产物。

(四)鸡首、牛首神像与东西文化交流融合

鸡首、牛首神像之所以会在山东、苏北与陕北、晋西北乃至河西地区并存，应该与东西方之间人口的迁徙、流动和地域文化交流及融合密切相关。这里所谓的“东西方”，主要是指我国古代的东夷与西羌之地。

1. 东夷西迁的文献依据

《后汉书·东夷列传》曰：“王制云：‘东方曰夷。’……夷有九种，曰畎夷，于夷，方夷，黄夷，白夷，赤夷，玄夷，风夷，阳夷。”《后汉书·西羌传》云：“昔夏后氏太康失国，四夷背叛。及后相即位，乃征畎夷，七年然后来宾。……后桀之乱，畎夷入居邠岐之间，成汤既兴，代而攘之。……至于武丁，征西戎、鬼方，三年乃克。故其诗曰：‘自彼氐羌，莫敢不来王’”。“邠”同“豳”，古邑名，在今陕西旬邑西。相传周始祖后稷定居于邰(古邑名，在今陕西武功西)。后稷的曾孙公刘由邰迁豳(邠)，到文王祖父太王又迁于岐。[①]豳州，北魏太和二十年(496)置。辖境约当今甘肃宁县及镇原县南部地区。因“豳”字和幽州的“幽”字形相近，易混淆，所以，在唐开元十三年(725)改为邠州，辖境相当于今陕西彬州、长武、旬邑、永寿四地。岐，古邑名，在今陕西岐山县东北。周族古公亶父因受戎狄威逼，自豳迁于岐山下的周原，筑城为邑。岐州，北魏太和十一年(487)置，辖境在今陕西周至、麟游、陇县、宝鸡、太白等地。[②]由此表明，至迟在夏商之际，东夷的一支“畎夷”就已经西迁到了戎羌之地。

秦人是商周之际东夷族西迁的一支。《说文》曰：“嬴，帝少昊之姓也。”秦人本姓嬴，周初之前一直生活在东方，为东夷部落，属少昊氏。[③]而少昊氏以鸟名官，即把鸟作为本部落图腾的标志，所以秦人也崇鸟。

在宝鸡地区发现的先秦文化遗址中，有多种文化共存和相互影响的现象，表明秦人

---

① 《辞海》编辑委员会：《辞海·地理分册·历史地理》，上海辞书出版社，1982年，第137页。

② 《辞海》编辑委员会：《辞海·地理分册·历史地理》，上海辞书出版社，1982年，第95、121、298页。

③ 白寿彝编：《中国通史》(第三卷)，人民出版社，1999年，第182、376页。

在受封立国之前，长期生活在陇山以西，与戎狄等少数民族杂居，秦人的凶悍性格正是在这种特殊的环境中形成的。有学者认为秦人至迟在商代末年已经在甘肃东部一带活动了。[①]

2. 西羌人向东夷迁徙的历史事实

《史记·齐太公世家》曰："太公望吕尚者，东海上人。其先祖尝为四岳，佐禹平水土甚有功。虞夏之际封于吕(今河南南阳)……姓姜氏。夏商之时……尚其后苗裔也。本姓姜氏，从其封姓，故曰吕尚。""于是武王已平商而王天下，封师尚父于齐营丘。"《正义》引《括地志》云："营丘在青州临淄北百步外城中。"《索隐》：谯周曰："姓姜，名牙。炎帝之裔……"吕尚(名望，字子牙)本姓姜，是炎帝之后，因辅佐周武王灭商有功，号为"师尚父"，人称"太公"。被封于齐(今山东北部)，建都营丘(后改称临淄，今淄博东北)，成为齐国的始祖。

闻一多在《神话与诗》中曾指出西羌与东夷之间文化交流与渗透的现象：甘肃、新疆一带是古代羌族居住地，昆仑山中的不死民(山、树、药)均在这里(临羌有西王母石室)。因为东方的齐人即从羌人而来，所以有不死和神仙观念。[②]

关于羌人东进最典型的事实就是炎帝后裔蚩尤入主鲁地，取代少昊氏。

《尸子》云："少昊金天氏邑于穷桑……"《左传·昭公二十九年》云："少皞氏有四叔……世不失职，遂济穷桑。"杜预注"地在鲁北。"《帝王世纪》云："少昊……邑于空桑，以登帝位，都曲阜。"《淮南子·本经训》又云："舜之时，共工振滔洪水，以薄空桑。"高诱注："空桑，地名，在鲁也。"上述文献表明少昊氏建都立国于穷桑(空桑)，地在今山东曲阜一带。

《归藏·启筮》云："蚩尤出自羊水，八肱、八趾、疏首，登九淖以伐空桑，黄帝杀之于青丘。"《逸周书·尝麦篇》也云："昔天之初，诞作二后，乃设建典，命赤帝分正二卿，命蚩尤于宇少昊，以临四方。"由此证明蚩尤后来又攻占了少昊国的地盘。也就是说，蚩尤占领了少昊之国的领地，并逐渐成为黄河下游的一个强大氏族。山东的西南部是蚩尤族统治的中心区域，但随着国力的日益强大，蚩尤族的势力范围也在不断扩大。《史记·五帝本纪》《正义》引孔安国曰："九黎君号蚩尤。"也就是说，九黎之地也是蚩尤的势力范围。徐旭生认为，古代的九黎之地当在今山东、河北、河南三省交界处。[③]

汉代人关于蚩尤祠和塚的传说主要也集中在今天的山东西部。如《汉书·地理志》"东郡"条云："寿良，蚩尤祠在西北涑(泲)上。""涑"与"泲"均为"济"字的古文。"涑上"就是说在济水上。《史记·五帝本纪》《集解》引《皇览》云："蚩尤冢在东平郡寿张县阚乡城中，高七丈，民常十月祀之。有赤气出，如匹绛帛，民名为蚩尤旗。肩髀冢在山阳郡巨野县重聚，大小与阚冢等。传言黄帝与蚩尤战于涿鹿之野，黄帝杀之，身体异处，故别葬之。"寿张即寿良，在山东东平县(现已划归河南台前县)，蚩尤冢今尚存，东汉光武帝时因避叔父赵王良之讳而改为寿张。山阳郡为汉景帝时设置，治所在昌邑(今山东金乡县西北)。巨野即今河北省南部的巨鹿县(或说在河北平乡县西南，平乡与巨鹿相邻，均

---

① 徐日辉：《甘肃东部秦早期文化的新认识》，《考古与文物》2001年第3期。

② 闻一多：《神仙考》，载《神话与诗》，上海人民出版社，2006年，第128页。

③ 徐旭生：《中国古史的传说时代》(增订本)，文物出版社，1985年，第52-53页。

在冀南)。《史记·高祖本纪》记载刘邦起兵时，“祭蚩尤于沛(今沛县)庭”。沛县位于江苏北部，与山东西南边境接壤，也属蚩尤统治的中心地区。而刘邦起兵时祭蚩尤的行为显然是受当地民间风俗的影响。

另外，在古代文献中，有蚩尤“作五兵”“好五兵”伐黄帝的记载，如《山海经·大荒北经》：“蚩尤作兵伐黄帝。”《史记·五帝本纪》《索隐》引《管子》云：“蚩尤受庐山之金而作五兵。”《后汉书·马援传》李贤注引《前书音义》曰：“蚩尤古天子，好五兵，古今祭之。”山东西南部的嘉祥、沂南和临沂等地的汉代墓祠之中就发现了多块“蚩尤执五兵”的画像石[①]，而这一地区正是蚩尤族的活动中心。文物图像与文献记载正相吻合。

传说蚩尤是炎帝的后裔，其神话形象与炎帝一样，具有牛的特征。《路史·后纪四》曰：“蚩尤姜姓，炎帝之裔也。”《帝王世纪》曰：“神农氏(炎帝)……人身牛首，长于姜水。”蚩尤是炎帝的后代，炎帝的远古神话形象为人身牛首，那么，根据遗传学原理，蚩尤也应具有牛的某些特征。《述异记》记载蚩尤“兽身人语，铜头铁额”，“人身牛蹄，四目六手，耳鬓如剑戟，头有角”。“今冀州有乐名‘蚩尤戏’，其民两两三三，头戴牛角而相觝。”同书又记载“太原村落间祭蚩尤神，不用牛头。”“牛蹄”“头有角”“头戴牛角而相觝”等，这些都是牛的典型特征，由此也证明了蚩尤族是以牛为图腾神的氏族。

不论是姜尚还是蚩尤，他们都是羌族的后裔，而炎帝氏族就是羌族中以牛崇拜为主的一支，徐旭生认为：炎帝氏族开始的地方就在今陕西宝鸡、岐山一带。[②] 今天陕西宝鸡民间剪纸中的炎帝和蚩尤仍是牛头人身之形。[③] 而蚩尤更是炎帝的后代，随着迁居到山东一带，西羌的牛信仰也就流传到东夷地区。因此，笔者认为：山东、苏北、皖北一带汉画像中出现的牛首神像应该是羌人牛崇拜习俗的产物。

3. 汉代人口的流动、迁徙与汉画像石艺术的传播

陕北是汉代西北的边陲之地，因抗击西羌和南匈奴，大量军队戍守边关，加上移民屯田，大量的外地人来到陕北定居，汉画像石随之盛极一时。西晋时，尽管陕北已经被匈奴占领，但河西走廊仍在汉族的控制之下，属于西晋的凉州。《晋书·张骏传》：“酒泉太守马岌上言：‘酒泉南山，即昆仑之体也。周穆王见西王母，乐而忘归，即谓此山。’”陕北画像在这里得以延续。

陕北汉画像石出现的时间较晚、雕刻技法的单一性和汉代人口的流动等方面，都证明了陕北画像石不是原生，而是引进的。[④]经过认真考察和对比，学者们大都认为：陕北画像石的图像与鲁南、苏北密切相关。不仅如此，画像石上的题记文字也为这种观点提供了有力的证据。

1980 年发现的绥德四十里铺画像石墓有铭文“大高平令郭夫人室宅”，表明该墓主人的丈夫郭某曾任高平县令。高平，东汉时属山阳郡，在今天的邹城市西南，这里是汉画像石的集中地之一，享有盛誉的石工巧匠众多。如东阿发现的永兴二年(154)“芗他君”石祠堂题记“画师高平代盛、邵强生等十余人”。再如嘉祥宋山发现的永寿三年(157)“安国”祠堂题记“募使名工高平王叔、王坚、江胡、栾石……”郭某聘请自己任职的高平

① 牛天伟、金爱秀：《汉画神灵图像考述》第六章《兵神蚩尤图像》，河南大学出版社，2009 年，第 259 页。

② 徐旭生：《中国古史的传说时代》(修订版)，文物出版社，1985 年，第 242 页。

③ 刘毓庆：《图腾神话与中国传统人生》，人民出版社，2002 年，第 25、30 页。

④ 陈根远：《再谈陕北东汉画像石的来源问题》，《碑林集刊》2005 年。

县(今山东微山县西北)著名石工到家乡绥德为亡妻修建画像石墓，这是陕北画像石来源于山东的重要证据。

在人口迁徙、流动的背景下，汉代的石刻匠人把东夷、西羌文化中的鸡、牛崇拜风俗相融合而创造出了别开生面的鸡首、牛首神像，并分别在东西方盛行一时。

4. 鸡首、牛首神像的流传与影响

目前，尽管最早发现鸡首、牛首神像的地方是山东、苏北一带，但最典型、最流行的地域是陕北、晋西北乃至甘肃河西地区等西北地区。鸡首、牛首神像在陕北出现的时间大约是东汉早期偏晚，而且流行了约三十年，不仅有纯粹本地特色的动物形神鸡、神牛，而且出现了鸡首人身像跪拜西王母的山东模式。鸡首、牛首神作为对偶神，是西北地区特色最鲜明的图像，应该是参照山东、苏北的西王母与东王公对应图式而塑造的新品种，这种图像模式后来又被山东、苏北接纳。陕北、晋西北的鸡首、牛首神像发展到东汉晚期，呈现出世俗化倾向，居于西王母、东王公之下，地位下降为守护神。

叶舒宪在《牛头西王母形象解说》一文中认为：牛头对应西王母、鸡头对应东王公的阴阳二元对称表现模式“从黄河以东的山西传到黄河以西的陕西，又演化出陕北画像石中直接用牛头人形形象置换西王母,用鸡头人形形象置换东王公的简化型的对称模式”[①]。这种推论与实际情况并不符合，恰恰相反，陕北画像石要早于陕西画像石已经是学术界的共识，所以，鸡首、牛首神像的流传过程应该是：陕北—陕西—甘肃(河西走廊)。

鸡首、牛首神像在东汉末至魏晋时期，继续向西传播到河西地区时，其位置已经固定在墓葬前端照墙(门楼)砖雕阙门附近，其形象更加世俗化为“手持笏板”的官吏。

不同地域的风俗信仰、文化艺术等，随着人口的流动和迁移，会呈现出相互的、反复的、漫长的交流、碰撞、改造、融合与再创新的复杂过程。汉晋时期分别出现在东西方的鸡首、牛首神像就是在这样的一个过程中被塑造出来的。也就是说，鸡首、牛首神像的出现和流行应该是东西文化交流与融合的结果。

(五)鸡首、牛首神像对偶模式与阴阳思想

鸡首和牛首神像成为对偶神的另一个原因应该与阴阳思想在汉代的泛滥有关。关于鸡首和牛首神像的阴阳属性问题，或认为鸡首为西王母，牛首为东王公，这显然是把鸡、牛的阴阳属性弄颠倒了。

《艺文类聚》引《春秋·说题辞》曰：“鸡为积阳，南方之象，火阳精物炎上，故阳出鸡鸣，以类感也。”《风俗通义》曰：“鸡者，东方之牲也。岁终更始，辨秩东作，万物触户而出，故以鸡祀祭也。”《乐动声仪》曰：“东方者，阳也，万物始生。”《易纬坤灵图》曰：“南方火色赤，七十二日。”由此可知，鸡所对应的方位是东或南，均为阳性空间。

鸡(雉)与日、火，同为阳性之物。《淮南子·天文训》云：“积阳之热气生火，火气之精者为日。”《春秋元命苞》云：“火流为乌。”“日中有三足乌，阳精。”《易·说卦》云：“离为火为日”，“离为雉”。地上的火燃烧时产生的热气向天空升腾；天上的太阳好似一团永恒的火球，将自身产生的热量洒向大地；鸡有报晓的天性，日将出，鸡打鸣；鸟夜栖树上，黎明时分出巢觅食，能在天空展翅飞翔。于是，在古代的阴阳观念和神话思维

① 叶舒宪：《牛头西王母形象解说》，《民族艺术》2008年第3期。

中，火、日、鸟(乌)与鸡(雉)，以同类相属而四位一体。

《周易·系辞·说卦》在论述坤的卦象时说：“坤为牛。”八卦中的天为乾，地为坤，地属阴。以牛象坤地，应是取牛的平和、温顺的本性特征，牛的这种特性与坤的阴性特点一致。《周礼·地官·大司徒》云：“丰牛牲。”注云：“牛，能任载地类也。”《后汉书·礼仪中》云：“是月也，立土牛六头于国都郡县城外丑地，以送大寒。”《月令章句》云：“是月之昏建丑，丑为牛。寒将极，是故出其物类形象，以示送达之，且以升阳也。”由此可知，牛为土属，阴类，是大地的象征或载体。

《礼记·郊特牲》云：“社祭土而主阴气也……”注云：“地秉阴，则社乃阴气之主。社之主设于坛上北面。”后土即母土，也即地母神。“其形象的女性神祇特点，是由古代先民对土地孕育万物的自然属性的‘母性化’认识所决定的。”后来演变为男性化、符号化的社主(社公)。①

依据阴阳五行思想的相生相克观念，牛属土，阴性，土能克水，所以在民间传说中，牛具有镇水的神性。李冰斗蛟龙化为牛，就是基于牛的“克水”神性。牛能镇水的观念来源，也可能与牛的庞大体型可以抵挡洪水有关。大梓牛神走入丰水，也显示了牛的水神神性。

《楚辞·招魂》：“魂兮归来！君无下此幽都些。土伯九约，其角……其身若牛些。”南楚神话中的幽都(地下冥府)神“土伯”形似牛，所谓的“土伯”显然是土地神(后土)的不同称谓。土地神的牛形象也证明了牛的阴性特点。传说中西北方的神兽穷奇也具有牛的形体，而西和北在阴阳体系中均为阴性方位。

咸阳曾发现南北朝时北周“郭生”墓，墓中石棺盖线刻图中有两个神，分别用双手托举日月，举日(日轮中有飞鸟)者人面兽身，举月(月轮中有蟾蜍、捣药兔)者牛首兽身。两个神周围布满云气和星象。这里的牛显然具有阴性特征。②

由于自然界中的梓树一般都生长在背阴之处，所以古人把梓树划定为阴性植物，如《艺文》引《史记》曰：“子胥告其人曰：‘必树梓吾墓上。’”引《大传》曰：“南山之阴，见梓。”引《毛诗》曰：“维桑与梓，必恭敬止。……北山有梓。”③恰好与牛的阴阳属性一致，这样一来，梓树和牛就产生了神秘的关联，甚至具有了替代关系。基于此，我们对羌人所敬奉的大梓树神变成一头牛的神奇传说就比较容易理解了。

三　鸡首、牛首神像的文化寓意及其变异

《史记·索隐述赞》云：“襄公救周，始命列国。金祠白帝，龙祚水德。祥应陈宝，妖除丰特。里奚致霸，卫鞅任刻。”很显然，这里将“祥应陈宝，妖除丰特”排列对举，是对秦人征战西戎、开疆拓土取得基本胜利之后，先后发生在秦文公时代的两个重大历史事件的高度概括和定性，不仅具有神秘的宗教性，而且呈现出密切的关联性和对应性。秦人把出现在陈仓的“陈宝”神鸡视为将要获得霸主地位的祥瑞之兆(其后秦穆公终成霸业，为春秋五霸之一)，而逃入丰水中的“大梓怒特”却被看作妖怪，人们千方百计要除

① 李立：《文化整合与先秦自然神话演变》，云南人民出版社，2002年，第299页。

② 马永嬴、王东、段卫等：《北周郭生墓发掘简报》，《文博》2009年第5期。

③ 萧放：《“桑梓”考》，《民俗研究》2001年第1期。

掉它。显示出了秦人对鸡和牛这两种神异动物截然不同的态度。秦人建宝鸡神(宝夫人)祠并且每年隆重祭祀，同时，为了缓和民族矛盾，对羌人采取了怀柔政策，也允许怒特祠的存在。这种祭拜鸡神的宝鸡祠与祭拜牛神的怒特祠并存的格局反映了秦、羌两个民族由最初的敌对关系(祥与妖)走向友好相处、相互融合的历史事实。汉晋时期的鸡首、牛首神像则是对陈宝、怒特两祠中神像的继承与发展。

秦文公时，得宝鸡，伐南山大梓，是秦人赶走羌人、落脚西陲的预兆。秦德公时，在陈仓附近建立了都邑雍城。秦穆公时，秦人试图向中原发展，但东进的道路被强大的晋国卡住，只好向西扩展，任用百里奚等人为谋臣，征服戎人，攻灭十二国，最终称霸西戎，成为春秋五霸之一。在抢占西戎地盘的过程中，秦人实施了恩威并重的策略，在武力打击戎羌人的同时，还要采取笼络手段，甚至任用羌人中的能人为其效力，如“秦穆公得戎人由余，遂霸西戎，开地千里”。戎或西戎是汉人对我国西北羌族等诸多少数民族的总称。宝鸡(陈仓)一带是羌族聚集地之一，至今那里还有不少带羌字的地名或遗迹，另外还有神农庙。这些地名、水名和庙宇遗址表明，炎帝姜姓就发源于此。[①] 而大梓树就在陈仓县(今宝鸡)南十里仓山上。另外，武都郡也是羌人的聚集地，当大梓树被秦人伐倒之后，大梓牛神逃入丰水中，羌人无奈之下只好在武都郡建造“怒特祠”，祭祀大梓牛神。其后的汉、魏、晋一直沿袭这一祭祀习俗。

秦文公获“陈宝”之后的秦国经过三四百年的发展，国力逐渐强大，至秦昭襄王十五年(前 292)，秦将白起从韩国手中夺取了宛城(公元前 303 年，韩军攻占楚国宛城)。在完全夺取了楚国的南阳地盘之后，于秦昭王三十五年(前 272)始置南阳郡。为了表明统一六国的雄心壮举受命于天，秦人就把占领不久的南阳郡(在秦的东南面)所属的一个小县命名为“雉县”，以此作为祥瑞之兆。后来，秦国果然成就了一统天下的帝业，似乎再一次应验了“得雄雉者王天下”的谶语。

汉承秦制，西汉初到西汉后期，仍保留和祭祀秦朝的宝鸡神。但在成帝即位之初，在丞相匡衡、御史大夫张谭的建议下，曾经短暂取消了祭陈宝之礼。《汉书·郊祀志》云：“衡又言：‘……汉兴之初，仪制未及定，即且因秦故祠，复立北畤……及北畤，未定时所立，不宜复修。’天子皆从焉。及陈宝祠，由是皆罢。”后来匡衡因犯法被罢了官爵，刘向趁机向成帝进言：“祖宗所立神祇旧位，诚未易动。及陈宝祠，自秦文公至今七百余岁矣，汉兴世世常来，光色赤黄，长四五丈，直祠而息，音声砰隐，野鸡皆雊。每见雍太祝祠以太牢，遣侯者乘一乘传驰诣行在所，以为福祥。高祖时五来，文帝二十六来，武帝七十五来，宣帝二十五来，(元帝)初元元年以来亦二十来，此阳气旧祠也。”由是，祭祀陈宝之礼仪得以恢复。秦人的图腾神“宝鸡”在西汉时因为“仪制未及定”而稀里糊涂地成了汉人的祥瑞物和保护神，并继续受到朝廷隆重的祭典。

宝鸡神的配偶雄雉落户南阳雉县，本来是秦人“王天下”的祥瑞之兆，后来却被附会成东汉开国皇帝刘秀起兵南阳、光复汉室的征兆。《搜神记》卷八云：“……其雄者飞至南阳。今南阳雉县，是其地也。秦欲表其符，故以名县。每陈仓祠时有赤光，长十余丈，从雉县来，入陈仓祠中，有声殷殷如雄雉。其后，光武起于南阳。”《列异传》也云：“雄飞南集，今南阳雉县，其地也。秦欲表其符，故以县名。”南阳郡的雉县在今南召县云阳镇一带，其地多山，而且有山名“雉衡山”。

---

① 徐旭生：《中国古史的传说时代》(增订本)，文物出版社，1985 年，第 41 页。

所谓的祥瑞，主要是古代统治者出于巩固统治地位、彰显德政业绩、体现统治的合法性等目的，运用一些奇异天象或虚拟神物进行证验或预兆，表明其统治顺应天命。在谶纬迷信泛滥的东汉，刘秀颁布图谶于天下，更使祥瑞思想大行其道。在这种时代背景下，雄雉自然被奉为东汉王朝的保护神而进一步受到尊崇和礼拜。

东汉时，为了对羌人统治的政治需要，也将羌人信奉的大梓牛神与宝鸡神一并祭祀。不过，这时的鸡神和牛神都已悄然发生了性别的变化，原来秦人祭祀的是雌鸡“宝夫人”，而东汉敬奉的是落户南阳郡雉县的雄鸡“宝丈夫”。羌人所建怒特祠中的大梓牛神原来是一头愤怒的公牛，但为了与雄鸡配对，东汉时也不得不将其变成一头母牛。这样一来，不仅与汉代盛行的阴阳思想相契合，同时，也与汉、羌分别所处的地理位置相一致。鸡(雉)为鸟类，位居东方，阳性，象征东汉王朝；牛为兽类，位居西方，阴性，象征西羌民族。基于此，东汉时期，鸡首、牛首神像逐渐形成一种对偶模式并在我国西北地区流行开来。

在甘肃河西地区的晋墓中也发现有砖雕的鸡首、牛首神像。河西地区，从曹魏到西晋，都呈现出一种比较繁荣安定的局面，所以当中原地区陷入八王之乱时，许多人都西去凉州避难，从而把陕北、晋西北汉画中的鸡首、牛首神像带到了河西地区。河西地区当时是一个多民族杂居的地方，羌族应该是其中人口较多的民族之一。嘉峪关魏晋壁画墓中就发现有羌人耙地的壁画：一头牛牵引一耙前行，一个农夫着褐衣，蹲坐在耙上，双手于胸前紧握缰绳，头上的长发散披，随风向后或左右飘飞。①

总之，笔者认为：鸡首、牛首神像是我国东西方文化交流与融合的产物，是东夷的太阳鸟和天鸡信仰、秦人的鸟图腾，以及西羌的雌鸡(母性)崇拜、灵石崇拜、牛崇拜等习俗相互碰撞、交融，在阴阳观念的支配下形成的一种独特的艺术形象。其原型则是秦人的“宝鸡神”与羌人的“大梓牛神”。鸡首人身神像尽管源于秦人的图腾神，后来却演变成汉人的保护神；而牛首人身神像作为羌人图腾神的象征物，其文化寓意没有本质的变化。这种对偶神像之所以会在东汉乃至魏晋时期在我国西北盛极一时，其主要的社会原因是汉人对羌人统治的政治需要：在汉羌民族矛盾日益激化、“羌患”不断爆发的背景下，各民族和平相处便成为人们普遍的精神诉求。

① 肖亢达编著:《嘉峪关壁画墓发掘报告》图版四一和彩版三(2)，文物出版社，1985年。

《论语》"学文"辨义

——兼论孔子的言行观

安徽师范大学 历史系 胡宁

摘要：《论语·学而》记孔子之言曰，"行有余力，则以学文"，对于这里的"学文"一语，古来注家意见有所分歧，"文"或释为文本，或释为仪文，还有释为"道艺""文字"者，都难以说通。通过对《论语》以及《孔子诗论》等文献中"文""学文"之用例的综合考察，结合时代背景，可以明确，孔子所说的"学文"当是指学习文辞。孔子对文辞的作用以及学习文辞的重要性有着深刻的认识，又对玩弄文辞的便给巧佞之人深恶痛绝，《学而》篇的这段话既指出应当学习文辞，又强调了文辞的学习应以孝悌、忠信、仁爱为根基，是研究孔子言行观的重要资料。

关键词：《论语》；学文；言行观

《论语·学而》云："子曰：'弟子入则孝，出则悌，谨而信，泛爱众，而亲仁。行有余力，则以学文。"[①]对于此章中"学文"一语的含义，笔者认为尚有探讨发掘的余地。深入辨析何为"学文"，不仅关涉对原文的理解，还有助于加深对孔子言行观的理解。

一 旧注梳理

我们先梳理一下历来诠释"学文"的代表性意见如下。

《集解》云："马曰：'文者，古之遗文。'"[②]皇疏曰："注言'古之遗文'者，则《诗》《书》《礼》《乐》《易》《春秋》六经是也。"[③]邢疏与皇疏同。朱熹《集注》云："文，谓《诗》《书》六艺之文。"[④]既然列出"《诗》《书》"，则此"六艺"也是指六经[⑤]。而且朱熹又说："愚谓力行而不学文，则无以考圣贤之成法，识事理之当然……"[⑥]"圣贤之成法""事理之当然"被认为是包含在六经之中的。但是，马融所言"古之遗文"，恐怕不能率尔认定为六经。"六经"之名，典籍中最早见于《庄子·天运》[⑦]，以六经释"文"，恐有未安。清人刘宝楠就说："凡文皆古人所遗，故言'遗文'。马以弟子所学，别有一书，如《弟子职》之类，后或失传，故只言古之遗文而已。"[⑧]但刘氏怀疑弟子所学为一部已经亡佚的类似《弟子职》的书，只是揣测，并无实据。今人杨伯峻、李泽厚以"文献"[⑨]"文献知识"[⑩]译"文"，可能也是考虑到"古之遗文"不可过于落实。

《经典释文》云："郑云：'文，道艺也。'"[⑪]《周礼·地官司徒·乡大夫》云："三年则大比，考其德行道艺，而兴贤者能者。"贾疏："谓万民之中有六艺者，并拟宾之。"[⑫]这个"六艺"不可能指六经，指的应该是礼、乐、射、御、书、数。对于"贤者能者"，郑注："贤者，有德行者。能者，有道艺者。"[⑬]"道艺"是泛指才能、技能，总括言之，则是"六艺"，有技艺者就是"能者"。《子罕》篇云："吾不试，故艺。"《集解》云："孔子自云我不见用于时，故多能技艺。"[⑭]至于"道"，《周礼·天官·太宰》云："四曰儒，

---

* 收稿日期：2018-01-21。

① 阮元校刻：《十三经注疏·论语注疏》卷一《学而第一》，中华书局，1980年，第2458页。

② 阮元校刻：《十三经注疏·论语注疏》卷一《学而第一》，中华书局，1980年，第2458页。

③ 何晏集解，皇侃义疏：《论语集解义疏》卷一《学而第一》，商务印书馆，1937年，第7页。

④ 朱熹：《四书章句集注·论语集注》卷一，中华书局，1983年，第49页。

⑤ 日人竹添光鸿《论语会笺》云："《集注》：'文为《诗》《书》六艺之文。'不古。古所谓'六艺'，皆指礼乐射御书数。'六经'之名，见《庄子·天运篇》，而孔子《经解》有诗教、书教、易教、礼教、乐教、春秋教，共六教。《史记》谓'学者载籍极博，犹考信于六艺'，《淮南·泰族训》云'六艺异课而同道'，'六艺'即'六经'也。刘向校简编，歆辑成之，名《六艺略》；郑玄有《六艺论》，而汉《儒林传》'博学乎六艺之文'，《淮南·主术训》'孔子通六艺之论'，皆指'六经'言之。"(大正十四年(1926)东京崇文院排印本，卷一，第13页。)

⑥ 朱熹：《四书章句集注·论语集注》卷一，中华书局，1983年，第49页。

⑦ 郭庆藩：《庄子集释》，中华书局，1961年，第531页。

⑧ 刘宝楠：《论语正义》卷一《学而第一》，中华书局，1990年，第18页。

⑨ 杨伯峻：《论语译注》，中华书局，1980年，第5页。

⑩ 李泽厚：《论语今读》，江苏文艺出版社，2010年，第35页。

⑪ 阮元校刻：《十三经注疏·论语注疏》卷一《学而第一》，第2458页。

⑫ 阮元校刻：《十三经注疏·周礼注疏》卷一二，中华书局，1980年，第716页。

⑬ 阮元校刻：《十三经注疏·周礼注疏》卷一二，中华书局，1980年，第716页。

⑭ 阮元校刻：《十三经注疏·论语注疏》卷九《子罕第九》，中华书局，1980年，第2490页。

以道得民。"郑玄注："儒，诸侯保氏，有六艺以教民者。"①所以郑玄以"道艺"释"则以学文"之"文"，是指技艺，并非文籍。可以说是"六艺"，但不是指"六艺"全体，而是指包括在"六艺"中的技艺。就如今天说"要培养业余爱好"，并不是所有可称业余爱好的都要去培养。康有为《论语注》重述"文，道艺也"，但接着又说"凡一切学术著之文字者"②，则还是以文本释"文"。

《集注》引程子曰："为弟子之职，力有余则学文，不修其职而先文，非为己之学也。"引尹氏曰："德行，本也。文艺，末也。穷其本末，知所先后，可以入德矣。"引洪氏曰："未有余力而学文，则文灭其质。有余力而不学文，则质胜而野。"③《后案》论此二说云："程子、尹氏以学文为辞章之学，洪氏兼仪文言。"④按以学文为辞章之学，程子所言尚不明显，而尹氏之论较明显。洪氏以文质对举立论，其实是以仪文释"文"。

清人多认为"文"指文字，"学文"即"小学"，毛奇龄《四书胜言》引姚立方云："文，字也。非《诗》《书》六艺之文。言弟子稍闲，使学字耳。"⑤戴望说："依类象形谓之文。《周官》：'八岁入小学，保氏教国子先以六书。'"⑥潘维城亦持此见："文者，字之始。诵法六经，先正声音文字，谓小学也。"⑦黄式三也说："近戚鹤泉以学文为识字。既以余力为闲暇之力，不得不浅言'文'也。"⑧

解"则以学文"之"文"，不出以上诸家所言，兹按时代先后列表如表1，以便观览比较。

表1　历代对"学文"之"文"的代表性训释

姓名	时代	出处	训释
马融	东汉	《论语集解》	古之遗文
郑玄	东汉	《经典释文》引	道艺
皇侃	南朝梁	《论语集解义疏》	六经
邢昺	北宋	《论语正义》	六经
尹焞	两宋之交	《论语解》	辞章
朱熹	南宋	《论语集注》	《诗》《书》六艺之文
姚立方	清	毛奇龄《四书胜言》引	字
戴望	清	《论语注》	依类象形
潘维城	清	《论语古注集笺》	字之始

① 阮元校刻：《十三经注疏·周礼注疏》卷一，中华书局，1980年，第648页。

② 康有为：《论语注》，中华书局，1984年，第8页。

③ 朱熹：《四书章句集注·论语集注》卷一，中华书局，1983年，第49页。

④ 黄式三：《论语后案》卷一，道光甲辰(1844)活字本，第8页。

⑤ 毛奇龄：《四书胜言》，《皇清经解》卷一八四，文渊阁《四库全书》本，第210册，上海古籍出版社，1987年，第7页。

⑥ 戴望：《戴氏论语注》卷一，同治十年(1871)刻本，第2页。

⑦ 潘维城：《论语古注集笺》卷一，江苏书局光绪七年(1881)本，第11页。

⑧ 黄式三：《论语后案》卷一，道光甲辰(1844)活字本，第8页。

续表

姓名	时代	出处	训释
戚鹤泉	清	黄式三《论语后案》引	字
刘宝楠	清	《论语正义》	别有一书，如《弟子职》之类
康有为	清	《论语注》	凡一切学术著之文字者
杨伯峻	现代	《论语译注》	文献
李泽厚	现代	《论语今读》	文献知识

二 旧注献疑

综合诸家之论，可以归为以下四大类。

第一类是以文本释“文”，对于马融所言“古之遗文”无论理解为“六经”还是“一切学术著之文字者”，抑或“别有一书”，都是把“学文”理解为学习文本。

第二类是以“道艺”释“文”，这是技能，而非文本。

第三类是以“文质”立论，认为“学文”之“文”是指与“质”相对的外在仪文。

第四类是以“文字”释“文”，以“小学”释“学文”。

第一类中，“六经”之说不可信，孔子之时，尚无“六经”一名。若言“别有一书”，仅是臆想，并无实据。泛称文献，则似有可能。据《左传》《国语》等典籍，春秋时人屡引《诗》《书》，而列国皆有史文，则当时确有文献。但用于此章，似不合情理。当时篇籍著于简牍，流传不易。且“学术”虽在“下移”过程中，普通人(即便是贵族)若欲观览《诗》《书》、国史，恐怕并不容易。“行有余力，则以学文”，所“行”者即前所列“弟子”(皇疏曰：“言为人子弟者”)所应行的五事：入则孝、出则悌、谨而信、泛爱众、亲仁。这无异于一篇缩略的《弟子职》：一方面说明孔子此言是对一般年少者而发；另一方面也说明行此五者之余，所从事者，不应烦难如博览典籍。

其实，综观《论语》中“文”的用例，并无一处可指实为文本典籍，兹举最“疑似”者数例并辨析之，如下。

《八佾》篇云：“夏礼吾能言之，杞不足征也；殷礼吾能言之，宋不足征也。文献不足故也。足，则吾能征之矣。”《集解》云：“郑曰：‘献，犹贤也。我不以礼成之者，以此二国之君文章贤才不足故也。’”[①]此“文章”指的是礼乐法度。直到朱熹《集注》，才以“典籍”释“文献”之“文”。[②]按郑玄言“文章”，不误，《泰伯》篇云：“巍巍乎，其有成功也，焕乎其有文章。”[③]这是赞美尧的，既然可以赞美尧“有文章”，也就可以说“二国之君”“文章不足”。《礼记·大传》云：“考文章，改正朔。”郑玄注曰：“文章，礼法也。”[④]礼法既然可“考”，也就能以现行的礼法“征”古礼。孔子之所以言杞、宋两国，是因为两国为夏商两代之后的封国，两国所行礼法可能尚有夏商之礼的风貌，所以想去

① 阮元校刻：《十三经注疏·论语注疏》卷三《八佾第三》，中华书局，1980年，第2466页。

② 朱熹：《四书章句集注·论语集注》卷二，中华书局，1983年，第63页。

③ 阮元校刻：《十三经注疏·论语注疏》卷八《泰伯第八》，中华书局，1980年，第2487页。

④ 阮元校刻：《十三经注疏·礼记正义》卷三四《大传第十六》，中华书局，1980年，第1506页。

亲身感受一下作为印证，“贤者”也是指精于礼法者。并不是要查考两国的文本资料。“夏礼”“殷礼”，孔子“能言之”，倒正可能是得益于文本典籍，想要用杞、宋两国实际施行的礼法印证之。《礼记·礼运》云：“我欲观夏道，是故之杞，而不足征也，吾得夏时焉。我欲观殷道，是故之宋，而不足征也，吾得坤乾焉。坤乾之义，夏时之等，吾以是观之。”[①]如果我们相信这则材料的真实性，也正能说明“不足征”是亲身体验后的失望之词，所以只能用《夏时》(《夏小正》)、《坤乾》(殷易《归藏》)“观之”。

《雍也》篇云：“君子博学于文，约之以礼，亦可以弗畔矣夫！”[②]此“文”字，旧注皆误。此章定州汉墓竹简本“文”上无“学”字。[③]“博于文”而又“约之以礼”，当与《子罕》篇子贡所说“博我以文，约我以礼”[④]参看。而欲理解后者，又须参照《公冶长》篇同为子贡之言的“夫子之文章，可得而闻也；夫子之言性与天道，不可得而闻也”[⑤]，这几处的“文”“文章”都是指文辞，“博于文”犹言“文辞富赡”。善于辞令的人往往容易逞口舌之快，显得骄横跋扈，所以要“约之以礼”，才可以“弗畔”，“畔”字当从黄怀信解，犹《诗经·大雅·皇矣》“帝谓皇矣，无然畔援”之“畔援”，郑笺：“畔援，犹跋扈也。”[⑥]黄怀信先生引用，误将《诗经·大雅·皇矣》写作《诗经·大雅·文王》，误将“无然畔援”写作“无然畔换”，今据原文更正。

《颜渊》篇曾子曰：“君子以文会友，以友辅仁。”刘宝楠《论语正义》云：“‘文’，谓《诗》《书》、礼、乐也。‘以文会友’，谓共处一学者也。”[⑦]是以文籍释“文”，误。《集解》孔曰：“友以文德合。”皇疏曰：“言朋友相会，以文德为本也。”[⑧]《季氏》篇云：“故远人不服，则修文德以来之。”[⑨]国家可以文德来远人，个人可以文德聚朋友也。《说文》云：“会，合也。”[⑩]《广雅》云：“会，聚也。”[⑪]《周易·象传》云：“小畜，君子以懿文德。”[⑫]“畜”亦是“会聚”义。所以“君子以文会友”是君子以己之文德合聚友朋，非谓与友切磋文籍。“文德”于朝廷则为礼乐教化，于君子则为礼仪德行。戴望将“文”释作“礼文”，尚可。但他又说：“有吉事，则乐与贤者欢成之；有凶事，则欲与贤者哀戚之。”[⑬]这里将“文”仅理解为特定场合下的礼仪，亦不准确。

《先进》篇云：“德行。颜渊、闵子骞、冉伯牛、仲弓。言语。宰我、子贡。政事。冉有、季路。文学。子游、子夏。”皇疏引范宁曰：“文学，谓善先王典文。”[⑭]其实这一章并非《论语》原文，而是汉代人读前一章“子曰：‘从我于陈蔡者，皆不及门也’”时附记的，误入正文。钱穆即将此章并入上章，认为“非孔子语”，而是“因孔子言而附记

---

① 阮元校刻：《十三经注疏·礼记正义》卷二一《礼运第九》，中华书局，1980年，第1415页。

② 阮元校刻：《十三经注疏·论语注疏》卷六《雍也第六》，中华书局，1980年，第2479页。

③ 河北省文物研究所定州汉墓竹简整理小组：《定州汉墓竹简〈论语〉》，文物出版社，1997年，第29页。

④ 阮元校刻：《十三经注疏·论语注疏》卷九《子罕第九》，中华书局，1980年，第2490页。

⑤ 阮元校刻：《十三经注疏·论语注疏》卷五《公冶长第五》，中华书局，1980年，第2474页。

⑥ 黄怀信：《论语汇校集释》，上海古籍出版社，2008年，第540页。

⑦ 刘宝楠：《论语正义》卷一五《颜渊第十二》，中华书局，1990年，第513页。

⑧ 何晏集解，皇侃义疏：《论语集解义疏》卷六《先进第十一》，商务印书馆，1937年，第174页。

⑨ 阮元校刻：《十三经注疏·论语注疏》卷一六《季世第十六》，中华书局，1980年，第2520页。

⑩ 许慎：《说文解字》，中华书局，1963年，第109页。

⑪ 王念孙：《广雅疏证》卷三下《释诂》，中华书局，1983年，第94页。

⑫ 阮元校刻：《十三经注疏·周易正义》卷二，中华书局，1980年，第27页。

⑬ 戴望：《戴氏论语注》卷一二《颜渊第十二》，同治十年(1871)刻本，第5页。

⑭ 何晏集解，皇侃义疏：《论语集解义疏》卷六《先进第十一》，商务印书馆，1937年，第146页。

及之”，理由有两条，一是“若记孔子语，则诸弟子当称名，不称字”；二是四科中前三科所列弟子都是较早师从孔子的，可称“先进”，而第四科“文学”所列子游、子夏“属后进，亦不从在陈蔡”。[①]按：这一段确非孔子所言，但如果说是弟子或再传弟子附记及之，也不合理。一者可列入四科的弟子尚多；二者提到的诸人年龄相差甚大，不能一时并集。愚意以为这段文字实是汉代人依据《论语》中各人的事迹表现以及关于孔子“厄于陈蔡”的传说随手写于简上，传抄中被误以为是正文。将“文学”列为一科，恰恰暴露出此属于汉代人口吻，《汉书·董仲舒传》云：“武帝即位，举贤良文学之士前后百数。”[②]“文学”指经学，武帝崇儒，经学之士得以进身。子游、子夏于经学传承上是很重要的人物，故名列“文学”科。总之，此章疑窦丛生，不可作为“文”为文籍之义的证据。

第二类观点是将“文”释为“道艺”，即技艺。但是我们在典籍中找不到将技艺称为“文”的显例。就《论语》而言，倒是有反例。《宪问》篇记孔子曰：“若臧武仲之知，公绰之不欲，卞庄子之勇，冉求之艺，文之以礼乐，亦可以为成人矣。”[③]“冉求之艺”的“艺”是指技艺，多才多艺如冉求，尚要“文之以礼乐”，说明技艺并不能称为“文”。而且，“六艺”中包括“礼”“乐”，为什么有“艺”尚要“以礼乐”“文之”呢？可见在当时的使用习惯下，“艺”通常指比较具体实用的技能，即便包括“礼乐”，也是技术性、职业化的，与作为贵族的修养质素、气质风貌的“礼乐”是有区别的。“艺”字的本义是种植，而“文”字的本义是花纹、纹理(《说文解字》曰：“文，错画也。象交文，今字作纹。”[④])。前者是劳作，而后者是装饰，在含义的发端处就已经有了相悖的趋向。

第三类观点认为“文”是与“质”相对的外在仪文，这在《论语》中就能得到旁证。如《雍也》篇：“质胜文则野，文胜质则史。文质彬彬，然后君子。”[⑤]又如《颜渊》篇云：“君子质而已矣，何以文为？”“文犹质也，质犹文也。”[⑥]回到“则以学文”所在的这章来看，“弟子入则孝，出则悌，谨而信，泛爱众，而亲仁”这一系列德行，正可以说是“质”，“学文”则是以文辅质，是可以说得通的。但是若泛泛而言仪文，“弟子”入孝出悌等等都须以仪文体现出来，如《礼记·内则》所言细节即是孝悌之行，怎能待“行有余力”而后学之？

第四类以“文字”释“则以学文”之“文”，《说文解字·序》云：“依类象形，故谓之文。其后形声相益，即谓之字。”[⑦]《左传》宣公十二年云：“夫文，止戈为武。”杜预注：“文，字。”[⑧]“文”固可以训“字”，但若言“学文”是学字、“小学”，恐亦未安。以“小学”为文字学、训诂学，汉代始有，若于先秦言“小学”，则只能指“六艺”之“书”，“行有余力”而“学”，若以“六艺”言，不当偏举一项而不及其他。戴望举“《周官》：八岁入小学，保氏教国子先以六书”为证，而且，《论语》也并无一“文”字可指实为应释“字”者。兹举一例最“疑似”者辨析如下。

---

① 钱穆：《论语新解》，巴蜀书社，1985年，第259页。

② 班固：《汉书》卷五六《董仲舒传》，中华书局，1962年，第2495页。

③ 阮元校刻：《十三经注疏·论语注疏》卷一四《宪问第十四》，中华书局，1980年，第2511页。

④ 许慎：《说文解字》，中华书局，1963年，第185页。

⑤ 阮元校刻：《十三经注疏·论语注疏》卷六《雍也第六》，中华书局，1980年，第2479页。

⑥ 阮元校刻：《十三经注疏·论语注疏》卷一二《颜渊第十二》，中华书局，1980年，第2503页。

⑦ 许慎：《说文解字》，中华书局，1963年，第1页。

⑧ 阮元校刻：《十三经注疏·春秋左传正义》卷二三，中华书局，1980年，第1882页。

《卫灵公》篇孔子曰：“吾犹及史之阙文也。有马者，借人乘之，今亡矣夫！”[①]这是《论语》中最令人费解的一章，古来注解多牵强附会。《汉书·艺文志》引此章，无“有马者，借人乘之”一句，当是《公冶长》篇“愿车马衣轻裘与朋友共”一句的注释误窜入正文，又错简于此。对于此章的理解，尽管说法各异，但都是将“史之阙文”视为一个短语，释“文”为“字”，认为指的是史官于字有疑处阙之。可是，若如此解，后面“今亡矣夫”是什么意思呢？注家虽百计连贯，依然无法疏通。其实，此章当以“吾犹及史之阙”为一句，阙，《广韵》云：“失也。”[②]《雍也》篇云：“质胜文则野，文胜质则史。”《集解》引包曰：“野如野人，言鄙略也。史者，文多而质少。”[③]“史”之失正在于“文多而质少”，过于讲究仪文、辞令，孔子说“吾犹及史之阙”，是说自己也有过这个毛病，“文也”当是注文窜入，即便是正文，也是点明“史之阙”在于“文”，当自为一句，“今亡矣夫”是说自己现在没有这个毛病了。这段话应该与“予欲无言”(《阳货》篇)[④]、“绘事后素”(《八佾》篇)[⑤]、“丧礼：与其哀不足而礼有余也，不若礼不足而哀有余也”(《礼记·檀弓上》)[⑥]等属于同时期。《论语》中相邻几章往往在主旨上类似，在“吾犹及……”一章的前一章，是“吾之于人也，谁毁谁誉……”，而后一章则是“巧言乱德……”，都是与文辞有关的。

三 “学文”之“文”义为文辞

笔者认为，要对此章的“文”“学文”做出恰当的诠释，首先应该参考《论语》中与“学”有关的“文”的用例。《雍也》篇“君子博学于文，约之以礼”就是一例，前已言之，“博学于文”之“文”是文辞、辞令之义。又《述而》篇云：“子以四教。文、行、忠、信。”皇疏引李充曰：“其典籍辞义谓之文，孝悌恭睦谓之行，为人臣则忠，与朋友交则信。”[⑦]但这样解释是有问题的，《四书辨疑》云：

> 行，为所行诸善之总称，忠与信特行中之两事。存忠信便是修行，修行则忠信在其中矣。既言“修行”，又言“而存忠信”，义不可解。古今诸儒解之者多矣，皆未免为牵强。王滹南曰：“夫文之与行固为二物，至于忠信，特行中之两端耳，又何别为二教乎？
>
> 读《论语》者，圣人本意固须详味，疑则阙之。若夫弟子之所志，虽指称圣人，亦当慎取，不必尽信也。”此盖谓弟子不善记也，所论极当，可以决千古之疑。[⑧]

王滹南对此章难解之处有着充分的认识，但因为难解而怀疑此章的可信度，未免轻率。

《论语》中屡言“忠信”，《子罕》篇言“主忠信”，又错简于《学而》篇，《集解》

---

① 阮元校刻：《十三经注疏·论语注疏》卷一五《卫灵公第十五》，中华书局，1980年，第2518页。

② 《宋本广韵》卷五，影印泽存堂本，中国书店，1982年，第458页。

③ 阮元校刻：《十三经注疏·论语注疏》卷六《雍也第六》，中华书局，1980年，第2479页。

④ 阮元校刻：《十三经注疏·论语注疏》卷一七《阳货第十七》，中华书局，1980年，第2526页。

⑤ 阮元校刻：《十三经注疏·论语注疏》卷三《八佾第三》，中华书局，1980年，第2466页。

⑥ 阮元校刻：《十三经注疏·礼记正义》卷七《檀弓上》，中华书局，1980年，第1285页。

⑦ 何晏集解，皇侃义疏：《论语集解义疏》卷四《述而第七》，商务印书馆，1937年，第95页。

⑧ 陈天祥：《四书辨疑》卷九，文渊阁《四库全书》本，第202册，上海古籍出版社，1987年，第395页。

云:"主,亲也。"皇疏曰:"以忠信为百行之主。"[①]《〈论语〉译说》不同意皇疏,认为"'主'字释为'根本'更妥当"。[②]无论怎样解释,"主忠信"一语应是孔子在"士行"方面做出的告诫。《颜渊》篇又言"主忠信,徙义,崇德也。"[③]这依然是关于"士行"的言论。另一方面,《卫灵公》篇子曰:"言忠信,行笃敬,虽蛮貊之邦,行矣。言不忠信,行不笃敬,虽州里行乎哉?"[④]则"忠信"一词又可用于言辞方面。《论语》中颇不乏"言""行"并举之例,除了此章之外,如《公冶长》篇曰:"始吾于人也,听其言而信其行;今吾于人也,听其言而观其行。"[⑤]又如《宪问》篇子曰:"邦有道,危言危行;邦无道,危行言孙。"[⑥]言行一致固为孔门所反复强调者。参照这些,再看"文行忠信",则"文"正应释为言辞,所谓"子以四教"也并非简单的四项并列,而是错综言之的,"文行忠信"应为:文忠、文信、行忠、行信,于言、行两方面都忠、信也。

尽管《论语》中有对"巧言令色"的疾恶,有对言行不一的斥责,甚至说"君子欲讷于言,而敏于行"(《里仁》篇)[⑦]、"仁者其言也讱"(《颜渊》篇)[⑧],但这些都只是对玩弄言辞者的疾恶,而并非对辞令本身的否定。实际上,孔子对文辞还是相当重视的。有史料可证,《左传》襄公二十七年云:"六月丁未朔,宋人享赵文子,叔向为介。司马置折俎,礼也。仲尼使举是,礼也,以为多文辞。"疏:"盖于此享也,宾主多有言辞,时人迹而记之。仲尼见其事,善其言,使弟子举是宋享赵孟之礼,以为后人之法,丘明述其意,仲尼所以特举此礼者,以为此享多文辞,以文辞可为法,故特举而施用之。"[⑨]襄公二十五年的"仲尼曰"也强调了文辞的重要性:"《志》有之:'言以足志,文以足言。'不言,谁知其志?言之无文,行而不远。晋为伯,郑入陈,非文辞不为功。慎辞哉!"正如陈戍国所说,"言与志的关系,言与文的关系,言与行的关系,言与文的必要性与重要性,'慎辞'的重要性,孔子都考虑到了,足为后世鉴戒。"[⑩]《论语》中,当听到棘成子曰"君子质而已矣,何以文为"时,子贡对这种观点进行了批驳:"惜乎,夫子之说君子也,驷不及舌。文犹质也,质犹文也。虎豹之鞟,犹犬羊之鞟。"[⑪]对那种过于强调"质"忽视"文"的倾向和论调起到矫枉的作用。与"质"相对的"文"是包括"行"之仪文、"言"之文辞两方面的。

上博简《孔子诗论》被认为是关于孔门诗教的可靠史料,其中所记孔子论诗之言两用"文"字,如说《邦风(国风)》的特点:"其言文,其声善。"原考释:"指《邦风》诸诗的辞言有文采。"[⑫]又:"诗亡隐志,文亡隐意,乐亡隐情。"[⑬]"文"在这里指诗的文辞,

---

① 何晏集解,皇侃义疏:《论语集解义疏》卷一《学而第一》,商务印书馆,1937年,第8页。

② 古棣、戚文、周英:《孔子批判(下)·〈论语〉译说》,时代文艺出版社,2001年,第308页。

③ 阮元校刻:《十三经注疏·论语注疏》卷一二《颜渊第十二》,中华书局,1980年,第2503页。

④ 阮元校刻:《十三经注疏·论语注疏》卷一五《卫灵公第十五》,中华书局,1980年,第2517页。

⑤ 阮元校刻:《十三经注疏·论语注疏》卷五《公冶长第五》,中华书局,1980年,第2474页。

⑥ 阮元校刻:《十三经注疏·论语注疏》卷一四《宪问第十四》,中华书局,1980年,第2510页。

⑦ 阮元校刻:《十三经注疏·论语注疏》卷四《里仁第四》,中华书局,1980年,第2472页。

⑧ 阮元校刻:《十三经注疏·论语注疏》卷一二《颜渊第十二》,中华书局,1980年,第2502页。

⑨ 阮元校刻:《十三经注疏·春秋左传正义》卷三六,中华书局,1980年,第1995页。

⑩ 陈戍国:《春秋左传校注》,岳麓书社,2006年,第686页。

⑪ 阮元校刻:《十三经注疏·论语注疏》卷一二《颜渊第十二》,中华书局,1980年,第2503页。

⑫ 马承源主编:《上海博物馆藏战国楚竹书(一)》,上海古籍出版社,2001年,第130页。

⑬ 释读从李学勤先生说,见李学勤:《谈〈诗论〉"诗亡隐志"章》,《清华简帛研究》第二辑,清华大学思想文化研究所,2003年3月。

"文"与"乐"统一于"诗","意"与"情"统一于"志",前者是形式,后者是实质。诗在春秋时期是贵族之间交流常用的特殊辞令,是文辞之一种。《论语·季氏》篇记载孔子对其子孔鲤说:"不学诗,无以言。"戴望注:"古者卿大夫交接邻国,以微言相感,至揖让之际,必称诗以谕其志,故不学诗无以言也。礼者,所以立仁义之中。"[①]"不学诗"为何就"无以言",戴望联系到贵族"以微言相感"则甚是,但不当仅限于"交接邻国"。"无以言"犹今人说"无法与人正常交流",但交流的对象是有限制的,是贵族之间的交流,而且与政治密切相关。不学诗,就不具备赋诗、引诗的能力,就不能恰当地表达自己的意志或者理解别人所表达的意旨。

"文"与"质"和"言"与"行",这两对范畴统一在"礼"中,文辞可以说是"语言的艺术",我们只有将其放在"礼"中才能理解其重要性。顾炎武在《日知录》中论春秋、战国之别曰:"春秋时,犹尊礼重信,而七国则绝不言礼与信矣。"[②]春秋时期的"尊礼"可以在《左传》《国语》等典籍中看到,而文辞也正是作为礼仪的一部分而受到强调。日常语言经过文饰而用于礼仪,《礼记·曲礼》中有很多例子,而《仪礼》中所记不同礼仪中的那些套语、祝辞等也是。这些只是文辞中最基本的部分,也是比较固定的、常识性的部分。贵族在日常生活中根据场合、对象等因素的不同,会有更加灵活多样的文辞,文辞的运用也是评判其是否"有礼"的重要标准。而且,春秋时期王室衰微,诸侯国之间的关系日渐重要,国际交往和争端充斥着春秋史。因与国际事务牵连在一起,各诸侯国内部的社会结构和矛盾也在发生着多样的变化。在这样的时代背景下,辞令的重要性被凸显出来,前面所引《左传》襄公二十五年"仲尼曰"所言"晋为伯,郑入陈,非文辞不为功",也正指出了文辞在政治层面上的必要性和重要性。当然,正因为文辞非常重要,也就会有便给巧佞之人玩弄辞令以文过饰非,这样的人和这样的现象,当时一定不少,春秋晚期王室内乱的主角王子朝就是一个例子,《左传》昭公二十六年记载他兵败奔楚,写了一封公开信给各国诸侯,措辞典雅,把自己的动机和行为说得非常正当。鲁国的闵马父"闻子朝之辞",说:"文辞以行礼也。子朝干景之命、远晋之大,以专其志,无礼甚矣!文辞何为?"[③]文辞是用来行礼的,王子朝所行无礼,文辞就失去了意义。闵马父的这番话,与孔子关于言辞的主张是一致的。

最后,我们再回过头看《学而》篇的原文,孔子说:"弟子入则孝,出则悌,谨而信,泛爱众,而亲仁。行有余力,则以学文。"在当时的时代背景下,既提倡学习文辞,又强调文辞的学习应以孝悌、忠信、爱仁为根基,这表现了孔子言行观所具有的丰富内涵。

---

① 戴望:《戴氏论语注》卷一六,清同治十年(1871)刻本,第4页。

② 顾炎武:《日知录》,岳麓书社,1996年,第467页。

③ 阮元校刻:《十三经注疏·春秋左传正义》卷五二,中华书局,1980年,第2115页。

清华简《越公其事》与黄老之学的源起

北京邮电大学 民族教育学院 刘成群

摘要：清华简《越公其事》的公布，为我们了解吴越争霸的历史提供了许多新信息，其中最重要的当属所谓的『五政』。『五政』中的『好农』『好信』『敕民』等环节具有黄老之学的某些特点。与从理论角度阐释不同，『五政』乃是从实践层面展示了黄老之学萌生期的特征，从而给黄老之学起源于越地这一命题增添了重要的证据。

关键词：清华简；《越公其事》；五政；黄老之学

2017年4月,《清华大学藏战国竹简(柒)》公布了新一批整理成果。这批成果共收录《子犯子余》《晋文公入于晋》《赵简子》《越公其事》竹简四篇,均为传世文献和以往出土材料所未见之逸篇。《越公其事》共十一章,全篇由七十五支竹简组成,竹简长约41.6厘米,宽约0.5厘米,简背有划痕。《越公其事》在字形上与《清华大学藏战国竹简(柒)》中的《子犯子余》《晋文公入于晋》《赵简子》及《清华大学藏战国竹简(陆)》中的《郑武夫人规孺子》《郑文公问太伯(甲、乙)》《子仪》字形一致,当出于一人之手。据整理人员介绍,相同笔迹的文献"还有一些将陆续公布"①。

《越公其事》内容主要叙述越王勾践向吴求和后励精图治,积蓄力量,最终灭吴的全过程。以往说起越王勾践复仇,常常会强调"卧薪尝胆"的作用。但"卧薪尝胆"近乎一个励志的传说,而并非具体的制度与策略。勾践复仇,仅靠精神激励就战胜了强大的吴国,其说似乎过于浪漫。清华简《越公其事》的发现,为我们消除了很多疑窦,尤其是其中的"五政",不但演示了勾践励精图治从而崛起的全过程,而且对于重估黄老之学的源起问题实是意义非凡。在这里,我们就"五政"与黄老的源起展开论述,并以此求教于治先秦思想的方家同好。

一

2008年底,清华大学出土文献研究与保护中心委托北京大学重离子物理教育部重点实验室、第四纪年代测定实验室,对清华简中的无字残简标本进行了AMS碳14年代测定,经过树轮矫正后,得到的数据为公元前305±30年。也就是说,抄写《越公其事》的年代距离吴越争霸时期仅有一百多年,当然,抄手在抄写时可能存在一定的润色,但完全出于杜撰的可能性极低,其原因有三:

首先,《越公其事》全篇字迹清晰,表现出明显的楚文字特征。文字较为扁平,笔画细匀,颇有筋骨。从文字角度来看,抄手当系楚人,但其所抄史料涉及郑国、晋国和越国,当有来自这些国家的原始材料作为底本。李学勤曾就《郑武夫人规孺子》等文献指出:"'清华简'中有如此多的篇目内容涉及郑国,是否暗示这批文献是由郑国传入楚地,是特别值得我们思考的问题。"②若遵循这一思路追溯,《子犯子余》《晋文公入于晋》《赵简子》等文献的原始材料当源自晋国,而《越公其事》的原始材料则当源自越国。一般来说,抄手在抄写原始材料时往往会因袭原始材料的书写特点,如清华简《保训》从字形特点来看,"较多地保留了三晋文字的特征"③,另外,如清华简《良臣》《筮法》也均"带有明显的晋系文字特征"④,《越公其事》文字虽明显属于楚文字,但也有一些文字与通行的楚文字写法不同,譬如"祉"字,清华简的一些篇目如《金縢》《祭公》《周公之琴舞》《芮良夫毖》等均作"祉",另外如包山简、郭店简的相关篇目也均作"祉",甚

* 收稿日期:2018-03-12。

* 基金项目:国家社会科学基金重大项目"清华简与儒学经典的形成发展研究"资助(项目批准号:16ZDA114)。

① 李学勤主编:《清华大学藏战国竹简(柒)》,中西书局,2017年,第112页。

② 邓晖:《"清华简"发布最新成果 揭示早期郑国历史》,《光明日报》2016年4月17日,第4版。

③ 程浩:《清华简〈保训〉源自三晋文献说》,载曾军主编:《文史与社会:首届东亚"文史与社会"研究生论坛论文集》,上海大学出版社,2012年,第229页。

④ 刘光胜:《从清华简〈筮法〉看早期易学转进》,《历史研究》2015年第5期,第81页。

至某些楚地铜器如酓前鼎亦作“礻工”。[①]正是因为楚文字“礻工”均作左右结构的“礻工”，所以才有学者指出：“目前所见楚系文字中的‘礻工’都是读右边的‘工’声。”[②]与众不同的是，《越公其事》中的“礻工”却作“”[③]，“”这样一个特异的写法目前不见于任何楚文字资料，大概是因袭原始材料的结果。“”或为越地“礻工”的写法亦未可知。此外，《越公其事》中还存在不少生字，如“”“”“”“”“”等，这些生字均不见于以往出土的楚文字资料，或许属于越地的特有文字。[④]

其次，《越公其事》在描写吴王夫差时将其塑造得谦卑至极，如果说第十一章描写吴王战败后向勾践低头求饶尚合情理的话，那么吴王起师伐越时的一些言行就颇不合逻辑了。如当越国求和时，吴王的反应居然是“思道路之修险，乃惧”，而且还对申胥说：“今我道路修险，天命反侧。中半死矣。今彼新去其邦而笃，毋乃豕斗，吾于胡取八千人以会其死？”[⑤]若是如此惴惴不安，那又何必主动兴兵伐越？这一点于理不通。倘使此文献为第三国所杜撰，则没有太多理由弱化吴王。唯一可解释的就是，这批竹简的原始材料源自越国，夫差如此谦卑，当是越国史官在记录这段历史时进行价值判断的结果。

最后，《越公其事》与传世文献多可对读，尤其是与《国语·吴语》《国语·越语》相似度较高。《越公其事》的开头、结尾与《国语·吴语》《国语·越语》的相关记载大致相同，甚至竹简的一些残缺部分可以根据《国语》补出，如开头所缺十五字，整理者就根据《国语·吴语》补为“吴王夫差起师伐越，越王勾践起师逆之”[⑥]。又如第十一章的第六十九简所缺字亦可根据《国语·吴语》补为“服。孤无奈越之先君何，畏天之”[⑦]。此亦可说明，《越公其事》与《国语》当有共同的原始资料作为依据，两者之间出现的差异，当是流传至楚、晋发生异变的结果。另外，《越公其事》亦有内容与《墨子》《韩非子》的相关记载相合，如《越公其事》记载：

> 王监越邦之既敬，无敢躐命，王乃试民。乃窃焚舟室，鼓命邦人救火。举邦走火，进者莫退，王惧，鼓而退之，死者三百人，王大喜，焉始绝吴之行李，毋有往来以交之。[⑧]

而《墨子·兼爱中》云：

> 昔越王勾践好士之勇，教驯其臣，和合之。焚舟失火，试其士曰：“越国之宝尽在此！”越王亲自鼓其士而进之。士闻鼓音，破碎乱行，蹈火而死者左右百人有余。越王击金而退之。[⑨]

---

① 李守奎：《楚文字编》，华东师范大学出版社，2003年，第15页。

② 刘乐贤：《清华简〈金縢〉“礻工”字臆解》，《清华简研究》第一辑，中西书局，2012年，第174页。

③ 李学勤主编：《清华大学藏战国竹简(柒)》，中西书局，2017年，第119页。

④ 楚文字与吴越文字大体属于一系，但也存在不少差异，尤其是有不少奇字无法与已发现的楚文字对应，亦无法释读。见施谢捷编著：《吴越文字汇编》，江苏教育出版社，1998年，第167-186页。

⑤ 李学勤主编：《清华大学藏战国竹简(柒)》，中西书局，2017年，第119页。

⑥ 李学勤主编：《清华大学藏战国竹简(柒)》，中西书局，2017年，第114页。

⑦ 李学勤主编：《清华大学藏战国竹简(柒)》，中西书局，2017年，第150页。

⑧ 李学勤主编：《清华大学藏战国竹简(柒)》，中西书局，2017年，第145页。

⑨ 孙诒让撰，孙启治点校：《墨子间诂》卷四，中华书局，2001年，第105-106页。

《墨子·兼爱下》云：

> 昔者越王勾践好勇，教其士臣三年，以其知为未足以知之也，焚舟失火，鼓而进之，其士偃前列，伏水火而死，有不可胜数也。当此之时，不鼓而退也，越国之士可谓颤矣。①

此外，《吕氏春秋·用民》云："勾践试其民于寝宫，民争入水火"②，《韩非子·内储说上》亦云："燔台而鼓之，使民赴火者"③，记载较为类似。《墨子》《吕氏春秋》《韩非子》等多种文献聚合在一起也可证明，勾践的焚舟试民行为应该有所依据，并非好事者凭空杜撰。而《越公其事》的相关记载再一次证明了这一点。

综上所述，《越公其事》作为有原始材料为底本依据的文献，其记载吴越历史的真实性是不容低估的。

二

《越公其事》的发现，对研究春秋时代吴越争霸的历史价值甚大。同传世文献不同的是，此文本以八章的篇幅，详尽地描述了勾践励精图治过程中所执行的"五政"策略。此"五政"一曰"好农"，二曰"好信"，三曰"征人"，四曰"好兵"，五曰"饬民"。所谓"好农"，首先表现在"王亲自耕，又有私畦"，其次表现在"王亲涉沟淳泑，日靖农事以劝勉农夫"。有一个细节尤需注意，即勾践带着"熟食脂醢脯羹"，赐予"农夫老弱勤历者""农夫稽顶足见，颜色顺比而将耕者"以及与劝耕有关的有察、有司、王左右之臣属。在勾践的带领下，越国的农业生产出现兴旺的局面，如简文曰：

> 陵陆陵稼，水则为稻，乃无有闲草。凡王左右大臣，乃莫不耕，人有私畦。举越庶民，乃夫妇皆耕，至于边县小大远迩，亦夫妇皆……越邦乃大多食。④

在发展农业生产的基础上，勾践又举"好信"之政，通过一系列措施，使越之庶民在交接、言语、货资、市贾层面"无敢反背欺诒"。为了达到这一效果，勾践重点进行制度建设，用以规范市场行为。如简文曰：

> 乃修市政。凡群度之不度，群采物之不对，佯媮谅人则刑也。□□□而□债贾焉，则诘诛之。凡市贾争讼，反背欺诒，察之而孚，则诘诛之。因其过以为之罚。⑤

不仅如此，勾践还把不增税作为政权取信于民的手段，简文记载：

> 凡边县之民及有官师之人或告于王廷，曰："初日政勿若某，今政重，弗果。"凡此类也，王必亲见而听之，察之而信，其在邑司事及官师之人则废也。凡城

① 孙诒让撰，孙启治点校：《墨子间诂》卷四，中华书局，2001年，第126页。
② 吕不韦著，陈奇猷校释：《吕氏春秋新校释》卷一九，上海古籍出版社，2002年，第1280页。
③ 王先慎：《韩非子集解》卷九，中华书局，1998年，第231页。
④ 李学勤主编：《清华大学藏战国竹简(柒)》，中西书局，2017年，第130页。
⑤ 李学勤主编：《清华大学藏战国竹简(柒)》，中西书局，2017年，第133页。

> 邑之司事及官师之人，乃无敢增益其政以为献于王。[①]

在达到“好信”之后，下一个措施就是“征人”。所谓“征人”，就是征四方之民，以实现人口的增长。其具体措施是，“由贤由毁，有爨岁，有赏罚，善人则由，谮民则背。是以劝民，是以收宾，是以勼邑”。由此收到的效果是“东夷、西夷、姑蔑、句吴四方之民乃皆闻越地之多食、政薄而好信，乃颇往归之，越地乃大多人”[②]。

人口增长之后所采取的措施是“好兵”，即扩张军力，使“举越邦至于边县城市乃皆好兵甲，越邦乃大多兵”[③]。最后一项措施乃是“敕民”，具体来说就是“修令”和“审刑”。赏穀之权柄授予大夫文种，而戮杀之权柄授予大夫范蠡。勾践将法度与赏罚公布于越邦，无论庶姓，还是民司事、群禁御，一以律之。即使是王宫之内，亦是如此。这一举措取得的效果也十分明显，尤其是所谓的“失命”，颇为雷厉风行：

> 王有失命，可复弗复，不使命疑，王则自罚。小失饮食，大失馈墨，以砺万民。越邦庶民则皆震动，荒鬼畏勾践，无敢不敬。徇命若命，禁御莫躥，民乃敕齐。[④]

总之，勾践的崛起并非仅靠“卧薪尝胆”这一励志细节就能奏效的。《越公其事》“五政”的公布，使我们看到了有关越国取胜的理性描述，这对细致了解吴越争霸的历史具有非同一般的价值。

“五政”之说在先秦两汉时代的传世文献中并不鲜见，譬如《管子》就有“五政”之说，乃是指因四时而发布的政令；而《鹖冠子》、马王堆帛书《黄帝四经》、长沙子弹库楚帛书的“五正”之说，则指“己身与四方的正”[⑤]，这两种说法均与《越公其事》“五政”关联不大。不过，值得注意的是东汉时代政论家荀悦的《申鉴》一书，其中所载的“五政”曰：“兴农桑以养其生，审好恶以正其俗，宣文教以章其化，立武备以秉其威，明赏罚以统其法，是谓五政。”[⑥]以此“五政”观照汉初政权逐渐崛起的过程，无外乎先休养生息，再兴之以文教、振之以武力这一轨迹。《越公其事》的发现，表明在战国时代也存在一种并不神秘的“五政”之说。汉初政权的崛起或许就参照了此“五政”之说。而荀悦《申鉴》中的“五政”则可以理解为一种具有隔代嗣音效果的理论总结。

司马迁在《史记·吕太后本纪》中记载：

> 孝惠皇帝、高后之时，黎民得离战国之苦，君臣俱欲休息乎无为，故惠帝垂拱，高后女主称制，政不出房户，天下晏然。刑罚罕用，罪人是希。民务稼穑，衣食滋殖。

这里所谓“休息乎无为”指的就是汉初所实行的黄老之术。汉惠帝与吕后政不出房户，而外廷的政治运作则由“其治要用黄老术”的曹参与“本好黄帝、老子之术”的陈平推行。文帝与景帝时代，更是着力推行黄老之术。意识形态上崇尚清静无为，具体措施则

---

① 李学勤主编：《清华大学藏战国竹简(柒)》，中西书局，2017年，第133页。
② 李学勤主编：《清华大学藏战国竹简(柒)》，中西书局，2017年，第137页。
③ 李学勤主编：《清华大学藏战国竹简(柒)》，中西书局，2017年，第140页。
④ 李学勤主编：《清华大学藏战国竹简(柒)》，中西书局，2017年，第141页。
⑤ 李学勤：《〈鹖冠子〉与两种帛书》，《道家文化研究》第一辑，上海古籍出版社，1992年，第342页。
⑥ 荀悦著，吴道传校：《申鉴》卷一，世界书局，1935年，第2页。

主张轻徭薄赋，甚至还开放了山泽、矿产、关口之禁，西汉时代古典商品经济的高潮遂得以形成。汉初七十年，黄老之术借助统治阶层的推动而大行其道，先秦时代停留在理论层面的黄老思想终于在汉初落到了实处。

先秦时代的黄老之学在理论上极为丰富，如“天道论”“因循论”以及四时五行、尊君利民、阴阳刑德等观念皆深邃玄妙，但真正用之于实践者确是微乎其微。《越公其事》“五政”中的“好农”与“好信”环节，恰与汉初黄老政治实践中的休养生息策略一致。也就是说，越王勾践所施行的“五政”措施，其本身就包含一定的黄老因素，关于这一命题，我们在此试详论之。

其一，“五政”中的“好农”与汉初黄老政治中的“以农为本”多有相似之处。《越公其事》记载“王亲自耕，又有私畦”，不仅如此，而且“王亲涉沟淳泑，日靖农事以劝勉农夫”。对于左右大臣及有察、有司，凡对劝农做出贡献的，均有赏赐。国家政权鼓励但不干预农业生产，此之谓休养生息。勾践“好农”可谓先秦时代休养生息的经典案例。到了战国时代，农业技术虽有进一步提高，但各个政权却与休养生息的价值取向脱节了。战国实行普遍授田制，已经为学界所公认。普遍授田制其实是一种以户口控制为前提的制度安排，农民所受土地纳入国家的统一管理，以授田数量为依据向政府交纳赋税和提供徭役。在授田制下，赋税与徭役的剥削十分残酷，从出土的秦简来看，秦代的徭役“过年”与“逾时”、早役、擅兴徭役都是大量存在的，如“无计为徭”①“勿以为徭”②其实就是“逾时”，这对农业生产势必造成巨大的干扰。繁重的赋敛与徭役压在百姓身上，当然与休养生息无关。与战国时代不同，汉初统治者以黄老政治“清静无为”观念治理天下，倡导重视而不干预农业的策略。文帝与景帝时代又进一步强化了“以农为本”的政治主张，仅在汉文帝二年(前 178)到汉景帝后元三年(前 141)，这三十七年的时间里就颁布了十次劝农诏书。汉初的清静无为，也致使国家放松了对土地的控制，使授田制一变而为土地私有。秦代重农，但其目的在“战”；而汉初重农，目的乃在富安。正所谓“汉兴七十余年之间，国家无事”，就不干涉百姓而言，“文景之治”在中国历史上是较为罕见的。

其二，“五政”中的“好信”与汉初黄老政治中的休养生息策略亦可比照。汉初的休养生息政策乃是由重农、轻徭薄赋、崇俭组成的三位一体格局。真正想要休养生息，最直接、最有效的措施就是轻徭薄赋。汉高祖称帝后提出十五税一，汉文帝时期曾两次诏田赋三十税一。而到了汉景帝时期，三十税一成为天下定制。与之类似，“五政”中的“好信”是明令不增税的：

> 凡边县之民及有官师之人或告于王廷，曰：“初日政勿若某，今政重，弗果。”凡此类也，王必亲见而听之，察之而信，其在邑司事及官师之人则废也。凡城邑之司事及官师之人，乃无敢增益其政以为献于王。③

不增税乃至减税是休养生息策略最重要的标志。《国语·越语下》也曾记载勾践“轻其征赋”，甚至说“十年不收于国，民俱有三年之食”。在轻徭薄赋这一层面，勾践“好农”

---

① 睡虎地秦墓竹简整理小组：《睡虎地秦墓竹简》，文物出版社，1990年，第47页。
② 陈松长主编：《岳麓书院藏秦简(肆)》，上海辞书出版社，2015年，第118页。
③ 李学勤主编：《清华大学藏战国竹简(柒)》，中西书局，2017年，第133页。

之政与汉初黄老政治同调，而与秦制重役、重赋的政策大异其趣。

其三，“五政”主张以“修令”和“审刑”来“敕民”，类似于黄老之学主张的“以法断之”。所谓“修令”“审刑”，完全可以归结到“法”这一层面上来。不独法家，黄老之学也是讲“以法断之”的，所以“修令”和“审刑”也是带有黄老色彩的。战国时代的黄老之学普遍讲“道生法”，如《鹖冠子》《管子》《黄帝四经》均载有这一观念。相对而言，《越公其事》所讲“修令”和“审刑”较为具体，尚未臻于那种抽象玄妙的程度。

此外，勾践政权还有意将“修令”和“审刑”运用到规范市场的层面：

> 乃修市政。凡群度之不度，群采物之不对，佯媮谅人则刑也。□□□而□债贾焉，则诘诛之。凡市贾争讼，反背欺诒，察之而孚，则诘诛之。因其过以为之罚。①

规范市场的目的就是排除“竞争约束”与“交易成本约束”，进而能形成较有效率的产权结构。这与新制度经济学所强调的国家理论颇有不谋而合之处。②新制度经济学属于新自由主义思潮的一个支派，而新自由主义思潮的自由秩序理念又与黄老“无为而治”的思路异曲同工。哈耶克在《自由主义社会秩序诸原则》的演讲中就认为，他所谓的自发秩序就是老子所说的：“我无为，而民自化；我好静，而民自正。”③因此，不增税与规范市场既符合现代的新自由主义理念，而且与黄老之术的具体运作同调同归。

对于先秦时代的黄老之学，学界从理论角度阐述者多矣。《越公其事》的发现，让我们得到了先秦时代黄老思想落实在政治实践环节的真实材料，其意义自是不可小觑。

三

黄老之学在战国时代曾兴盛一时，但秦火致使传统文献散失，遂使后世对黄老之学的源起及演变过程所知不多。《史记》的记载亦不成体系，如《史记·孟子荀卿列传》曰：“慎到，赵人。田骈、接子，齐人。环渊，楚人。皆学黄老道德之术，因发明序其指意。”又《史记·乐毅列传》云：

> 乐臣公学黄帝、老子，其本师号曰河上丈人，不知其所出。河上丈人教安期生，安期生教毛翕公，毛翕公教乐瑕公，乐瑕公教乐臣公，乐臣公教盖公。盖公教于齐高密、胶西，为曹相国师。

蒙文通曾借助传统文献对黄老之学进行过梳理，他指出，庄周一派属于南方道家体系，与之对应，黄老之学则属于北方的道家体系。④郭沫若曾较为详细地分析了稷下道家三派，在此基础上指出，黄老之术是“培植于齐，发育于齐，而昌盛于齐的”⑤。以上是依据传统文献深入挖掘而得出的结论。

---

① 李学勤主编：《清华大学藏战国竹简(柒)》，中西书局，2017 年，第 133 页。

② 道格拉斯·C.诺思著，厉以平译：《经济史上的结构和变革》，商务印书馆，1992 年，第 28-29 页。

③ 韦森：《社会制序的经济分析导论》，上海三联书店，2001 年，第 54-55 页。

④ 蒙文通：《略论黄老学》，载《蒙文通文集》第一卷《古学甄微》，巴蜀书社，1987 年，第 284 页。

⑤ 郭沫若：《稷下黄老学派的批判》，载《郭沫若全集》历史编第二卷《十批判书》，人民出版社，1982 年，第 155-187 页。

20世纪70年代后，由于马王堆帛书、郭店简、上博简、清华简等楚地出土资料的发现，本已处于停顿状态的黄老研究得到了重新推进的巨大动力。如唐兰推定马王堆帛书《经法》《十大经》《称》《道原》为《汉书·艺文志》中所载的《黄帝四经》。[①]而高亨指出，《十大经》有可能是《汉书·艺文志》中所载的《黄帝君臣》十篇。[②]关于郭店简，曹峰认为，《太一生水》"用天道来指导人事的政治思想显然和黄老道家最为接近"[③]。关于上博简，曹峰指出："《三德》应该是《黄帝四经》的思想渊源之一"[④]；"在《恒先》中自生模式被采用，是黄老道家政治哲学的需要"[⑤]。而王中江则认为："《凡物流形》的政治思想属于黄老学的谱系。"[⑥]关于清华简，刘成群也指出："《汤处于汤丘》、《汤在啻门》两篇文献，大致处于早期黄老文献向后来较成熟的黄老文献过渡的节点上。"[⑦]

马王堆帛书、郭店简、上博简、清华简等楚地出土资料对于黄老之学的研究具有不可低估的价值，其意义在于不仅"激活了对《管子》、《吕氏春秋》、《淮南子》、《鹖冠子》等传世文献的重新解读"[⑧]，同时，在一定程度上颠覆了以往黄老之学只是在北方流行的刻板认识。恰如丁原明曾指出：

> 从战国到秦汉间的数百年时间里，黄老之学(或曰黄老道家)曾以其独特的风骚而领略于当时的学术园地。黄老之学作为从老庄道家分化出来的新的道家支派，它在战国有两个形成中心，即一是楚国，一是齐国。前者以长沙马王堆汉墓出土的《黄老帛书》、庄子后学中的黄老派、《鹖冠子》等为代表，后者则以稷下先生田骈、慎到等为前奏，并形成以《管子》《心术》《内业》《白心》等为代表的北方黄老道家体系。从战国末，又经过《吕氏春秋》《文子》及一些阴阳家、神仙家和其他道家人物的传播，到西汉则涌现出以曹参等为代表的一批懂黄老之术的政治家和以《淮南子》、司马谈《论六家要旨》为代表的"黄老"学术著作。因此，从思想渊源上说，汉初黄老之学应是战国南北两支黄老之学的一种整合性存在。[⑨]

楚地出土资料对黄老研究最大的贡献就是还原了南方的黄老体系。也就是说，战国时代在齐地和楚地分别形成了黄老之学传播的两大重心。一个需要关注的问题是：战国时代如此兴盛的黄老之学是如何起源的？是齐、楚自产，还是由其他地域传来？厘清这一问题对于理解黄老之学的发展演变过程十分关键。下面试就这一问题探讨之。

《国语·越语下》中范蠡的一些言行颇值得注意，如其曰：

> 持盈者与天，定倾者与人，节事者与地。王不问，蠡不敢言。天道盈而不

---

① 唐兰：《〈黄帝四经〉初探》，《文物》1974年第10期，第49页。

② 高亨、董治安：《〈十大经〉初论》，《历史研究》1975年第1期，第89页。

③ 曹峰：《〈太一生水〉"天道贵弱"篇的思想结构——兼论与黄老道家的关系》，《清华大学学报(哲学社会科学版)》2015年第3期，第164页。

④ 曹峰：《〈三德〉与〈黄帝四经〉对比研究》，《江汉论坛》2006年第11期，第94页。

⑤ 曹峰：《〈恒先〉的气论——一种新的万物生成动力模式》，《哲学研究》2012年第5期，第127页。

⑥ 王中江：《〈凡物流形〉的"贵君"、"贵心"和"贵一"》，《清华大学学报(哲学社会科学版)》2010年第1期，第83页。

⑦ 刘成群：《清华简与先秦时代的黄老之学》，《人文杂志》2016年第2期，第11页。

⑧ 曹峰：《出土文献视野下的黄老道家研究》，《中国社会科学》2013年第2期，第142页。

⑨ 丁原明：《从原始道家到黄老之学的逻辑发展》，《山东大学学报》1996年第3期，第37页。

> 溢，盛而不骄，劳而不矜其功。夫圣人随时以行，是谓守时。天时不作，弗为人客；人事不起，弗为之始。①
>
> 臣闻古之善用兵者，赢缩以为常，四时以为纪，无过天极，究数而止。天道皇皇，日月以为常，明者以为法，微者则是行。阳至而阴，阴至而阳，日困而还，月盈而匡。古之善用兵者，因天地之常，与之俱行。②

从“天道”“天时”“四时”“阴阳”“因”“天地之常”这些关键词来看，《国语·越语下》中的范蠡思想与战国时代流行的黄老之学颇有一致之处。李学勤将《国语·越语下》与马王堆帛书对比，进一步证实了“范蠡思想与战国至汉初盛行的黄老道家及阴阳数术有非常紧密的关系”。此外，他还进一步指出：“《黄帝书》确不迟于战国中期，《越语下》就当是战国前期的作品，和范蠡的时代相近。”③至于《黄帝四经》与《越语下》相近的句子，乃是《黄帝四经》因袭《越语》的结果。

《史记·货殖列传》记载：“昔者越王勾践困于会稽之上，乃用范蠡、计然。”所谓的“计然之策”，其核心思想在于“农末俱利”。统治者制定政策，不能“病农”，因为“农病则草不辟矣”；同时，也不能“病末”，因为“末病则财不出”。只有达到“农末俱利”，才能“平粜齐物，关市不乏”，这才是治国之大道。勾践采用了上述政策，“修之十年，国富”。可见，越国的崛起不仅依赖好农劝耕，商品经济的发展也是其崛起的重要原因。在战胜吴国后，范蠡又用“计然之策”治产积居，遂至巨万，故言富者皆称陶朱公。此为越国商品经济向中原地区拓展的典型案例。在《越公其事》的“五政”中，自然能通过“好农”与“好信”环节寻得“农末俱利”的痕迹。而汉初黄老政治“以农为本”的策略也并不抑商，古典商品经济的高潮因而形成，司马迁所谓“汉兴，海内为一，开关梁，弛山泽之禁，是以富商大贾周流天下，交易之物莫不通”即为明证。尤其值得注意的是，汉初吴国“居国以铜盐故，百姓无赋。卒践更，辄与平贾”。在其他地区编户赋役沉重的情况下，吴国居然无赋，且还要付给服更役者工钱，其目的“乃是和朝廷争夺人口，发展国力”④。这和勾践时代的策略如出一辙。

在《国语·越语下》中，可以看到黄老之学“天道论”“因循论”等理论的萌芽，在《史记·货殖列传》中，也可以看到“农末俱利”思想的初步阐释。陈鼓应认为，“范蠡上承老子思想而下开黄老学之先河”⑤，也就是说，吴越争霸时代所产生的一些思想可视作黄老之学的源起。《越公其事》的发现，证实了越地的某些思想和实践与黄老之学的源起颇有关联。

理论可以指导实践，在实践中也可以总结归纳出理论。一般来说，这两个维度是相辅相成、相得益彰的。范蠡、计然的思想可以具体指导“五政”的实施，同时，在“五政”实施中所得到的经验教训也可以进一步深化范蠡、计然的思想。以往学界从文本出发，颇为强调范蠡、计然思想对黄老之学的作用，如余明光认为黄老思想的起源与吴越战争尤其是范蠡的谋略分不开。⑥白奚认为黄老之学与范蠡的思想关系密切，范蠡之师计

① 徐元诰撰，王树民、沈长云点校：《国语集解》卷二一，中华书局，2002 年，第 575 页。

② 徐元诰撰，王树民、沈长云点校：《国语集解》卷二一，中华书局，2002 年，第 584-585 页。

③ 李学勤：《范蠡思想与帛书〈黄帝书〉》，《浙江学刊》1990 年第 1 期，第 90、98 页。

④ 臧知非：《“算赋”生成与汉代徭役货币化》，《历史研究》2017 年第 4 期，第 40 页。

⑤ 陈鼓应注译：《黄帝四经今注今译——马王堆汉墓出土帛书》，商务印书馆，2007 年，第 7 页。

⑥ 余明光：《“黄老”思想的起源与吴越战争的关系》，《湘潭大学学报(哲学社会科学版)》2002 年第 2 期，第 3-7 页。

然可能就是老子的弟子文子。[①]现在《越公其事》的发现，可以让我们从政治实践的维度去发掘黄老之学的源起问题，因而给黄老之学起源于越地这一命题增添了一定的证据。

如果黄老之学起源于吴越争霸时代的越地，那么它是怎样传播到齐、楚两地的？有关这一问题，陈鼓应曾指出："老子思想的入齐，范蠡有可能是第一个重要的老学传播者。"[②]而白奚认为：

> 范蠡在辅佐越王勾践灭吴霸越之后，使急流勇退，"浮海入齐"，定居于陶(今山东定陶)，开始了后半生的实业生涯，成为远近闻名的"陶朱公"。他所传承的老子道家思想也随着他在实业上的成功而在齐国传播，并最终发展成为道家学派的重要分支——黄老之学。[③]

相比中原各国，楚、越两国在地理上更加靠近，因此相互的影响也要更加明显，尤其是在文化上甚至达到了交融互摄的程度。或谓范蠡思想出自计然，而计然者，乃老子弟子。因此，越国的史料流传至楚国自是不难理解，清华简《越公其事》的原始材料当是在这一意义上由越至楚的。此外，《国语·吴语》与《国语·越语》的原始材料亦当源自吴越，只是后来随着各国交流日益频繁而广泛地扩散开来。

在战国时代，南北两支黄老之学并非彼此孤立，而是存在一定的互动。譬如在北方黄老之学的传播重镇——稷下学宫讲学的诸先生中就有来自楚国的环渊，环渊在齐国颇具影响力，如《史记·田敬仲完世家》中记载其"赐列第，为上大夫"。而清华简《管仲》多阴阳五行思想，"应当是属于《管子》一书的佚篇"[④]。此篇或是来自齐国的篇什，或是齐国管子学派在楚地新发展出的典籍。不管怎么说，在战国时代，齐、楚黄老之学都是存在碰撞与相互影响的。从这个角度来说，黄老之学在越地产生之后，一传至于楚，一传至于齐，想来都应有稳定的传播路径。希望今后随着出土资料的进一步丰富，能帮我们建立起有关黄老之学传播方面的更清晰的图景。

---

① 白奚：《先秦黄老之学源流述要》，《中州学刊》2003年第1期，第134-141页。

② 陈鼓应注译：《黄帝四经今注今译——马王堆汉墓出土帛书》，商务印书馆，2007年，第8页。

③ 白奚：《先秦黄老之学源流述要》，《中州学刊》2003年第1期，第138页。

④ 刘国忠：《清华简〈管仲〉初探》，《文物》2016年第3期，第88页。

刘友益与《资治通鉴纲目书法》

北京师范大学 古籍与传统文化研究院 邱居里

摘要：南宋朱熹著《资治通鉴纲目》（以下简称《纲目》），创纲目体史书以褒贬历史，对后世影响深远。元儒刘友益倾三十年心力，成《资治通鉴纲目书法》（以下简称《书法》）近五十万言，系统阐释《纲目》书法，是宋明间众多羽翼《纲目》的代表作。本文追述刘友益的家世生平，考察《书法》的修撰、考校、刊刻、流传，借助与朱熹《资治通鉴纲目凡例》比较，剖析其编撰体例和宗旨，并以著统为例，探究《书法》对《纲目》的诠释特色，同时，参照南宋尹起莘《资治通鉴纲目发明》，讨论《书法》在学术史和文献史上的影响与价值。

关键词：刘友益；《资治通鉴纲目》；《资治通鉴纲目书法》；《资治通鉴纲目发明》

一　刘友益与《书法》修撰

(一)友益生平与《书法》修撰

刘友益(1248－1332)，字益友，号水窗，吉州永新(今江西永新)人，宋元之际学者。明黄仲昭汇编《通鉴纲目》诸书，著录刘氏为宋人，其后《四库全书》沿袭不改，主要依据是他入元不仕的政治态度。友益实则生于南宋理宗淳祐八年，二十九岁宋亡，入元后存世五十六年，主要生活在元代。

刘氏出生于江西经学世家。九世祖刘敞，临江军新喻(今江西新余)人，是北宋著名的经学家和史学家，著《春秋权衡》《春秋传》《春秋意林》《七经小传》等书，开宋代评议汉儒传注、以己意释经之先声。官至北宋集贤院学士，判南京御史台。孙某，官永新主簿，因家城内之三井，遂占籍焉。后世生齿繁盛，分处永新西门之水窗，此为友益号之由来。友益曾祖刘宗信、父刘绎皆无科名仕历，家道中落。《刘先生墓志铭》云："先生少好学，贫不能得书，从里之多书者借而读之，朝借暮易，暮借朝易，穷昼夜读不绝声，过目辄记。间为人佣书以给膏火，父母怜而禁止之，乃扫别室，幂窗户，竟坐默诵，如是数年。"宋末，乡里豪猾作乱，伯兄真长、从弟人暐皆遇害。友益"绝而复苏"，遂率弟兄迁居永新北乡合东别业。"卜筑高山之间，杜门著书，不与世接。"①"父子兄弟自为师友，乡邻羡之。"②刘氏世传《春秋》之学，"以家学为邑人师"。友益"贯穿六经，包罗百氏，至天文地志、律历象数、山川联落、郡县废置，皆可指画而谈，毫发无遗"③，"尤博洽于史"④。遗憾的是，刘氏没有诗文传世，唯一的著作，即是荟萃其一生学术与心力的《资治通鉴纲目书法》五十九卷。

朱熹据司马光《资治通鉴》(以下简称《通鉴》)《资治通鉴目录》《通鉴举要历》、胡安国《资治通鉴举要补遗》四书，作《资治通鉴纲目》五十九卷，上起周威烈王二十三年(前 403)，下至后周世宗显德六年(959)，上下一千三百六十二年。其中大书以提要者为纲，如《春秋》之经，分注以备言者为目，如《左氏》之传，虽史料价值有限，却开以纲目体史书褒贬历史之先河，对中国近世社会产生深远影响。

书法的探讨，始于古人对孔子《春秋》笔法的研究。刘友益既以《春秋》为家学，自然重视朱熹的《纲目》。"圣人之志，莫大于《春秋》；继《春秋》之迹，莫大于《通鉴纲目》。凡司马氏宜书而未书者，朱子书之；宜正用未正者，朱子正之。"可见友益视《纲目》为效法《春秋》褒贬历史的续麟之作，于是揭示其书法而加以羽翼，使朱子的宗旨大显于天下后世，则成为自己的终身使命。"著《通鉴纲目书法》五十九卷，盖历三十年

＊ 收稿日期：2018-03-12。

① 揭傒斯：《刘先生墓志铭》，载《文安集》卷一三，文渊阁《四库全书》本，第 1208 册，台湾商务印书馆，1982 年影印版，第 289 页。

② 王礼：《遂初堂记》，载《麟原文集》前集卷六，文渊阁《四库全书》本，第 1220 册，台湾商务印书馆，1982 年影印版，第 410 页。

③ 揭傒斯：《刘先生墓志铭》，载《文安集》卷一三，文渊阁《四库全书》本，第 1208 册，台湾商务印书馆，1982 年影印版，第 289 页。

④ 王礼：《遂初堂记》，载《麟原文集》前集卷六，文渊阁《四库全书》本，第 1220 册，台湾商务印书馆，1982 年影印版，第 410 页。

而后成。”[①]是知《书法》开始修撰，大约在元大德六年(1302)，刘氏五十四岁前后。天历二年(1329)，门生冯翼翁携《书法》进呈国子学，全书已经基本完稿。至顺三年(1332)二月，即友益辞世前一月，贺善为《书法》作序，全书最终完成。

据朱熹自序，《纲目》分为四个层次：其一，“表岁以首年”，即在行格外横书甲子以纪年。其二，“因年以著统”，即在每一纪年下的行格内，著录朝代、帝王、年号、年数。其三，“大书以提要”，即以大字提示史事之纲要，作为《纲目》之纲。其四，“分注以备言”，即用双行小字的分注，或详尽陈述史事，或细致择录司马光、胡安国等宋儒的议论，作为《纲目》之目。纪年、著统、提要、分注四者各有其功用，“岁周于上而天道明矣，统正于下而人道定矣。大纲概举，而监戒昭矣；众目毕张，而几微著矣”。要之，以确立正统、褒贬善恶，为统治者提供历史鉴戒。

著统与提要，无疑是《纲目》最重要的部分，由此确定每一个政权的历史地位，评判每一件史事或每一个人物的得失善恶，也最集中体现作者对历史的认识与褒贬。因此，著统与提要各有严格的书法规则：凡正统王朝，必以大字单行书写，非正统政权，只能用双行小字分注，绝不可稍有疏失。提要则“有正例，有变例。正例，如始终兴废，灾祥沿革，及号令征伐，杀生除拜之大者。变例，如不在此例，而善可为法，恶可为戒者，皆特书之也。”[②]这是《纲目》作者最倾注心力的部分，“义正而法严，辞核而旨深”[③]。然而不可否认，也正是由于笔法的简约精微，其宗旨隐晦难明。

刘友益的《书法》，即以著统和提要为诠释对象，意在揭示《纲目》的著统方式，阐发朱熹如何在大字提要中运用春秋笔法，记述褒贬历史。这一撰述宗旨，又决定了《书法》的体例格式。

第一，全部存录朱熹《纲目》中纪年、著统和大字提要的内容，只删除纲下小字分注之目。其格式如下：首先，在行格之上加一横栏，横书甲子以纪年。其次，在纪年下的行格内，顶格列举朝代、帝王、年号、年数以著统。凡正统王朝，如东周、秦、西汉、东汉、蜀汉、西晋、东晋、隋、唐等，用单行大字；非正统政权，如周之列国，秦汉间楚、汉诸国，西汉末之王莽、更始，三国之魏、吴，晋时之十六国，南北朝，隋唐间诸国，五代十国，甚至西汉吕后、唐武周等，皆用小字分注。最后，在著统之下，直接以单行大字提示史事之纲要，每条提要之间，空一字以示间隔。所有这些都是《纲目》的原有内容，《书法》则基本依遵《纲目》原格式，不加更改。

第二，对书法的阐发，列在《纲目》大字提要本条之后，另起行，且每行低二字以示区别。其中《书法》正文亦用单行大字，注文则用单行小字靠右，主要注明事年、列举事例、解释正文等。若一条提要下有多条书法，则用空字间隔以标识。书法之后，又另行顶格接续《纲目》之提要。[④]

《书法》全书共有条目三千三百九十二条，其主要内容是阐发《纲目》寓意褒贬的

① 揭傒斯：《刘先生墓志铭》，载《文安集》卷一三，文渊阁《四库全书》本，第1208册，台湾商务印书馆，1982年影印版，第289页。

② 朱熹：《纲目序例》，载朱熹撰，清圣祖玄烨批：《御批资治通鉴纲目》卷首上，文渊阁《四库全书》本，第689册，台湾商务印书馆，1982年影印版，第3页。

③ 李方子：《纲目后序》，载朱熹撰，清圣祖玄烨批：《御批资治通鉴纲目》卷首下，文渊阁《四库全书》本，第689册，台湾商务印书馆，1982年影印版，第29页。

④ 刘友益：《资治通鉴纲目书法》体例，据北京师范大学图书馆藏元庐陵刘嘉遇刻本残卷。

春秋笔法，这些内容全部出自刘友益的构思，凡三千三百四十条，约占全书的98.5%；其次是帝王赞文，作者是友益门生贺善，凡五十二条，约占《书法》的1.5%。

(二)贺善赞与《书法序》

贺善字仲善，“永新人，出宦族，游龙麟洲(仁夫)、刘水窗两先生之门”[①]。《图书集成》云：“刘水窗修《纲目书法》，于仲善所论说，间采取焉。”[②]实则贺善是友益编撰《书法》的重要助手，其工作主要体现在两方面：一是为《书法》撰写帝王赞文，二是为《书法》作序。

帝王赞文，是对《纲目》记载的重要帝王进行评价，全部用散文写成，不用韵语，短者三四十字，长亦不过四百言。这些赞文收录在《书法》中，置于该帝王去世的提要之下，用“贺善赞曰”标识。

如南朝梁萧衍赞曰：“武帝得国之初，《纲目》首书立赎刑条，赦吉翂死，盖天资近厚故也。其善政亦多有之，征士求言，尊经兴学，礼乐制度，相望于册。是以自汉永平以来，大有年未有书者，于是复书。独其过于慈柔而废国家之法，溺于异教而薄宗庙之礼，志取一城而轻数十万人之命，故再书有罪免，三书舍身，再书作塔，四书淮堰，一书泗堰，《纲目》每深病之。迨夫末年，轻纳叛人，遂不克终，悲哉！”[③]既总结梁武帝统治之得失，又品评其人性之善恶。又如对三国刘备赞曰：“玄德未西，《纲目》多恕辞，领徐州不书自，归操书归许，操以为豫州书诏以为。至书见诸葛于隆中，则《纲目》以来，一书而已。然其得涪城也书据，牧益州也书自，王汉中也书自立，存献帝也。献帝既废，于是特书即皇帝位，如高、光，又揭其纪元而大书之。后、太子书皇，存书帝，没书崩。《纲目》于玄德非私也，唯其正而已矣。”[④]主要分析《纲目》对汉昭烈帝刘备评价的前后书法。

贺善《书法序》指出：“先生既取《纲目》要领，命善为之赞。”可见这些赞文，并非如《古今图书集成》所云，是贺善先前的论说，友益“间采取焉”，而是根据《纲目》的要领和刘氏的编排，由贺善专门为《书法》创作，不仅文体完全一致，而且内容也高度配合，是《书法》的重要组成部分。

《书法》立赞人物的择取，亦见刘氏的匠心。《书法》并没有为《纲目》记载的全部君主作赞，而是视时代而异，精心挑选具有重要地位和影响的五十二位帝王。比如汉、唐等历年长久的统一王朝，《书法》选择范围较宽，为西汉高帝等九位、东汉世祖等八位、唐朝高祖等十四位皇帝立赞。但也有一些非常重要的君主，《书法》不加赞文。一是吕后、武则天等女主，吕后临朝称制，以假子乱正统，武氏革命称周，已自绝于唐庙，故不可以有赞。二是统治出现危机的皇帝，如汉武帝穷兵黩武、唐玄宗安史之乱，也不可以立赞。三是亡国之君，如西汉平帝、东汉献帝、唐哀帝等，亦不为之作赞。

---

① 陶成等：《江西通志》卷七六《人物十一·吉安府二》转引《永新人物志》，文渊阁《四库全书》本，第515册，台湾商务印书馆，1982年影印版，第622页。

② 陈梦雷等：《古今图书集成·氏族典》卷四八六，台湾鼎文书局，1977年影印版，第4268页。

③ 朱熹撰，清圣祖玄烨批：《御批资治通鉴纲目》卷三三，文渊阁《四库全书》本，第690册，台湾商务印书馆，1982年影印版，第650页。

④ 朱熹撰，清圣祖玄烨批：《御批资治通鉴纲目》卷一四，文渊阁《四库全书》本，第689册，台湾商务印书馆，1982年影印版，第843页。

对于秦、西晋、隋等短命的统一王朝，则仅为秦始皇、晋武帝、隋文帝等开国皇帝立赞。显然，完成统一的历史功绩尽管是为他们作赞的依据，但赞文的主要意涵却是在谴责其统治的残酷无道。至于分裂割据时期，赞主多是代表性政权的开国君主，如三国的魏王曹操、魏文帝曹丕和汉帝刘备，东晋南朝的晋元帝、宋文帝、齐高帝、梁武帝、陈武帝，北朝的魏太武帝、东魏高欢、西魏宇文泰、北齐高洋、北周宇文邕等，也有北魏孝文帝这样推进汉化具有历史影响的皇帝。五代则仅为后唐明宗一人立赞，最为严苛。由上可知，赞主的取舍，并非随意而为，而是根据《纲目》与《书法》的宗旨确定，有着严格的标准。

贺善《书法序》作于"至顺壬申二月中和节"，即至顺三年二月初一，而友益卒于是年三月三日，说明序文作于刘氏临终前一月。这一点非常值得注意。贺善是友益门生，无科名、仕历，又非当时的知名人物，其身份似不足以为《书法》增重。何况此前已有揭傒斯和许有壬两篇序文，就身份和名望而言已经足够。那么，为何还要贺善作序？我以为，是友益希望透过序文概括《书法》的主旨。友益本人没有关于《书法》的序跋，仅卷首有《凡例》一篇，总结朱熹《纲目》的书法义例。而贺善作为友益的编撰助手，自然熟谙刘氏《书法》的思想与体例，正是序文的不二人选。友益于临终之前，首肯门生为序，是冀望其准确表达《书法》的要义，肯定该书的地位与价值。贺善也确实不负所托。贺善所作《序》文主要阐述两个问题：

第一，刘友益认为，朱熹"《自序》虽有正例、变例之分，然其二例之中，又各自有正、变"，"其二例中所有变例，乃朱夫子笔削新意，皆有大关涉存焉"。[①]因此，《书法》的阐释，主要在发明朱子的变例。贺善所作《序》文具体列举"存中国、予正统、别世嫡、惜母仪"等二十类史事，逐一说明《纲目》的各类变例，尤其是友益《书法》对朱熹变例的阐发，以概括《书法》的精要所在。

第二，朱熹《纲目》虽在乾道八年(1172)即草成作序[②]，然初稿较粗略，故其后三十年修改不辍[③]。晚年又委托弟子赵师渊协助修订[④]，生前并未完稿椠版。直到南宋嘉定十二年(1219)，朱熹辞世后十九年，《纲目》才由门人李方子在泉州首次刊行。[⑤]因此，世人

① 刘友益：《书法凡例》，载朱熹撰，清圣祖玄烨批：《御批资治通鉴纲目》卷首下，文渊阁《四库全书》本，第689册，台湾商务印书馆，1982年影印版，第37页。

② 朱熹：《纲目序例》，载朱熹撰，清圣祖玄烨批：《御批资治通鉴纲目》卷首上，文渊阁《四库全书》本，第689册，台湾商务印书馆，1982年影印版，第3页。

③ 朱熹有大量书信、奏状等论及《纲目》修订，如《答蔡季通》之十三、十四、五十六，《答李伯谏》一至三，《晦庵续集》卷二、卷四，文渊阁《四库全书》本，第1146册，台湾商务印书馆，1982年影印版，第445、446、453、515-516页；《辞免江东提刑奏状三·帖黄》，《晦庵集》卷二二，文渊阁《四库全书》本，第1143册，台湾商务印书馆，1982年影印版，第463-465页；《答蔡季通》之五、六，《晦庵集》卷四四，文渊阁《四库全书》本，第1144册，台湾商务印书馆，1982年影印版，第276页；《与钟山李缯帖》，载汪砢玉：《珊瑚网·名书题跋》卷七，文渊阁《四库全书》本，第818册，台湾商务印书馆，1982年影印版，第107页；卞永誉《式古堂书画汇考》卷一四，文渊阁《四库全书》本，第827册，台湾商务印书馆，1982年影印版，第647页。参见束景南：《朱熹年谱长编》卷上，华东师范大学出版社，2001年，第461、462-464、599、761-763页。此外，《晦庵集》中答张敬夫(栻)、吕伯恭(祖谦)、尤延之(袤)、潘恭叔(友恭)、严时亨(世文)诸书，也多涉及《纲目》修改事宜。

④ 参见庆元五年(1199)致赵氏的八封《朱子手书》，载朱熹撰，清圣祖玄烨批：《御批资治通鉴纲目》卷首下，文渊阁《四库文书》本，第689册，台湾商务印书馆，1982年影印版，第26-27页。又见束景南：《朱熹年谱长编》卷下，华东师范大学出版社，2001年，第1391-1393页。

⑤ 李方子：《纲目后序》，载朱熹撰，清圣祖玄烨批：《御批资治通鉴纲目》卷首上，文渊阁《四库全书》本，第689册，台湾商务印书馆，1982年影印版，第28-30页；束景南：《朱熹年谱长编》卷上，华东师范大学出版社，2001年，第461页；束景南：《朱熹年谱长编》卷下，华东师范大学出版社，2001年，第1392页。

或“以是书为门人之作，又或以为未脱稿之书”，对《纲目》的权威提出质疑。刘友益作《书法》诠释《纲目》，必然要首先维护《纲目》的尊崇。贺《序》明确传达了刘氏对此问题的辩驳，引证朱熹《纲目序》，肯定《纲目》是朱子亲自编订义例、增损檃括的成熟著作，接续孔子《春秋》，以“辨名分，正纲常，示劝戒”为宗旨，在儒家道统中具有“为往圣继绝学，为万世开太平”的重要地位。由此，也确认刘友益《书法》，正是阐发羽翼朱熹《纲目》的主要功臣。[①]

二 《书法》的推行与刊刻

(一)《书法》的考校

《书法》完成于至顺三年刘友益易箦前夕。但如前所述，《书法》在友益生前即已传送京师，在国子学产生了一定影响。而推动《书法》流传的关键人物，是刘氏的高足冯翼翁。

冯翼翁(1292—1354)，字子羽、敬修，永新人。其父冯鲁，小刘友益十岁，与之为师友交。[②]二子奖翁、翼翁，亦师从刘氏。父子三人“俱以文学称”。[③]延祐开科举，奖翁两中江西乡贡，翼翁亦于延祐四年(1317)、七年(1320)两科连举，并登泰定元年(1324)进士第，历官至湖广提学。中书参知政事许有壬题冯氏堂曰“双桂”，以表彰之。冯翼翁亦“治《春秋》”，著作有《春秋集解大义》《性理群书》《通鉴小录》《正统五德类编》等。[④]冯氏为学富于个性，耻同众见，“破去百家传注，发大义数十，逆素王之志于千载之后”。即便参加科举，仍然“不专主胡《传》”，“必用己意参先儒”，[⑤]表现了其卓尔不群的治学特色。

根据元朝制度规定，各地学者的著述，可以上呈朝廷或各行省儒学提举司，由国子博士或儒学提举负责考校。[⑥]这是提高著作知名度，赢得官方好评，甚至获取官刊资格的重要途径。如鄞县(今浙江宁波鄞州区)学者程端礼，依据朱子读书法所著《读书分年日程》三卷，即由“国子监以颁示郡邑校官，为学者式”[⑦]。作为刘氏门生，冯翼翁虽未参加《书法》编撰，却为《书法》推行刊刻做了多方面努力。“天历中，邑进士冯君翼翁传其书至京师，国子先生得之，大惊曰：‘昔者王道衰而《春秋》作，《春秋》隐而《纲目》兴，《书法》不作，《纲目》之义又将微矣。故圣人之述作虽殊，所以扶天纲，立人极，一也。’

---

① 贺善：《书法序》，载朱熹撰，清圣祖玄烨批：《御批资治通鉴纲目》卷首下，文渊阁《四库全书》本，第689册，台湾商务印书馆，1982年影印版，第32-33页。

② 刘岳申：《元故从仕郎吉水州判官冯君墓志铭》，载《申斋集》卷一一，文渊阁《四库全书》本，台湾商务印书馆，1982年影印版，第1204册，第320页。

③ 李贤等：《明一统志》卷五六《吉安府·人物》，文渊阁《四库全书》本，第473册，台湾商务印书馆，1982年影印版，第150页。

④ 柯邵忞：《新元史》卷二三六《儒林列传三·冯翼翁传》，上海古籍出版社，1989年。

⑤ 王礼：《高州通守冯公哀辞》，载《麟原前集》卷一二，文渊阁《四库全书》本，第1220册，台湾商务印书馆，1982年影印版，第449页。据元仁宗皇庆二年颁布的科举程式，胡安国《春秋传》是经学考试中《春秋》经的重要标准。载宋濂等撰：《元史》卷八一《选举志一·科目》，中华书局，1976年，第2019页。

⑥ 宋濂等：《元史》卷八七《百官志三·集贤院·国子学》：“国子学，秩正七品。置博士二员，掌教授生徒、考较儒人著述、教官所业文字。”(第2193页)卷九一《百官志七·儒学提举司》：“儒学提举司，秩从五品。各处行省所署之地，皆置一司，统诸路、府、州、县学校祭祀教养钱粮之事，及考校呈进著述文字。”(第2312页)

⑦ 宋濂等：《元史》卷一九〇《儒学传·程端礼传》，中华书局，1976年，第4343页。

遂录副在官，俾六馆诸生传习之。”[①]这位国子先生，即是赫赫有名的浏阳人欧阳玄。

延祐七年，冯翼翁参加江西乡试，经学考官以冯氏答卷中的《春秋》义，“与胡氏(胡安国《春秋传》)小异，将斥之”。同考官欧阳玄得冯氏“所赋科斗文字(即是年乡试第二场古赋的考题《科斗赋》)，以蟾兔问答，大惊赏曰：‘太华峰尖，忽见秋隼，未足以喻奇俊。’以示麟洲龙公(龙仁夫)。公时主试，亦叹曰：‘空中起五凤楼，若天造神设，奇哉！’亟擢之，由是名动远近。”[②]

欧阳玄祖籍庐陵，即永新所属的吉安路，与翼翁可谓有同乡之谊。识举翼翁于黜落之中，对冯氏有知遇之恩。而对于《书法》的考校，泰定中曾任国子博士、国子监丞的欧阳玄，无疑起了关键作用。考校的结语，将朱熹《纲目》与《春秋》并列，而以《书法》为揭示《纲目》大意的著述，肯定了刘友益的撰作宗旨。而“录副在官，俾六馆诸生传习之”，则说明《书法》在国子学曾有所影响。

元刻本《书法》各卷卷首有两行题署：“庐陵后学刘友益修撰，翰林直学士中大夫知制诰同修国史国子祭酒欧阳玄校正。”[③]证明欧阳玄正是友益《墓志铭》中的所谓“国子先生”，也证实了他与《书法》考校的关系。据危素《大元故翰林学士承旨光禄大夫知制诰兼修国史圭斋先生欧阳公行状》，欧阳玄元统二年(1334)任翰林直学士、知制诰、同修国史，三年春兼国子祭酒，至元三年(1337)升侍讲学士。[④]说明欧阳玄担任题署的官职，是在元统三年到至元三年(1335—1337)之间，这与友益子刘桀作《书法凡例后跋》的至元二年(1336)正好时间相应，由此又可进而推测《书法》元刻本的时间，约在至元二年。

(二)《书法》的刊刻

为促成《书法》刊刻，冯翼翁先后邀请揭傒斯、许有壬为《书法》作序。揭傒斯，龙兴路富州(今江西丰城)人，曾任翰林国史院编修官、应奉翰林文字、奎章阁授经郎等职。《序》作于天历二年(1329)六月，当是《书法》送国子学考校时，应冯氏之请而作。《序》云：“孔子因鲁史作《春秋》，以为万世之法；朱子因司马氏《通鉴》作《纲目》，以正百王之统。此天地之经，君臣之义，而圣贤之心也。”刘友益“遭宋讫录，闭门读书，既深于经，复长于史”，致力《纲目书法》“几三十年，寸寸而较，铢铢而积，微辞隐义，高见特识，既足以启发千载，而中有无穷之忧”。“其辞则《公羊》《穀梁》，其义则《春秋》，而其志则朱子也。”在当世数十家辅佐《纲目》的著述中，独许《书法》能“深得朱子之意”[⑤]。

许有壬，河南汤阴人，与欧阳玄同为延祐二年(1315)进士。泰定四年(1327)，任中书左司郎中，丁父忧至武昌，与汉阳县丞冯翼翁初次相识。至顺三年，许氏参议中书省事，

① 揭傒斯：《刘先生墓志铭》，载《文安集》卷一三，文渊阁《四库全书》本，第1208册，台湾商务印书馆，1982年影印版，第290页。

② 王礼：《高州通守冯公哀辞》，载《麟原前集》卷一二，文渊阁《四库全书》本，第1220册，台湾商务印书馆，1982年影印版，第449-450页。

③ 刘友益：《资治通鉴纲目书法》卷一二，据北京师范大学图书馆藏元庐陵刘嘉遇刻本残卷，第1页。

④ 危素：《大元故翰林学士承旨光禄大夫知制诰兼修国史圭斋先生欧阳公行状》，载李修生主编：《全元文》第48册，凤凰出版社，2004年，第403页。

⑤ 揭傒斯：《书法序》，载朱熹撰，清圣祖玄烨批：《御批资治通鉴纲目》卷首下，文渊阁《四库全书》本，第689册，台湾商务印书馆，1982年影印版，第33-34页。

又丁母忧至武昌。时冯翼翁迁官湖广行省照磨，且任期已满将代，有壬作《送冯照磨序》为之祖饯。序文反映延祐至天历间，元代六届科举历遭朝廷保守势力攻讦的危急局面，勉励科举出身的官员修德善行，以无愧于科名。[①]许《序》云：朱熹《纲目》，“永新刘益友先生作《书法》发明之，其徒进士湖广省照磨冯君敬修欲其说暴于世，毕抒其概噫”。说明冯氏请许有壬作《书法序》，当与《送冯照磨序》同时。许《序》以朱子《纲目》“本《春秋》之旨，任笔削之重，主正统以明君臣之分，严书法以诛乱贼之心，其取义大矣”。友益《书法》“撤覆发其韫”，阐明《纲目》“奥义微旨”，“适而不牵，会而不捬，智周于理，而力周于文”，充分肯定《书法》为朱熹《纲目》不可或缺的辅翼之作。[②]

元人王礼云：“水窗刘先生著《通鉴纲目书法》，公(冯翼翁)携诣京师而表章之，遂大行于世。”[③]冯翼翁的多方努力，欧阳玄、揭傒斯、许有壬等学者的共同表彰，虽没能为《书法》取得官刊资格，却将该书由江西推向京师及国子学，扩大了其在士人中的流传和影响，也客观上促成了该书的刊刻。友益辞世四年后，即至元二年，《书法》在其家乡庐陵由刘嘉遇棨版印行，刘氏一生心血，终得以昭示后世，足以告慰水窗。

三 《纲目凡例》与《书法凡例》

(一)两部《凡例》的关系

南宋孝宗乾道五年(1169)，朱熹开始修撰《纲目》，先手定《凡例》一卷(又称条例)作为编修纲领，且多与蔡元定、张栻、吕祖谦等商榷。[④]其后，《凡例》亦随《纲目》时加订正，直至庆元五年(1199，朱熹去世前一年)，朱熹与弟子赵师渊书，仍在讨论《纲目》与《凡例》的修改事宜。[⑤]嘉定十二年(1219)，李方子首刊《纲目》，其《后序》云：“著书之《凡例》，立言之异同，又附列于其后，使览者得考焉。”[⑥]说明朱熹《凡例》，应该

① 许有壬：《送冯照磨序》，载《至正集》卷三二，文渊阁《四库全书》本，第1211册，台湾商务印书馆，1982年影印版，第227-228页。

② 许有壬：《纲目书法序》，载《圭塘小稿》卷五、《至正集》卷三〇，文渊阁《四库全书》本，第1211册，台湾商务印书馆，1982年影印版，第606-607、213页。

③ 王礼：《高州通守冯公哀辞》，载《麟原前集》卷一二，文渊阁《四库全书》本，第1220册，台湾商务印书馆，1982年影印版，第450页。

④ 朱熹《与蔡季通》之五〇：“《纲目凡例》修立略定，极有条理意义矣，俟到此更商榷之。但修书功绪尚广，若得数月，全似此两月无事，则可以小成矣。”之一〇四：“《通鉴节》只名《纲目》，取举一纲众目张之义，《条例》亦已定矣。三国竟须以蜀汉为正统，方得心安耳。”载《晦庵续集》卷二，文渊阁《四库全书》本，第1146册，台湾商务印书馆，1982年影印版，第452、461页。又见朱熹《答张敬夫》之一，载《晦庵集》卷三二，文渊阁《四库全书》本，第1146册，台湾商务印书馆，1982年影印版，第712页；《答吕伯恭》之三七，载《晦庵集》卷三三，文渊阁《四库全书》本，第1146册，台湾商务印书馆，1982年影印版，第752页；《答吕伯恭》之七，载《晦庵集》卷三四，文渊阁《四库全书》本，第1146册，台湾商务印书馆，1982年影印版，第765页。参见束景南：《朱熹年谱长编》卷上，华东师范大学出版社，2001年，第450-452页。

⑤ 朱熹致赵师渊《朱子手书》之六：“所补《纲目》，幸早见示及他卷。不知提要曾为一一看过否？若闲中能为整顿得一番，亦幸事也。巡幸、还宫，当如所谕，但其间有事者，自当随事笔削，不可拘一例耳。后汉单于继立不书，本以匈奴已衰，不足详载，如封王侯、拜三公、行赦宥之类耳。更告详之，却于《例》中略见其意也。”载朱熹撰，清圣祖玄烨批：《御批资治通鉴纲目》卷首上，文渊阁《四库全书》本，第689册，台湾商务印书馆，1982年影印版，第26-27页。参见束景南：《朱熹年谱长编》卷下，华东师范大学出版社，2001年，第1391-1392页。

⑥ 李方子：《纲目后序》，载朱熹撰，清圣祖玄烨批：《御批资治通鉴纲目》卷首下，文渊阁《四库全书》本，第689册，台湾商务印书馆，1982年影印版，第30页。

附录于《纲目》初刻本同时刊行。

《凡例》既是《纲目》的书法准则，也是《纲目》的阅读指南，不可或缺。金华王柏即指出：朱熹作《纲目》，“苟非发凡释例，一以贯之，则述作之意，孰得而明？劝惩之意，孰得而辨？而大经大法，所以扶天伦，遏人欲，修百王之轨度，为万世之准绳者，何以见直书不隐之实？”可见《凡例》对于《纲目》何其重要。

然而，《纲目凡例》在宋代即已罕传。南宋尹起莘作《资治通鉴纲目发明》诠释《纲目》书法，就未能参考朱熹《凡例》。[①]王柏亦云：“未见是书也，五十有余年，莫有知其详者，未尝不抚卷太息，遐想于斯焉。”于是，王柏通过赵师渊姻亲谢作章，向赵氏家人访求[②]，自赵与峦处得到《凡例》一卷，又得赵傣轩本参校互正，于咸淳元年(1265)锓梓以传。[③]这是《纲目凡例》单行本首次刊刻。南宋末，宣城郡文学掾庐山文天祐，以金华王柏刊本“学者多未见”，又据潘子舆藏王柏本再刻于宣城学宫，以广其传。[④]而《凡例》在元代重刊，则又迟至至正二年(1342)，新安倪士毅“惟《凡例》世尚罕传，学者于书法有未窥其要者”，因据朱晏所录赵贳翁之子赵凝藏宣城再刻本，由刘叔简重刊于建安书坊。[⑤]

朱熹《凡例》单行本，初刻于金华，再刻于宣城，三刻于建安，皆在江浙地区，流传不广。僻在江西永新的刘友益，实未见其书。至顺四年(1333)夏，冯翼翁至京师谒选，时友益已于上年三月辞世。冯氏持友益长子刘榘所撰《行状》向揭傒斯请铭，并自国学抄录朱熹《纲目凡例》，以为《书法》参证。次年(元统二年，1334)，冯氏调任江西南安路上犹县尹，途经吉安，将两文送达刘榘，此时“先君子殁且二年矣”[⑥]。是以刘氏终身未能见到朱熹《纲目凡例》，这也是他之所以立意撰述，揭示《纲目》春秋笔法的重要缘由。

刘友益《书法》亦有《凡例》一篇，载于书首，具有提挈纲领的作用。友益识语云：“按朱夫子篇首《自序》虽有正例、变例之分，然其二例之中，又各自有正、变，不可不知也。窃尝反复参究千三百六十二年所书，见其凡例首尾如一，辄以所见分为十类。其二例中所有变例，乃朱夫子笔削新意，皆有大关涉存焉，则于各事发其微旨，以待后之君子。”[⑦]由此证明，《书法凡例》是刘氏从朱子《纲目》中，逆向推定其撰修旨意，也是对《书法》发明的朱子春秋笔法的归纳总结。在某种意义上，可以说友益是试图代朱

---

① 魏了翁《通鉴纲目发明序》、尹起莘《通鉴纲目发明自序》，皆未提及朱熹《纲目凡例》，且以“发明《纲目》书法指意，使之显著”，作为尹著的撰作宗旨。《鹤山集》卷五六，文渊阁《四库全书》本，第1172册，台湾商务印书馆，1982年影印版，第628页；朱熹撰，清圣祖玄烨批：《御批资治通鉴纲目》卷首下，文渊阁《四库全书》本，第689册，台湾商务印书馆，1982年影印版，第30-31页。

② 赵师渊为乾道八年(1172)进士，下至咸淳元年(1265)，凡九十三年，此时应已经辞世。

③ 王柏：《凡例后语》，载朱熹撰，清圣祖玄烨批：《御批资治通鉴纲目》卷首上，文渊阁《四库全书》本，第689册，台湾商务印书馆，1982年影印版，第24-25页。

④ 文天祐：《凡例识语》，载朱熹撰，清圣祖玄烨批：《御批资治通鉴纲目》卷首上，文渊阁《四库全书》本，第689册，台湾商务印书馆，1982年影印版，第26页。

⑤ 倪士毅：《凡例序》，载朱熹撰，清圣祖玄烨批：《御批资治通鉴纲目》卷首上，文渊阁《四库全书》本，第689册，台湾商务印书馆，1982年影印版，第10页。

⑥ 刘榘：《书法凡例后跋》，载朱熹撰，清圣祖玄烨批：《御批资治通鉴纲目》卷首下，文渊阁《四库全书》本，第689册，台湾商务印书馆，1982年影印版，第38页。

⑦ 刘友益：《书法凡例》，载朱熹撰，清圣祖玄烨批：《御批资治通鉴纲目》卷首下，文渊阁《四库全书》本，第689册，台湾商务印书馆，1982年影印版，第37页。

子补写一部《凡例》。因此，就性质和内容而言，《书法凡例》应该与《纲目凡例》高度吻合。但是，所有的学术创作都是个体思维的产物，无论刘氏如何心仪朱子，其《凡例》毕竟是根据《纲目》逆推而成，显然不可能与朱子《纲目凡例》完全一致。因而，辨析比较二者的异同，正是探讨友益《书法》是否符合朱熹《纲目》的很好途径。

(二)两部《凡例》的比较

与朱熹《纲目凡例》相较，刘友益《书法凡例》在分类设置、条目繁简、关注要点上都具有不同的特点，具体内容也有所差异。

就分类而言，《纲目凡例》分为统系、岁年、名号、即位、改元、尊立、崩葬、篡贼、废徙、祭祀、行幸、恩泽、朝会、封拜、征伐、废黜、罢免、人事、灾祥十九类，基本据事分类，较为统一。而《书法凡例》共分正统例、帝王例、皇后例、皇太子例、列国例、大臣例、师众例、诛杀例、临幸例、杂例十类，既有据人物身份确定的类目，也有以事为主的类目，分类标准不尽一致。此外，朱熹《纲目凡例》的一些类目，如改元、祭祀、恩泽、朝会、灾祥等，刘友益《书法凡例》基本未涉及。不过，除临幸例、师众例，大致相当行幸、征伐外，刘氏其他各例虽然简略，却也能涵盖朱熹《纲目凡例》的多类内容。如正统例可对应朱熹的统系与岁年，诛杀例可对应废徙、废黜与罢免，杂例更涉及名号、即位、篡贼、征伐、废黜、罢免、人事等多个类目。至于帝王例、皇后例、皇太子例、列国例、大臣例等类，虽然与其他类目不相统一，却能将朱子分散于统系、名号、即位、尊立、崩葬、篡贼、封拜、罢免、人事的相应类例，按人物身份集中概括，考察起来反而较为便捷。

以条目而论，朱子《纲目凡例》十九类，凡一百五十九条，一万一千余字，“正统无统之分甚严，有罪无罪之别亦著”，“条分缕析，该核谨严”，极其详尽细致。[①]例如朱熹《纲目凡例》的统系部分，除周、秦、汉、晋、隋、唐等统一王朝为正统外，还区分有正统所封的列国，篡位干统的篡贼，仗义称王的建国，篡位据土的僭国，周秦、秦汉、汉晋、晋隋、隋唐之间及五代等无统时期的诸多政权，仗义承统而不成功的不成君，远方小国等多种情况，并在岁年部分，具体规定上述各种情况在《纲目》中的书法原则。如“凡正统，周自篇首，秦、汉、晋、隋、唐自初并天下，皆大书于横行之下，朱书国号、谥号、君名、年号，墨书某年。次年以后，但于行下墨书某年”。而“凡无统，自更端处，即于行下分注诸国之年，大者纪年，小者纪元，朱书”。其他列国、建国、僭国、篡贼、不成君、远方小国，皆各有其书法准则，并逐条举例说明。[②]因此，仅统系、岁年两类《凡例》，就有将近两千字。如此细致而严格的《凡例》，显然是为了便于指导《纲目》的修撰，保证其首尾贯通、书法统一。而刘友益《书法凡例》十类三十三条，凡一千六百余字，较为简明扼要。故其正统例，只能根据《纲目》大书和分注细书两种著统方式，区分为正统和非正统两种情况：“凡天下混一为正统。正统者，大书纪年；继世，虽土地分裂，犹大书之。其非一统，则分注细书之。虽一统而君非正系，或女主，亦分

---

① 王柏：《凡例后语》，载朱熹撰，清圣祖玄烨批：《御批资治通鉴纲目》卷首上，文渊阁《四库全书》本，第689册，台湾商务印书馆，1982年影印版，第24-25页。

② 朱熹：《纲目凡例》，载朱熹撰，清圣祖玄烨批：《御批资治通鉴纲目》卷首上，文渊阁《四库全书》本，第689册，台湾商务印书馆，1982年影印版，第11-13页。

注书之。”列国例，虽也讨论了列国、僭王、僭帝、僭小国等几种情况的书法原则，但两例相加也不过三百字，远不如《纲目凡例》详尽明晰。这种分类的不同与繁简详略的差异，主要是由于朱熹《凡例》为指导《纲目》修撰而作，且在编纂过程中不断补充完善，故以详尽细密为宜。而刘友益是根据《纲目》记载逆推《凡例》，无法做到完全吻合、涵盖无遗，只能是大体相符、简明扼要。

两部《凡例》的关注要点亦有不同。朱熹《纲目》提要虽有正例、变例之分，但《纲目凡例》所列举的多是始终兴废、灾祥沿革、号令征伐、杀生除拜等正例。至于那些善可为法、恶可为戒的史事，朱熹多是在《纲目》著统和提要中以变例特书之，而难以在《凡例》中一一列举。刘氏《书法》的宗旨，是揭示朱熹寓意褒贬的春秋笔法，因此，他关注的重点主要在变例。如《书法凡例》所云，《纲目》正、变“二例中所有变例，乃朱夫子笔削新意，皆有大关涉存焉”，这才是《书法》发明的要点所在。除贺善《书法序》，具体举证二十类史事，说明朱熹《纲目》各类变例外，刘友益更在《书法凡例》中，归纳出《纲目》的二十九条变例。如《书法凡例》云：帝王“继世书即位；继世而书袭位，或书立者，变例也。……传位书传位；不书传位，止书太子即位者，变例也”①。而相应的内容，《纲目凡例》的处理原则为：“继世，曰太子某即位。有故，则随事书之。”②又如《书法凡例》云：“凡刑诛，有罪曰诛，曰讨，无罪曰杀；有罪亦曰杀者，变例也。……自杀曰自杀，迫之自杀曰杀；迫之自杀亦曰诛者，变例也。”③而《纲目凡例》的相应规定只是：“凡诛杀叛逆或大罪，曰某官某伏诛，或曰诛某官某，或曰讨某官某，诛之。”“凡贤臣遇害，曰某杀某。”“凡自杀者曰自杀，有罪者加‘有罪’字。”④可见，两部《凡例》虽规则基本一致，但朱熹《凡例》以说明《纲目》书法的正例为主，变例多是“随事书之”或“特书之”；而刘氏《凡例》更注重揭示《纲目》的变例，以阐发书法之精要。

此外，两部《凡例》的具体内容也有所不同。不但有不少朱熹已具而刘氏未能揭示的凡例，如上述刘氏未曾涉及的改元、祭祀、恩泽、朝会、灾祥等类目；也不乏朱熹所无而刘氏视为凡例的情况，如友益大臣例中除名的条目，杂例中人臣忧去、起复的条目，都是朱熹《凡例》没有的内容。至于两部《凡例》共同涉及的条目，除《立后例》外，其他各例也存在细节差异。

即便两部《凡例》在上述方面不可能完全吻合，但通过比较可知，就《纲目》书法的规则而论，刘氏《凡例》的主要条目，与朱熹《凡例》大致相应。换言之，刘友益《书法》诠释的《纲目》春秋笔法，基本符合朱子的本意。如《书法凡例》帝王例曰：“帝王即位，周六世书子某立，或弟某立，恒称王。秦未混一，从列国例。汉以后，创业书即皇帝位，中兴书即皇帝位，继世书即位。……皆恒称帝。传位书传位。”即与《纲目凡例》即位、名号的有关规则一致。又如《书法凡例》师众例曰：“凡反者，书反，书拒命，书

---

① 刘友益：《书法凡例》，载朱熹撰，清圣祖玄烨批：《御批资治通鉴纲目》卷首下，文渊阁《四库全书》本，第689册，台湾商务印书馆，1982年影印版，第34页。

② 朱熹：《纲目凡例》，载朱熹撰，清圣祖玄烨批：《御批资治通鉴纲目》卷首上，文渊阁《四库全书》本，第689册，台湾商务印书馆，1982年影印版，第14页。

③ 刘友益：《书法凡例》，载朱熹撰，清圣祖玄烨批：《御批资治通鉴纲目》卷首下，文渊阁《四库全书》本，第689册，台湾商务印书馆，1982年影印版，第36页。

④ 朱熹：《纲目凡例》，载朱熹撰，清圣祖玄烨批：《御批资治通鉴纲目》卷首上，文渊阁《四库全书》本，第689册，台湾商务印书馆，1982年影印版，第23页。

犯阙。”“凡反者，臣民及蛮夷在州境者，或中国所立者，或前已降者，书讨；非是，书击而已。”[①]亦与《纲目凡例》征伐的有关规定相合。刘桨得到冯翼翁所赠《纲目凡例》后，曾与其父《书法凡例》对校，发现虽个别类例“略有异同”，大处却“无不吻合”。遂于至元二年特作《书法凡例后跋》一文，附于《书法凡例》之后，肯定“先君子《通鉴纲目书法》，义例贯通，始终如一，洞见朱夫子笔削之旨，有非私智臆说之所可及也”[②]，诚非虚誉。

四 《书法》对《纲目》的诠释

(一)《纲目》的著统与纪年

《书法》对《纲目》的诠释，集中在著统和提要两个层面。今以著统为例，剖析刘友益对《纲目》书法的阐发。

所谓著统，简言之，即标著统绪，是在纪年之下，按一定的方式著录历代王朝、政权的国号、谥号、君名、年号、年数等，以确定其正统与否。这是纲目体史书褒贬历史的第一步。朱熹《纲目》将战国至五代的历史，分为正统和无统两类：“只天下为一，诸侯朝觐，狱讼皆归，便是得正统。”“又有无统时，如三国、南北、五代，皆天下分裂，不能相君臣，皆不得正统。”[③]即周、秦、汉、晋、隋、唐等王朝，自其统一天下直至灭亡，属于正统时期；而周秦、秦汉、汉晋、晋隋、隋唐之际及五代等天下分裂、诸多政权并立，则属于无统时期。

著统又与纪年紧密联系。司马光《通鉴》据王朝年号纪年，这在天下一统时固然无碍，但秦、汉、晋、隋、唐各朝，在未统一前即以其年号纪年，就未必合宜。至于南北分裂或多个政权并存的“无统处”，《通鉴》“须立一个(政权)为主”，以便“编年号相续”。如南北朝以宋、齐、梁、陈年号纪年，五代以梁、唐、晋、汉、周年号纪年，就不免出现在并立政权中，“把一个书‘帝’、书‘崩’，而余书‘主’、书‘殂’。既不是他臣子，又不是他史官，只如旁人立看一般，何故作此尊奉之态”的荒谬局面。而将北朝诸政权和十国年号，以改元记入《通鉴》行文中，也难以考察对照。

朱熹《纲目》将纪年与著统分开，纪年“只书甲子，而附注年号于其下”。即用六十甲子法，统一《纲目》一千三百六十二年之纪年；纪年之下，再著录正统王朝或非正统政权的国号、帝王、年号、年数等。《纲目》的优长在于：一则正统与无统两类时期清晰可辨，正统王朝单行大字直书，至“于无正统处”，如南北朝“宋、后魏诸国，则两朝平，书之不主一边年号，只书甲子”，而在甲子纪年之下，将各政权年号等以双行小字“并书之，不相主客”，避免了《通鉴》纪年的不合理[④]；二则正统时期的诸多列国、篡贼、建国、僭国，无统时期的大小政权，皆用小字分注并列在各年之首，亦可以一目了然。可

① 刘友益：《书法凡例》，载朱熹撰，清圣祖玄烨批：《御批资治通鉴纲目》卷首下，文渊阁《四库全书》本，第689册，台湾商务印书馆，1982年影印版，第34、36页。

② 刘桨：《书法凡例后跋》，载朱熹撰，清圣祖玄烨批：《御批资治通鉴纲目》卷首下，文渊阁《四库全书》本，第689册，台湾商务印书馆，1982年影印版，第38页。

③ 《纲目》对三国的实际处理，是以蜀汉为正统，详见下文。

④ 黎靖德编：《朱子语类》卷一〇五《论自注书·通鉴纲目》，中华书局，1986年，第2636-2637页。

以说，无统理论是《纲目》的重要发明，是朱熹用传统的甲子纪年法，取代司马光《通鉴》的王朝年号纪年法，以统一《纲目》纪年的基本依据。无统理论对后世影响也非常大。如元修宋、辽、金史，因正统问题数十年相持不下，后三朝各修一史，显然受到朱熹无统思想的影响。

(二)《书法》对《纲目》著统的诠释

如前所述，《纲目》的著统方式分为两种："凡正统之年，岁下大书；非正统者，两行分注。"[①]刘友益《书法》重点既在变例，其对《纲目》著统的阐释，自然集中在以双行小字分注形式著录的非正统时期，其中又存在多种情况。

其一，前一王朝已经覆亡，后一王朝尚未统一，如周秦之际、汉、晋、隋、唐初年，《纲目》都按无统处理。朱熹论《纲目》云："自古亦有无统时。如周亡之后、秦未帝之前，自是无所统属底道理。""如秦初犹未得正统，及始皇并天下，方始得正统。晋初亦未得正统，自太康以后，方始得正统。隋初亦未得正统，自灭陈后方得正统。"[②]因此，周赧王五十九年(前256)，东周灭亡，诸侯分立，《纲目》次年即以双行小字著录："丙午。秦昭襄王五十二年、楚考烈王八年……凡七国。"对此，《书法》释云："按《通鉴》自是岁揭秦纪而大书之，盖周既亡，而以秦继也。周亡而秦继之，则《纲目》大书其年可矣，此其与列国分注何？天下未一也。天下未一，秦亦列国耳。必至于始皇二十六年，秦并天下，始以正统例大书之。此《纲目》所以大一统也，故曰'统正于下而人道定矣'。汉、晋、唐初皆仿此。"[③]《书法》首先揭明《纲目》与《通鉴》记载的区别。《通鉴》自周亡，即以"秦昭襄王五十二年"接续纪年。[④]但其时天下尚未统一，秦还只是并立的七个诸侯国之一，不具备天下共主的地位。《纲目》则是将秦与楚、燕、魏、赵、韩、齐六国并列，以两行分注平等记载诸国纪年，直至秦并天下，始依正统之例大字书写"秦始皇帝二十六年"，使无统与正统，一目了然。刘友益根据这一实例，准确解释了《纲目》著统的书法内涵和实际运用，进而强调朱熹在《纲目序》中标示的思想：著统是《纲目》大一统的重要步骤，而正统的最终目的，则在于定人道。

其二，对于天下分裂、诸国并立的南北朝和五代十国，《纲目》亦按无统进行著录。如东晋恭帝元熙二年(420)庚申六月，刘裕废帝自立，建立宋朝。次年，《纲目》以小字分注记载："辛酉。宋永初二年、魏泰常六年。"对此，《书法》释曰："宋自庚申四月即位改元[⑤]，《纲目》不以大书者，纪晋历之余也。今则可以大书纪年矣，曷为于分注书之，而与魏以下并为列国？曰：此《纲目》之大节也。晋自江左偏安，土宇分裂，《纲目》犹大书其纪年者，以承西晋之正统也。宋氏篡晋，承其旧疆，非能恢复混一，其视魏之在北等耳。而魏祖猗卢初亦受封于晋，至是称帝再世，渐变华风，继者益可称述。《纲目》并而书之，夫岂过哉！自是历齐、梁、陈，至隋文九年，既平江南，天下为一，而后以开皇大书。故曰'统正

① 朱熹：《纲目序例》，载朱熹撰，清圣祖玄烨批：《御批资治通鉴纲目》卷首上，文渊阁《四库全书》本，第689册，台湾商务印书馆，1982年影印版，第3页。

② 黎靖德编：《朱子语类》卷一〇五《论自注书·通鉴纲目》，中华书局，1986年，第2636-2637页。

③ 朱熹撰，清圣祖玄烨批：《御批资治通鉴纲目》卷二上，文渊阁《四库全书》本，第689册，台湾商务印书馆，1982年影印版，第123页。

④ 司马光：《资治通鉴》卷六，中华书局，1956年，第186页。

⑤ "四月"，《书法》误，据《纲目》，当作"六月"。

于下而人道定矣’。然则其先宋何？内诸夏也。”[①]刘友益指明，东晋与宋、齐、梁、陈四朝，同样偏安江左，疆土分裂。然而《纲目》大书东晋纪年，却小字并书南北各朝，是由于东晋承袭西晋之统，当依正统记载；而宋、齐诸朝篡立，不能统一，与北魏诸朝无异，且北魏虽出夷族，却能以华风渐变旧俗，所以只能据无统之例，并书南北两朝。这也是《纲目》运用书法正统的例证之一。不过在南北朝之间，南朝纪年先于北朝，毕竟还有所差异，这又是书法中内诸夏而外夷狄的体现。朱熹在谈及《纲目》时曾说，“东晋亦是正统之余”，“刘聪、石勒诸人，皆晋之故臣，故东晋以君临之”；而“宋、齐如何比得东晋”，故“南北亦只是并书”。[②]可以说，刘氏对《纲目》此条书法的释读，完全符合朱熹的思想，史事既已明晰，统绪亦判然有别。

对分裂时期各政权的书法，最能体现朱子的正统观念。《纲目》对三国的处理显然与南北朝、五代不同。汉献帝建安二十五年(220)正月，魏王曹操薨，曹丕继任。十月，献帝禅位于魏，曹丕即皇帝位，改元黄初。次年四月，汉中王刘备即皇帝位，改元章武。再次年十月，吴王孙权改元黄武。司马光《通鉴》以曹魏继汉统，因此在建安二十五年岁首，即书“魏世祖文皇帝黄初元年”，而将汉、吴年号随文记载。[③]朱熹曾将三国与南北朝、五代并列，作为天下分裂，不能相君臣的无统时期：“此等处，合只书甲子，而附注年号于其下。如魏黄初几年，蜀章武几年，吴青龙几年之类，方为是。”[④]但《纲目》的实际书法，却是将蜀汉确立为正统。说明朱熹对于三国的著统，有一个游移、变化的过程。朱熹在《纲目凡例》中明言：“此用习凿齿及程子说，自建安二十五年以后，黜魏年而系汉统，与司马氏异。”[⑤]自无统到有统，改曹魏正统为蜀汉正统，朱熹思想的变化，确实受到习凿齿《汉晋春秋》和程子学说的影响，但决定性因素，还在其所处的时代。身为南宋学者，朱子绝不可能将南宋与辽、金并列为无统，而必上继北宋之正统，这是不言而喻的。因此，《纲目》于汉魏禅代之年，仍以献帝年号大字著录，“庚子。(建安)二十五年”，而用双行小字著录曹魏年号，“魏文帝曹丕黄初元年。○是岁僭国一。”并明白指出曹魏政权为僭国。至次年刘备称帝，《纲目》乃大书蜀汉年号，“辛丑。昭烈皇帝章武元年”，以小字分注曹魏年号，“魏黄初二年。”下一年孙吴改元，《纲目》著录：“壬寅。(章武)二年。魏黄初三年。○吴大帝孙权黄武元年。○旧国一，新国一，凡二僭国。”[⑥]继续以章武年号大书著统，而将曹魏、孙吴年号并入分注，且注明二者皆为僭国。刘友益《书法》于此训解云：“大书章武何？绍昭烈于高、光也。魏篡立，吴割据，昭烈亲中山靖王之裔，名正言顺，舍此安归！《纲目》揭章武之元而大书之，然后正闰顺逆，各得其所。故曰：统正于下而人道定矣。”又于“汉中王即皇帝位”条下曰：“书即皇帝位何？正统也。故孙、曹皆斥姓名，书称皇帝，立后、立太子皆不书皇，所以殊之于正统也。”[⑦]

---

① 朱熹撰，清圣祖玄烨批：《御批资治通鉴纲目》卷二四，文渊阁《四库全书》本，第690册，台湾商务印书馆，1982年影印版，第305页。

② 黎靖德编：《朱子语类》卷一〇五《论自注书·通鉴纲目》，中华书局，1986年，第2636-2637页。

③ 司马光：《资治通鉴》卷六九，中华书局，1956年，第2175、2185、2208页。

④ 黎靖德编：《朱子语类》卷一〇五《论自注书·通鉴纲目》，中华书局，1986年，第2636页。

⑤ 朱熹：《纲目凡例》，载朱熹撰，清圣祖玄烨批：《御批资治通鉴纲目》卷首上，文渊阁《四库全书》本，第689册，台湾商务印书馆，1982年影印版，第11页。

⑥ 朱熹撰，清圣祖玄烨批：《御批资治通鉴纲目》卷一四，文渊阁《四库全书》本，第689册，台湾商务印书馆，1982年影印版，第830、833、838页。

⑦ 朱熹撰，清圣祖玄烨批：《御批资治通鉴纲目》卷一四，文渊阁《四库全书》本，第689册，台湾商务印书馆，1982年影印版，第833-834页。

友益清楚说明，朱熹是以蜀汉承袭西汉高祖、东汉光武的汉朝正统，如同以东晋继承西晋正统一般。《纲目》著统的书法，纠正了《通鉴》的失误，实现了正统归属的转移，颠倒了正与闰、逆与顺错乱的历史，完成了正统、定人道的宗旨。朱熹曾曰：《纲目》“主在正统”，“三国当以蜀汉为正，而温公乃云某年某月诸葛亮入寇，是冠履倒置，何以示训。缘此，遂欲起意成书，推此意修正处极多”。又云：“温公《通鉴》以魏为主，故书‘蜀丞相亮寇’何地，从《魏志》也，其理都错。某所作《纲目》，以蜀为主。”[①]刘友益《书法》的诠解，与朱熹的蜀汉正统观念完全相符。

其三，即便正统时期，也存在非正统的特殊情况，如西汉的吕后擅权、汉末的王莽篡位、唐朝的武周革命。《纲目》于此，也有不同的著统方式。汉惠帝七年(前188)崩，太子即位，太后临朝称制。次年，《纲目》没有据新立的少帝以大字著统，而是用两行分注的形式著录“甲寅。高皇后吕氏元年。”《书法》指出：“于是有所谓少帝矣，曷为仍旧史，以高皇后之年纪之？少帝他人子，而吕氏则汉太后也……故以吕氏纪元而实录之，不以他人子乱正统也。”[②]少帝非惠帝之子，所以不具备承袭汉朝正统的身份。那么，既然吕氏为汉朝太后，为何又不依正统例大字书之？《书法》云：“妇人称制，天下之大变，《纲目》所深惧也，故特变例书之。”[③]刘友益说明了《纲目》的书法，是以吕后为篡位干统之篡贼，同样不能承袭汉朝之正统，只能作为正统王朝的非统时期，而以非正统例书之，准确诠释了朱熹的著统思想。

西汉孺子婴初始元年(6)十二月，莽自称新皇帝。次年，《纲目》即以双行小字著录“己巳。新莽始建国元年。”《书法》曰：“书称帝有之矣，未有书自称皇帝者，此其书自称何？若曰哀章作铜匮耳，而莽遽自称，其非天命明矣！故虽以十二月朔为元年正月朔，不书，不成之为帝也。”[④]《书法》提出，王莽称帝并无天命，只是借哀章伪造的铜匮假托天命，所以是自称。因此，《纲目》不承认新莽的帝位，也不记录其更改岁首，摒之于正统之外，而以非统著录。这一解释，与朱熹《纲目凡例·统系》关于篡贼的书法义例非常吻合。

《纲目》著录武周的书法，则与吕后、王莽有所不同。唐弘道元年(683)十二月，高宗崩，太子李显即位，尊武后为皇太后。第二年，为中宗李显嗣圣元年。但是二月，太后即废帝为庐陵王，改立豫王李旦，是为睿宗，改元文明。九月，太后又改元光宅，开启了武周代唐的进程。司马光《通鉴》在此年岁首，直接记载“则天顺圣皇后光宅元年”，而将中宗改元嗣圣、睿宗改元文明写入《通鉴》行文中，[⑤]承认武后的正统地位。而《纲目》将武氏革命视为篡位干统，故其年著录：“甲申。中宗皇帝嗣圣元年。二月，睿宗文明元年，九月，太后光宅元年。”对于《纲目》的这一书法，刘友益发明云：“太后改元光宅，不纪光宅，黜武氏也。曷为不以文明大书？不与武氏之得废立也。故从《唐鉴》，以嗣圣纪年，而每岁书帝在某州。”[⑥]

---

① 黎靖德编：《朱子语类》卷一〇五《论自注书·通鉴纲目》，中华书局，1986年，第2637页。

② 关于少帝非惠帝子，朱熹曾云：“彼谓非惠帝子者，乃汉之大臣不欲当弑逆之名耳。既云后宫美人子，则是明其非正嫡元子耳。”见黎靖德编：《朱子语类》卷一〇五《论自注书·通鉴纲目》，中华书局，1986年，第2637页。

③ 朱熹撰，清圣祖玄烨批：《御批资治通鉴纲目》卷三上，文渊阁《四库全书》本，第689册，台湾商务印书馆，1982年影印版，第221-222页。

④ 朱熹撰，清圣祖玄烨批：《御批资治通鉴纲目》卷八上，文渊阁《四库全书》本，第689册，台湾商务印书馆，1982年影印版，第486页。

⑤ 司马光：《资治通鉴》卷二〇三，中华书局，1956年，第6417-6418页。

⑥ 朱熹撰，清圣祖玄烨批：《御批资治通鉴纲目》卷四一下，文渊阁《四库全书》本，第691册，台湾商务印书馆，1982年影印版，第691、174页。

即《纲目》不以光宅著统，是因武后篡逆而贬黜之；而不以文明著统，则是不认可武后有废立之权，不承认睿宗的帝位。至于中宗李显，虽已被废为庐陵王，迁于房州，又迁于均州，却仍被视为唐朝正朔之所系。因此，在武氏篡位的二十年中，《纲目》效法范祖禹《唐鉴》，坚持以嗣圣纪年，且在每年年初记中宗之所在，以维系唐之正统，只以双行小字插述武氏年号。如武后改元次年，《纲目》著录："乙酉。(嗣圣)二年，太后垂拱元年。春正月，帝在均州。"六年后(即690年)，武后改国号为周，自称皇帝，取唐而代之，《纲目》其年著统为"庚寅。(嗣圣)七年，周武氏天授元年。春正月，帝在房州"。《书法》云："每岁首必书帝所在，存正统也。"[①]朱子《纲目》以书法维系正统的方法与意涵，由是而更为显豁。

维系正统是道德史学的首要宗旨。李方子云："陶铸历代之偏驳，会归一理之纯粹，振麟经之坠绪，垂懿范于将来。"[②]这是对朱熹《纲目》宗旨最精炼的概括。刘友益《书法》对朱熹著统思想与笔法的发明，无疑使《纲目》褒贬历史、垂鉴后世的寓意，更加彰显于天下。

《纲目》的书法运用，更多的是在提要这一层面，即朱熹所云"至其是非得失之际，则又辄用古史书法，略示训戒"[③]。刘友益《书法》也以对提要书法的诠解最为丰富。

五 《书法》与《发明》的比较

在刘友益作《书法》之前，已有尹起莘《资治通鉴纲目发明》(以下简称《发明》)，讨论《纲目》的春秋笔法。

尹起莘是南宋遂昌布衣，隐居不仕，以朱熹《纲目》"其大经大法"，"莫不有系于三纲五常之大"，"有补于世教，殆亦有得于《春秋》之旨"。而其书法之变例，"殆未易察。傥徒习其句读，而不究其指归，则先正书法之义隐矣"，不"可不讲究而发扬之"。[④]乃奋起著《发明》五十九卷，揭示《纲目》书法。书成，由宋沿江制置使兼知建康府别之杰进上朝廷。魏了翁作序，指出《纲目》"虽以文正(司马光)、文定(胡安国)四书檃括成书，而实本诸《春秋》之法"。"一字一言之间，如称国称名、书卒书杀之等，不加褒贬而美恶自见者，则《发明》之书，于是为不可已。"称赏尹氏《发明》"推明文公秉法之意，尤懔懔可畏。是书若行，《纲目》之忠臣也"[⑤]。

尹氏《发明》，成书早于友益《书法》约百年[⑥]，但刘氏从未提及《发明》，似并不知晓其书。就著述宗旨而言，两书都欲揭示《纲目》的春秋笔法，并无不同，然而在体例、格式、文体、诠释特色等方面，二者则有明显的区别。

---

① 朱熹撰，清圣祖玄烨批：《御批资治通鉴纲目》卷四一下，文渊阁《四库全书》本，第691册，台湾商务印书馆，1982年影印版，第179、188页。

② 李方子：《纲目后序》，载朱熹撰，清圣祖玄烨批：《御批资治通鉴纲目》卷首上，文渊阁《四库全书》本，第689册，台湾商务印书馆，1982年影印版，第29页。

③ 朱熹：《辞免江东提刑奏状三·贴黄》，载《晦庵集》卷二二，文渊阁《四库全书》本，第1143册，台湾商务印书馆，1982年影印版，第465页。

④ 尹起莘：《通鉴纲目发明自序》，载朱熹撰，清圣祖玄烨批：《御批资治通鉴纲目》卷首下，文渊阁《四库全书》本，第689册，台湾商务印书馆，1982年影印版，第30-31页。

⑤ 魏了翁：《通鉴纲目发明序》，载《鹤山集》卷五六，文渊阁《四库全书》本，第1172册，台湾商务印书馆，1982年影印版，第628-629页。

⑥ 魏了翁为《发明》作序，说明《发明》成书于南宋理宗嘉熙元年(1237)魏氏卒前。

尹著虽沿用《纲目》五十九卷的分卷结构，但不保留《纲目》的原有体系，只是摘引所要阐释的各条提要及相关纪年、统系，下附尹氏发明。这样的体例，固然可以减省篇幅，却打破了《纲目》本身的严整体系，各条提要之间互不连贯，内容零散。刘氏《书法》则是完整存录《纲目》的纪年、著统和提要三部分，只删除分注之目，而代之以书法的三千三百多条训解，不仅完整保持《纲目》的原有体系，于书法的诠释也更为系统全面。《发明》的行文格式是按年分段，《纲目》提要为单行大字，尹氏发明文用双行小字分注，直接附在各条提要之下。但朱子《纲目》著录非正统政权亦用双行小字分注，与发明文在格式上相类，易于混淆。而刘氏则以《纲目》内容全部顶格排列，《书法》内容转行低二字，这样，《纲目》与《书法》虽各有大字正文与小字分注，却区分明确，条理清晰。尤其是尹著多随感而发，自由解释《纲目》笔法，不设凡例；而刘著则以《凡例》一篇提挈全书，概括《纲目》义例，提示《书法》精要。

以条目而论，尹著有发明一千五百六十多条，较之刘著的三千三百多条，仅二分之一，说明《书法》诠释的范围和内容远比《发明》丰富。然而两书共同批注《纲目》同一条提要的情况，占《发明》全部条目的三分之二以上，说明两书选择的训解对象高度一致。两位作者表达的见解，也往往相似。如《纲目》记载：秦二世二年(前208),“沛公得张良，以为廐将”。《发明》训解是：“不曰张良归沛公，而曰沛公得张良，则良之去就为可观，而沛公之兴，以得良为重矣。”《书法》说明为：“特笔也。不书张良归沛公何？著良心也。良欲复韩，而未知所从，沛公得之，汉之帝业成矣。书曰沛公得张良，贵之也。书法如此，终《纲目》一人而已。”[①]两书关注的要点，皆是《纲目》为何书“沛公得张良”，而不像通常记载云“张良归沛公”。结论有二：一是说明，张良本意在于复兴韩国，而非建立汉朝；二是强调，刘邦因得张良而成就帝业。可见，两书不仅选取的诠释条目非常一致，而且发明的要点和得出的结论也大多相近。

即便如此，两书的诠释文体和特色仍有差异。尹著以散文为体，多注重发明朱熹书法的道德蕴义，因此不少条目都篇幅较长，如全书的首条发明，就长达一千四百余字。刘著则多用问答体，文字简洁，重在训解《纲目》褒贬之词的用法和寓意。而且刘氏往往据《纲目》全书记载，对同类史事或人物进行归纳，以提炼朱熹的书法义例。

如唐朝的武周革命，《纲目》记载：“武氏改国号曰周，称皇帝，以豫王旦为皇嗣，改姓武氏。”尹、刘两著于此，不约而同地注意到《纲目》对武则天的称呼，由太后改为武氏，并一致赞同其意义在于“绝之于唐”。不过，《发明》旨在强调这一书法对后世君主的惩戒：“武氏之乱，自书契以来未之有也……不称太后，止书武氏，所谓诛以王法，废之为庶人者也……呜呼！女祸之惨，未有若是之甚者，《纲目》书之为后世戒，可谓深切著明也矣。有天下国家者，可不谨哉！”而刘著更关注书法中“废”与“以”的不同运用：“书称皇帝废某为某多矣，此其不书废书以何？不予旦之得立也。不予其立，则废之宜矣，故不书废。”[②]即武氏称皇帝，唐睿宗李旦被废为皇嗣。《纲目》不书“废”，却书“以豫王旦为皇嗣”，是对四年前武后废中宗李显、改立李旦不予承认，如今被废正得其宜，所以不用“废”字，而且不称旦为睿宗，而仍称豫王。

① 朱熹撰，清圣祖玄烨批：《御批资治通鉴纲目》卷二下，文渊阁《四库全书》本，第689册，台湾商务印书馆，1982年影印版，第162页。

② 朱熹撰，清圣祖玄烨批：《御批资治通鉴纲目》卷四一下，文渊阁《四库全书》本，第691册，台湾商务印书馆，1982年影印版，第190-191页。

又如《纲目》唐中宗嗣圣五年(688)，“秋八月，琅邪王冲、越王贞举兵匡复，不克而死，太后遂大杀唐宗室”。尹著认为：“《唐史》载冲等讨乱死之，而《通鉴》止直叙其事，故褒贬之义不明。今《纲目》书举兵兴复，不克而死，既予其兴复，又予其死节，则其义昭然明白。”接着进一步发明书法的道德内涵：“人臣所明者义，于功不贵幸而成；所守者节，于死不贵幸而免。书法若此，固不以成败论人，亦所以为忠臣义士之劝也。”而刘著则云：“书匡复何？特笔也。王莽之篡，惟刘演书起兵兴复；武后之乱，惟琅邪王冲等书举兵匡复；朱温之僭，惟淮南、西川书移檄兴复。皆特笔也。”[①]通过归纳“匡复”“兴复”的三次运用，说明这是《纲目》书法的特笔，旨在表彰那些起兵反对篡位的忠臣义士。明人郑瑗曾比较尹、刘二书，指出：刘著虽有“求索之过”“曲为之辞”的地方，然“尹氏《发明》学《胡氏春秋传》，刘友益《纲目书法》学《公羊》《穀梁传》。《书法》文甚峻洁，似胜《发明》”。[②]

两部著作的上述差异，显示出作者不同的撰著思想。尹起莘明言：“今兹所述，止欲发明书法指意，使之显著而已。其间亦有先儒已尝议论者，则不复述。或虽已有议论，而指意不同者，则自以己意附见。又有虽当发明，而先后义例相类如一者，亦不重举。求其大要，不过如是。虽未能贯通奥旨，然于其大义，亦或略见万分之一。”[③]这虽然是序文的谦词，却也反映尹氏《发明》多随感而发，揭示朱熹书法的微言大义，说明自己对《纲目》的认识理解，且多发明书法的道德蕴义，尚未有括囊全书、系统总结《纲目》书法义例的意图，全书的体例格式也较为随意。刘氏《书法》则以分注之目以外的整部《纲目》作为阐释对象，用《凡例》概括《纲目》义例，体例格式更加细密完善。而且《书法》的训解范围更为广泛，文字较为精炼，更注重对书法类例的归纳整理，显然是在有意识地全面总结和系统发明《纲目》的春秋笔法。因此，作为一部《纲目》春秋笔法的诠释之作，刘友益《书法》的确较尹起莘《发明》更为完整严密，更具系统性。

六 《书法》的流传与影响

元庐陵刘嘉遇刊本，是《书法》的初刻本，其后逐渐流行海内。明初，永新人龙云从为新安陈栎《增广通略》一书作序，慨叹：“吾邑有水窗先生刘益友氏，所撰《纲目书法》若干卷，有功于朱夫子昭昭矣！其书行于海内六十余年。乡邑遘毁，煨烬相望，云幸以老病归山，不能为水窗新其板籍，收其亡书，使得与新安诸书并行于世，惜哉！”[④]证实《书法》刊版虽毁于元末战乱，但庐陵本还是在元明间得到一定范围的流传。不过，在《中国古籍善本书目》中，《书法》的单刊本仅著录元刻本一种[⑤]，说明在元版毁损后，《书法》似未曾再版。究其原因，并不是《书法》不为世人所重，而在于《纲目》诸书合编本开始流行。

朱熹《纲目》自宋末刊版行世，即产生重要影响。明永乐二十年(1422)，毗陵人陈济

① 朱熹撰，清圣祖玄烨批：《御批资治通鉴纲目》卷四一下，文渊阁《四库全书》本，第691册，台湾商务印书馆，1982年影印版，第184-185页。

② 郑瑗：《井观琐言》卷一，文渊阁《四库全书》本，第867册，台湾商务印书馆，1982年影印版，第239页。

③ 尹起莘：《通鉴纲目发明自序》，载朱熹撰，清圣祖玄烨批：《御批资治通鉴纲目》卷首下，文渊阁《四库全书》本，第689册，台湾商务印书馆，1982年影印版，第31页。

④ 龙云从：《增广通略序》，载陈栎：《定宇集》卷一七《别集》，文渊阁《四库全书》本，第1205册，台湾商务印书馆，1982年影印版，第429页。

⑤ 《中国古籍善本书目》卷六，史部上册，上海古籍出版社，1991年，第117页。

云:“按《资治通鉴》全书二百九十四卷,惟胡三省《音注》优于诸家。第篇帙浩繁,人不易致,故学者多读《纲目》。”[①]胡注《通鉴》由于篇帙浩繁,价格不菲,当时的读书人难以问津,这固然是《纲目》流行的原因之一,而程朱理学的影响和《纲目》具有的科举价值,才是“学者多读《纲目》”以代替读史的关键所在。因此,朱子《纲目》作为一部褒贬史学的代表作,其史学价值虽难与《通鉴》等传统史书相比,却盛行于世,影响深远。《纲目》的多种形式传本,在宋末至清末的七百多年中反复刊刻,即是明证。[②]

随着《纲目》的广泛流传,阐释考订《纲目》的著述也大量问世。在刘友益《书法》之前,除尹起莘《发明》之外,尚有元泰定元年(1324)慈湖王幼学撰《纲目集览》,主要训诂名物,疏解文字。[③]在《书法》之后,又有元至正三年(1343)新安汪克宽《纲目考异》,考订“刊本《纲目》与朱子《凡例》相戾者”[④];至正十九年(1359)上虞徐昭文《纲目考证》,继《考异》之后,进一步订正《纲目》刊本与《凡例》之“不合”。[⑤]明永乐二十年毗陵陈济作《集览正误》,“考补”王幼学《集览》之“缪戾”。[⑥]成化元年(1465)建安冯智舒著《纲目质实》,则重在郡邑沿革、事物典故方面补正《集览》疏漏。[⑦]以上诸作,《发明》与《书法》为一类,以阐释《纲目》寓意褒贬的书法为宗旨;《考异》与《考证》为一类,主要考订《纲目》刊本与朱子《凡例》的违戾不合;上述四书,皆只考察《纲目》的著统和提要部分,不涉及纲下之目。而《集览》《集览正误》和《质实》三书为另一类,以笺释名物、疏通文义为主,而且诠释对象是《纲目》全书,既包括大字提要,也关注纲下之目。

宋明间辅翼《纲目》的著述,在成书之初多单刊行世,如《发明》《书法》《集览》《正误》等,今皆有单刻本传世,《考异》则附《纲目凡例》流行。[⑧]然而,单刊行世的《纲目》诸书,读者难于遍寻,也不便综览,故自明初始,即出现合编诸作的趋势。首先是《发明》《集览》《考异》三书的明初合刊本。[⑨]宣德四年(1429),建阳尹张光启,又“以尹氏《发明》、徐氏《考证》及《集览》《考异》纂集于《纲目》书中”,并将《集览正误》刊于卷末,由书林刘宽裕刊刻,杨士奇作序。[⑩]弘治九年(1496),提督江西学政黄仲昭,

① 陈济:《集览正误序》,载朱熹撰,清圣祖玄烨批:《御批资治通鉴纲目》卷首下,文渊阁《四库全书》本,第689册,台湾商务印书馆,1982年影印版,第46页。

② 《中国古籍善本总目·史部》著录《纲目》宋元明清各种形式刊本近四十种,可见其流传与影响(线装书局,2005年,第263-266页)。

③ 王幼学:《集览序》,载朱熹撰,清圣祖玄烨批:《御批资治通鉴纲目》卷首下,文渊阁《四库全书》本,第689册,台湾商务印书馆,1982年影印版,第44页。

④ 汪克宽:《考异凡例序》,载朱熹撰,清圣祖玄烨批:《御批资治通鉴纲目》卷首下,文渊阁《四库全书》本,第689册,台湾商务印书馆,1982年影印版,第39页。

⑤ 徐昭文:《考证序》,载朱熹撰,清圣祖玄烨批:《御批资治通鉴纲目》卷首下,文渊阁《四库全书》本,第689册,台湾商务印书馆,1982年影印版,第45页。

⑥ 陈济:《集览正误序》,载朱熹撰,清圣祖玄烨批:《御批资治通鉴纲目》卷首下,文渊阁《四库全书》本,第689册,台湾商务印书馆,1982年影印版,第46页。

⑦ 冯智舒:《质实序》,载朱熹撰,清圣祖玄烨批:《御批资治通鉴纲目》卷首下,文渊阁《四库全书》本,第689册,台湾商务印书馆,1982年影印版,第48页。

⑧ 《中国古籍善本书目》卷六,史部上册,上海古籍出版社,1991年,第117-118页;汪克宽:《考异凡例序》,载朱熹撰,清圣祖玄烨批:《御批资治通鉴纲目》卷首下,文渊阁《四库全书》本,第689册,台湾商务印书馆,1982年影印版,第39页。

⑨ 《中国古籍善本书目》卷六,史部上册,上海古籍出版社,1991年,第118页。

⑩ 杨士奇:《集览正误序》,载朱熹撰,清圣祖玄烨批:《御批资治通鉴纲目》卷首下,文渊阁《四库全书》本,第689册,台湾商务印书馆,1982年影印版,第47页。

复因书坊刊本，除《发明》《集览》外，“所附《考证》《考异》及《集览正误》三编，俱类刻于各卷之后，殊不便于览观。又，元儒庐陵刘友益所著《书法》一编，甚有功于朱子提要之旨。建安冯智舒所集《质实》一帙，尤有功于王氏舆地之详。旧皆未尝附载于篇也”，遂补入二书，且以各书“附入本条之下，刻梓以诏学者”。①黄仲昭合编本，荟萃《纲目》的七部羽翼之作，将各书分散附入《纲目》本条之下，方便学者阅读，很快就流行于世，在明清两代先后出现二十余种刊本。②因此，自汇入《纲目》合编本之后，虽然刘氏《书法》单行本渐失其传，但其无疑得到了更广泛的传播。

《书法》在明清两代，产生过较大影响。明商辂等编纂《通鉴纲目续编》，因朱子《凡例》记宋元两代之事，即有张时泰仿效刘友益《书法》所作《广义》，以诠释《续编》。③后代学者在著作中征引《书法》者，往往有之。如明蔡清《易经蒙引》，注意到《书法》的五帝之说。④清张尚瑗《三传折诸》，参考《书法》之例说明《左传》。⑤清刘统勋等汇录《评鉴阐要》，对《书法》既有征引表彰，也有所批评。⑥四库馆臣考证欧阳修《新五代史》，亦引录《书法》并肯定“其义较长”。⑦乃至清高宗弘历写作《读荀彧传》，也参考了刘友益《书法》之论。⑧

当然，也有一些学者对《书法》提出批评。如明郑瑗《井观琐言》指出，《书法》“有因本文之误而曲为之说者”⑨。明张自勋《纲目续麟》对《书法》多有讥议，并作《校正凡例》一卷，列刘友益《书法凡例》而著所疑。⑩清阎若璩《尚书古文疏证》⑪、陈景云《纲目订误》⑫、杭世骏《史论》⑬、全祖望《书朱子纲目后》⑭，也对《书法》各有评议。至于弘历指责“《发明》《书法》，其于历朝兴革、正统偏安之际，已不能得执中之论”⑮，则纯粹是出于种族意识。

应该指出，刘友益视《纲目》为朱熹亲自修订并已经完稿的成熟著作，的确有违实情。因此，《书法》对《纲目》的瑕疵和错误，就不免有曲为回护或过度诠释之处，带有

---

① 黄仲昭：《合注后序》，载朱熹撰，清圣祖玄烨批：《御批资治通鉴纲目》卷首下，文渊阁《四库全书》本，第689册，台湾商务印书馆，1982年影印版，第48-49页。

② 《中国古籍善本总目·史部》，线装书局，2005年，第263、265页。

③ 商辂等撰，清高宗弘历批：《御批续资治通鉴纲目》，文渊阁《四库全书》本，第693～694册，台湾商务印书馆，1982年影印版。

④ 蔡清：《易经蒙引》卷三上，文渊阁《四库全书》本，第29册，台湾商务印书馆，1982年影印版，第192页。

⑤ 张尚瑗：《三传折诸·左传折诸》卷二“子同生”条，文渊阁《四库全书》本，第177册，台湾商务印书馆，1982年影印版，第94页。

⑥ 弘历撰，刘统勋等编：《评鉴阐要》卷二、三、五、七，文渊阁《四库全书》本，第694册，台湾商务印书馆，1982年影印版。

⑦ 欧阳修：《新五代史》卷七、三一附考证，文渊阁《四库全书》本，第279册，台湾商务印书馆，1982年影印版，第53、200页。

⑧ 弘历：《御制文初集》卷二二，文渊阁《四库全书》本，第1301册，台湾商务印书馆，1982年影印版，第190页。

⑨ 郑瑗：《井观琐言》卷一，文渊阁《四库全书》本，第867册，台湾商务印书馆，1982年影印版。

⑩ 张自勋：《纲目续麟》《校正凡例》《附录》，文渊阁《四库全书》本，第323册，台湾商务印书馆，1982年影印版。

⑪ 阎若璩：《尚书古文疏证》卷六上，文渊阁《四库全书》本，第66册，台湾商务印书馆，1982年影印版，第325页。

⑫ 陈景云：《纲目订误》卷三“遣骁骑郎将击突厥车鼻可汗”条，文渊阁《四库全书》本，第323册，台湾商务印书馆，1982年影印版，第666页。

⑬ 载陈廷敬：《皇清文颖》卷一〇，文渊阁《四库全书》本，第1449册，台湾商务印书馆，1982年影印版，第566页。

⑭ 全祖望：《鲒埼亭集外编》卷三四，《全祖望集汇校集注》本，上海古籍出版社，2000年，第1435页。

⑮ 弘历：《历代通鉴辑览序》，载弘历批，傅恒等撰：《御批历代通鉴辑览》卷首，文渊阁《四库全书》本，第335册，台湾商务印书馆，1982年影印版，第1页。

崇信朱子思想与著述的时代印记。实际上，这也是宋末至明前期《纲目》诸书的共同特点。《四库提要》即指出，无论阐释《纲目》笔法的《发明》《书法》，考订《纲目》刊本与朱子《凡例》违戾的《考异》《考证》，还是笺释名物、疏通文义的《集览》《集览正误》《质实》，皆是羽翼《纲目》之作，"尊崇朱子者也，故大抵循文敷衍，莫敢异同"。直到王阳明心学盛行，取代程朱理学成为学术思潮之主流，方有"明末张自勋作《纲目续麟》，始以《春秋》旧法纠义例之讹，芮长恤作《纲目拾遗》，以《通鉴》原文辨删节之失"[①]。即便如此，刘友益《书法》仍不失为一部诠释《纲目》的代表之作。它对朱熹思想的阐发，对《纲目》书法类例的总结，不仅体现着元代的学术特色，在《纲目》流传与发展史上亦有其地位和影响。

① 永瑢等：《四库全书总目》卷八八《御批通鉴纲目提要》，中华书局，1965 年，第 755 页。

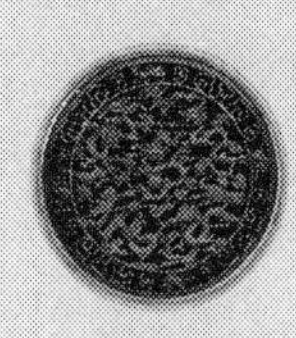

麻城家规家训与儒家文化传播

华中师范大学 历史文化学院 周国林 周文焰

摘要：民间家规、家训注重对儒学思想作通俗化诠释，思想上体现了儒家伦理尤其是理学对家规、家训的浸润。明清以来，麻城民间家规、家训多依谱牒而得以传承，种类繁多，形式多样，内容丰富，思想性强。规训的发达，主要因素是当地经济发展、文化兴盛。规训内容涉及修身、齐家、治学、处世等诸多方面，涵盖的范围从个人到家族乃至社会，终至国家，呈现出内在的逻辑性。规训作为家族文化的载体，反映了儒学的浸润、皇权与族权的互动。同时又具有自身移民文化的地方特色和时代变迁的痕迹，呈现出地域性与时代性统一的特征。民间家规、家训在家族内部甚至超出家族范围本身的传承，其实质是儒学在民间社会的传播。民间家规家训中的精华部分，对于当前我国文化建设具有积极的启迪意义。

关键词：明清；麻城；族谱；民间规训；儒学传播

一　家规家训与儒学传播

在几千年的中国传统社会中，儒学在政治、思想、文化领域中发挥了重大作用。汉代之后儒学的广泛传播，离不开董仲舒、韩愈、二程、朱熹这些杰出思想家的阐释和宣扬，同时也离不开众多基层士绅的推广。对此，李泽厚先生有一段极为精辟的论述，现录之于下：

> 我至今以为，儒学(当然首先是孔子和《论语》一书)在塑建、构造汉民族文化心理结构的历史过程中，大概起了无可替代、首屈一指的严重作用。不但自汉至清的两千年的专制王朝以它作为做官求仕的入学初阶或必修课本，成了士大夫知识分子的言行思想的根本基础，而且通过各种层次的士大夫知识分子以及他们撰写编纂的《孝经》《急就篇》(少数词句)一直到《三字经》《千字文》《增广贤文》以及各种"功过格"等等，当然更包括各种"家规""族训""乡约""里范"等等法规、条例，使儒学(又首先是孔子和《论语》一书)的好些基本观念在不同层次的理解和解释下，成了整个社会言行、公私生活、思想意识的指引规范。不管识字不识字，不管是皇帝宰相还是平民百姓，不管是自觉或不自觉，意识到或没有意识到，《论语》这本书所宣讲、所传布、所论证的那些"道理""规则"、主张、思想，已代代相传，长久地渗透在中国两千年来的政教体制、社会习俗、心理习惯和人们的行为、思想、言语、活动中了。所以，它不仅是"精英文化""大传统"，同时也与"民俗文化""小传统"紧密相联，并造成中国文化传统的一个重要特点：精英文化与民俗文化、大传统与小传统，通过儒学教义，经常相互渗透、联系。①

上述引文中，李泽厚先生对于儒学在我国传统文化中"无可替代、首屈一指"的作用及地位阐述得淋漓尽致。包括科举及士大夫编纂的各种儒家书籍，在儒家思想的传播中具有重要作用。"家规""族训""乡约""里范"等普及性文章，在不同层次的理解和解释下，成了整个社会言行、公私生活、思想意识的指引规范。家规、族训在"民俗文化""小传统"与"精英文化""大传统"的对接与交融中形成了自己的定位，即家训、族规这种民俗文化在与精英文化的相互渗透与联系中，形成自己的特色和优势。在儒家文化走向大众化、平民化、通俗化的过程中，家训、族规的作用和影响是深远而巨大的。

我国古代家训源远流长，内容十分丰富，思想可谓博大精深，尤其是明清时期，家训的发展空前繁荣。对于"家训"概念的界定，目前学术界尚未形成定论。学者或以其形式，或以其内容，或以家训概念的来源和所要达到目的来概括。如徐少锦、陈廷斌先生认为："家训主要指父祖对子孙、家长对家人、族长对族人的直接训示、亲自教诲，也包括兄长对弟妹的劝勉，夫妻之间的嘱托。"②朱明勋先生给出的定义是："家训，就是某一家庭或家族中父祖辈对子孙辈、兄辈对弟辈、夫辈对妻辈所做出的某种训示、教导，教导的内容既可以是教导者自己制定的，也可以是教导者取材于祖上的遗言和族规、族

---

* 收稿日期：2016-10-13。

① 李泽厚：《论语今读·前言》，天津社会科学院出版社，2007年，第1-2页。

② 徐少锦、陈廷斌：《中国家训史》，陕西人民出版社，2003年，第1页。

训、俗训或乡约等文献中的有关条款，或者具有劝谕性，或者具有约束性，或者两者兼具。”[①]从以上论述可以看出，“家训”是一个仁智各见的含义，对其含义的界定，更多体现的是一种原则性共识，即一种上对下、长对幼的教育原则。

随着近年来包括方志、族谱在内的民间文献越来越受到学者的关注，学术界对家训文献的整理和研究持续升温，成果日渐丰富。家训研究也呈现出迅猛发展态势，成果丰硕，除了专著，不少硕士、博士学位论文都以家训为选题。此外，以家训为关注对象的各种期刊论文，日益增多，研究视角多样，研究领域更加宽泛。这些成果，推动了家训文化的研究向更深层次、更宽领域发展。

当然，相较于明清以来家训文献的大量发现和保存的数量来说，对其研究还稍显薄弱。研究视角更多侧重宏观和整体把握，对名人家训研究者众多，对民间家训关注者较少。除像王莉《明清时期苏州家训研究》[②]个别个案研究外，地域性家训研究成果寥寥无几。就整个儒学的传播来说，除了上层士大夫阶层对以儒家为核心的传统文化研习、宣扬、传播外，传统文化是如何在底层社会中那些文化程度较低的受众中被接受和传播的？其在民间宗族社会传播深度和效果如何？这些问题都值得探讨。事实上，正是以乡绅为主体的地方精英阶层的努力和追求，乡绅们通过宣讲圣谕乡约、制定家法族规、编订嘉言懿行以使儒家仁义礼智信、忠孝节义、积善行德等观念深入人心，深入基层。

利用国家社科基金重大项目及湖北省十二五文化建设重大工程《荆楚全书》编纂的机会，我们在湖北麻城、鄂州等地搜集了大量的族谱，包含丰富的家规、家训内容。本文基于明清以来湖北麻城市 128 部家谱中完整家训、家规及方志中所载家训文献为对象做个案研究，探讨儒学在古代社会如何通过民间家规、家训这一特殊形式走向大众、走向民间、走向基层，使儒学世俗化、生活化、普及化，进而探讨这种传播的形式路径、传播效果以及这种传播对于当前社会建设的启迪意义。

二　明清以来麻城家规家训的大量编修

麻城地处大别山中段南麓，鄂豫皖三省交界，地势险要，历来为兵家必争之地。诚如《民国麻城县志》序言中所说：“麻城古所谓山谷盘阻，四固之区也，五关形胜，屏蔽江淮，历唐、宋、元为兵事必争之地。”[③]元末明初、明清易代之际，两次移民浪潮都无一例外地波及麻城。明清变革时期，麻城成为“江西填湖广、湖广填四川”移民输入和输出集中地，“湖北麻城孝感乡”更是享有“中国八大移民集散地之一”的盛誉。移民的涌入，人口的流动，加快了文化的交流、融合，促进了当地文化的进步。

(一)家规家训的载体

麻城各家族无论大小，都有重视家谱的兴修与编纂的传统，形成家谱与家规家训共同繁盛的局面。伴随着朝代的更迭、移民的浪潮、农业与商品经济的发展，在“家之有

① 朱明勋：《中国家训史论稿》，巴蜀书社，2008 年，第 10 页。

② 王卫平、王莉：《明清时期苏州家训研究》，《江汉论坛》2015 年第 8 期；王莉：《明清时期苏州家训研究》，硕士学位论文，苏州大学，2014 年。

③ 郑重、余晋芳：《民国麻城县志前编・序》，江苏古籍出版社，2001 年，第 1 页。

谱固与国之有史，州之有志而并重也”[①]的观念影响下，各家族对修谱不遗余力，谱学呈现出繁盛的局面。在古人看来，三十年为一世，因此，许多家族都有三十年一修谱的传统。如麻城周氏《修谱凡例》中有“仍定期三十年一修”[②]的规定，同样，彭氏族谱的《凡例》中引用古语“三十年不修谱为大不孝”[③]来说明不修谱被视为不孝的表现，以引起族人的警觉。邓氏《五修宗谱序》则对修谱的必要性说得更加明白：“夫家之有谱犹国之有史也。史详国之兴废与存亡，人事之特殊，谱注族之嫁娶葬徙，生卒之良辰，若国无史记之，则世家勋业无有传闻；族无谱载之，则秩序紊滥，无所考稽。故史以谱征，谱以史传者也。我族家乘以三十年一修，盖三十年为一世也。”[④]可见，修谱不仅是后世子孙对先人表达孝心的体现，更是记载家族变迁、沿革，序昭穆、别尊卑、承前启后的依据，修谱理所当然成为宗族一项重大活动。

民间家规家训多以谱牒为载体而得以传承，是家谱的重要组成部分。诚如宋光宇指出：“明清两代，家谱与家训一起昌盛，而且两者有合二为一的趋势，家训成为家谱之中相当重要一部分。”[⑤]清代、民国时期麻城家谱，几乎每一部都有家训、家规，当时修谱者认为有无家规家训直接关系到一部家谱的编纂质量。从家规家训在族谱中的位置来看，多居于卷首或卷一，列在谱序和凡例之后，也从一个侧面反映出家规家训在家谱中占有举足轻重的地位。

(二)规训兴盛的原因

明清以来麻城民间家规家训的兴盛，既有当时政治生态环境、经济的助推，又有当地累世书香望族及文化名人的影响。

在高压政治下，明清不少世家大族一旦触怒天威，或是一朝失势，家族势力和几辈努力就会转瞬间付诸东流。面对这一现实，许多家族都深以为戒。杨氏《续修族谱序》中就有“尝谓古今之人，出入寒门者，类多谨畏，出入世族者，类多纵恣，势使之然也”[⑥]的感慨，因此，订立规训“乃申明戒律以警族风”。为宗族的持续繁荣发展，各个家族莫不严格约束宗族子弟。无独有偶，金氏《宗规序原》也说：“兹于家乘之中，订立宗规若干则，严为防范。”其最终目的是“俾强梁者以礼自守，狡诈者以信相从，富贵者不敢加于父兄，蠢顽者亦知敬畏而化为良善，则此若干条，岂可视为空文也哉？”[⑦]可见都提倡遵纪守法，为家族的长久昌盛，做出防患于未然的应对策略。

明清时期，尤其在明代，麻城科教文化兴盛、人才辈出，科举人数和书院数在湖北各县中名列前茅。据张建民先生考察，在明代，湖北共有文进士 1119 名，在全省 8 府 56 州县中，以黄州府及其所辖麻城县进士最多，分别达到 321 人和 100 人。[⑧]其进士人数比例在全国来说也是很大的。其中麻城有名的四大科举世家，号称“西陵望族”的麻城周

---

① 邵晋涵：《南江文钞》，上海古籍出版社，1995 年，第 503 页。

② 麻城《周氏宗谱》卷首《族规十则》，民国五年(1916)三次续修本。

③ 麻城《彭氏宗谱》卷一《凡例》，民国三十五年(1946)刻本。

④ 麻城《邓氏宗谱》卷首《五修宗谱序》，1986 年六修本。

⑤ 宋光宇：《试论明清家训所蕴含的成就评价与经济伦理》，《汉学研究》第 7 卷第 1 期，1989 年 6 月。

⑥ 麻城《杨氏族谱》卷首一《续修族谱序》，民国三十五年(1946)刻本。

⑦ 麻城《金氏宗谱》卷首下之二《宗规序原》，民国三十六年(1947)六修本。

⑧ 张建民：《湖北通史》(明清卷)，华中师范大学出版社，1999 年，第 614-616 页。

氏家族，有明一代，共有举人 40 人，进士 13 人，出了诸如被海瑞盛赞、以琼州府知府致仕的周思久和以工部尚书致仕的周思敬等名人。天顺七年(1463)，被明英宗御赐匾额“荆湖鼎族”的锁口河刘氏，其家族中的刘璲，被评为“江右有司第一”廉吏，与以军功升兵部尚书、太子太保的刘天和父子，以其历代显赫，被大文豪王世贞赞为“十代元魁世胄，九封宫保名家”。号称“司马世家”的七里岗梅氏，文治武功，名冠一时，诸如梅国桢、梅之焕叔侄等，与思想家李贽交游深厚，为当地有名文化望族。号称“坝上李”的李氏家族也是人才鼎盛，仅明代共出举人 16 人，进士 7 人，有历任四部尚书的“冢宰公”李长庚及李正芳等名贤。①

家族文化的兴盛，谱学的蔚兴，带动了家训文化的发达。方志学家王葆心在总结明代麻城县的科举之盛时曾说：“大抵人文科目、衣冠之兴衰，存乎一时之风气……故风气之开，必积久乃成，成后亦可积久不灭。”②可见文化的积淀，崇文重教的风气，在当地一直得以世代传承。麻城另有诸如周思久、周思敬、梅之焕致仕官员等出资兴建书院、寺庙，吸引诸如大思想家李贽来此讲学，以及有名高僧如无念禅师等传道。据考证，明代麻城新修复书院达到 8 所③，而县志中则记载该县书院顶峰时达 12 所。这些都为当地文化的兴盛营造了良好的氛围。无怪乎明人毛凤韶在《麻城志略叙》中自豪地说：“文献上国莫若楚，楚诸郡莫如黄，黄诸邑莫如麻，盖山川淑灵之所钟，禹文声教之所所被，坟典邱索之所遗，猗欤盛哉。”④这种对家乡文化兴盛的描述，并非一般性的夸耀，而是有其底蕴和底气的。

经济、人口的持续发展是文化繁荣的基础。明清时代，麻城农业持续发展，尤其是大量荒地被开发，新兴农作物的种植，得以养活更多人。在农作物方面，“谷之通产者，有粘谷(七月收)，中迟(八月收)，晚、糯俱(九月收)。有黍，有粟，有麦(大、小二种)，有秋荞巨胜、有黑、黄、红、绿灯豆”。商品贸易方面也得以长足发展，“谷食外佐餐者蔬，附郭内外及各镇乡区多灌园业，群负贩者仰给焉”⑤。对于这种繁华景象，民国时任麻城县县长的郑重在《麻城县志》序言中说：“其民男务耕牧女习丝织，西南平畴弥望，农隙赁金服贾，动致素封。囊自荆襄溯江汉以达川陕……麻城民业仍本于农，方志称其土厚而肥，俗淳而朴，人质直而好勇。由称民习勤苦，通技艺、轻远游，士风厚美，出重名节，处尚廉耻，农业社会之习俗大较然也。”⑥

此外，从国家层面来说，明清时期，自朝廷颁布“三大全”为官方钦定教科书以来，天下士子为博得功名，无不研习《四书大全》《五经大全》《性理大全》。作为家族文化的根基，规训作者基于对家族成员的垂训、劝诫，以加强宗族凝聚力、向心力，为振兴家族，保持家族昌盛，规训不可避免地受到儒家思想特别是理学思想的影响和浸润。因此，每部家谱及规训都会自觉或不自觉地将儒家伦理作通俗化、社会化诠释，对人们生活产生潜移默化的影响。而在技术层面，随着明清时代刊刻技术的发展，地方谱局的兴起，

---

① 孙晓芬：《麻城祖籍寻根谱牒姓氏研究》，四川大学出版社，2008 年，第 191-220 页。

② 王葆心：《再续汉口丛谈》，湖北教育出版社，2002 年，第 105 页。

③ 罗新：《湖北历代书院考》，《江汉论坛》1988 年第 10 期。

④ 陆祐勤纂修，陈国点校：《光绪麻城县志》卷首《麻城志略叙》，麻城市地方志办公室重刊本，第 16 页。

⑤ 陆祐勤纂修，陈国点校：《光绪麻城县志》卷一〇《食货第一·物产附》，麻城市地方志办公室重刊本，第 247-248 页。

⑥ 郑重、余晋芳：《民国麻城县志前编》，江苏古籍出版社，2001 年，第 2 页。

商业化运作等因素的影响，都促进了家族文化的兴盛。

三 麻城规训的形式

在具体称谓上，家训、家规有所差别。家训有时又称家范、家戒、家书、家言、训言、家信、宗训、族训、箴言、家语等，语言一般比较柔和；家规又叫规约、条约、规条、宗规、族规、家则、遗书、遗命等，语言相对来说带有刚性。不过二者并无本质的区分，都是宗族成员必须共同遵守的行为准则和道德规范，对宗族子弟起道德及行为上的约束作用。

每部家谱通常有数条乃至二十几条规训，有些只是单独有家规或家训，也有家规与家训同时载于族谱之中，甚至在一些家谱中既有新增谱训、谱规，又采录陈训于其中的情况。就麻城规训来说，其形式多样，因写作背景条件、社会风气、作者个人偏好、训诫对象及传达意思的需要等因素的影响，从而呈现出各异的形式。

(一)训诫规条形式

规训的所有形式中，训诫规条是最普遍的一种形式。往往条目之前有家训序言或引言，以强调家训所作目的及必要性，还有劝诫族人务必遵守等语。这种形式的优点是条目清晰、参差分明、简洁明了、直奔主题。历史上像司马光的《涑水家仪》、朱熹的《家礼》、孙奇逢的《孝友堂家规》等名篇，都是这种形式。

民国丁亥岁(1947)三修本《鲍氏宗谱》家训有十则，分别是：忠爱、正肃、有别、义方、交游、睦族、和邻、勤俭、习尚、志行。民国二十七年(1938)《文氏宗谱》有族规十八条：孝行宜重、同气宜敦、宗族宜睦、蒙养宜正、交友宜慎、邻里宜择、尊长宜敬、门规宜谨、嫡庶宜正、安佚宜戒、节俭宜崇、淫邪宜杜、赌博宜禁、争讼宜免、葬埋宜早、坟墓宜培、祠宇宜修、祭祀宜诚。再如光绪丁酉岁(1897)《倪氏宗谱》家训内容则更多，有二十二条，分别是：孝父母、忠国家、敬祖先、谨坟墓、肃闺门、重婚姻、和兄弟、宜家室、训子孙、别尊卑、尚节俭、圣王之世、戒妇言、惩私议、立户房、宽宏器量、慎交游、定生理、择师友、完国课、睦宗族、和邻里。

从上述几种规训条目的内容不难看出，其内容无不是儒家精神的发挥，是对儒家仁义忠信、敬祖收族观念的宣扬。其诠释方式或引史实，或引用圣贤语言，或摘录家族先贤语录，也有引用体现地域性特征的地方性俗语、掌故等，寓经验情理于规条之中，以垂范后世。

(二)箴言格言形式

家训不外于修身齐家之要，处己接物之方，因此，一些圣贤名言，家族先贤治家格言等，多为人生日用至理，往往载于族谱之中，以示劝惩。古代最有名者，莫过于诸葛亮《诫子书》、朱熹《朱子家训》及朱伯庐《朱子治家格言》等。

民国二十七年(1938)文氏《历代圣贤格言》，其内容多劝诫族人“凡国家礼文制度、法律条例之类，皆能熟观而深考之”，并告诫族人“富以能施为德”，要求族人学会多宽恕、忍让，做事谨慎，“花看半开，酒饮半醉”的做人道理等，并在格言最后还附上“右集圣贤格言敬书付梓，以乘法戒，凡我后人最宜深省”等文字，以强调刊刻家训的目的及要求。[①]《张氏家训四箴》主要内容为敦孝弟以正伦常、主忠信以端品行、明礼仪以定标准、恤廉耻以美风俗，显示了儒家孝悌忠信、礼义廉耻等观念的渗透，并认为“孝弟为人之大伦”，“廉耻者，人之大节也”，[②]正因为所关者大，乃以圣贤格言形式，令族人遵循。

(三)诗词歌赋形式

以诗词为载体，把家训著录于族谱之中，是较为特殊的一种形式。其优点和好处是诗词押韵，民歌民谣带有地方特色，便于理解，读起来朗朗上口，容易记诵，适合文化程度不高的普通族人学习和传播。古代著名者如西晋潘岳的《家风诗》、东晋陶渊明的《责子》、南朝宋何承天的《雉子游原泽篇》等。

徐氏《芸窗十二戒诗》的作者少年失学，后来有感虚度光阴，老大无成而徒伤悲，恐子侄辈重蹈覆辙，又因一岁十二月，遂拈《芸窗十二戒诗》以垂训子侄，并援引古人事迹以证之。徐氏作者“书构成，存家塾，俾子侄辈时常省览”[③]，以自己亲身失败教训为反面教材，编订家训，盼望族人时常省览，可谓用心良苦。《陶氏家史》的《艺文集》中载有《命子诗》及《责子诗》《劝农诗》各一首，《命子诗》开篇便讲“悠悠我祖，源自陶唐，邈为虞宾，历世重光”[④]，以诗歌形式追溯先祖源流。作者有子五人，然多懒惰不成器，因而作诗文以示劝惩。

许氏《训孙二则词》内容分《教汝学》和《劝孝歌》两部分。从两首词的名称上，就可窥见对“学是宝，勿蹉跎，当及早”的期待[⑤]和对孝悌伦理的重视。为了便于流通，一些家族在家训创作中，还尽可能模仿名人佳作。

(四)散文杂记形式

由于篇幅较大，以散文、杂记形式著录家训，这种形式多见于个人的文集之中，也有单独一卷载于族谱之中。这类家训多以单篇的形式出现，如北齐魏收的《枕中篇》、南朝宋颜延之的《庭诰文》、明代杨继盛的《杨忠愍公遗笔》等。

民国癸丑年(1913)，《周氏宗谱》卷七《文集》著录明嘉靖年间先人遗训，另收录天启二年(1622)《天启壬戌年先人家训》，其作者都是基于“出于寒门下品者，类多谨畏，出于世家大族者，类多纵肆，势使之然也”[⑥]的感慨，因而创作家训，警示族人。民国乙酉年(1945)，《李氏家谱》除载《逸楼公家训》一篇，另有《约言》及《杂记》一篇，都为劝勉族人行为和体现敬祖收族理念之语。对于当地赌博等恶习，不少家族中都明令族人禁止涉入。家训作者认为：“赌博拭牌，实为败业，置诸国法、条例分明处之。”在文中极言赌博的种种害处：“家如瓦解”，“赌风及盗风”，“官差拿困，鱼贯而行，庭讯株连，

① 麻城《文氏宗谱》卷之首《历代圣贤格言》，民国二十七年(1938)刻本。

② 麻城《张氏族谱》卷之一《张氏家训四箴》，光绪丁未年(1907)创修。

③ 麻城《徐氏族谱》卷一八《芸窗十二戒诗》，民国三十五年(1946)重修。

④ 麻城《陶氏家史》卷首二《艺文集·命子诗》，1987年五修本。

⑤ 麻城《许氏宗谱》卷首四《训孙二则词》，光绪十一年(1885)刻本。

⑥ 麻城《周氏宗谱》卷七《文集·嘉靖癸亥先人家训》，民国癸丑年(1913)五次续修本。

鸡飞而躲，迁累户族，玷辱祖宗，志丧财亏，不成人体”。[①]苦口婆心，对族人的关怀之情跃然纸上。

一些家训家规由于质量较高，在当地流传较广，由“范家”发展到“范世”的功效。如县志中载有一篇针对当地溺女婴现象而作的《戒溺女文》，很能说明这种不人道现象在当地引起大家的警觉，也说明，传统文化中一些基本理念，在社会上得到认可，进而形成一种共识。[②]

(五)书信形式

以书信形式告诫子孙的家训之作，在族谱中也有。当然，并不是每一篇家书都是家训，只有那些具有“整齐门内，提撕子孙”功效和特点的才能算作家训，这种形式的家训之作从汉代开始大量出现，比较著名的有汉代刘向的《诫子歆书》、马援的《诫兄子严、敦书》、诸葛亮的《诫子书》和《诫外甥书》等，到了明清时期，甚至有人将家书汇成一编以成一部著作，如曾国藩的《曾文正公家训》。

《邓氏宗谱》在卷首《文史记》中，记载咸丰年间以优廪生联捷二甲进士的五八兄家书，因该邓氏先人死于战事，其家书由军中友人代作，家族后人“不忍其亡矣，故录之以传不朽”[③]。此外，在一些家谱中，著录的名称诸如《祖训》《某某公家训》《某某公训子文》《家政撮要》等，虽名目不一，形式多样，但其本质都是垂训族人修齐治平、为人处世之道。

明代邹来学《诫子书》出于对儿子的疼爱，在家书中指出其各种不良表现，“平昔为人苟且简慢、懒惰粗粝无状可知，其待父母如此，又不知相处内外亲戚邻里何如。每忧尔少读书，识见寡，操历浅，至亲至重不知尊重，小男小女不知抚字，左邻右舍不知和睦，年老之人不知恭敬，贫难之人不知眷顾，患难之人不知怜悯，为恶之人不知回避，为善之人不知仿效，有恩之人不知报本，有冤之人不知洗雪；与人饮酒不知深浅，醉后之言无天无地，无礼无法，醒后诸事不知；与人交钱不知仗义，和好之时，如兄如弟如胶似漆，一文相兢，诸情不顾；乡间往来常乘骡马，见人不知下地；大帽长衫，骄傲放肆，作揖不知低头”[④]。对其予以警告劝诫，提出了若干注意事项。其言语并非深奥，徒讲大道理，而是注重人伦日用之小事，意思浅显，道理深刻，因而在当地广为传播，并一再著录于族谱及当地方志之中。

四 规训内容

家规家训的内容，涵盖生活的方方面面。从个人修身、治学、为人处世到家庭伦理、家庭治理、宗族管理乃至邻里乡党关系处理、国家社会，甚至琐碎如宗族内部的婚丧嫁娶等一切事物，无所不包。其内容涉及个人从出生、蒙养到成长乃至丧葬，范围由内而外，由小及大，呈现出内在的层次性。

---

① 麻城《刘氏宗谱》卷首《戒赌博拭牌文》，民国乙酉年(1945)刊刻。

② 陆祐勤纂修，陈国点校：《光绪麻城县志》卷一〇《戒子书》，麻城市地方志办公室重刊本，第259-262页。

③ 麻城《邓氏宗谱》卷首《文史记·楚翘公家书》，1986年六修本。

④ 麻城《邹氏宗谱》卷首《诫子书》，民国三十三年(1944)刻本；另见陆祐勤纂修，陈国点校：《光绪麻城县志》卷三三《戒溺女文》，麻城市地方志办公室重刊本，第970-972页。

(一)个人

家规家训作为家族文化的载体，其规范或劝诫的对象是从每个族人个体开始的。民间家规、家训在日常生活中强调儒家践履理念，要求族人以圣贤为师，培养君子人格，劝导族人积善行德、勤学慎交、慎独宽厚，内容十分丰富。

1. 德行品性

古人历来重视个人德行修养，认为这是立足社会的根本。人才为宗族持续繁荣的基础，因而，每个家族都希望培养德才兼备的族人。刘氏家训《训子孙》条说："子孙者，吾赖以上衍宗祀，下继绍续者也。吾之一身又子孙之所观法而视效者也，其要在于正身。训诲之道，当以涵养德性，熏陶气质为先。"[①]从这段论述中，不难看出宗族对子孙培养的重视，而其首要任务则是涵养族人德性，熏陶其气质。

对于族人品行心性的培养，首在立志向，培养其忠厚向善之心。文氏在其《宗规》中说："心为子孙之根，根好枝叶而未有不繁且荣。"[②]无独有偶，邱氏《采录陈训》中强调："心为人一身之主，如树之根，果之蒂，最不可先坏了心。"[③]以人心与树之根、瓜果之蒂相类比，以警示族人，不可坏了心术。基于同样的认知，《李氏家训》"存忠厚"条，引用司马光的话"积金以遗子孙，子孙未必能受，积书以遗子孙，子孙未必能读，不如积阴德与冥冥之中，为子孙计耳"，用以说明"念念存忠厚，其家必昌"的道理，并告诫族人"勿集过恶，勿施暗箭，勿损人以利己"。[④]

对子弟品行的培养熏陶，除培养其向善忠厚之心外，许多家族都注重培养子侄从小时候养成好习惯。熊氏《训子弟》引用古语"少成若天性，习惯成自然"[⑤]，说明"诚以蒙养之道圣功所由基也"的道理，蒙养从小做起，从婴孩开始培养，为其日后健康发展打下基础。诸如"人之成立在于教训，教训在于幼时，是蒙养之宜正为教子这第一大关键也"[⑥]，此类语言在许多家训之中，都能见到，显示出对族人从小就开始教育，以培养其良好志向旨趣的观念，在当地得到普遍认可。而对于一些不良的习惯和风俗，诸如懒惰、奢侈、游荡等行为，多是三令五申，明言劝诫，至于构讼、嫖娼、乱伦、赌博、偷窃、招徕匪类等，小则有辱家风，大则有违法纪，一般来说，都是先经过族长、户长劝诫改过，仍无悔改者，多移交官府纠办，以免牵连族人、累及无辜。

2. 治学交游

(1)治学。个人品德心性的培养，从蒙养开始，更多落实在日常人伦日用之中，治学交游则是其中必不可少的一环。传统社会中，科举为做官的主要途径，基于"诗书为振宗启户之基，且修身立行，非涵习圣贤之经，训其道无由"[⑦]的理念，从人力和物力上，每个家族对族人读书都秉持鼓励和支持的态度。熊氏家训"重儒师"条认为："古今忠臣

① 麻城《刘氏族谱》卷首《刘氏家训》，光绪四年(1878)刻本。

② 麻城《文氏宗谱》卷之首《宗规十八条》，民国二十七年(1938)刻本。

③ 麻城《邱氏族谱》卷之首《采录陈训》，光绪甲午年(1894)重修本。

④ 麻城《李氏宗谱》卷之一《家训》，民国三十四年(1945)重修本。

⑤ 麻城《熊氏族谱》卷之一《家训》，民国十四年(1925)续修本。

⑥ 麻城《文氏宗谱》卷之首《宗规十八条》，民国二十七年(1938)刻本。

⑦ 麻城《西陵林氏宗谱》卷首二《五世昌公家训》，民国三十六年(1947)重修。

良相，为国家决大疑，定大计，孝子悌弟，为乡里排忧劣，正伦常，无非读书所致。”[①]李氏《约言》也说：“先代之发科名、建功业皆资书中来。”并进一步阐明，“不知书之不可不读，求功名、振家世在此，正人品善人心在此”，以此来纠正当时家族对读书的轻视现象，其最终目的还是劝诫族人要以耕读为本。甚至一些家族对读书的赞誉和追捧不厌其烦，像刘氏《家规家戒十则》“训读书”条云：“将何物作家传？惟有诗书值万钱。”对于那些家贫不能读书者，户下仁人与诸管事，都会援助栽培读书成名，并认为这种行为是“造养人才，光宗耀祖，诚为美善”[②]的举措。此外，对于儒师的延请“不可惜费迁延误学业”[③]，对取得科举功名和一定学业者，支持力度尤大。

家族对族人治学的重视和物质鼓励，固然对个人治学有许多帮助，更关键的则是宗族子弟在个人思想上和行动上的不懈努力。因此，李氏《逸楼公家训》中特别规定：“举业《四书》本经背诵极熟，讲解极精，其讲解一遵当时功令，世所尚者不可别求偏异，违众矜奇，诗文经文止读近科墨卷考卷，房书命稿不可轻慕，先辈论表判策须淹贯，勿太虚疏。历代纂鉴、本朝律例，亦当留意，盖儒者须诚古今，但勿妨举业。至若诗歌词赋、序记碑铭、诸子百家、古今文集，虽非举业急务，然有志翰苑实不可忽。楷字当学端雅精工，草书花帖以及书苑图章，山人之业，不必专心。”[④]读书内容包括基本的《四书五经》及各种墨卷、历代纂鉴、本朝律例等，甚至对字体都有规定。这些多为族人中士子科考而定，具有极强的针对性和目的性。

(2)交游。人生在世，总会有交游圈。文氏《宗规十八条》中“交友宜慎”条云：“朋友居五伦之一，劝善规过皆资赖之。”[⑤]倪氏《丁酉创修宗谱家训二十四则》也说，朋友“善事相劝、过失相规，急难相关、安乐相维系”[⑥]，都高度肯定朋友在人生中的地位和作用。正因为朋友的重要性，对于交游，几乎所有规训中都强调了慎重的态度及交游的原则。

曹氏《慎交游》条认为，“日与正人居未必即为正人，日与不肖居，势必渐流为不肖”，如果经常与不肖子弟交游，终会招致“苟联盟结社，千百成群，作歹为非，酿成党祸，妻子被戮，宗族株连”[⑦]的后果，以此警示族人对交游持审慎的态度。《李氏家训》对交朋友的原则规范得更加具体：“以道义不以势力，以真情不以文貌。”并且认为“多交起党，少交起悭，多交费财，寡交省用”，交游基本宗旨是：“惟以礼为主，而以淡佐之，有无相济。”[⑧]总之，提倡君子之交，劝善规过，相互师友，健康成长；杜绝结交不正或小人、匪人，以免祸及家人，牵连族众。

3. 立身处世

(1)为人。在现实中，规训强调君子人格的培养。《李氏宗谱》卷一《逸楼公家训》中，包含多条垂训族人为人处世的条款。如认为“做人当以圣贤自命”，同时也认为“然亦不

---

① 麻城《熊氏族谱》卷之一《家训》，民国十四年(1925)续修本。

② 麻城《刘氏宗谱》卷首《家规家戒十则》，民国乙酉年(1945)刊刻。

③ 麻城《邱氏族谱》卷之首《采录陈训》，光绪甲午年(1894)重修本。

④ 麻城《李氏宗谱》卷一《逸楼公家训》，民国乙酉年(1945)刻本。

⑤ 麻城《文氏宗谱》卷之首《宗规十八条》，民国二十七年(1938)刻本。

⑥ 麻城《倪氏宗谱》卷之首一《丁酉创修宗谱家训二十四则》，光绪二十三年(1897)刻本。

⑦ 麻城《曹氏宗谱》卷首上一《家训》，1993 年续修本。

⑧ 麻城《李氏宗谱》卷之一《家训》，民国三十四年(1945)重修本。

必强，但勿至下愚不肖可也”，并进一步解释何为下愚不肖：“不孝、不友、不忠、不信，下愚不肖也；不读书被人轻、不处世被人恶、不治家被人怜，下愚不肖也；见大人君子则畏而远之，间庸劣小辈则喜而就之，下愚不肖也；高明之意常少，卑下之意常多，当正务则闷，遇鄙亵则快，下愚不肖也。牌骰博弈谓之市戏，狎邪闯荡谓之狂滔，鹰犬蹴鞠谓之浪子，管弦歌曲谓之优伶，花石欤鸟谓之清客，古董玩好谓之细人，包粮健讼谓之光棍，鬼神巫觋谓之妖民，其或饵服食以至疾，信烧炼而受欺，纵酒色以伤身，好武勇以取锢，凡此皆下愚不肖之事。”[①]以上种种行为，皆是下愚不肖的表现，这种定性也反映出，其规范的内容涉及诸多方面，其实质就是对儒家理念的灌输，要求人们在日常生活中，对道德的践履，对正道的追求。

除了劝诫宗族子弟在日常生活中规范自己行为，以符合儒家正统要求外，规训也要求族人从小立志和对自己名声的顾惜，认为“做人如行路，然举步一错便归正不易，必先有定志然后有定力”；讲求名声必然律己严格，“好名者事事求名，而事当与不当所不计，爱名者，事事求是，而名之损与不损常为怀”。[②]

(2)处世。为人仅是儒家道德践履的一方面，处世则是其践履理念的另一方面。上文提到的《逸楼公家训》中说：“处世须是内不失己，外不失人。且己作人，不可訾人；不作人已读书，不可笑人；不读书以治家，不可议人；不治家以至观赌游戏，凡己所不为不可讥人。”其强调的重点依然是内外一体，读书治家诸事。对于处世的原则，有些家训甚至编成押韵的诗词形式。如《涂氏家训》“涉世训”说：“以身涉世，最易招尤。过卑纳侮，过亢耻羞。含义舍色，不刚不柔。忍乃有济，让则无忧。枢机之发，荣辱之由。恂谨笃实，勿习虚浮。公平正直，勿用机谋。”并认为宗族子弟“为人若此，人世优优”[③]，这是一种不卑不亢、刚柔相济、能屈能伸、忍让笃实的精神。

圆融和谨笃固然是做人的要求，但一味迁就，没有原则性，也有悖于做人的底线，这也是规训中所明确反对的。李氏《家训·应世》就包含对做事宜吃亏的肯定和对在大节上迁就的否定。文中提出：“如身名大节攸关，须立定脚跟，笃行我志。”做事讲原则，在这里充分体现出来。

(二)家族

古代社会中，个人是最小的因子，个人之外则是家庭、宗族。在这个关系中，家是缩小版的族，族是放大版的家，二者是紧密相连的命运共同体。

1. 家庭

家庭是社会的细胞，是社会最小的基层单位，家训为一家之训，其功能首在“范家”。就麻城家训对家庭规范的内容来看，主要集中于明伦和治生两个方面。

(1)明伦。纲常伦理是传统社会基本理念，邱氏卷首《规训》即讲：“为子必孝，为臣必忠，兄必敬，弟必恭，朋友必信，夫妇必正，妾媵尤当致谨。”[④]孝悌忠信历来是传统

---

① 麻城《李氏宗谱》卷一《家训·应世》，民国乙酉年(1945)刻本。

② 麻城《李氏宗谱》卷一《家训·应世》，民国乙酉年(1945)刻本。

③ 麻城《涂氏家训》卷二《涂氏家训》，1997 年重修本。

④ 麻城《邱氏族谱》卷之首《规训》，光绪甲午年(1894)重修本。

社会大力提倡的观念，因而，每个家族对其诠释都不惜笔墨。如文氏《宗规十八条》就云：“家何以昌？昌于孝也。”①而对于孝悌的定位，有些家族格外重视。李氏《约言》讲“人之行，莫大于孝弟”②，《张氏家训四箴》也认为：“孝弟为人之大伦。能尽孝则根本完固，而枝叶未有不繁昌者也。”③从这些言语中，足以透漏出对孝悌观念的推崇。

在儒家尤其是理学家看来，忠孝一道，君亲一体，因而认为：“家有孝子，国有忠臣，其理一也。”④倪氏《丁酉创修宗谱家训二十四则》说：“国有忠臣犹家有孝子，古者求忠臣之家必于孝子之门，理固然也。”⑤基于同样的思路，罗氏《补辑嘉言懿行·忠孝》也认为：“民间得一孝子，朝廷得一忠臣。”⑥这种理念落实在具体家庭的要求就是长幼有序、男女有别、尊卑有差。对这套理念的执行，更被看作家族兴盛的表现。

(2)治生。明清以来，商品经济的发展，对传统的治生观念产生冲击。居家以治生为先，衣食为生理之资，因此，无论家族强弱，对治生观念都是再三叮嘱。如曹氏《家训》云：“人生终日营营，皆为衣食计，未有不安于正而后兴家。”⑦又如倪氏《家规·治生理》条说：“居家以治生为先，常人生理惟士、吏、农、工、商、贾、医、卜八事。”⑧在治生之中，开源和节流是其两端，互为表里。具体来说，一份稳定的职业是主要的经济来源，勤俭的生活方式，量入为出的经济观念则是重要保障。

传统职业观中耕读为本，四民为上。诚如一些家训中认为的“治生之道莫若耕，将何物振家声？唯有读书不负人”⑨，一些家族对于宗族子弟“有能潜心读书者，能入泮登科，光显先人者”，皆以其宗族经济实力“酌量多寡帮补祖费，以示奖劝”⑩。民国建立后，实业兴起，在家训中有所体现，反映出随时代变迁，择业观多元化的趋势。有的家训中就说：“士农工商各有专司，执一业则心有所询，身有所束。”⑪越来越多家族倾向于“士农工商各有其业”“士农工商皆可托业”⑫，生理不治的后果就是游手好闲，怠乎己职，见异则迁，最终成为失业者。

一份“正业”是保证稳定收入的前提，是开源的表现，而开源与节流共同体现于治生之中，缺一不可，因此节俭与反对奢靡腐化的生活方式，在治生观念中一再提及。李氏《家训十条》中的比喻就很贴切：“夫财产犹水也，俭犹蓄也，水之流不蓄，则一浅无余，而水立涸矣！财之流不节，用之无度，而财立匮矣。”以恰当、贴切的比喻，告诫族人如挥霍无度，终致财匮流尽的道理。也有家训认为：“田地一年出息有限，室家用度太奢，一遇荒年，便嗟冻馁。”从田地产出与用度平衡的角度来阐释节俭的观点，要求宗族子弟从自己做起，“甘俭约于一身，粥实粗衣，教淡泊于妇子，戒妻女而勤纺续，勉子弟

---

① 麻城《文氏宗谱》卷之首《宗规十八条》，民国二十七年(1938)刻本。

② 麻城《李氏宗谱》卷一《约言》，民国乙酉年(1945)刻本。

③ 麻城《张氏族谱》卷之一《张氏家训四箴》，光绪丁未年(1907)创修。

④ 麻城《詹氏宗谱》卷首下《家规》，光绪癸巳年(1893)续修。

⑤ 麻城《倪氏宗谱》卷之首一《丁酉创修宗谱家训二十四则》，光绪二十三年(1897)刻本。

⑥ 麻城《罗氏族谱》卷首《补辑嘉言懿行·忠孝》，民国五年(1916)刻本。

⑦ 麻城《曹氏宗谱》卷首上一《家训》，1993 年续修。

⑧ 麻城《倪氏宗谱》卷之首一《家规·治生理》，光绪二十三年(1897)刻本。

⑨ 麻城《王氏宗谱》卷之一《孝悌耕读》，民国三十四年(1945)四修本。

⑩ 麻城《秦氏族谱》卷之首《条约》，民国十四年(1925)刻本。

⑪ 麻城《傅氏族谱》卷首《家政十条》，1992 年五修本。

⑫ 西陵白石山《夏氏族谱》卷首《族规》，1987 年五修本。

以力田畴"，日积月累，就会"蓄积渐多，田园渐阔，室家渐丰"，其法深良意美，诚为劝世良言。[①]

2. 宗族邻里

(1)宗族邻里关系。家庭之外即是同族，千枝万叶归于一本。族人之间要以祖先为念，和睦相处。倪氏《丁酉创修宗谱家训二十四则》中"睦宗族"条说："宗族固众，原其初皆我祖一人所传。祖先昔年之同胞，今日之同族也，自祖宗视之，皆是一体。虽有尊卑长幼、贫富贤愚之不一，推祖宗之心，则愿子孙皆得所也。"[②]因为有一本之念，族人之间应该"有无相济，患难相恤"。同样，《熊氏家训》也说："宗族虽派别枝分，其初实出于我一祖。"[③]无独有偶，彭氏《家训十条》也出于同样的宗族关怀，认为："宗族者，己身之所同源者也。自吾之身，溯流而上之，皆同出始祖一人之身，随长幼亲疏分门别户，犹至万派千支共此一源，有何彼此之分哉！"其睦族观念如出一辙。类似话语在当地各部家训之中屡见不鲜，这就说明，睦族观念在当地得到普遍的认可和肯定。

如果说族人是一本所源、以血缘关系为纽带的组织，那么邻里乡党则是畎亩相接、出入相友、守望相助的异姓亲友。这种观念在麻城家训中随处可见。一些家训中说："邻里乡党，异姓亲友，皆以义相合者也"[④]；"邻里为出入交游之地，关系匪轻"[⑤]；"邻里者，己身之所相谓唇齿者也，旦暮相依，出入相见，孰若邻里亲，鸡犬相闻、畎亩相接"[⑥]。出于这种考虑，邻里之间就应该"出入相友，守望相助，疾病相扶持，有无相称贷，过失相包容，忿争相劝释，吉凶相庆吊"[⑦]。甚至一些家族家训之中，为了突出睦邻的重要性，以"百万买宅，不如千万买邻""远亲不如近邻"等语言突出好邻居的重要性，可见邻里乡党和睦的观念深入人心。在生产力相对较低，应对自然灾害能力较弱的传统小农经济社会中，睦邻友好的观念显得异常重要。

(2)宗族日常活动。在"事死如事生"观念影响下，坟墓看护、祠宇维护、祭祀规范等在宗族日常生活中，占有重要的地位。比如一些家族就认为，"国之大事在祀，家亦犹然"，因祭祀的对象、目的和场合不同，分为家祭、庙祭、墓祭。并规定"家祭除岁时伏腊外，忌日尤宜致虔"[⑧]，足以说明各个家族对祭祀的重视程度。祭祀是一项庄严的活动，因此要求"祭祀必诚敬，衣冠整齐，不得以亵衣小帽，有辱祖先"[⑨]。

宗祠和坟墓一为祖宗神灵所依，一为祖宗体魄所藏，是"子孙命脉，事关根本重地"，是"祖宗灵爽之所依，子孙报本之所"，[⑩]宜责成值年房长督率看祠人每月一巡，对于祖坟"每年春秋二祭，必亲临察看，兴蓄树木，加培封界，颓堕者垒砌之，遗失者清理之，

---

① 麻城《熊氏族谱》卷之一《家训》，民国十四年(1925)续修本。

② 麻城《倪氏宗谱》卷之首一《丁酉创修宗谱家训二十四则》，光绪二十三年(1897)刻本。

③ 麻城《熊氏族谱》卷之一《家训》，民国十四年(1925)续修本。

④ 麻城《倪氏宗谱》卷之首一《丁酉创修宗谱家训二十四则》，光绪二十三年(1897)刻本。

⑤ 麻城《文氏宗谱》卷之首《宗规十八条》，民国二十七年(1938)刻本。

⑥ 麻城《彭氏宗谱》卷之二《家训十条》，民国三十五年(1946)刻本。

⑦ 麻城《刘氏族谱》卷首《刘氏家训》，光绪四年(1878)刻本。

⑧ 麻城《周氏宗谱》卷首《族规十则》，民国五年(1916)三次续修本。

⑨ 麻城《李氏宗谱》卷之一《家训》，民国三十四年(1945)重修。

⑩ 麻城《邱氏族谱》卷之首《规训》，光绪甲午年(1894)重修本。

浅露者增益之”[①]。对于宗祠和坟墓的维护需要人力、物力、财力的支持，为此，宗族就专门设立祭田，轮流执管，以租谷设祭，维持祭祀活动持续进行。

家族事务繁多，祠宇、坟墓之属，族内的婚丧嫁娶，乃至修谱、继嗣、人才的培养，等等，其内容涉及族内管理，关乎族内人丁兴旺和宗族的长远发展，因而，每个家族都多有规范，以确保本族的繁荣昌盛。

(3)宗族管理机制。族大丁众，不可以没有户房加以督率。户首、族长为一族之长，有统帅一族的责任，上为祖事，下为宗支，事繁任重，对其人事的选择有严格规定：“通族选立户长，乃一族之表率，必公以居心，平以接物，正以处事，直以折非，族人敬信于平时，自肯依从于临事。”[②]同样类似的话语也见诸其他家训之中。如《夏氏家训》对于户首的选择就规定：“宜择才德兼优，素负人望者，共同呈举并请。”[③]房长为户首的助手，各房有事，房长先知，其产生方式一般为族长推举或选举产生。

立嗣是为了家族的传承，因而规定：“理宜派别长晚，属辨亲疏。亲房有人，则宜先里亲，嫡长不得承嗣，独子不得过继；亲房无子则立疏，贤爱听其自择，他房不得妄争。”[④]立嗣关系到家族血脉传承，亲疏远近，财产的继承，宗法制度森严，不容逾越，因而每个家族都异常慎重。

慎继嗣是为了家族血脉的传承和纯正，而家族持久繁荣，关键在于人才队伍的培养。对于家族子弟读书士子凡有进取之志者，多有奖励措施。不少家族甚至专列《奖士》《奖士条例》于族谱之中，形成奖励机制。对于奖励对象、多寡及财产来源等诸多事宜，都有明确的规定，体现了家族人才培养机制的完善，也从侧面反映家族对人才的重视程度。丰啬不均，而子弟之贤否不一，基于“端蒙养而育人，以垂久远，不失敬宗收族之厚意”[⑤]的考虑，家族往往设立义学，给宗族子弟提供受教育的机会。出于水本木源的情怀，不少家族还设立义庄，“于族之年幼者怜之，势弱者抚之，孤寡者恤之，窘乏者周急之”[⑥]。

以上措施，无论是宗族邻里关系和宗族日常活动，抑或是宗族管理机制，皆直接或间接出于增强本族凝聚力、向心力的需要，从而达到宗族长远发展和持续繁荣的最终目的。

3. 国家社会

社会是一个大家庭，由众多的家庭构建而成，与个人、家族都有交叉性和关联性。麻城家规家训中涉及国家社会层面，更多体现在对于族人具体要求之上。如对社会风气偷、抢、淫、赌、讼、溺婴、敲诈勒索、结交匪人等行为的禁止，对于国课早完及宗族正确择业观的规范等。

(1)对违法乱纪及不良风气的禁止。赌博之弊，律有明条，不仅家规不容，亦为法律不许。其危害“至破家荡产，莫知道悔悟”，因而认识到“禁赌即所以禁盗”，[⑦]赌博直接

① 麻城《倪氏宗谱》卷之首一《丁酉创修宗谱家训二十四则》，光绪二十三年(1897)刻本。

② 麻城《熊氏族谱》卷之一《家训》，民国十四年(1925)续修本。

③ 西陵白石山《夏氏族谱》卷首一《家训》，1987 年五修本。

④ 麻城《周氏宗谱》卷首《族规十则》，民国五年(1916)三次续修。

⑤ 麻城《李氏宗谱》卷之首《学规》，民国戊午年(1918)年创修。

⑥ 麻城《曹氏宗谱》卷首上一《家训》，1993 年续修。

⑦ 麻城《陆程宗谱》卷首二《民引·居家七戒》，民国三十一年(1942)刻本。

导致的后果就是倾家荡产，典妻当子，至无活计进而铤而走险，为匪为盗。游手好闲之辈，每有敲诈行为，不顾名誉以及宰杀耕牛，妄干国宪，对于此种人，“应听户房房长从重责罚”，至于穿墙逾壁为盗之人及窃盗之家，如查明属实将对其进行惩罚：“户房房长约同族众出逐备案，将屋宇充公，以后不准入谱。”①如此一来，违反公德且不遵约束者，轻则入祠受惩罚，重则会被送官纠办。

对于淫邪的杜绝，屡屡见于各规训之中。规训认为“淫邪之害为人生最大魔障也”②，淫念一产生，便思邪缘，设计引诱，生机械心。淫邪“不惟大损阴德，甚至以此丧命，以此雇祸，追悔无及”③。把淫邪归为万恶之首，甚至以损阴德、遭报应等迷信思想劝诫族人戒淫，戒惧之心、劝阻之意不言而喻。

在古代重男轻女的世风之下，不少家庭以难以养活为借口而溺女婴。对于这种行径，家训中认为：“呱呱者，日需数口乳耳，及长能饮食，不过粥略煮清。”出于对生命的敬畏，误伤蚂蚁犹怜惜，何况亲女，因而劝诫一些家庭，万一贫不聊生，也应该“或与人作女，或过门童养”④，而不可漠视、扼杀新生命。

(2)国课早完与无讼思想的提倡。朝廷制定土地政策，原本为民生谋衣食，取之于民，用之于民，纳税被视为人民的义务，在古代更是报效国家的体现，所以在不少家训中都能看到“国课早完”或“完钱粮以省催科”的条款，希望族人“踊跃奉公，早完赋税”，让家族子孙“遵守朱子格言国课早完”⑤的建议。对于国课的催缴，不仅是每个家庭的义务，更是户首、房长的责任，因而，国课早完的规定几乎可以说是每个家训的必备条款。

自古以来，在处理争端纠纷时，占主导地位的是表现为忍让的“息讼”“无讼”观念。如孙氏《家规・息健讼》即云：“盖讼有害无利，小则倾家荡产，大或躯体辱亲，富者不能安逸，贫者无以治生。总之为一客念气，始于其跪府，告官究归无益。”⑥因而一再劝诫族人多忍让，莫因毫末起争端，即便不免有纠纷，也应先禀明户房，由户房、族长居中调解，以求大事化小、小事化了，最终归于和谐。这种“息讼”“无讼”观念在很多家谱中都存在，说明这种观念在当地的盛行，“无讼”思想超出一族的范围，在本地区乃至更大区域成为一种共识。

五　麻城家规家训的意蕴及其现代启示

家规家训作为家族文化的载体，注重对儒家思想作通俗化诠释，有利于儒学在底层社会的传播和普及。民国时期西学渐盛，但就家训来说，因受教育对象文化水平的限制和所要达到垂训及规范族人行为的目的，理学思想依然浓厚，儒家伦理对家规、家训的浸润，其时代痕迹依然明显。尽管如此，其中涉及的个人修身观念、家庭教育思想、家庭伦理、家庭经营、宗族邻里和谐人际关系、基层民主管理以及社会风气的淳化等，在今天依然不失为一份宝贵的文化遗产。

① 麻城《金氏宗谱》卷首下之二《宗规第七》，民国三十六年(1947)六修本。

② 麻城《文氏宗谱》卷之首《宗规十八条》，民国二十七年(1938)刻本。

③ 麻城《陆程宗谱》卷首二《民引・居家七戒》，民国三十一年(1942)刻本。

④ 麻城《郑氏宗谱》卷首上《家训》，1996 年四修本。

⑤ 麻城《李氏宗谱》卷之首《家训十条》，民国戊午年(1918)创修。

⑥ 麻城《孙氏宗谱》卷一《家规》，宣统庚戌年(1911)创修。

(一)家规家训对儒学的诠释与传播

一篇家训家规中往往有若干条目，更多的文字则是对各条目作通俗化的解说、诠释，以便于族人更好地理解、遵守。如《徐氏家规》就说："兹为俚俗之言，以为吾族人之劝，不惜繁琐，一一标明。"[①]同样的道理，《何氏宗谱》在家训序言中说得更明白："家训格言之妙，只要疏动人心，不必搬演事故。吾族中有未尝学问者，若字句深奥，不易明醒，彼置之而不论，有何益矣？惟以俚言于五伦中言之贴切透彻，智愚共赏，言虽平近无奇，意实精深有味，熟而玩之，裨益不少。"[②]诚如当今学者所说："很注重以事证理，往往先用简洁的语言，阐明儒学经理，而后紧接着便举事例，以证明经理的正确性，使经理得到生动、形象、具体的解释，绝少经学家的训话考证、艰涩古奥的风气。"[③]为了更清晰地显示其语言文字对儒家文化的诠释内容及特色，兹引用家训中劝孝、息讼字句各一段如下。

> 人当孩提时，片刻不见父母则哭泣不止，兄弟同床共寝，则相怜相爱，固俨然孝子悌弟也。其后，或父子责善恶、兄弟争财，或因听妇人之言，而薄于父母昆弟，渐致家庭之内积有违言。不知世无不是的父母，责子之严源于期望之切，最难得者兄弟，身外之财何如手足之重？至于信妇言而重资财，薄父母而乖骨肉，先儒以为不成人子。人当长而进德，奈何反而不如厥初。今与族人约：有不听父母教训者，由其亲房人就其父母之前加以戒饬；其忤蔑逆伦不顾父母之养者，由户首房长入祠以家法重惩之。至于兄弟失欢，宜听族邻调处，即不获，已而析箸，务须敦好如初。有无仍宜相同长短，不得相竞。《礼记》曰：父子笃兄弟睦，家之肥也。可不务诸！[④]

这段劝孝悌的话语，从孩提时代讲起，表明孩子对父母的依赖，但孩子长大成家后却薄于父子兄弟之情，渐致家庭之内失和，以引起读者反思和共鸣，并制定族约以约束族人的行径。整段文字以说理为主，却没一丝教训的口吻。

> 传家之宝，读书必昌，丧家之蠹，好讼必败。朱伯庐云"居家戒争讼，讼则终凶"，此事之必至，理之固然也。虞芮争田，如其境，耕者让畔，行者让路，因感而相谓曰"西伯仁人也"，吾等小人，不可履君子之庭乃相让……近人每好讼，睚眦之怒，必图报复，毫末之利，即思攘夺，卒至鼠雀力争，庐郭俱弊，有何益耶？谟按:健讼之风，最为民间之大害。偶因一时小忿，不能忍耐，一经涉讼，累月经年不能止息，谚云："一字入公门，九牛搬不出"，可深惧也。嗟嗟，相彼小民，守候于公门之外，甘受吏胥之呵责，逞小忿，反遭无穷之凌辱，何其愚！即谓事关重大，不得已而鸣于官，荣理得稍申，即宜停息，万不可收人唆哄，扑告枝连，以延长讼事，贻悔噬脐也。至同宗及兄弟，尤不可相鱼肉。有识之士，自能辨之。[⑤]

---

① 麻城《徐氏族谱》卷一六《徐氏家规》，民国三十五年(1946)重修本。

② 麻城《何氏宗谱》卷首二《家训》，咸丰十年(1860)刻本。

③ 马玉山：《"家训""家诫"的盛行与儒学的普及传播》，《孔子研究》1993年第4期。

④ 麻城《周氏宗谱》卷首《族规十则》，民国五年(1916)三次续修本。

⑤ 麻城《文氏宗谱》卷之首《宗规十八条》，民国二十七年(1938)刻本。

在处理纠纷过程中，法律具有强制性，而调解则更加温和且具有人情味。两者相比，基层调解的形式更易于接受。调解的方式往往是调解人对当事双方“晓之以情，动之以理”，其实质就是宣扬和灌输儒家传统慈孝、仁爱、节义等观念，在处理纠纷过程中，不仅高效便捷且节约诉讼成本。以上两段劝诫之语都很直白地表达出了作者的意图，效果并不亚于长篇大论。

在翻看及查阅家谱中规训文献时，会发现不少家族的家训某些条款文字相同或内容相似，甚至有少许家族完全一致。感觉像是一个家族故意抄袭或借鉴另外一个家族的家训，事实上，它体现出一个家族的家训思想得到其他家族的认同，最终超出一个家族的范围，在当地乃至更远的地域得以流传。正如一些学者所言：“望族的家训并非只行于一家一族，它往往会成为族规，训诫的对象从直系血亲扩大到宗族成员。一家一户的祖训家训在乡间扩展开了，就有了一族一乡的族规和乡约。”[①]这种规训在家族内部或超出一族的范围流传，其本质上是儒学在底层社会的传播。千百年中社会底层组织得以稳固，这是一个基本原因。

(二)麻城家训的现代启示

家规家训之作，本意在于爱护子孙、传承家风、振兴家族，最终达成治国平天下的理想。因此，明清、民国时期麻城家规家训是当地社会文化建设的承载者，真实反映了当地社会的人文风物、经济发展景象及政教风化。研究表明，家训与优良家风传承有着内在联系。而优良家风的形成，并非空口说教，而是落实在人伦日用之中，践行于言行举止之间。嘉言懿行多由祖上先贤所定，耳濡目染，往往会形成榜样的力量，并且家训语言通俗流畅，亲切柔和，令人喜闻乐见。这些内容及其做法，在当前全面建设小康社会的历程中，很有借鉴作用。

2014 年 5 月 4 日，习近平同志在北京大学师生座谈会上指出，中华文明绵延数千年，有其独特的价值体系。中华优秀传统文化已经成为中华民族的基因，根植在中国人内心，潜移默化影响着中国人的思想方式和行为方式。今天，我们提倡和弘扬社会主义核心价值观，必须从中汲取丰富营养，否则就不会有生命力和影响力。传统文化蕴藏着构建中国特色社会主义核心价值观的重要宝藏。家训、家规是传统文化中的精华部分，尤其是民间的规训文化，在个人修养治学、家庭伦理、家风家教乃至社会治理、传统文化的继承传播等方面，有着无与伦比的优势地位。明清麻城家训种类繁多、形式多样、内容丰富、思想性强，规训内容涉及修身、齐家、治学、处世等诸多方面，涵盖的范围从个人到家族乃至社会，终至国家，呈现出内在的逻辑性。民间家规、家训在家族内部或超出家族范围本身的传承，由“范家”到“范世”，其本质是儒学在民间社会的传播。这种传播，对古代社会风气的淳化、民族文化性格的塑造具有重要影响。当前，我们应吸取精华去其糟粕，加以适当转化，这对于传承优秀传统文化，以通俗的形式宣传当代核心价值观，提升中华民族的文化自信和软实力，必将产生不可估量的作用。

① 郝耀华：《从家训到乡约的中国式道德传承》，《光明日报》，2014 年 3 月 19 日，第 3 版。

李慈铭《汉书札记》研究

华中科技大学 历史研究所 夏增民

摘要：李慈铭校读《汉书》，校勘、训诂、考据及推原史意，集成《汉书札记》一书。在此书中，既有对《汉书》本身的研究，也有对汉史的考察，不仅校正了《汉书》撰述及传写之讹，也对西汉一代的制度、地理沿革、史实、名物等进行了详审的考证和钩稽，同时还对《汉书》诸注家的成果进行了梳理和总结。《汉书札记》是汉史研究史上的重要著作，对治汉史者有较大的参考价值。

关键词：李慈铭；《汉书札记》；汉史；史学史；学术史

李慈铭(1830—1894)，字爱伯，号莼客，学者称越缦先生，浙江会稽人。为官之余，尚好诗文，于清末名倾东南。且好读史，王式通云："先生于学无所不为，自谓平生致力莫如史，故凡诸史，经诵读者，丹黄戢舂，纷缀简耑，精训诂通假借，参引众说，搹釽豪芒，每举一谊，便辄理解，发隐疏滞，良云勤矣"[①]，越缦先生"精于典章制度，详于名物地理"，又"铅椠纷罗，昕夕无闲"[②]，终"承钱(大昕)洪(颐煊)之流而为有清一代之后殿者"[③]。越缦先生无专史之作，歿后手稿为北平图书馆所得，王重民氏"于本书眉批外，据《日记》及《补注》增补如干条，逡逮《十七史商榷》眉批一条，共数百十事，厘为七卷"，于是"先生之说《汉书》者尽于此矣"[④]，终成《汉书札记》七卷[⑤]，付梓于世。世人对李慈铭的研究，多限于其《越缦堂日记》，以其所记清末掌故有裨于清史，或径论其诗文；然对李慈铭之史学，条引者亦有之，然未有深入之探讨者。李慈铭"校勘、训诂、考据及推原史意"，有灿然可观者。余不揣浅陋，据越缦先生之意而发覆之，以求无"愧于钱(大昕)洪(颐煊)王(念孙)赵(翼)越缦诸先生殷殷稽考之功"[⑥]。

一 《汉书札记》的考证功夫

(一)校读《汉书札记》之方法

越缦先生读《汉书》，用心甚精，用力甚勤，其校《汉书》，乃取一底本，以不同方法对勘，以得其非是。

首先为同书之不同版本之对勘。越缦先生所据底本，乃明汲古阁本，然后参以北监本、南监本、宋监本和官本。

王式通《越缦堂读史札记》序云："第其所校旧刊以为据依者，《汉书》《宋书》南、北史用汲古阁本，《梁书》《隋书》用明北监本，止《魏书》为宋监本。"《汉书札记》卷三地理志第八上"般"条。韦昭曰：音逋坦反。慈铭案：监本作逋垣，一作连完。卷六杨胡朱梅云传第三十七"知吏贼伤奴辟报故不穷审"条。慈铭案：又按南监本注文"断狱下"衍"也"字，"究尽"上脱"不"字；卷四樊郦滕灌傅靳周传第十一"虏代丞相冯梁守孙奋大将王黄将军大将一人"条。慈铭案："大将一人"四字有误，《史记》汲古阁本无此四字，监本及今官本作"太卜"二字，亦疑有误。由此可证。

其次为不同书间之对勘。越缦先生以《汉书》为底本，考之与所载内容相关者如《史记》《汉纪》及《资治通鉴》诸书，辨析《汉书》之得失。

《汉书札记》卷一文帝纪第四"上曰百金中人十家之产也"条。慈铭案：《史记》作

---

* 收稿日期：2017-12-20。

① 王式通：《越缦堂读史札记》序，载《越缦堂读史札记全编》，北京图书馆出版社，2003年，第1页。

② 高步瀛：《越缦堂读史札记》序，载《越缦堂读史札记全编》，北京图书馆出版社，2003年，第7页。

③ 杨树达：《越缦堂读史札记》序，载《越缦堂读史札记全编》，北京图书馆出版社，2003年，第5页。

④ 王重民：《汉书札记》跋，载《越缦堂读史札记全编》，北京图书馆出版社，2003年，第265页。

⑤ 本文所引《汉书札记》诸条，均载于李慈铭《越缦堂读史札记》，北京图书馆出版社2003年聚为《越缦堂读史札记全编》影印出版，以下引文不再详注，特以楷体标示。

⑥ 杨树达：《越缦堂读史札记》序，载《越缦堂读史札记全编》，北京图书馆出版社，2003年，第6页。

"中民"，此避唐讳改。是勘以《史记》。卷一哀帝纪第十一"元寿二年"条。慈铭案：《后汉书·光武帝纪》建武十八年。是勘以《后汉书》。卷二郊祀志第五上"少君者故深泽侯人主方"条。慈铭案："侯"下《史记》有"舍"字，此误脱；《通鉴》亦有舍字。是勘以《史记》及《资治通鉴》。卷一宣帝纪第八"元康三年三月诏"条。荀悦《汉纪》作"放而不诛"，荀氏似误，诏既引舜之封象，不当又以封为放。顾氏炎武谓当从荀纪，非也。是与《汉纪》对勘。卷一高祖纪第一上"元年或说沛公曰"条。慈铭案：《艺文类聚》引《楚汉春秋》，说沛公者为解先生。是为勘以《艺文类聚》。

再次为同书各传互勘。纪传体史书，内容多互见于各传表，以此互相参校，亦可得乎其实。

卷三地理志第八上"舂陵"条。慈铭案：《后书》《城阳恭王传》言戴侯子考侯仁上书求徙南阳，此注误作戴侯，而《表》又误考侯作孝侯耳。是以《传》《表》勘《志》。卷四张陈王周传第十"勃以相国代樊哙……施屠浑都破绾军上兰"条。慈铭案：《史记》注徐广曰：浑都在上谷；《索隐》曰：施，名也；屠，灭之也。《地理志》上谷有浑都县。按：徐及小司马之说是也。上所举获者皆止称其名，无并言姓名者，颜注谬。是以《志》勘《传》。卷四樊郦滕灌傅靳周传第十一"降下临淄得相田光追齐相田横至嬴博"条。慈铭案：《史记》作齐守相田光，是也，此脱"守"字；齐相为田横，光乃守相耳。《曹参传》作故齐王田广，相田光，守相许章。《田儋传》作守相田光。是以《传》勘《传》。

最后为勘以自先秦以至有清一代学者家言。越缦先生充分吸取前代学者之治学经验，考其异同，订正《汉书》之误。

卷一高祖纪第一上"二年夏四月羽虽闻汉东……五诸侯兵"条。引刘攽、刘敞、刘奉世《两汉刊误》，刘仁杰《两汉刊误补遗》，全祖望《经史问答》和《鲒埼亭集外编》及洪颐煊书；又，"元朔三年三月诏"条引王应麟《困学纪闻》、宋人刘昌诗《芦浦笔记》、宋无名氏《南窗纪谈》；又，"天汉元年秋闭城门"条引司马光《资治通鉴考异》及王鸣盛书。以后诸卷引书者亦众，如《鲁诗》《毛诗》《说文》《释名》《水经注》，乃至纬书《春秋元命苞》等。以上为例，足见越缦先生观书之博。

对勘之余，尚有内证之法。以本书上下属文，以理推之，证其不合处，然求以合理之解释。卷二食货志第四上"自造白金五铢钱后五岁而赦吏民之坐盗铸金钱死者数十万人"条。慈铭案："赦"字涉下文"赦自出者"句而衍，《史记》亦误。越缦先生本无实据，但所论极是，是为内证。另，卷四樊郦滕灌傅靳周传第十一"沛公为汉王赐商爵信成君"条。《刊误》刘奉世曰：商已先封信成君，此"君"当作"侯"。慈铭案：上文言赐爵封信成君者，盖误也。诸功臣先赐爵，皆不过大夫，商只从攻长社，先登，不应遽得封君，盖先亦赐大夫爵，至此赐君爵也。史汉皆传写致误。此亦足见内证之法。

(二)校勘群书之收获

越缦先生对勘群书，纠引《汉书》本书及传抄、注释之误甚众。

一为校勘之得。

衍字。卷四樊郦滕灌傅靳周传第十一"赐婴爵列侯号昌文侯食杜平乡"条。慈铭案："食杜平乡"四字衍。

脱字。卷二郊祀志第五下“至如八神诸明年凡山它名祠”条。慈铭案：《史记》“诸”下有“神”字，是也。此误脱。

误字。卷一武帝纪第六“元光五年征吏民有明当世之务习先圣之术者县次续食令与计偕”条。慈铭案：“续”疑作“给”。

误倒。卷四张陈王周传第十“臣为韩王送沛公今有事急亡去不义”条。慈铭案：《史记》作“事有急”，是也。此为传写误倒。

二为训诂之得。

读音。卷四萧何曹参传第九“与窋胡治乎”条。慈铭案：《史记集解》如淳曰，犹言用窋为治；《索隐》曰，言参、何为治窋也。案：“与”，犹“于”也。言于窋何治也；治即笞，同音为训，注家皆不解“与”之古义及“治”之古音。

字义。卷一成帝纪第十“绥和元年二月癸丑诏曰定陶王欣于朕为子”条。慈铭案：为子者，为子行也。古者，兄弟之子皆曰子，此云“于朕为子”，亦以见中山王之为弟也。

句读。卷二郊祀志第五上“大为人长美言多方略”句。师古曰：善为甘美之言也。慈铭案：当以“美”字断句，言其人长而美也。

三为体例之得。

卷一百官公卿表七上“博士秦官”条。慈铭案：博士不当提行。另“仆射秦官”条。慈铭案：仆射亦不当提行。

(三)对《汉书》诸注之研究

越缦先生在校注《汉书》之时，对《汉书》诸注亦关注尤著。其在充分吸收众注家对《汉书》研究成果的同时，对其谬误也颇多指正。先生于诸注变通而用之，引申己说，足见其考据功夫。

一为于注中自做结论。卷四高五王传第八“顾乃父知田耳”条。师古曰：乃，汝也；汝父谓高帝也。慈铭案：“乃父”，《史记》作“而父”，皆谓章父悼惠王也。悼惠王为高帝庶长子，生于微时，故云“知田”。颜注谓指高帝，谬甚。

二为寓结论于注中。卷五张汤传第二九“上所是受而著谳法廷尉挈令”条。洪氏颐煊曰：“挈”，古通作“契”字。挈令，谓刻之于板，著以为令。慈铭案：洪说是也。挈，犹锲刻也。《燕刺王旦传》注亦引汉光禄挈令。

三为是一注而非他注。卷一文帝纪第四“母曰薄姬”条。臣瓒曰：《汉秩禄令》及《茂陵书》姬并内官也，秩比二千石，位次婕妤下，在八子上。师古曰：姬者，本周之姓，贵于众国之女，所以妇人美号皆称姬焉。慈铭案：颜注谬也。姬妾是一义，姬姜是一义，二义异音。瓒说本当时官书，岂容臆造？如云因周姓贵而为妇人美称，何以无称姜者乎？

四为开陈其端，不遽下定语。卷二食货志第四下“请置赏官名曰武功爵”条。臣瓒曰：《茂陵中书》有武功爵……十级曰政戾庶长。慈铭案：瓒注“政戾”二字不可解。《史记集解》作“左庶长”，与旧爵之第十等同名，亦恐有误。王应麟《小学绀珠》引此志，亦作“政戾庶长”。

二　李慈铭的史论

越缦先生承乾嘉之风，恶蹈空，喜征实，考据训诂之功夫已见前节。但先生为学不止于此，其在《汉书》眉批之间，间有议论，中有灿然可采者。

(一)对《汉书》本身之评价

细审之，越缦先生论史，首为对《汉书》本身之评价，如书法、史法、史实诸项。

越缦先生于《史记》十分推崇，于《汉书》则较稍嫌次之，此从其行文中也可看出端倪，凡札记中提及太史公，皆以子长称之，而提及班固，则径称班氏，如此笔法，亲疏立判。

因喜癖《史记》，故视《史记》为标杆。王重民先生说："先生以《史记》校是书，以晋、宋、隋等书校《天文志》，所发正独多；唯好依《史记》改字，则其弊也。如《卫青霍去病传》云'而适直青军出塞千余里'，先生曰：按《史记》作'而适大将军军出塞千余里'，叠一军字，文法方明，此处疑脱一'军'字。不意青即大将军，大将军军即谓青军也。史汉皆应作一句读。此为史汉文异而实同者，其他孟坚改迁书处甚多，不得尽以《史记》绳《汉书》也。"[①]是故，越缦先生以为《汉书》不足于《史记》处尤多。

一在句法方面。卷四季布栾布田叔传第七"叔取其渠率二十人笞怒之曰"条。慈铭案:《史记》作"取其渠率二十人，各笞五十余，余搏二十，怒之曰"，文甚明白，此从节省，似未安。又，卷四张陈王周传第十"今郦食其持重宝啖秦将秦将果欲连和俱西袭咸阳"条。慈铭案:《史记》"果"下有"畔"字，则义更明，句法亦较古。

二在撰述方面。卷四张陈王周传第十"良归至韩闻项羽以良从汉王故不遣韩王成之国与俱东至彭城杀之"条。慈铭案:《史记》"与俱东下"作良说项王曰：汉王烧绝栈道，无还心矣，乃以齐王田荣反，书告项王。项王以此无西忧汉心，而发兵北击齐。项王竟不肯遣韩王，乃以为侯，又杀之彭城。良亡，间行归汉王。汉王亦已还定三秦矣。而《项羽本纪》载，汉使张良徇韩，乃遗项羽书言"汉王失职"事。盖《史记》是也。良从韩王成俱随项羽东至彭城，及成被杀，乃亡归汉，若如班书，则良始在何地，从何处遗羽书？且既不随羽，何必间行归汉乎？但《汉书》亦有长于史记处，为越缦先生所不隐。卷五李广苏建传第二十四"因抱儿鞭马南驰数十里"条。慈铭案:《史记》作"因推堕儿"，非也。下云取胡儿弓射杀追骑，安得先推堕儿乎？另"上书自陈谢罪"条。慈铭案：上书谢罪一段，《史记》所无。

是故越缦先生虽癖好《史记》，然不废《汉书》之功，于《汉书》之史法，亦细引申之。

其一，撰述之巧。杂旨义于撰述之中，不待己言而喻意已为他人通晓。

卷四楚元王第六"及王莽篡位歆为国师后事皆在莽传"条。慈铭案：班氏于此不载歆后事者，盖深惜向为汉世大儒，歆亦有功经术甚巨，而污于王莽，致为世所诟病，故不著之，而附见于莽传，为歆讳，亦为向讳也。

卷五李广苏建传第二十四"赞曰李将军恂恂如鄙人"条。慈铭案：自"李将军"至

---

① 王重民：《汉书札记》跋，载《越缦堂读史札记全编》，北京图书馆出版社，2003年，第266页。

“可以喻大”，皆《史记》文。“恂恂”，《史记》作“悛悛”。案：《方言》，悛，改也。《说文》，悛，止也；恂，信也。以李氏之灭归咎于三代之将，而于陵之降无贬辞，其微意可知矣。下却引用孔子语顺递到苏武，又深惜陵之不能杀身成仁也，史文抑扬之妙如此。

卷六赵充国辛庆忌传第三十九“以为安世本持橐簪笔事孝武帝数十年见谓忠谨宜全度之”条。慈铭案：此事不见安世本传，盖以传述之语不敢指实也，故载于此，以存其事，具见良史苦心。

其二，取材有法，不以己废人。于汉史之有极大关切之事，备说清明，不以一己之好恶隐讳以害史笔。

卷四萧何曹参传第九“初诸侯相与约先入关破秦者王其地”条。慈铭案：自“初诸侯相与约”到“乃遂就国”一段，《史记》所无，此事系汉之兴亡，何之谏功为最大，班氏补之，甚是。

卷五公孙弘卜式兒宽传第二十八“上策诏诸儒制曰”条。慈铭案：《史记》《平津侯传》中不载此策诏及所对策。子长盖深恶平津之为人，故使与主父偃同传，而薄其所言，不录。班氏则有取于平津之以儒术显，故全载其诏策对策，以与董仲舒传相配。盖汉儒术之盛，始于仲舒；而儒术之显，始于平津也。平津晚而进用，虽不免揣摩时旨，而表章经学，实有大功；其遇事亦多持大体，节俭爱士，有贤相之风，对策之言尤醇。孟坚取之是也。

卷七匈奴传第六十四上“乃为书使使遗高后曰”条。慈铭案：此书《史记》不载，但以妄言二字括之，太史公为国讳耳。东汉初已斥吕后，不配高祖，故班氏不讳。

其三，置《传》洽安，编排得当，于史书之体例则更为完备，一《传》一《志》之编排，且见史家之褒贬，足见为史之匠心。

卷四蒯伍江息夫传第十五首条。顾氏炎武曰：《史记》《淮阴侯传》末载蒯通事，令人读之感慨有余味。《淮南王传》中载伍被与王答问语，情态横出，文亦工妙。班氏悉删之，而以蒯伍合江充、息夫躬为一传；蒯最冤，伍次之，二淮传寥落不堪读矣。全氏祖望曰：蒯伍只合附见淮阴淮南传中，要之，蒯生尚可，伍则下矣，江则更下矣，息夫则亡赖耳，原不合作特传。慈铭案：以文论之，则举淮阴淮南传删去蒯伍事，固觉减色；若以蒯入之伍、江、息夫中为最冤，则未确也。四人中，江最凶险，为奸人之尤；息夫次之。班氏特以四人皆倾覆奸乱，且皆有利口，故并传之，不必细覈其行事高下也。若在唐以后，则江、息夫者所谓奸臣耳。班书无《奸臣传》，江、息夫又与佞幸殊科，故区别于此。全氏所论高下，亦未当也。

卷五李广苏建传第二十四“上思股肱之美乃图画其人于麒麟阁”条。慈铭案：苏武惟画麒麟阁一事，足以伸眉身后，故班氏特以此事系之传后，以慰千载读史者之心。良史用心之苦，非晋宋以后史家所知。又按：如以后世史法，论图画麒麟阁功臣事，必当属之霍光传后矣，此知班氏犹得《春秋》“微而显、志而晦”之旨者也。

卷五杜周传第三十“赞曰”条。慈铭案：班氏深恶汤、周，而其后贵盛，求其故而不可得，故于汤则疑其或及身蒙咎，以塞酷烈之报，而其推贤扬善，宜不至于绝世，幸生安世以善继之，又得贺阴德之助，故能累世宠贵，非由汤之一身也。于周则无益可解，只得归之唐杜苗裔，或以神明之胄故耳。而仍以为自言如是，非可凭信，反复抑扬，此良史之用心也。后人乃讥班为无识，又以汤、周不入酷吏为是势利之见，不知班书体例，子孙皆系其父祖之传，安世既累以定策功为昭宣时名臣，延寿、延年名位俱盛，子夏又名士可述，自不得与宁成、义纵漫无区别。且班于循吏酷吏诸传皆仿史公结构，虽因人分传而首尾贯串，合之仍如一篇，以张、杜夹入则重坠不伦矣。读书不知细观全书，求其用意，而妄生议论，乃真无识之尤耳。

卷六赵充国辛庆忌传第三十九“辛武贤自羌军还后七年复为破羌将军征乌孙至敦煌”条。慈铭案：班氏以赵、辛同事西羌，故同卷，而深不满于武贤，故以其终始叙入充国传末，而特以其子庆忌提行另起，自为一传，史裁之善，非后人所知。

其四，孟坚为传，不明言好恶习，而于行文间微含大义，不言褒贬而高下自明。

卷五张骞李广利传第三十一“赞曰”条。慈铭案：此赞言外讥武帝荒略之非，故独举骞传中河原一事作论，以见河原之山尚不能确指，则骞之凿空、广利之万里之伐，究何为乎？子长以天子虽强名河所出山曰昆仑，而其山实无，如《禹本纪》所言，其微辞用意与《封禅书》同，故班氏全袭之。

卷六公孙刘田王杨蔡陈郑传第三十六“赞曰所谓盐铁议者”条。慈铭案：班氏不为桑弘羊立传于是卷，《车千秋传》中略见之，而此赞突提盐铁发论，以见宏羊才不可没，更举车丞相相形，盖宏羊、千秋同与霍光受遗辅政，而千秋以缄默独被褒赏，则宏羊之族灭，虽缘谋反，未始非，以才气为光所忌，故加以大戮也。此皆史家微意，读者不能得间以求耳。使班氏若意不在以宏羊反形田千秋、蔡义诸人，则此卷中本与盐铁无涉，何为忽以此语起头？盖宏羊之反未有实迹，而光诛灭之，则光恣横之罪可见，而田千秋、杨敞、蔡义之龌龊容身，俱有光之私意置相。此班氏所以为良史也。

(二)对汉史的议论

内容较为广博，涉及人物、事件、制度甚至汉时诸种名物，细细考来，颇有精论，后人读之，随意俯拾，即有所得。或以此观越缦先生之史观、思想及心态，诚为研究思想史及学术史之资料。

其一，有论人物者。

卷五窦田灌韩传第二十二“上怒内史曰公平生数言魏其武安长短今日廷论局趣效辕下驹”条。慈铭案：观武帝此言，其意右魏其明甚。越缦先生指武帝偏袒，但意以为袒魏其侯，则恐非。

卷五景十三王传第二十三“燕数万衔土置冢上百姓怜之”条。慈铭案：上云“父老流涕”，此云“百姓怜之”，以见栗太子之废，非其罪也，废而至于自杀，深著景帝之忍。越缦先生于景帝、武帝多有指责之意，于此亦见之。

卷六严朱吾丘主父徐严终王贾传第三十四上“偃盛言朔方地肥饶外阻河蒙恬筑城以逐匈奴内省转输戍漕广中国灭胡之本也”条。慈铭案：偃前上书言秦守北河之害，而此复劝筑北河。所谓学长短纵横术者，故持论不根如此。越缦先生学儒术，于百家言有贱视之意，此亦见之。

卷六薛宣朱博传第五十三“赞曰”条。慈铭案：此赞义未深切，薛宣吏治醖藉可观，为汉第一，其相业不终，又为不肖子所累，皆可深惜。朱博虽非君子，亦是能臣，其气概大段可取者多，不得尽以行诈诋之。

其二，有论学术者。

卷四楚元王第六“赞曰”条。慈铭案：观此赞可谓叹美之至矣。盖论其学，此数公者，固可继孔孟而起后世莫与京也。荀卿言性恶，子政铸黄金，君子之过皆不足为累。子云仕莽则下矣，然自宋以前皆尊其学而恕其行，至南渡而始斥之为莽大夫，于是朱子之门、五尺之童、目不识一字者，皆羞道子云姓字，遂并轻诋孙卿、子长、子政为未闻性理之道，不足言学，不足称儒，是欲以语录文字绳束大贤也。哀哉！越缦先生称赞汉儒，以其学术及为政，而于宋儒则多微辞。

卷五景十三王传“修学好古实事求是”条。慈铭案：“实事求是”四字尽千古读书之法，“好写与之”四字尽千古借书之法，“造次儒者”四字尽千古修身之法，“文约指明”四字尽千古作文之法。西京儒者，学行醇美，董江都而外，当推献王为第一。近儒全谢山谓当从祀文庙，洵不虚也。越缦先生以汉儒之治学，深有可嘉之处。

卷七货殖传第六十一“子赣既学于仲尼退而仕卫发贮鬻财曹鲁之间”条。王氏鏊曰：夫子称赐货殖，若曰富贵在天，志道者所不必问，而赐犹未能忘情，则于进学有妨焉耳，岂若后世孜孜于利者比哉？而班氏遂列于货殖，谬矣。慈铭案：文恪之言本于程氏，然以货殖为商贾。汉时经师相承旧说，《韩诗外传》：子贡，卫之贾人；王充《论衡》：子贡善居积；何氏注《论语》，亦云惟财货是殖。盖舜为陶，胶鬲举于鱼盐，懋迁有无，固非圣贤所讳，以子贡货殖为无其事，此宋儒之说，非夫子之旨，故不得以班氏为非也。此中可知越缦先生提供为学之余，亦主张不害事功，较宋儒思想更有切合实际之处。

其三，有论史事者。

卷四郦陆朱刘叔孙传第十三“为里监门然吏县中贤豪不敢役”条。师古曰：吏及贤者豪者不敢使役食其。慈铭案：《史记》作“里监门吏”，是也。里监门，乃吏之贱者，故县中贤豪多役之。《汉书》传写误倒，颜注附会曲说，而宋人刘辰翁乃谓县吏不敢役，何足道。县吏中之贤豪者不敢役一监门，意象可想，转一字大别，所解更谬而不通。宋人评论可笑往往如是。王氏念孙说与予同。后世评郦生，略显夸张，多有小说家言之意，越缦先生于此稍涉疑意。

卷五李广苏建传第二十四“陵字少卿”条。慈铭案：《史记》书陵事甚略，又不知其后事，孟坚盖深惜少卿，故叙其战功特详，又撮举子长救陵语，以见陵降之非由得已。越缦先生亦对李氏持深切之同情，与子长略同。

卷六宣元六王传第五十“赞曰”条。慈铭案：《后书》《章帝八王传》论云：章帝长者，事从敦厚，继祀汉室，咸其苗裔。然考章帝八子，和帝传一世至殇帝而绝，为帝之孙；清河孝王传子安帝、孙顺帝、曾孙冲帝三世而绝，为帝之元孙；千乘贞王传三世至曾孙质帝嗣统而绝，为帝之元孙；河间孝王传二世至孙桓帝嗣统而绝，为帝之曾孙；孝王又传三世至曾孙灵帝、元孙献帝而国亡，为帝之元孙之子。虽较元帝为永，要皆不足以称长世，然为章帝长者之报则亦已矣。元帝虽暗弱，然于西汉诸帝中最为长厚，故以此报之其绝，则皆天也。越缦先生考述东汉帝系甚详，然陷于天意，则未必为良史之法。

三　李慈铭对汉史的考证与钩稽

清人的史学研究，工于考据，考据又重在音韵训诂，然于史事，其钩稽之功，亦不可没。杨树达先生说："往者我国学者之治史籍也，有二派焉，其一曰批评，其二曰考证。而二派中又各有二枝。批评之第一枝曰批评史籍，如刘子元、郑渔仲、章实斋之流是也；第二枝曰批评史实，如胡致堂、张天如、王船山之流是也。考证之第一枝曰考证史实，如钱竹汀、洪筠轩之所为是也；其第二枝曰钩稽史实，如赵瓯北、王西庄之所为是也。批评史籍，其途差狭，自刘、郑、章外，殆不数见。自宋至清初，则批评史实最大盛之时期也。"[①]观乎《汉书札记》，越缦先生考证史实之功，在制度、地理、史事三方面，其考述甚众，下择二三条为例，说明先生考史之功。

(一)对汉代制度的发覆

越缦先生考据汉史，于汉代制度发覆较多，大凡涉及官制、历法、祭制、丧制诸方面。

卷一武帝纪第六"太初元年夏五月正历以正月为岁首"条。师古谓以建寅之月为正也，未正历之前谓建亥之月为正，今此言以正月为岁首者，史追正其月名。慈铭案：此古今一大关键也。孔子所谓行夏之时者，至此始验，遂行之万世矣。小颜此注极明。前此每年之首所云冬十月者，皆当作冬正月，其下即以二三为次，以数至十二月。今仍以十月起者，盖武帝正朔之后，必下诏书追改以前国史所纪月日，故得尽正之也。越缦先生以为，汉武之世，历法改易，以建寅之月为正，武帝前所记史均加以改正，治史不得不细察。

卷二郊祀志第五上"以为汉乃水德之时"条。慈铭案："水德之时"，当依《封禅书》作"之始"，此汉以秦为闰位不足称水德，至汉方为水德之始也。汉初，继秦水德之后，行土德，至是改为水德，以示继周之正统，此亦汉代中期政治思想一变局。

卷一元帝纪第九"初元五年博士弟子毋置员以广学者"条。慈铭案：博士弟子毋置员者，谓不必以员限之，令学者皆得廪食也，至下永光三年以用度不足复博士弟子员，则复设员额矣。汉武置博士，设弟子员，均有员额，至元帝，崇儒学，不置员额，足可重视。另"永光元二月诏丞相御史举质朴敦厚逊让有行者光禄岁以此科第郎从官"条。慈铭案：此即举光禄四行之始。此又儒学参与建构汉代政治一例证，汉代政治制度沿革受儒学影响可见。

卷二食货志第四下"诸买武功爵官首者试补吏先除千夫如五大夫其有罪又减二等爵得至乐卿"条。师古曰：五大夫，旧二十等爵之第九级也，至此以上始免徭役，故每先选以为吏。千夫者，武功十一等爵之第七也，亦得免役。今则先除为吏，比于五大夫也。乐卿者，武功爵第八等也，言买爵唯得至第八也。慈铭案：官首者，武功爵之第五级也，此谓爵至官首者得试补吏，先除。上疑当有"秉铎"二字，武功之第六级，盖买至秉铎者得先除为吏也。《史记索隐》亦读"先除"为句，谓官首位稍高，故得试为吏，先除用也。千夫如五大夫者，千夫，武功之第七级，得比于旧爵之五大夫也。"其有罪又减二等爵得至乐卿者"，谓民之有罪者买爵皆减二等，如每级十七万，其出至五十一万者，当得第三级之良士，因有罪故授第一级之造士，由此递上而差，其当得第十一级之军卫者，授第八级之乐卿，而执戎以上有罪者不得与，故云爵得至乐卿也。师古注皆误，下云民

① 杨树达：《越缦堂读史札记》序，载《越缦堂读史札记全编》，北京图书馆出版社，2003年，第5页。

多买复及千夫五大夫征发之士，益鲜于是，除千夫五大夫为吏，不欲者出马，足见民之复徭役者优于为吏矣。秦以至汉，爵制因革多变，而史又缺载者多，此处于爵级梳理甚详，并得出免役除吏之级及复徭役优于为吏，足可珍贵。

卷四张陈王周传第十“惠帝六年置太尉官以勃太尉”条。慈铭案：上已云勃为太尉矣，此云置太尉官者，盖高帝时行军所置之太尉及左丞相、右丞相、相国等皆非真官，特假其号以尊宠之，非治其职者也。至此始真为太尉耳。此研究汉代政治制度者不可不详察，习惯称谓与制度设置均有差距。

卷二郊祀志第五下“诸所兴如薄忌太一……凡六祠皆大祝领之”条。慈铭案：三一即上所谓古天子三年一祠之三一，其中有太一者，非云阳所立之太一也。赤星者，《史记索隐》谓即上灵星祠是也。五床宽舒，《史记》《孝武纪》《封禅书》皆无“床”字，“五床”疑当作“五帝”；五帝宽舒之祠，即上令宽舒所具之五帝坛也。云宽舒者，以别于雍之五帝畤，犹云亳忌太一也。盖三一虽祠于薄忌太一坛上，而别领于祠官，故别数之。《索隐》解《武纪》“五宽舒”，谓并上薄忌太一至赤星数之为五，固误。解《封禅书》，谓指宽舒所立之后土五坛，不知下文明言汾阴后土三年亲祀，非太祝所领也。至五床祠，宣帝时始立。下凡两言之，甚明。此言武帝时安得有五床乎？另“天地用牲一燔尞瘗薶用牲一”条。慈铭案：此谓天地合用牲一，又燔尞瘗薶。分用牲一，以牲之左体燔尞于郊，以牲之右体瘗于北郊也。此考汉代祭祀甚详，钩稽史实，于后学多有益焉。

(二)对地理的考释

越缦先生读《汉书》，于地理方面亦多考释，备说《汉书》有关诸志所记地名的考证、沿革以及方位订正、上下隶属，甚或水名变化及河道变迁。

卷三地理志第八上“沾大黾谷清漳水所出东北至邑成入大河”条。王氏鸣盛曰：“邑成”当作“昌成”，后汉改阜成，故郑注《禹贡》作“阜成”；《诗邶鄘卫谱》《正义》引此志作“阜成”者，非。慈铭案：本志勃海郡有阜成县。王氏谓后汉始改者，据《续志》“安平国”下云阜城故昌城耳。指出清漳水于阜成入河，并述阜成及昌成的源流，使后学一目了然。

卷三地理志第八上“九江郡合肥”条。应劭曰：夏水出父城东南，至此与淮合，故曰合肥。慈铭案：与淮合，“淮”字当作“肥”。《水经注》引应劭曰：夏水出城父东南，至此与肥合，故曰合肥。阚骃亦言，出沛国城父东，至此合为肥。按川流派别无沿注之理，应、阚二说非实证也。盖夏水暴长，施合于肥，故曰合肥，非谓夏水自城父东迳合肥县也。订正合肥为名之由。

又，“济阴郡乘氏泗水东南至睢陵入淮”条。慈铭案：《水经》，荷水分济于定陶东北，东南迳乘氏县故城南。《地理志》《郡国志》并云乘氏县有泗水，此乃菏泽也。《尚书》有导菏泽之说，自陶邱北东至于菏无泗水之文。胡氏渭曰：泗水不经是县，此乃菏济也。《志》以其下流合泗，而于乘氏即谓之泗，是犹以泗之下流合菏，而于卞县即谓之菏也。订正了菏水、泗水在不同地段的不同名称，前人混为一谈，令后人莫衷一是，至此方得明晰。

又，“東州”条。汪氏远孙曰：東州，《水经·易水篇》及《巨马水篇》注俱作泉州。慈铭案：泉州自属渔阳郡，泉、東字形近，故俗本《水经》于易水及巨马水注皆讹“泉”

作“束”，戴东原始校正之，乃指渔阳之泉州，非指此也。此自当作“束”，隋于此置束城县，即本束州为名。订正传本《水经注》之讹，并考隋时设置以佐证。

又，“会稽郡秦置高帝六年为荆国十二年更名吴景帝四年属江都属扬州”条。《刊误》刘氏敞曰：景帝四年，封江都王，并得鄣郡而不得吴，然则会稽不得云属江都。全氏祖望曰：秦置，以下当云：楚汉之际，属楚国，分置吴郡。高帝五年，属汉；六年，属荆国；十二年，属吴国。景帝四年，复故。武帝时省吴郡，属扬州。慈铭案：汉初，诸侯王各有属郡，其太守皆属诸王国，擅其贡赋，而郡未尝废，故本书《外戚传》文帝母薄太后父死山阴，因葬焉；文帝尊为灵文侯，会稽郡置园邑三百家，奉守寝庙。《越绝书》云，汉文帝前九年，会稽并故障郡，太守治故鄣，都尉治山阴；前十六年，太守治吴郡，都尉治钱唐。文帝之世，会稽正属吴王濞，而太守都尉仍置不改，是为郡如故矣。全氏云景帝四年复故，盖谓复属汉耳。《三国志》注引朱育云：景帝四年，濞反，诛，乃复为郡，治于吴。盖亦误也。金氏榜以武帝建元中严助、朱买臣相继为会稽太守，正当江都王时，谓此志“景帝四年属江都”七字为衍文，亦由未知属王国者郡本不废耳。关于会稽郡之初设及归属，参引前贤各种研究，然越缦先生似亦无所赞议，故开陈诸端，以备资料，使读者自判。

又，“上虞柯水东入海”条。慈铭案：“余暨萧山”下云：潘水所出，东入海。“上虞”下云：柯水东入海。《水经注》以萧山之潘水即浦阳江之别名，上虞之柯水即上虞江。全氏祖望用其说，谓潘水即钱清江，柯水即曹娥江。吴氏卓信、汪氏士铎皆因之。案：柯水盖即上虞江也。道元未到东南，亦必确稽其地，知尔时永兴上虞实已无此两水，故指两江以为疑辞。浦阳江，宋以后谓之钱清江，今俗谓之西小江也。上虞江，宋以后谓之曹娥江，今俗谓之东小江也。然二江皆源出乌伤山中，由诸暨至萧山之义桥，并汇钱唐江水，而其流始大。曹娥江亦即所分之东流，汉以后皆谓之浦阳江，非两水也。萧山即在今萧山县治城内，安得谓浦阳江出此乎？使班氏果以潘水当浦阳江，则何不系之于乌伤诸暨下乎？盖古水多湮不可考矣。征引诸说，考证上虞江、柯水名称变迁，辩证上虞江即柯水，宋以后谓曹娥江，即清末之东小江，浦阳江即清末之西小江，二流并流入钱塘江。汉代，二流同名，即浦阳江。

又，“巴郡朐忍”条。慈铭按：吴氏卓信以为“朐忍”，字当作𦚔肕，音蠢闰，即曲蟺虫，不知此本以朐忍山得名。本志、续志、晋志皆作“朐忍”，《说文》亦作“朐忍”。自阚骃《十三州志》误音“朐”为“春”，又云其地下湿，多朐忍虫，因以名县，于是后人遂有蠢润、闰蠢等音，改其字为𦚔肕。而《说文》“新附”及《广韵》《集韵》等书皆有此两字矣。然即谓是曲蟺，则正朐忍两字之音转。古所云丘蚓，丘音如区，而朐音劬，与区叠韵，兼双声也。以音正地名，纠前世之讹。

卷三地理志第八下“武都郡沮水出东狼谷南至沙羡南入江”条。全氏祖望曰：《志》于东汉水，不正其大川之名，而反以沮水当荆州川，不知沮水即东汉之支流耳。钱氏坫曰：沮水乃东汉水之别源，东狼谷在今略阳县东北，云南至沙羡入江者，即汉水耳；《郡国志》云沔水出东狼谷，不言沮水，是沮汉互称之证。慈铭案：汉水不当有沮水之名。沮水出汉中房陵，即今湖北郧阳府房县，是别为一水甚明。“沮”，《左传》作“睢”，故楚昭王曰“江汉睢漳，楚之望也”。《续汉书·郡国志》“武都沮县”下云：沔水出东狼谷，可知班志“沮县”下“沮”水，字乃“沔”水之误。此是县名沮，非水名沮，传写者因涉上文“沮”字而误耳，至阚骃《十三州志》，遂因此误文附会其说，云以其初出沮洳然，故曰沮水。郦道元注《水经》，从而实之，云沔水一名沮水，不知班氏于陇“氐道”下明云“养水至武都为汉”；“武都”下又云“汉水受氐道水，一名沔”。皆未尝言为沮也。《汉书》传写之讹，引诸家学者解释纷纭，至越缦先生始正其源。先前诸家之论，亦为先生提供佐证耳。

卷五贾谊传第十八“胡马进窥于邯郸越水长沙还舟青阳”句。全氏祖望曰：《刊误》刘仲冯以青阳为吴地，非也。青阳即长沙；始皇所云荆王请献青阳以西是也。慈铭案：“越水”八字，诸家多作两句读，然语不可解，疑本当作“越水长沿还于青阳”，与上“胡马”句一例，谓三越之水长，回还于青阳，言将为越所侵也。故下云胡亦益进，越亦益深。“沿还”，即“沿洄”也；“还”读曰“旋”；因隶书“沿”作“沿”，与“沙”相似，遂误为“沙”。既误以长沙，连读作地名，乃改“于”为“舟”矣。越缦先生以“沿”代“沙”，千古之疑案涣然冰释，至此获得能释。

(三)对史事的考证

越缦先生读《汉书》，随手札记，考证史实，蠡述史事本末，今人读之，多有可采信者。以其学风之正，考据之严，可以据以为史料；然而，亦有所臆断者在焉，略条陈以下，逐条以评论之。

卷四楚元王第六“遂逮更生系狱下太傅韦玄成谏大夫贡禹与廷尉杂考”条。慈铭案：元帝特下韦元成、贡禹杂考者，以二人皆为儒学，冀其以同类宽更生也。而二人所奏如是，则元成与禹之为人可知矣。洪氏迈曰：如韦、贡所劾，以汉法论之，更生死有余罪，幸元帝不杀之耳。史称元帝柔弱，且于萧望之案观之，此为刘向开脱，诚可讶也。

卷四张陈王周传第十“上怪问曰何为者四人前对各言其姓名”条。慈铭案：《史记》“各言名姓曰东园公、角里先生、绮里季、夏黄公”。班氏去之，不知何意。其以四人为在真伪之间，名姓未足据耶？疑《史记》亦本无此四人名，后人取他书妄附入之。观上文“不能致者四人”下颜注：四人之名不云出《史记》；且此下《王贡两龚传》序云“汉兴有园公、绮里季、夏黄公、角里先生”，颜注：四皓称号本起于此，更无姓名可称，是知小颜所见《史记·留侯世家》本无此称号也。且东园公等亦非姓名，尤是《史记》为后人附益之证。后人多以为刘盈继位为“四皓”之力，且将“四皓”作为汉初黄老政治的佐证，以是观之，竟为无根之谈。

卷五李广苏建传第二十四“令长史封书与广之莫府”条。师古曰：之，往也。莫府，卫青行军府。慈铭案：封书与广之幕府者，谓广自所立之幕府也。上云广行军，幕府省文书，则将军之出，各有幕府明矣。卫青以广不肯行，故令长史封书与其莫府之吏下长史，急责广之莫府上簿，亦谓责广莫府之吏上簿也。广以九卿为前将军，不应自对簿，故下云“吾今自上簿也”，其下“至莫府，谓其麾下”，乃至大将军之莫府矣。观广云诸校尉亡罪，乃我自失道，则责广之莫府上簿者，为责其军吏诸校尉明矣。颜注皆非也。指明西汉时大将自设幕府，且李广勇于承担责任，为麾下诸校尉脱罪，因而自杀，其气节足以为后世法。史载李广殁后，“百姓闻之，知与不知，老壮皆为垂泣”，诚有以也。

卷六武五子传第三十三“建元六年蚩尤之旗见……春戾太子生”条。《刊误》刘奉世曰：按《武帝纪》，建元六年长星见，更元元光，至元朔元年春，戾太子始生，“赞”殊为乖误。梁氏玉绳曰：“其春”，盖“其时”之误。建元六年至元朔元年，相去几八载，而朔方郡开于元朔二年，又在戾太子生后。慈铭案：此等大事，班氏不宜错误，读者不得其解耳。此“赞”盖谓自建元六年长星见，遂有征胡之事，至建置朔方之年而其春，戾太子生，史家省文连属言之耳。考武帝太初元年始用夏正，以孟春为岁首，其前皆建亥，以冬十月为岁首。建朔方郡在元朔二年春二月以后，戾太子盖生于是年岁首。至太初用夏正以后，以前时月皆追正之，故以戾太子为元朔元年生，班氏志其实，遂以为其春生矣，盖元朔二年之三四月间，夏正之十二月间也。汉武改历法，越缦先生前已谈及，以此正太子生年，正得其法。

卷六公孙刘田王杨蔡陈郑传第三十六“下有司案验贺究治所犯遂父子死狱中”条。慈铭案：《表》贺以太初二年闰正月拜相，至征和二年四月下狱死，计在相位十三年，当武帝世为最久，盖以旧故恩也。又案：贺之下狱，《纪》作正月，而《表》作四月壬申。又云：五月丁巳，刘屈氂为左丞相。《纪》《表》年月互异，据下《屈氂传》有云，征和二年春制诏御史故丞相贺，则当是《表》误也。又“分丞相长史为两府以待天下远方之选”条。慈铭案：此武帝有意欲复惠帝高后时之旧，而《本纪》及《表》《叙》俱未载。越缦先生以公孙贺为相最久，是以武帝有故旧之思，然观武帝之性情及做事之法，则恐未也。至于公孙贺下狱之纪月，先生以纪传证表之误，可谓深得史法，另，其述武帝欲复惠帝高后之旧，其故亦未知。

卷七儒林传第五十八“于是诏太常使掌故朝错往受之”条。师古曰：卫宏《定古文尚书序》云，伏生老，不能正言，言不可晓也，使其女传言教错，齐人语多与颍川异，错所不知者凡十二三，略以其意属读而已。慈铭案：卫宏所云不能正言及错以意属读者，盖指其章句非本无书也，读此足证隋志谓伏生口授晁错之误。晁错是否得授伏生，此为关涉汉代经学甚或中国学术史的一大关键，若晁氏果真以己意改《尚书》，则今文经经典更有商榷之处。越缦先生以此否认此节，以为隋志之误，盖为《尚书》为隐乎？

又，“食肉毋食马肝未为不知味也言学者毋言汤武受命不为愚”条。师古曰：马肝有毒，食之喜杀人，幸得无食。言汤武为杀，是背经义，故以为喻也。慈铭案：言学，犹论学也，与食肉对(自注：食肉者不必以食马肝为知味，犹学古者不必以言汤武为知学，愚谓不知学也)，言此事非所宜言，可不论，此注与文义背，大谬。此句自古殊难理解，至越缦先生一解，则大通透。

卷七匈奴传第六十四上“元帝以后宫良家子王嫱字昭君赐单于”条。慈铭案：《西京杂记》云，元帝后宫既多，不得常见，乃使画工图形，按图召幸之。诸宫人皆赂画工，多者十万，少者亦不减五万，独王嫱不肯，遂不得见。匈奴入朝，求美人为阏氏。于是上按图以昭君行。及去，召见，貌为后宫第一，善应对，举止闲雅。帝悔之，而名籍已定，帝重信于外国，故不复更人。乃穷案其事，画工皆弃市……京师画工，于是差稀。慈铭案：王昭君、毛延寿事，后世盛传，而班氏不载。延寿事，范书《南匈奴传》云，昭君入宫数岁，不得见御，乃请掖廷令求行，临时大会，昭君丰容靓饰，光明汉宫，顾景裴回，悚动左右。帝见大惊，意欲留之，其事亦可互证。班氏亦云单于欢喜，则其美固已众著当时。《西京杂记》为小颜所不取，然如此段必非后人所能伪造也。此条似小说家言，故为正史所不载，而《西京杂记》引之，并言之凿凿，大致为东晋南朝放诞之言，而越缦先生信以为真，不知其确证有实据否。

综上所述，李慈铭校读《汉书》，校勘、训诂、考据及推原史意，既有对《汉书》本身的研究，也有对汉史的考察，不仅校正了《汉书》撰述及传写之讹，也对西汉一代的制度、地理沿革、史实、名物等进行详审的考证和钩稽，同时还对《汉书》诸注家的成果进行了梳理和总结，其中有灿然可观者。该书是汉史研究史上的重要著作，对治汉史者有较大的参考价值，在清代学术史上也应占据重要地位。

（本文最初曾提交2004年复旦大学博士生论坛之“史学新视野：理论、方法与实践”学术研讨会，后张布于网络。近年来，不断有论者参考引用，故订正讹误，重新发表，以裨于李慈铭及《越缦堂读史札记》相关研究的进一步深入。）

唐代的『才子』地理

——以《唐才子传》为中心的分析

上海外国语大学附属外国语学校东校 潘 云
华东师范大学 历史学系 李 磊

摘要：唐才子的概念出自元人辛文房所撰《唐才子传》一书。该书以唐代400余位文化精英为对象，梳理出有唐一代文脉之起伏。本文以《唐才子传》为中心，聚焦唐才子群体，在考证其静态及动态地理分布情况的基础上，挖掘出唐才子群体与地域文化之间的互动关系，从而揭示出唐代南北文化格局的特点，勾勒出有唐一代文学风貌的形成路径。

关键词：唐才子；占籍；地域流动；地域文化；人地关系

将“唐才子”作为一个独立群体并为之著书立传的，当首推元人辛文房的《唐才子传》一书。该书取材广泛翔实，以《旧唐书》《新唐书》中的列传、附传为主要依据。无传记资料的，则以唐人自传、墓志及其与其他诗人之间的酬唱之作为据，力求勾勒真实而鲜活的唐代才子形象。

20 世纪 80 年代以来，国内学者对《唐才子传》的研究集中在文献考辨与笺证上①，本文试图以辛文房所提出的“唐才子”这一群体作为研究对象，通过对唐才子的衡量标准、地域流动、文化活动及其心态等方面的考察，以期对“唐才子”背后所折射出的社会思想观念的流变有所认识。

一　唐代才子群体的地域分布及构成

(一)唐才子占籍考

本文对《唐才子传》中“才子”的籍贯进行考察，制成表格(见表 1、表 2 和表 3)，以作进一步讨论的背景。在制表时，遵循了以下原则：

(1) 本表以《唐才子传》所录诗人为限。因将“六帝”分视六人，且怀素、栖蟾系重复收录，故所考唐才子人数为 403 人。

(2) 本表所注“陈著”，系参考陈尚君先生《唐诗人占籍考》一文，所注“《校笺》”，系参考傅璇琮先生《唐才子传校笺》一书。本表考证综合上述两部著作成果，并辅以《旧唐书》《新唐书》《全唐诗》《唐诗纪事》等基本史料。

(3) 本表对望、贯的取舍原则上，参考陈尚君先生所定标准。即贯先于望，若贯不可考，才取望。

(4) 本表以《新唐书·地理志》所载的开元十五道州县为地理划分。

(5) 对《校笺》中籍贯不详或系辛文房误收者，将其单独列出。

表 1 唐才子占籍表(共 295 人)

道	州郡	县	唐　才　子
京畿道(共 32 人)包括今陕西西安、华县、大荔、凤翔	京兆府(共 27 人)	万年	韦述、王昌龄、韦应物、杜牧、于武陵、于濆、韩偓、韦庄、元稹(陈著列其为都畿道河南府洛阳人，盖指其郡望，此处为其实际出生地)、刘得仁、韦霭疑作蔼
		长安	戎昱(另有荆州江陵一说)、刘商(本徐州彭城人，家于长安)、薛涛、鱼玄机、李洞、刘兼
		金城	窦叔向、窦常、窦牟、窦群、窦庠、窦巩
		鄠县(今西安市鄠邑区)	温庭筠(陈著将其列为河东道太原府祁县人，盖指其郡望，此处为其实际居住之地)、温宪
		奉天	赵光远
		京兆府	刘象

* 收稿日期：2018-06-03。

① 有关《唐才子传》笺注整理工作的专著成果，计有傅璇琮《唐才子传校笺》(中华书局，1987 年)、周本淳《唐才子传校正》(江苏古籍出版社，1987 年)、王大安校订《唐才子传》(黑龙江人民出版社，1986 年)、舒宝璋校注《唐才子传》(中州古籍，1987 年)、孙映逵《唐才子传校注》(中国社会科学出版社，1991 年)、周绍良《唐才子传笺证》(中华书局，2010 年)。

续表

道	州郡	县	唐才子
	华州 (共3人)	华阴	杨炯、吴筠
		下邽	白居易(此处为祖居之地，其郡望是太原(今山西省太原市)，实际出生于郑州新郑市(今河南新郑市))
	同州(1人)	颌阳	秦韬玉(陈著将其列于此，另有似为湘中人一说，但其地不可确考)
	岐州(1人)	宝鸡	杨衡
关内道(1人) 今陕西靖边	夏州(1人)	朔方	长孙佐辅
都畿道 (共32人) 包括今河南洛阳、汝州、郑州、沁阳	河南府 (共23人)	河南	孟云卿、刘方平、王季友、马异
		洛阳	张说、卢鸿、王湾、祖咏、贾至、释亚栖、独孤及、李涉、羊士谔、刘禹锡、许浑(陈著将其列为河南道豫州平舆人，但按《校笺》，其原籍当为洛阳人，遭乱南居湖湘十年，后定居丹阳，此处从《校笺》)、释清塞
		巩县 (今巩义市)	杜审言、杜甫
		缑氏	武元衡
		福昌	李贺
		河阳	韩愈、韩湘
		济源	卢仝
	汝州 (共3人)	鲁山	元结、元季川
		汝州	刘希夷
	郑州 (共3人)	荥阳	郑虔、郑嵎(陈著将其列于此，但其乡里或在虢州，不可遽定，故暂列此处)、郑准(陈著将其列为江南东道泉州莆田人，此处从《校笺》)
	怀州 (共3人)	河内	张谓、李商隐、聂夷中(陈著将其列为河东道蒲州河东人，此处从《校笺》)
河南道 (共10人) 包括今河南许昌、开封、商丘，江苏徐州，山东青州、兖州	许州(1人)	许州	王建
	汴州 (共2人)	浚仪	于逖
		汴州	崔颢
	宋州(1人)	宋州	崔署署又作曙
	徐州 (共3人)	符离	张碧、张瀛、张仲素(陈著将其列为河北道莫州人，盖指其郡望，此处从《校笺》)
	青州 (共2人)	益都	崔信明
		临朐	刘沧(陈著将其列为河南道兖州龚丘人，此处从《校笺》)
	兖州(1人)	兖州	卢象

续表

道	州郡	县	唐　才　子
河东道 (共32人) 包括今山西永济、新绛、太原、汾阳、长治	蒲州 (共18人)	河东	耿湋、畅当、柳宗元(此处为祖贯，其出生地或在吴或在长安，不可确考，从陈著列于此处)、薛逢、剧燕、姚系(陈著将其列为陕州硖石人，盖指其郡望，此处从《校笺》)
		虞乡	司空图
		宝鼎	薛据、薛蕴、薛莹
		蒲州	王维、阎防、卢纶、杨巨源、吕温、王驾、卢汝弼即卢弼、吕岩
	绛州 (共3人)	龙门	王绩、王勃
		绛州	王之涣
	太原府 (共7人)	太原	王泠然、令狐楚(陈著将其列为京畿道京兆府华原人，并指其为令狐德棻后裔，似有误，此处从《校笺》)、王涯、王涣
		晋阳	王翰、唐彦谦
		文水	李敬方(陈著将其列为陇右道沙洲敦煌人，此处从《校笺》)
	汾州 (共2人)	西河	宋之问
		汾州	薛能
	潞州 (共2人)	壶关	苗发
		涉县	孙逖
河北道 (共26人)包括今河北大名、清河、永年、深县(今河北深州市)、赵县、定州、河间，河南安阳，山东陵县，北京	魏州(1人)	魏州	公乘亿
	相州 (共2人)	洹水	杜羔妻赵氏
		内黄	沈佺期
	贝州 (共2人)	清河	张登(本贯不详，此处指郡望。陈著将其列为山南东道邓州南阳人，此处从《校笺》)、崔珏(陈著将其列为山南东道荆州人，荆州乃其寓居之地，此处从《校笺》作清河人)
	洺州 (共2人)	邯郸	刘言史
		洺州	司空曙
	深州 (共3人)	陆泽	张又新
		安平	李百药、崔峒
	赵州 (共5人)	赞皇	李峤、李昂、李端
		赵州	李嘉祐、李颀
	德州 (共2人)	平昌	孟迟
		蓨县	高适
	定州(1人)	定州	郎士元
	幽州 (共7人)	范阳	卢照邻、释可止、张南史、贾岛、释无可、卢延让
		幽州	高骈
	瀛洲(1人)	河间	张署(陈著列其为河北道莫州鄚县人，此处从《校笺》)

续表

道	州郡	县	唐才子
山南东道（共14人）包括今湖北襄樊、仙桃、江陵，河南南阳，四川奉节	襄州（共5人）	襄阳	张子容、孟浩然、鲍防、朱放
		襄州	张继
	邓州（共3人）	南阳	谢良弼(《唐才子传》原文中作谢良，似脱误一弼字)、韩翃、张曙
	复州（共2人）	竟陵	陆羽、皮日休(陈著将其列为襄州襄阳人，但襄州襄阳乃其隐居之地，不取，从《校笺》)
	荆州（共3人）	江陵	岑参
		荆州	崔道融、崔鲁鲁或作橹
	夔州(1人)	云安	李远
山南西道	无		
陇右道（共5人）包括今甘肃秦安、临洮、武威、酒泉，新疆库车	秦州(1人)	秦州	赵微明
	临州(1人)	狄道	牛峤
	凉州(1人)	姑臧	李益
	肃州(1人)	酒泉	康洽
	安西都护府（1人）	碎叶镇	李白
淮南道（共9人）包括今江苏扬州、淮安，安徽合肥，潜山	扬州(4人)	扬州	释灵一、释昙域、朱昼、李建勋
	楚州（共3人）	山阳	张夫人(吉中孚之妻)、赵嘏
		淮阴	吉中孚
	庐州(1人)	庐江	伍乔
	舒州(1人)	舒州	曹松
	润州（共13人）	丹徒	张众甫、权德舆
		曲阿	陶翰、皇甫冉、皇甫曾
		金坛	戴叔伦
		延陵	储光羲、包融、包何、包佶、储嗣宗
		句容	殷遥
		江宁	冷朝阳
	常州（共4人）	义兴	蒋涣
		无锡	李绅
		常州	喻凫、释法宣
	苏州（共16人）	吴县（今苏州吴中区）	崔国辅、曲信陵、陈羽、裴夷直、李郢(陈著将其列为京畿道京兆府长安人，此处从《校笺》)、罗邺(陈著将其列为江南东道杭州余杭人，此处从《校笺》)、陆龟蒙、陆长源
		嘉兴	丘为、殷尧藩
		海盐	顾况、顾非熊

续表

道	州郡	县	唐　才　子
江南东道（共83人）包括今江苏镇江、常州、苏州，浙江湖州、杭州、建德、绍兴、金华、温州、临海，安徽歙县，福建福州、建瓯、泉州		苏州	张籍、杨发、张祜(陈著将其列为山南东道邓州南阳人，盖指其郡望，而按《校笺》考证，其在诗中却视苏州为故乡，从之)、释淡交
	湖州（共11人）	乌程	施肩吾(陈著将其列为江南东道睦州分水人，此处从《校笺》)、严恽
		武康	孟郊
		长城	钱起、钱徽、释皎然、钱珝
		湖州	沈千运、沈亚之、姚合(陈著将其列为都畿道陕州硖石人，但据《校笺》考证，其郡望、籍贯都为吴兴，从之)、沈光
	杭州（共4人）	钱塘	郑巢
		余杭	释文益
		新城	袁不约、罗隐
	睦州（共10人）	清溪	方干、李频(陈著列其为江南东道睦州寿昌人，此处从《校笺》)
		桐庐	章八元、章孝标一说八元子、章碣、周朴、崔涂
		分水	徐凝
		睦州	喻坦之、许彬一作琳，一作郴
	越州（共9人）	会稽	释清江、秦系、释灵澈
		山阴	严维、吴融
		永兴	贺知章
		越州	庄南杰、朱庆余、翁绶
	歙州(1人)	歙州	王希羽
	婺州(4人)	金华	释处默、张志和
		义乌	骆宾王
		兰溪	释贯休
	温州(1人)	永嘉	张諲
	台州（共2人）	乐安	项斯
		台州	罗虬
	福州（共3人）	闽县	释卿云
		福唐	翁承赞
		长溪	林嵩
	建州（共3人）	建安	孟贯
		建阳	江为
		剑浦	陈陶
	泉州（共2人）	莆田	徐寅
		仙游	郑良士

续表

道	州郡	县	唐　才　子
江南西道（共35人）包括安徽宣州、贵池，江西南昌、九江、波阳、赣州、宜春，湖南长沙、邵阳，广东连县（今连州市），湖南澧县	宣州（共3人）	泾县	汪遵、许棠
		宣州	刘长卿
	池州（共6人）	至德	周繇（陈著将其列为江南西道池州青阳人，此处从《校笺》）
		青阳	张乔（陈著将其列为江南西道池州人，此处从《校笺》）、殷文圭、熊皎应作皦
		石埭	杜荀鹤
		池州	张蠙
	洪州（共7人）	南昌	熊孺登、来鹏、孙鲂
		高安	任涛、沈彬、沈廷瑞
		新吴	刘慎虚
	江州（1人）	浔阳	李中
	饶州（共2人）	鄱阳	程长文
		永丰	王贞白
	虔州（共2人）	虔州	綦毋潜
		赣县	廖图又作廖匡图（陈著将其列为江南西道虔州虔化人，此处从《校笺》）
	袁州（共7人）	宜春	释虚中、郑谷、张为（陈著将其列为江南东道福州闽县人，此处从《校笺》）、王毂、吴罕
		袁州	李咸用、杨夔（陈著将其列为河南道虢州弘农人，盖指其郡望，此处从《校笺》）
	潭州（共2人）	长沙	释怀素一作怀楚
		益阳	释齐己
	邵州（1人）	邵阳	胡曾
	连州（1人）	连州	孟宾于
	澧州（3人）	澧阳	李宣古、李宣远（陈著中无此人，据《唐才子传》列入）、李群玉
黔中道	无		
剑南道（共10人）包括今四川成都、崇庆、眉山、三台、安岳、遂宁、乐至三县及重庆市潼南县（今潼南区）部分地区	益州（共6人）	成都	雍陶、苻载
		益州	释僧鸾、苏涣、雍裕之（疑为楚人，但其地不可确考，从陈著列于此处）、姚鹄
	蜀州（1人）	青城	唐求
	眉州（1人）	丹稜	释可朋
	梓州（1人）	射洪	陈子昂
	普州（1人）	崇龛	陈抟（陈著将其列为河南道亳州真源人，此处从《校笺》）
岭南道（共6人）包括今广东韶关，广西桂林	韶州（共2人）	曲江	张演
		翁源	邵谒
	桂州（共4人）	临桂	曹唐
		阳朔	曹邺
		桂州	裴说、裴谐

表 2　唐才子确切州县不详者(共 18 人)

地域	唐　才　子
关中	裴迪
河朔	刘叉、于鹄、高蟾
峡中	李冶即李季兰
江南	释法振、释栖白、常建、释护国、释景云、释文秀、任蕃或作翻
江东	刘驾、夏侯审
江西	释隐峦
东川	马逢
兖海	马戴
巴蜀	李山甫

表 3　其他唐才子(共 90 人)

类型		唐　才　子
唐宗室	共 9 人	太宗、玄宗、宪宗、德宗、文宗、僖宗、李廓、李昌符、李约
不详	女诗人(共 19 人)	刘媛、刘云、鲍君徽、崔仲容、道士元淳、崔公达、张窈窕、梁琼、廉氏、姚月华、裴羽先、刘瑶、常浩、葛鸦儿、崔莺莺(小说人物)、谭意哥(小说人物)、鲍参军妻文姬、张建封妾盼盼(应作张建封子愔妾)、南楚材妻薛媛
	诗僧(共 25 人)	惟审、法照、广宣、无本、修睦、无闷、太易、栖一、良乂、若虚、云表、子兰、怀浦、幕幽、善生、尚颜、栖蟾、理莹、归仁、玄宝、僧泚、清尚、智暹、沧浩、不特
	其他(共 30 人)	辛霁、贺兰进明、崔兴宗、李穆、张彪、于良史、包子虚、古之奇、朱湾、郁浑、鲍溶、韩琮、韦楚老、贾驰、陈上美、崔涯、赵牧、纪唐夫、刘光远、唐备、戴思颜(应作戴司颜)、李栖远、张鼎、赵抟、谢蟠隐、褚载、孙启(应作孙棨)、司马札(似南方人)、苏拯、鬼
误收	共 7 人	惠标(陈朝人)、惠侃(梁朝人)、李群和李渤(《唐才子传》在《杨衡传》下附有符载、李群、李渤三人，盖系视此四人为“山中四友”，但“山中四友”实无二李，应作王简言、李元象二人，此二人籍贯不详)、于渍(系于濆之误)、王周(宋人)、顾栖蟾(此人即栖蟾，《唐才子传》误以为为二人，重复列入)

《唐才子传》实收唐才子 403 人，其中 295 人为籍贯可考者，唐代宗室 9 人，确切州县不详者 18 人，不详者 74 人，误收 7 人。

(二)唐才子籍贯的分布格局

根据初唐、盛唐、中唐、晚唐及五代的时间划分，在上述基础上，此处将进一步细化唐才子籍贯的分布格局，见图 1 和表 4。对此图表，以下略作说明：

(1) 图 1 和表 4 数据仅对表 1 唐才子占籍表进行分析。表 2 与表 3 均系不知具体籍贯者，故不列入统计范围。所统计唐才子实际人数为 295 人。

(2) 初唐、盛唐、中唐、晚唐、五代的时间划分就唐才子主要生活及有效创作时间而言。

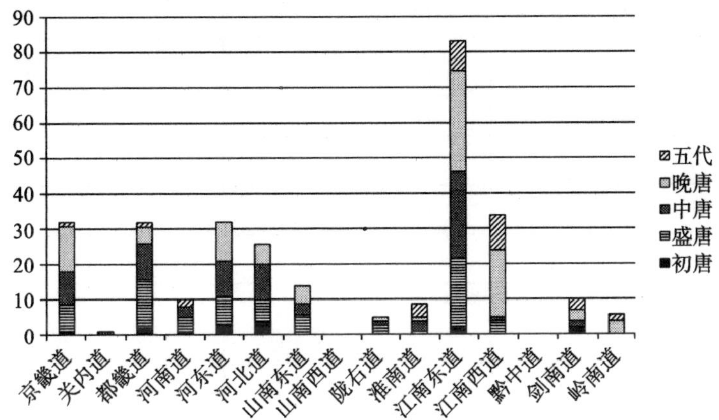

图 1　唐才子占籍时段分布图

表 4　唐才子占籍时段分布表

道	初唐	盛唐	中唐	晚唐	五代	共计	排名
京畿道	1	8	9	13	1	32	3
关内道	0	0	1	0	0	1	13
都畿道	2	14	10	5	1	32	3
河南道	1	4	3	0	2	10	8
河东道	3	8	10	11	0	32	3
河北道	4	6	10	6	0	26	6
山南东道	0	6	3	5	0	14	7
山南西道	0	0	0	0	0	0	
陇右道	0	3	1	1	0	5	12
淮南道	0	1	3	1	4	9	10
江南东道	2	20	24	29	8	83	1
江南西道	0	4	1	19	10	*34	2
黔中道	0	0	0	0	0	0	
剑南道	1	1	2	3	3	10	8
岭南道	0	0	0	4	2	6	11
总计	14	75	77	97	31	294	

*表示江南西道实际人数共有 35 人，但有 1 人所处时间段不明，故不列入统计，实际有效人数为 34 人。

开元十五道中各道所辖地域范围过于宽泛，不便考查细节，故表5以今地名作为考查依据进一步做如下统计。

表5　唐才子占籍时段分布表(今地名细化表)

地区	初唐	盛唐	中唐	晚唐	五代	总计	排名
陕西	1	8	10	13	1	33	4
河南	2	17	13	6	1	39	3
江苏	1	14	16	9	3	43	1
山东	1	2	0	2	1	6	13
山西	3	8	10	11	0	32	5
河北	3	4	8	0	2	17	7
北京	1	1	2	0	3	7	12
湖北	0	6	1	3	0	10	10
四川	1	1	2	4	3	11	8
甘肃	0	2	1	1	0	4	15
新疆	0	1	0	0	0	1	18
安徽	0	1	0	6	4	11	8
浙江	1	7	13	16	4	41	2
福建	0	0	0	5	3	8	11
江西	0	2	1	7	8	18	6
湖南	0	1	0	5	0	6	13
广东	0	0	0	2	1	3	17
广西	0	0	0	2	2	4	15
总计	14	75	77	92	36	294	

根据上述统计结果，以开元十五道为地域划分，唐才子占籍人数按高至低排列顺序为：江南东道；江南西道；京畿道、河东道、都畿道；河北道；山南东道；河南道、剑南道；淮南道；岭南道；陇右道；关内道。山南西道和黔中道无。在此基础上，本文进一步将上述分布情况归纳为五类占籍区：一类区域为江南东道；二类区域为江南西道、京畿道、河东道和都畿道；三类区域为河北道和山南东道；四类区域为河南道、剑南道和淮南道；五类区域为岭南道、陇右道和关内道。

以地区划分，唐才子占籍人数按高至低排列的顺序为：江苏；浙江；河南；陕西；山西；江西；河北；四川、安徽；湖北；福建；北京；山东、湖南；甘肃、广西；广东；新疆。在此基础上可进一步分为五类区域：一类区域为江苏和浙江；二类区域为河南、陕西和山西；三类区域为江西、河北、四川、安徽和湖北；四类区域为福建、北京、山东和湖南；五类区域为甘肃、广西、广东和新疆。

(三)唐才子籍贯分布的构成特点

为便于分析，以下将表 4 称为第一组数据，表 5 称为第二组数据。另外，因表 3 中所列举唐才子虽确切州县不详，但仍能看出大概的地域分布，故此处亦纳入分析范围，称为第三组数据。因考虑到第二组数据是第一组数据的细化，且更有利于考查唐才子群体的分布情况，归纳其籍贯分布的构成特点，故以下主要采用第二组数据。

就整个唐朝来看，北方才子共 146 人，南方才子共 166 人，南北大致持平，南方略多。若进一步比对不同时期第二组和第三组数据中唐才子的南北人数，可知若以淮水为界，初唐南、北才子的人数比例为 3∶11、盛唐为 4∶5、中唐为 17∶24、晚唐为 65∶34、五代为 7∶2。中唐至晚唐是唐才子发展的重要阶段，一是无论南北，唐才子在这一时期均有大幅度的增长。二是在此之前北方才子的人数始终大于南方，但到中唐以后南方才子的数量迅速增加，至晚唐时已远远超过北方，这一趋势一直延续至五代。唐才子的发展格局由北多南少变为南多北少，唐代文学精英的人员构成在这一时期发生了较大变化。

在南方地区，才子主要集中于江苏和浙江两地，人数分别为 43 和 41 人(根据表 1 可知，江苏仅徐州有张碧、张瀛和张仲素 3 人，剩余 40 人都为江苏南部地区才子)。在第一组数据中，同样以江南东道为才子占籍之最，且人数高达 83 人，比位居第三的京畿道、河东道和都畿道都要高出近 60%的人数，由此看来，江南多才子所言不虚。

总的来看，唐才子在各地区的分布上主要集聚在以下地区：陕西地区的西安、河南地区的洛阳、江苏地区的苏州、山东地区的青州和陵县、浙江地区的湖州、山西地区的永济、安徽地区的贵池、湖北地区的襄樊、四川地区的成都、福建地区的福州和建瓯、江西地区的南昌和宜春、湖南地区的澧县、广东地区的韶关、广西地区的桂林、河北地区的北京(若以北京归为唐代河北地区)，新疆地区仅列李白 1 人，甘肃所属的秦安、临洮、武威、酒泉各有 1 人。唐才子所集聚之处与唐代文学繁荣之地大致吻合，说明唐才子作为唐代文学的精英代表，与唐代的文化区域之间有着人地互动的双向影响作用。

二　唐代才子群体的地域流动及原因

(一)唐代才子群体的地域流动

为崭露头角，唐代南北的驿道上往来奔走着行色匆匆的唐才子们。行旅中的山水名胜触动着他们的心弦，风土人情激发着他们的灵感，他们挥毫泼墨为途经之处赋予灵性与才情。这种人与地之间的文化互动，与唐才子的地域流动有着紧密的联系。因此，以下将对唐才子的行踪轨迹做一考查，见表 6。制作表 6 时，遵循了以下原则：

(1) 按唐代行政区划，今北京地区归入河北地区。今越南地区属岭南道部分地区，故也纳入表中。

(2) 除五代外的其他时期，长安与洛阳两地的唐才子到达率均为 100%，故单独列出，不纳入下表进行统计。表中的“陕西”为除去长安之外的陕西境内其他地域；“河南”为除去洛阳之外的河南境内其他地域。

(3) 表中“江南”为未知确切所在地的长江以南地区之泛称，“岭南”为未知确切所在地的五岭以南地区之泛称，其数据可作为参考，但不纳入分析。

(4) 表中数据均采用百分比的形式，根据初唐、盛唐、中唐、晚唐、五代五个时间段分别计入。柱状图中仅列有效数据(即人数为零的区域不计入统计)。

表 6　唐才子各时段地域到达率情况表

地区	初唐	盛唐	中唐	晚唐	五代
陕西	8.3%	18.0%	34.5%	23.0%	5.4%
河南	25.0%	54.0%	39.1%	21.6%	9.5%
河北	16.7%	8.2%	8.0%	10.8%	0
山西	16.7%	9.8%	11.5%	18.9%	0
山东	16.7%	11.5%	9.2%	4.0%	0
甘肃	16.7%	4.9%	3.4%	9.5%	0
四川	41.7%	14.7%	27.6%	29.7%	19.0%
湖南	8.3%	23.0%	21.8%	27.0%	0
湖北	8.3%	29.5%	25.3%	31.1%	0
安徽	25.0%	18.0%	14.9%	21.6%	0
江西	25.0%	26.2%	35.6%	18.9%	47.6%
浙江	50%	34.4%	27.6%	36.5%	14.3%
江苏	41.7%	37.7%	33.3%	29.7%	28.6%
江南	8.3%	14.8%	6.9%	0	0
广东	16.7%	4.9%	6.9%	10.8%	19.0%
广西	25.0%	3.3%	9.2%	6.8%	4.8%
宁夏	0	1.6%	0	1.4%	0
云南	16.7%	0	0	0	0
贵州	0	0	1.1%	5.4%	0
福建	8.3%	4.9%	5.7%	13.5%	0
岭南	0	8.2%	3.4%	1.4%	0
西北边庭	8.3%	4.9%	0	1.4%	0
出塞	0	0	1.1%	5.4%	0
契丹	8.3%	0	0	0	0
朔方	0	1.6%	1.1%	1.4%	0
越南	25%	0	1.1%	1.4%	0
吐蕃	0	0	1.1%	0	0
海南	0	0	0	1.4%	0

为能更直观地反映表 6 数据，下面将根据五个时间段对唐才子的地域流动分别进行统计说明(表 6 中的陕西和河南地区均除去长安与洛阳两地，长安与洛阳两地的到达率均

为 100%)，见图 2 至图 6。

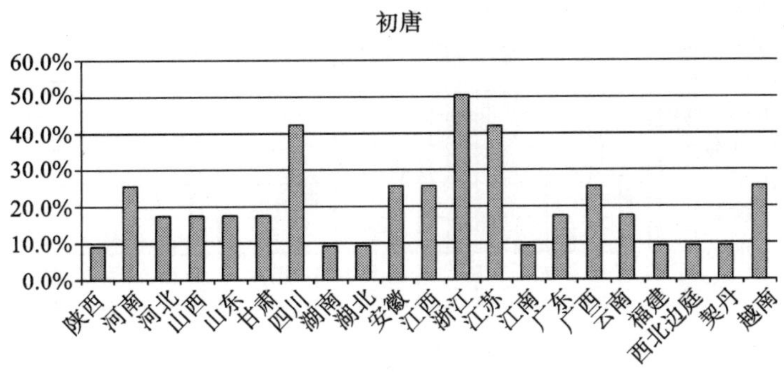

图 2　初唐才子各地域到达率分布图

初唐时期，唐才子的各地域到达率从高至低进行排列：第一类区域为陕西、河南；第二类区域为浙江、江苏、四川；第三类区域为安徽、江西、广西和越南；第四类区域为河北、山西、山东、甘肃、广东、云南；第五类区域为湖南、湖北、福建、西北边庭、契丹。

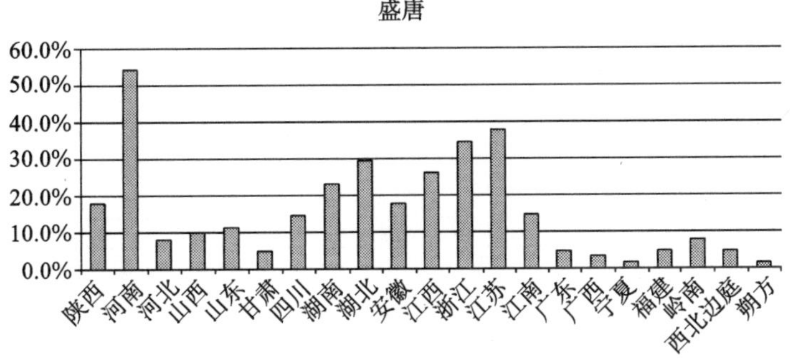

图 3　盛唐才子各地域到达率分布图

盛唐时期，唐才子的各地域到达率从高至低排列：第一类区域为陕西、河南；第二类区域为江苏、浙江；第三类区域为湖南、湖北、江西；第四类区域为山东、四川、安徽；第五类区域为河北、山西、甘肃、广东、广西、宁夏、福建、西北边庭、朔方。

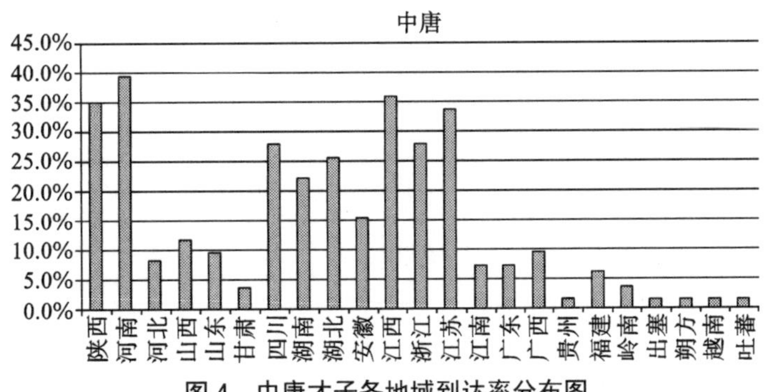

图 4　中唐才子各地域到达率分布图

中唐时期，唐才子的各地域到达率从高至低排列：第一类区域为陕西、河南；第二类区域为江西、江苏、浙江、四川、湖北；第三类区域为湖南、安徽；第四类区域为河北、山西、山东、广东、广西、福建；第五类区域为甘肃、贵州、出塞、朔方、越南、吐蕃。

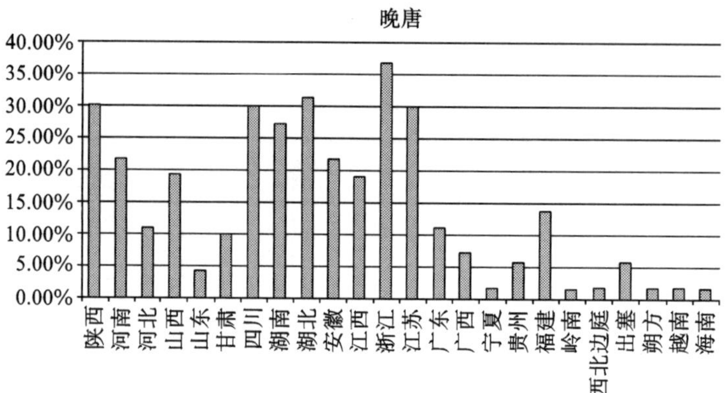

图 5　晚唐才子各地域到达率分布图

晚唐时期，唐才子的各地域到达率从高至低排列：第一类区域为陕西、河南；第二类区域为浙江、湖北、四川、江苏、湖南；第三类区域为安徽、山西、江西；第四类区域为河北、甘肃、广东、广西、福建、贵州、出塞；第五类区域为山东、宁夏、西北边庭、朔方、越南、海南。

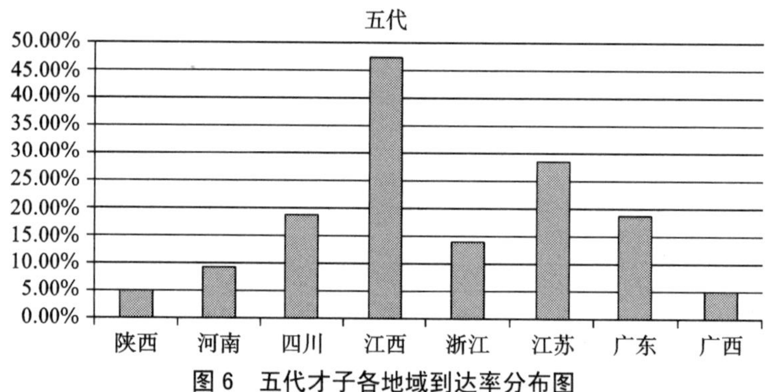

图 6　五代才子各地域到达率分布图

五代时期，唐才子的各地域到达率从高至低排列：第一类区域为江西；第二类区域为江苏；第三类区域为四川、广东；第四类区域为浙江、河南；第五类区域为陕西、广西。

整理上述图表数据，可得表 7。

表 7　唐才子各时段地域流动到达率排序表

	第一类区域	第二类区域	第三类区域	第四类区域	第五类区域
初唐	陕西、河南	浙江、江苏、四川	安徽、江西、广西、越南	河北、山西、山东、甘肃、广东、云南	湖南、湖北、福建、西北边庭、契丹
盛唐	陕西、河南	江苏、浙江	湖南、湖北、江西	山东、四川、安徽	河北、山西、甘肃、广东、广西、宁夏、福建、西北边庭、朔方
中唐	陕西、河南	江西、江苏、浙江、四川、湖北	湖南、安徽	河北、山西、山东、广东、广西、福建	甘肃、贵州、出塞、朔方、越南、吐蕃

续表

	第一类区域	第二类区域	第三类区域	第四类区域	第五类区域
晚唐	陕西、河南	浙江、湖北、四川、江苏、湖南	安徽、山西、江西	河北、甘肃、广东、广西、福建、贵州、出塞	山东、宁夏、西北边庭、朔方、越南、海南
五代	江西	江苏	四川、广东	浙江、河南	陕西、广西

(二)唐代才子群体地域流动的原因

陕西和河南是唐代两京所在，故成为所有唐才子的必经之地。唐才子往来陕西、河南多出于政治性流动，主要围绕与求仕有关的活动展开，如科举取士、隐居步终南捷径、行卷干谒、游幕以求仕进，这些均属为求仕而进行的地域流动。当然，唐才子们来往此处尚有游历、移居等原因，但也多与求仕相关，故可视为其中的一部分。

次于陕西、河南两地的主要是以江苏、浙江、江西、安徽为主的江南地区以及以湖南、湖北为主的两湖地区和四川地区。从这些地区的流动原因来看，可以分为直接和间接两种形式。间接流入主要是指，因某些原因北上或南下而途经这些地方，其中尤以水路稠密的江南地区和两湖地区较为突出。就直接流入而言，多是出于避乱、贬官和游幕，并由此衍生出移居、游历等流动原因。其中因避乱或游幕而流入这些地区的，主要发生在中唐以后。

以广东、广西为主的两广地区及云南地区和山东、山西与河北地区，虽然在唐才子流入人数上大致相仿，但其流入的原因却有所不同。两广及云南地区由于距两京较为偏远，故流动原因多为配流、贬谪，或因贬往更南之地而途经此处。中唐以后，游幕者才渐渐增多。相较而言，山东、山西及河北地区因贬谪而流入的较少，而来此游幕则是主要的流动原因。

以甘肃、西北边庭、吐蕃为主的西北地区，以福建、越南、海南为主的岭南地区，以贵州、宁夏为主的西南地区和以朔方、契丹为主的北方地区均是唐朝的边界之地，故唐才子在这几个地区的流入人数最稀少。对于战乱频仍的西北和北方地区而言，除游幕外，便与从军征战有关。而岭南和西南地区，除游幕外，贬官也是一个重要原因，此外，亦有来此躲避战乱的，但多集中于五代时期。

就以上流动原因来看，唐才子北上多与仕进有关，此点在中唐以前尤为突出。而南下则与贬谪、配流、避乱相关，直到中唐以后藩镇兴起，游幕活动才逐渐频繁起来。需要指出的是，唐代南北文学风貌的共荣，正是因唐才子这一精英群体的大量流动而逐渐产生的。无论是从唐前期的占籍情况还是从地域流动的数据来看，北方始终占有着文化上的优势地位。但原本远离文化优势区域的南方，得以在中唐之后，在才子占籍数和才子到达的频次上均有大幅提高，与北来才子对南方地域文化的开发是分不开的。

三　唐代才子群体与地域文化的关系

(一)地域文化对唐才子的文学触发

唐才子无外乎受到两种地域文化的影响：一是本土地域文化，二是流动地域文化。本土地域文化赋予唐才子一种先天的文化审美观。吴承学在《江山之助——中国古代文学地域风格论初探》一文中曾提及："从行为感应地理学的角度看，自然地理环境的气候、温度、山川、水土、物产，不但影响着人的体质，也影响着人的气质、感觉、情绪、意志乃至个性。"①因此"对于诗人的审美理想，也自然产生潜移默化的作用"②。这些审美观念反映在唐才子的作品中便形成了具有其独特个性的文学风格。本土地域文化造就的是唐才子文学审美的潜意识，奠定的是其初始的文学基调。但唐才子的流动性很强，当他们用其固有的文学审美将他乡的风土人情咀嚼之后，又会品味出另一番滋味。

作为唐才子之一的张说晚谪岳阳，诗益悽婉，人谓得江山之助。③这种"江山之助"实际包含了自然地理和人文地理两种内涵。自然地理是一种直观的外在文化。戴伟华在《地域文化与唐代诗歌》一书中认为，区域文化包含山川、名物、风俗、语言和音乐等方面。④李德辉则在《唐代交通与文学》一书中更加具体地对自然地理特征进行了概括，他认为主要包括某地气候、温度、水土、物产、山川形势及其审美特征等。⑤自然地理对于才子的触发是直接的，如浙江义乌人骆宾王在《帝京篇》中写道，"山河千里国，城阙九重门。不睹皇居壮，安知天子尊"⑥，便是受到长安山川、名胜的触发。生于河南的白居易在《东楼南望八韵》中写道，"鱼盐聚为市，烟火起成村"⑦，又是受到江南名物、风俗的触发。由此可见，自然地理对唐才子的文学创作大多是一种源于感官的直接触发。

人文地理则是一种更深层的触发过程，它的特征包括政治、经济、文化、社会风格民情等。⑧人文地理对于才子的触发是间接的，如王贞白《金陵》："六代江山在，繁华古帝都。"⑨金陵城是为其所见，而六朝烟云乃是其受背后的人文历史而发出的咏叹。许多才子往往受某地人文地理的感染，对深层次的历史变迁或自身境遇感时伤怀，从而触发出一种情愫而反映在其诗篇之中。因而，人文地理对于唐代才子的文学创作是一种文化的浸润，是与才子情怀相契合后使才子倾吐心声的一个引子。

(二)唐才子对地域文化风貌的改变

戴伟华在《地域文化与唐代诗歌》一书中曾指出，唐代的文化可分为强势和弱势两个区域，北方为文化强势区，而南方则为文化弱势区。虽然终唐一世，地域文化的差距

---

① 吴承学：《江山之助——中国古代文学地域风格论初探》，《文学评论》1990年第2期，第51页。

② 吴承学：《江山之助——中国古代文学地域风格论初探》，《文学评论》1990年第2期，第52页。

③ 傅璇琮：《唐才子传校笺》(第一册)，中华书局，1987年，第138页。

④ 戴伟华：《地域文化与唐代诗歌》，中华书局，2006年，第66-76页。

⑤ 李德辉：《唐代交通与文学》，湖南人民出版社，2003年，第354页。

⑥ 骆宾王：《帝京篇》，《全唐诗》卷七七，中州古籍出版社，第385页。

⑦ 白居易：《东楼南望八韵》，《全唐诗》卷四四三，中州古籍出版社，第2265页。

⑧ 李德辉：《唐代交通与文学》，湖南人民出版社，2003年，第354页。

⑨ 王贞白：《金陵》，《全唐诗》卷七〇一，中州古籍出版社，第3617页。

在整个唐代始终存在[①]，但弱势地区文化风貌的改变，与唐才子的地域流动是分不开的。

唐才子对于地域文化风貌的改变，主要反映在两个方面：一个方面的改变是指对地域文学能力的提升。唐代几乎所有的才子均曾到达过两京，而后或因及第归乡，或因贬谪南下，强势文化区域的精英文化随唐才子一路南下，向弱势文化的南方区域散布开来。此外，相对于南方，北来的才子在政治上往往具有一定的优势，对于地处偏远南方的孤寒之士而言，在主观上他们十分愿意与北来才子建立社会关系。如白乐天典杭州，江东进士多奔杭取解。[②]又元稹在越前后八年，所辟幕僚皆当时才学之人。这些都对提升地域文化的品质具有重要的意义。

另一方面的改变则是指对地域文学意象的塑造。从唐才子现存诗篇来看，对江南、京畿、边塞等区域的描写具有共通的特征。如写江南便着意突出江南的灵秀之气，以至"广陵实佳丽，隋季此为京"[③]，使江南风月情浓，意象柔媚如女子。写京畿则着意渲染京畿的王者之气，如"长安大道连狭斜，青牛白马七香车。玉辇纵横过主第，金鞭络绎向侯家"[④]，使京畿气宇非凡，散发着王侯贵气。写边塞则着意刻画边塞的苍茫之气，如"冰壮飞狐冷，霜浓候雁哀"[⑤]，使边塞雄浑苍健，散发着阳刚之气。这些诗篇中的地域特色随着才子们的迁移而辗转散布，并最终使地域文化风貌形成了一种独具个性的文学意象。

① 戴伟华：《地域文化与唐代诗歌》，中华书局，2005年，第161页。

② 王定保：《唐摭言》卷二《争解元》，中华书局，1985年，第14页。

③ 权德舆：《广陵诗》，《全唐诗》卷三二八，中州古籍出版社，第1659页。

④ 卢照邻：《长安古意》，《全唐诗》卷四一，中州古籍出版社，第240页。

⑤ 沈佺期：《塞北二首》，《全唐诗》卷九七，中州古籍出版社，第483页。

朱升事迹编年考证一则

——访学黄泽时间考

华中科技大学 历史研究所 朱 冶

摘要：元明之际著名学者朱升，他早年访学黄泽，乃其学问形成之关键阶段。明、清史籍均记载朱升至正三年访学黄泽，现代研究者也因循此说。然一同访学的赵汸相关材料则证明，两人实于至正元年求学江西。朱升传记虽出自其子朱同之手，却亦有错漏可能。需结合同时期其他人物的传记、文集等文字加以重新审视，方得历史之真。

关键字：朱升；赵汸；黄泽；访学时间

元明之际著名政治家、思想家朱升(1299—1370)，他与赵汸(1319—1369)同访黄泽是其成学关键。然关于两人同去江西访问黄泽的时间，诸家如刘尚恒先生《朱升事迹编年》《朱升事迹考》等文[①]，都认为是至正三年(1344)。本文考证此次访学时间实为至正元年(1342)。

《明实录》《明史》等正史均未载朱升访学黄泽的时间。明清各种史籍中，《(弘治)徽州府志》所载较为典型，称朱升“至正癸未(三年)，闻资中(今属四川内江)黄楚望讲道湓浦(今属江西九江)，偕赵汸往从学焉，归，讲学郡城紫阳祠”[②]。其他史籍，如明代《国朝献征录》《本朝分省人物考》《国朝列卿记》《殿阁词林记》，以及清代《明书》《明儒言行录》《明名臣言行录》等皆承此说。现代研究者也对此深信不疑，均作朱升至正三年访学江西说。

朱升至正三年访学黄泽的确切记载，最早见于朱升之子朱同(1339—1385)所写《朱学士升传》，其中称“至正癸未，闻资中黄楚望讲道湓浦，偕赵汸子常往从游。明年春归，讲学郡城紫阳祠”[③]。朱同所写传记，应是上述明清各类记载的史料来源。这篇重要传记，未见于现存文渊阁《四库全书》本朱同文集《覆瓿集》，见载于天顺四年(1460)刊行的金德玹所编《新安文粹》，以及明中期徽州学者程敏政(1445—1499)辑《(弘治)休宁县志》《新安文献志》中。其史源应是朱同洪武初所纂《重编新安志》。[④]

然朱同记载可能有误。从朱升本人、赵汸及其门人的记述可证，朱升应于至正元年访学黄泽。

首先，可以肯定的是，朱、赵两人同时赴江西问学，此事两人各有记述。朱升给同乡程植信中，提出与程植、赵汸三人同赴江西，问学黄泽的计划，称“庶得秋间同往彼处，小子与赵兄同问《易》，而尊兄出名问《春秋》，诚为便宜”[⑤]。赵汸亦确认此事，他在元末致宋濂(1310—1381)信中记述：“朱允升素留意经学，且尝同见黄先生，得其著书大意”[⑥]。可见，朱、赵二人确实同访黄泽无疑。

其次，赵汸给宋濂等寄去的另一封书信，详述他与朱升的访学经过。其中指明两人访学时间为至正元年秋，即三年一度乡试之后。信中称：“辛巳(至正元年)秋归，朱文试回，疑小子辈年少学浅，故此老不轻授。即慨然同往，拟同受其易象之学。比之相见，颇喜朱文精敏。然问答之际，不易前规，大意与《行状》中谢李学士之说同。朱文先回，

---

* 收稿日期：2018-04-10。

① 刘尚恒：《朱升事迹编年》，《文献》1982年第3期；刘尚恒：《朱升事迹考》，《历史教学》1981年第5期；解光宇：《论朱升理学思想及其价值》，《安徽大学学报(哲学社会科学版)》2007年第2期；刘成群：《元代新安理学的四个“转向”》，《汉学研究》第29卷第4期，2011年12月；等等。

② 彭泽、汪舜民纂修：《(弘治)徽州府志》卷七《人物》，《四库全书存目丛书·史部》，第180册，庄严文化事业有限公司，1996年，第797页。

③ 朱同：《朱学士升传》，载程敏政辑：《新安文献志》卷七六，文渊阁《四库全书》本，第1376册，上海古籍出版社，1987年，第268页。

④ 朱同：《重编新安志序》，《新安文粹》卷二，《四库全书存目丛书·集部》，第292册，庄严文化事业有限公司，1996年，第437-438页。徽州方志研究，参见刘道胜：《徽州方志研究》，黄山书社，2010年；蒲霞：《明清以来徽州方志编纂成就》，安徽大学出版社，2013年。

⑤ 朱升：《与汉口程仲本简》，载刘尚恒校注：《朱枫林集》卷七，黄山书社，1992年，第117-118页。

⑥ 赵汸：《与宋景濂》，载程敏政辑：《明文衡》卷二五，文渊阁《四库全书》本，第1373册，上海古籍出版社，1987年，第796页。

汸独留。”[①]结合此前书信可见，文中“朱文”实即朱升，“此老”则为黄泽。由上可知，两人确于至正元年访学黄泽，然黄泽拒绝朱升求学，朱升先回，赵汸得以继续问学。

最后，从赵汸求学历程可反证“至正三年访学说”有误。赵汸弟子詹烜为其师所作《东山赵先生汸行状》，明确记载赵汸“辛巳秋复往，留二岁，得口授六十四卦义，与学《春秋》之要”[②]。赵汸访学的时间线索相当清晰：早在至元三年(1337)，赵氏首次赴九江求学黄泽，此趟访学收获不大，时间短暂。至正元年秋，他又与朱升同访学黄泽，并留下学习两年。至正三年赵汸转赴浙江淳安，求教于著名学者夏溥(至治三年(1323)举人)，又东往杭州游学于江浙儒学提举黄溍(1277—1357)。至正四年赵汸父卒，他返回休宁老家。次年又至江西拜访吴澄(1249—1333)高弟虞集(1272—1348)。至正六年，赵汸从江西崇仁至九江，第三次访问黄泽时，黄泽已经去世。以上赵汸访学历程完整清晰[③]，可证朱升、赵汸两人绝无可能至正三年访学黄泽。

朱同在朱升传记中的时间记载，缘何出错？事实上，朱升父子年龄差距较大。朱升四十岁时，朱同才出生，朱同亦称“先考终身劳瘁，见子甚迟。既而有子甚喜，所以托子者甚重，而期子者甚远”[④]。以故至正元年湓浦访学之时，朱同尚处幼年。他为朱升撰写传记时，实际也只能参考朱升自撰的相关文字为辅证。检视朱升文字，朱升至正六年秋撰有《大学中庸旁注序》，提及“前年读书郡城紫阳祠”。这大概是朱同所称“明年春归，讲学郡城紫阳祠”的出处。

总之，以上可见朱升访学黄泽的时间，实为至正元年。明清史籍及后世研究者，皆以为朱升至正三年携赵汸同游江西，这与赵汸游学时间并不吻合。朱升访学时间的辗转承误，源自朱升之子朱同的传记书写。而朱升、赵汸的自述，与时人文字互相证实，形成了朱升至正元年访学黄泽的完整“证据链”。

(本文为国家社科基金青年项目“《四书五经性理大全》与元明儒学传承研究”(13CZS016)的阶段性成果。)

① 赵汸：《春秋纂述大意・寄宋景濂王子充》，载《东山存稿》卷三，文渊阁《四库全书》本，第1221册，上海古籍出版社，1987年，第258页。

② 詹烜：《东山赵先生汸行状》，载程敏政辑：《新安文献志》卷七二，文渊阁《四库全书》本，第1376册，上海古籍出版社，1987年，第209页。

③ 赵汸生平及游学情形的考察，参见吴兆丰：《元儒赵汸的游学、思想特色及其治学历程》，《中国文化研究所学报》第51期，2010年7月，第25-50页。

④ 朱同：《生日祭先考文》，载《覆瓿集》卷七，文渊阁《四库全书》本，第1227册，上海古籍出版社，1987年，第722页。

变动的文本：明人徐阶撰王畿传的文本差异

武汉大学　历史学院　吴兆丰

摘要：明人徐阶为友人王畿生前所撰传记，其收在徐阶文集《世经堂续集》名为《南京武选司郎中龙溪王君传》，其附于王畿文集《王龙溪先生全集》名为《龙溪王先生传》，二者从名称到内容都不相同。两相比对可见，后者不仅较前者内容丰富，而且增补、改动并『建构』有关王畿生平思想叙述。由此例可见，单篇文本因其出现在不同文献或文献载体之上，或存在内容差异，研究者需高度重视文本的变动与开放性特点，以免误断。

关键词：徐阶；王畿；《龙溪王先生传》；文本差异

文本从生成到流通，一直处在变动不居之中。研究者既要比勘不同版本在卷数、编排、篇章、内容等方面的差异，又需探讨导致差异的社会、文化、政治等层面背景或原因[①]。单独成书流传的文本如此，单篇文字性质的文本，也因其出现在不同文献或文献载体之上而可能产生内容歧异。如明人文集中所收墓志铭、神道碑、墓表，与出土碑石资料有或多或少乃至关键性差异；方志与书院志中收录同一作者篇名的“艺文”内容也可能不同[②]；书籍前后序跋与序跋者文集所录或存在重要差异[③]。此外，文集所附主人传记资料，包括由其师友门生撰作的行状、墓志铭、传记等，其内容也可能与其撰作者文集所收存在差别[④]。明人徐阶(1503—1583)撰王畿(1498—1583)传的文本差异即是一例。

徐阶与王畿是王门论学好友，前者官至内阁首辅，后者于嘉靖二十四年(1555)被黜之后，终其余生从事林下讲学，宣扬乃师王阳明(1472—1529)致良知之学。[⑤]万历八年(1580)，王畿到松江一带讲学，徐阶、陆树声(1509—1605)等与会，王畿嘱徐阶为其撰传。徐阶据王畿门人陆光宅所作“行实”，“为之传以传”[⑥]。陆光宅(1535—1580)，字与中，浙江平湖人，薛应旂(1500—1574)门人，万历二年(1574)为薛氏《宪章录》作跋刊刻以传[⑦]。与此同时，他从学于王畿，慕王阳明之学，建天心精舍，“以北面之礼属予(王畿)，群集四方同志，共明此学”[⑧]。陆光宅所作王畿“行实”，今已无从查考。徐阶曾致信王畿谓：“与中(陆光宅)尚未至，所须鄙作，俟得渠传略，及具稿以呈。此事如写真，本难肖似，而形容有道气象，尤难措词，不知竟能摹写得一二分否？”[⑨]此处即指徐阶为王畿作传之事。

然而，万历三十六年(1608)徐肇惠(1566—1621)刻其祖父徐阶《世经堂续集》卷十所

---

* 收稿日期：2018-04-05。

① 相关研究之例，参见朱鸿林：《文集的史料意义问题举说：并论明儒陈白沙文集的文本差异问题》，《“中央研究院”历史语言研究所集刊》第 73 本第 3 分(2002 年 9 月)，第 553-582 页；朱鸿林：《〈王文成公全书〉刊行与王阳明从祀争议的意义》，载氏著《中国近世儒学实质的思辨与习学》，北京大学出版社，2005 年，第 312-333 页；解扬：《文集的刊刻与时代政治：〈实政录〉的版本与刊刻问题》，《汉学研究》第 26 卷第 4 期，2008 年 12 月，第 167-195 页；杨正显：《王阳明〈年谱〉与从祀孔庙之研究》，《汉学研究》第 29 卷第 1 期，2011 年 3 月，第 153-187 页。

② 兰军、邓洪波：《书院文献编纂与尊朱辟王实践——以瀛山书院为中心的讨论》，《湖南大学学报(社会科学版)》2017 年第 3 期，第 32-38 页。此文探讨王畿《瀛山书院记》、钱德洪《三贤祠祭》被方志、书院志所收而其内容不同的现象与原因。

③ 吴兆丰：《明儒薛应旂的生平及其学术思想的演进》，《燕京学报》新 27 期(2009 年 12 月)，第 169-204 页。该文讨论薛应旂《方山先生文录》书前赵时春序，与赵时春《赵浚谷文集》所收书序之间内容差异及个中曲折。

④ 《思菴野录》所附《思菴薛先生行实》收有吕柟撰《明奉政大夫金华府同知进阶朝列大夫薛先生墓志铭》，其与吕柟《泾野先生文集》所收《奉议大夫金华府同知思菴先生薛公墓志铭》，两者内容上存在关键性差异。后者称“因叩先生”，即吕柟曾问学于薛敬之，前者则将其改为“因叩先生而师事焉”，建构薛敬之与吕柟之间的师承关系。参见陈冠华：《明儒吕柟师承叙述之分析》，《中国文化研究所学报》第 66 期，2018 年，第 49-64 页。

⑤ 黄宗羲著，沈芝盈点校：《明儒学案》卷一二《浙中王门学案二·郎中王龙溪先生畿》，中华书局，2008 年，第 237-239 页；黄宗羲著，沈芝盈点校：《明儒学案》卷二七《南中王门学案三·文贞徐存斋先生阶》，中华书局，2008 年，第 616-617 页。

⑥ 徐阶：《龙溪王先生传》，载王畿：《龙溪王先生全集》卷二二，《明别集丛刊》第二辑第 49 册，黄山书社，2016 年，第 448 页。

⑦ 陆光宅：《刻宪章录跋》，载展龙、耿勇：《宪章录校注》，凤凰出版社，2014 年，第 3 页。

⑧ 王畿：《天心授受册》，载王畿著，吴震编校整理：《王畿集》卷一五，凤凰出版社，2007 年，第 434 页。陆光宅生平传记，见王畿：《乡贡士陆君与中传略》，载王畿著，吴震编校整理：《王畿集》卷二〇，凤凰出版社，2007 年，第 642-644 页；王畿：《祭陆与中文》，载王畿著，吴震编校整理：《王畿集》卷一九，凤凰出版社，2007 年，第 581-582 页。

⑨ 徐阶：《复王龙溪》，载《世经堂续集》卷一二，南京图书馆藏明万历刻本，页 59b-60a。

收《南京武选司郎中龙溪王君传》(下文简称《王君传》)[①]，其与万历四十三年(1615)王畿门人丁宾(1543—1633)刻《王龙溪先生全集》所附徐阶撰《龙溪王先生传》(下文简称《王先生传》)，内容上出入颇大[②]。民国学者唐鼎元推测，后者在上版之际对前者内容进行了修改[③]。对此，笔者持保留意见，因后者更可能是王畿或其后人润色并修改了徐阶所撰之传，而非丁宾刊刻全集时所为。

首先，两传对嘉靖二十四年王畿被黜事的曲折细节与过程记载略异，而从早于万历四十三年出现的刘元卿(1544—1609)《诸儒学案》、李贽(1527—1602)《续藏书》等书载此事来看，其对两传兼有采用。其次，万历十一年(1583)，赵锦撰《龙溪王先生墓志铭》称王畿“系出晋右军”，与王阳明为“同郡宗人”[④]。这与《王先生传》记载一致，然《王君传》无此记载。可见，《王先生传》应是王畿生前或王畿卒后不久由其后人改作《王君传》而来。

比较《王君传》《王先生传》内容，前者文中凡“先生”“君”，后者行文均改作“文成”“公”。除此不再赘述外，其他重要差异共达十五处之多(表 1)。改动之多，颇为罕见。

表 1　王畿传的文本差异

序号	《南京武选司郎中龙溪王君传》	《龙溪王先生传》
1	君名畿……与阳明先生同绍兴人也……绍兴之士……	公讳畿……与文成王先生同郡宗人也……郡之士……
2	嘉靖癸未……立取京兆所给路券焚而归，卒业于先生……顾吾之学也……念非子莫克阐明之……君乃曰：“诺。”觅大舟……	嘉靖癸未……立取京兆所给路券焚之，而请终身受业于文成……顾吾之学……觐试，仕士咸集，念非子莫能阐明之……公曰：“诺。此行仅了试事，纵得与选，当不廷试而归卒业焉。”文成曰：“是惟尔意。”乃觅大舟……
3	时皆以州县入觐争迎公……赖有识者曰……然时大吏多不喜学，君语钱君曰：“此非吾与君仕时也。”不就廷试而还……	洎郡县入觐诸同志争迎公……赖有识者……然枋国大吏多不喜学，公语钱公曰：“此非吾与君仕时也，且始进而爽信于师，何以自立？”乃不就廷试而还……
4	君独曰：“心意知物，本是一机。若悟得心无善恶，则意知物，亦皆如是。夫无心之心，其藏密……”	公独曰：“心意知物，本是一机。若悟得心无善无恶，则意知与物，亦皆如是。夫无心之心，其机密……”

① 徐阶：《南京武选司郎中龙溪王君传》，载《世经堂续集》卷一〇，《明别集丛刊》第二辑第 44 册，黄山书社，2016 年，第 82-85 页。

② 徐阶：《龙溪王先生传》，载王畿：《龙溪王先生全集》卷二二，《明别集丛刊》第二辑第 49 册，黄山书社，2016 年，第 445-449 页。

③ 唐鼎元：《明唐荆川先生年谱》卷七，载《北京图书馆珍本年谱丛刊》，第 48 册，北京图书馆出版社，1999 年，第 150 页。

④ 赵锦：《龙溪王先生墓志铭》，载王畿著，吴震编校整理：《王畿集》附录四，凤凰出版社，2007 年，第 831 页。

续表

序号	《南京武选司郎中龙溪王君传》	《龙溪王先生传》
5	丁亥秋，先生将赴两广，君与钱君以质焉。先生喟然曰：“汝中所见，吾久欲言之，恐众信不及，故蓄至今。今汝中可谓能发吾蕴矣。然人有习心，苟非实用其为善去恶之功，而徒悬想本体，未有不入于虚寂者。汝中此意，正好保任，未宜轻示人也。”……	丁亥秋，文成将赴两广，公与钱公乘夜进谒天泉桥上，各陈所见。文成喟然曰：“人之根器不同，故吾之立教亦不得不因之以异。万化生于无，而显于有。上根之人，从无处立基，谓之顿教；中根以下之人，从有处立基，谓之渐教，及其成功一也。上根之人，世所罕有。汝中所见，吾久欲言之，恐众信不及，故含蓄至今。此明道、颜子所未易言者，今汝中可谓能发吾蕴矣。汝中天性明朗，德洪天性沈毅。故所悟入，亦各不同，正好相资为用。然人有习心，未易销化，苟非实用其为善去恶之功，而徒悬想本体，未有不流于空虚者。汝中此意，正好保任，未宜轻示人也。”自天泉证道之说传于海内，学始归一……
6	君从旁语曰：“相非实非幻，心非有非无。才着有无实幻，便不是。”	公从旁语曰：“心非有非无，相非实非幻。才着有无实幻，便落断常二见。譬之弄丸，不着一处，不离一处，是谓玄机。”
7	邹司成东廓暨南野，率同志百余人以谒。先生曰：“吾有向上一机，久未敢发，近被王汝中拈出……”	邹司成东廓暨水洲、南野诸君，率同志百余人出谒。文成曰：“吾有向上一机，久未敢发，近被王汝中拈出，亦是天机该发泄时……”
8	病痊……其婿吴仪制，君门生也，首以君荐。贵溪曰：“吾亦闻之，但恐为文选所阻，一往投刺可也。”……贵溪怒曰：“人投汝怀，乃敢却耶！”……六科疏荐君学有渊源，宜使备顾问，辅圣德。贵溪遂诋君伪学……君时为武选郎，再疏乞休，铨司报许终养矣。踰年，当考察，贵溪使人密嘱考功某，曰：“某伪学，有明旨即黜一人，不可遗。”考功虽附势……唐太史荆川至以为不复知人间廉耻事。考功怒，遂力去君以快意，而因厚自结于贵溪。	病痊待补……其婿吴仪制春，公门生也，首以公荐。贵溪曰：“吾亦闻之，但恐为文选所阻，一往投刺乃可。”……贵溪怒曰：“人投若怀，乃敢却耶！若负道学名，其视我为何如人？”遂大恨。……六科会荐公学有渊源，宜列清班，备顾问，辅养圣德，不宜散置郎署。贵溪票旨诋公伪学……公时为南武选郎中，再疏乞休，铨司报予告矣。踰年，当考察，贵溪使谓南京薛考功，曰：“王某伪学，有明旨即黜一人，当首及之。”考功虽受嘱……唐太史荆川书至，以为不复知人间廉耻事。考功怒，遂力去公以快意。
9	而益孜孜以讲学为务……故自两都及吴楚闽粤皆有讲舍。会常数百人……则志气日就怠昏，欲求与朋友相切磋，自了性命。	而益孳孳以讲学为务……故自两都及吴楚闽越皆有讲舍，江浙为尤甚。会常数百人，公为宗盟……则志气日就怠荒，欲求与朋友相切劘，自了性命，非专以行教也。

续表

序号	《南京武选司郎中龙溪王君传》	《龙溪王先生传》
10	君门人知名者甚众，最后所器许乡进士平湖陆光宅。尝语陆生及季子应吉……	公门人知名者甚众，最后所器许，如嵊邑周梦秀、平湖陆光宅、嘉善丁宾数人。尝语三生及季子应吉……
11	又曰："……常应常寂，不可得而澄且淆也。"……盖君所闻于先生最上之机，与其所自得者如此。	又曰："……常感常寂，不可得而澄且清也。"……文成尝语公曰："佛氏之学，与吾儒异，毫厘之辨，须入其髓，徒以言诠较量，无益也。"公少患羸，尝事于养生，惟理性情，究明未发之旨，以观化原，若有得于先天无为之用。视履明矫，洞微陟峻，至老不衰，可谓禀薄而养之厚矣。盖公闻于文成最上之机，与其所自得者如此。
12	予久与君同事于学，君之友若绪山、东廓、南野、水洲、荆川、罗念庵赞善及今沈晴峰、张阳和、沈少林三太史，皆予所知……予因联陆宗伯平泉数君者为会讲习焉。既自幸获附君，又窃德君嘉惠之无已也。遂以应吉请，属陆生次第君其行实，为之传以传。	予久与公同事于学，公之友若东廓、绪山、南野、水洲、荆川、念庵诸公及今游从张阳和、邓定宇、沈少林三太史，皆予所知……予因联陆宗伯平泉数君子为会讲习焉。既自幸获附于公，又窃德公嘉惠之无已也。遂以应吉请，属陆生次第其行实，为之传以传。
13	君世家山阴，考某官，讳某，妣某氏，以弘治戊午正月六日生君，长而兄有心疾……君历官不满一考……谓君常有劳，致沙田二顷为谢。安人以为非义，力赞君勿受……	公先世出王右军，考贵州按察副使，讳经，妣陆，感神人异梦，以弘治戊午五月六日生公，而长兄邦有心疾……公历官不满二考……谓石画出自公，即以新开沙田二顷致谢。安人以为非义，力赞勿受……
14	君所著有《大象义述》，《丽泽录》，《东游》《南游》会纪，《云门》《天山》《万松》《华阳》《斗山》《云山》会语，《别曾太常漫语》，《答吴悟斋书》，凡若干卷，士皆传诵之。	公所著有《大象义述》《丽泽录》，《留都》《岘山》《东游》《南游》诸会纪，《水西》《冲玄》《云门》《天山》《万松》《华阳》《斗山》《环璞》诸会语，罗念庵《冬游》《松原》诸晤语，聂双江《致知议略》，《别曾太常、赵瀫阳漫语》，《答王敬所论学书》及《中鉴录》，凡数十种，士皆传诵之。
15	论曰：昔孟子称柳下惠为圣之和，又谓不以三公易其介。予尝观君自赞之词曰："行己若污若洁……几希乎一息千里，而忘其牝牡骊黄。"……使自处太高，不和于世……惠虽未能为孔子之时……此所以得称圣……迁就浮沉，而顾以为道在是，其亦不善学君者矣。	论曰：昔孟子称柳下惠谓圣之和，又谓不以三公易其介。公天性温良，居常坦然平怀，无疾言暴色，虚缘而容物。予尝观公自赞之词曰："志若迂而自信，才若蹇而自强。行己若污若洁……潜而若见，发而若藏，几希乎一息千里，而忘其牝牡骊黄。"……使自处太高，不谐于世……惠虽未能如孔子之时……此以得称圣……委蛇浮湛，而顾以为道在是，其亦不善学公者矣。

总的来讲，《王先生传》较《王君传》内容丰富。前者除订正后者相关历史讹误，如纠正王畿出生年月与历官时间(表1第13行)，王畿讲学足迹范围(表1第9行)等，主要增补、充实乃至“建构”有关王畿历史叙述。如增补王畿生前著述篇目，尤其万历初年纂宦官教化专书《中鉴录》(表1第14行)①；据《天泉证道纪》补充大量叙述，强化天泉证道说对王门“学始归一”“道脉始归于一”重要性论述(表1第5行)②；称王畿母陆氏“感神人异梦”而生王畿(表1第13行)等。另外值得相关研究者注意的是以下三处增改。

其一，《王君传》从“学缘”关系上叙述王畿为王阳明的得意传人，《王先生传》增加二者“地缘”尤其是“亲缘”联系，称王畿“先世出王右军”，“与文成王先生同郡宗人也”。③万历十一年，赵锦撰《龙溪王先生墓志铭》对此完全一致的记载，若非丁宾等人有意改动所致的话④，则应是王畿或他卒后不久门生后人将王畿与王阳明“建构”为“同郡宗人”。这既反映明中期以后“敬宗收族”为目的的祠堂兴建热潮，又客观上加强王畿作为王阳明思想“正传”的叙述与印象。

其二，《王君传》称王畿“最后所器许”仅陆光宅一人，《王先生传》则增周梦秀(1537—1582)、丁宾二人，并将周梦秀排在首位，陆光宅次之。周梦秀，字继实，浙江嵊县(今嵊州市)人，心学家周汝登(1547—1629)从兄，著有《知儒编》等书，思想上具有强烈佛学倾向。⑤丁宾，字礼原，浙江嘉善人，隆庆五年(1571)进士，官至南京工部尚书。⑥包括陆光宅在内的周梦秀、丁宾等八人为天心精舍盟约成员⑦，都是王畿晚年的重要门人。《王君传》可能因过于强调陆光宅为王畿晚年唯一得意门生，与“事实”不符，故有增改。

其三，《王君传》称“今沈晴峰、张阳和、沈少林三太史，皆予所知”，且都是王畿之“友”，《王先生传》却以“邓定宇”替“沈晴峰”，且将三人与王畿关系改为“游从”。张元忭(1538—1588)，号阳和，浙江山阴人，隆庆五年状元，从学于王畿。⑧沈懋学(1539—1582)，号少林，安徽宣城人，万历五年状元，《王畿集》中录有两件致沈懋学信函⑨，其父沈宠从游于王畿⑩。沈懋孝(1537—1612)，号晴峰，浙江平湖人，隆庆二年(1568)进士，

---

① 《中鉴录》最新研究，参见吴兆丰：《明儒王畿〈中鉴录〉的流传、编刊与内容特色》，《明代研究》第29期，2017年，第97-137页。

② 王畿：《天泉证道纪》，载王畿著，吴震编校整理：《王畿集》卷一，凤凰出版社，2007年，第1-2页。关于王阳明“四句教”与天泉证道研究，参见陈立胜：《王阳明“四句教”的三次辩难及其诠释学义蕴》，《台大历史学报》第29期，2002年，第1-27页。

③ 王阳明世系出自东晋王羲之，见冈田武彦著，杨田译：《王阳明大传》第二章《阳明先祖》，重庆出版社，2015年，第22-32页。

④ 目前无赵锦文集可供查核，《龙溪王先生墓志铭》亦附于万历四十三年丁宾刻《王龙溪先生全集》。

⑤ 早坂俊广著，申绪璐、刘心奕译：《沉默的周梦秀——王畿与嵊县周氏》，《贵阳学院学报(社会科学版)》2017年第6期，第18-25页；王格：《“心学真宗”：论万历时期的王学与佛教之关系》，《中山大学学报(社会科学版)》2015年第3期，第113-120页。

⑥ 张廷玉等：《明史》卷二二一《丁宾传》，中华书局，1974年，第5829-5830页。

⑦ 王畿：《天心授受册》，载王畿著，吴震编校整理：《王畿集》卷一五，凤凰出版社，2007年，第435页。

⑧ 黄宗羲著，沈芝盈点校：《明儒学案》卷一五《浙中王门学案五·侍读张阳和先生元忭》，中华书局，2008年，第323-329页。

⑨ 王畿著，吴震编校整理：《王畿集》卷一二《与沈宗颜》(一、二)，凤凰出版社，2007年，第328-330页。

⑩ 张廷玉等：《明史》卷二一六《沈懋学传》，中华书局，1974年，第5698页。

历翰林院修撰等职，是王畿在浙西地区重要弟子。[①]邓以讃(1542—1599)，号定宇，江西新建人，与张元忭同年，隆庆五年榜眼，曾与张氏一同问学于王畿。[②]虽然邓以讃亦曾问学于王畿，但《王先生传》以邓以讃替换沈懋孝，其背后原因有待进一步研讨，也不能排除存在世俗性原因。以上四人均在翰林历职，故皆可称为“太史”。但从“名气”上讲，张元忭、邓以讃分别是隆庆五年状元、探花，思想上颇有建树，《明儒学案》为两人置立学案；沈懋学也是状元，而且他在张居正(1525—1582)夺情事件中，因疏救吴中行(1540—1594)、赵用贤(1535—1596)等议夺情者，名动朝野。[③]相比而言，沈懋孝从科名位次，到思想、政治建树，都稍显暗淡。此外，隆庆二年殿试读卷官徐阶是沈懋孝座师，沈懋学、张元忭也都与徐阶熟识[④]，然暂无文献显示徐阶与邓以讃相熟知，故不能根据改动过的《王先生传》认定邓以讃亦“皆予(徐阶)所知”。

总之，单篇文本因其出现在不同文献或文献载体之上而可能存在内容差异，研究者需留意并高度重视文本的变动与开放性特点。对于明清时期大量社会性传记、序跋等文本，研究者既要保持高度自觉，尽量收罗比勘，批判地加以利用，还要注意把握此类文本产生的背景、语境与内容渊源等，减少曲解误判。

---

① 钱明：《王学的跨江传播与两浙的地位互换》，《浙江学刊》2013 年第 6 期，第 84-94 页。

② 王畿：《龙南山居会语》，载王畿著，吴震编校整理：《王畿集》卷七，凤凰出版社，2007 年，第 166-168 页；黄宗羲著，沈芝盈点校：《明儒学案》卷二一《江右王门学案六•文洁邓定宇先生以讃》，中华书局，2008 年，第 490 页。

③ 张廷玉等：《明史》卷二一六《沈懋学传》，中华书局，1974 年，第 5698 页。

④ 徐阶：《与沈少林殿撰》，载《世经堂续集》卷一二，南京图书馆藏明万历刻本，页 55b。此函中，徐阶称：“近会张殿撰阳和，窃服其所养深静，愿执事与相磨砻涵浸，使后世论者，称有周程在翰林。”

论明清时期江南地区的家族祭田

广西师范大学 刘祥学
历史文化与旅游学院 曾啸阳

摘要：祭田是族田的一种，主要用于家族祭祀活动。明清时期江南地区的祭田较为繁荣发达。祭田的主要来源系由族中个人私产捐置而来，并形成了某些制度化的捐置方式。祭田属于家族共有财产，由家族共同管理，形成了由族长总管、族人轮管和监管的管理组织形式，并且设立了较为严格的管理制度和经营方式。祭田是家族祭祀的重要物质基础，推动了祭礼的不断完善和延续，具有敬宗收族的宗法意义，对江南地区宗族的发展具有重要的影响。

关键词：明清；江南；家族；祭田；宗法

明清时期，江南地区[①]家族利用土地富饶肥沃的优越条件，设置了大量族田以作祭田。祭田是指专门用于家族祭祀的土地，它是义田即族田的一种形式。在古代宗法社会中，“田地被视为最可靠的产业，因而大多数宗族的族产是土地。这些土地可统称为族田。所出租谷主要用于祠堂祭祀的族田，又叫作祭田”[②]。南宋朱熹《家礼》最早对祭田进行规范化，称：“置祭田。初立祠堂，则计见田，每龛取其二十之一以为祭田，亲尽则以为墓田，后凡正位祔者，皆放此，宗子主之，以给祭用。上世初未置田，则合墓下子孙之田，计数而割之，皆立约闻官，不得典卖。”[③]朱熹认为，建立祠堂后就必须设置祭田，才能保证家族祭祀能够正常进行。祭田有广义和狭义之分，广义的祭田分为祠祭田和墓祭田两种，分别作为祭祀祠堂和祖墓而使用；狭义的祭田则专指祠祭田。冯尔康指出：“祭田，或称祀田，福建等地又称烝尝田，其收入主要用于祭祖。根据祭祀地点的不同，可细分为祠田、墓田等。祭田与烝尝田的名称有广义、狭义之别；广义者，包括祠祭田和墓祭田；狭义者，仅指祠祭田。墓田又称赡坟田，一般是祖先坟墓所在地周围的土地，因部分墓田用于种庄稼，其收入用于墓祭，所以亦可列入祭田。”[④]无论是广义还是狭义，祭田的主要目的在于尊祖敬宗的祖先祭祀，因此祭田又可称为祀田、烝尝田，或直接称为“报本田”。苏州吴氏《创立继志义田记》云：“人本乎祖，忘祖则忘本矣，故立报本田五十亩。时则有庙祭，二月清明、十月朔则有墓祭。”[⑤]

当前一些学者对于义庄、族田这两大类的研究，已有不少成果。但祭田作为族田的一种特定类型，属于族田下的一个小类，学术界对此专门研究不多。目前对祭田进行专题研究的只有侯杉杉《明清时期孔府祭田研究》[⑥]一文，还有蒋伟《从族谱资料看江苏宗族关于祭田祭祀的记录》[⑦]等论文对祭田的经济影响、法律制度影响等方面进行了研究。其他只有简单涉及，论述并不深入。实际上，祭田对于深入研究义庄族田、家族祭祀和宗法社会形态都具有重要的学术价值。基于此，本文拟对明清江南家族祭田作专门探讨。

一　明清时期江南祭田的多重来源

祭田作为家族共有的土地财产，主要用于祭祀，为维护宗法制度提供了重要经济基础。随着家族祭祀活动的常规化和开支增加，人们对祭田的需求也逐渐增多，因此祭田的供源尤为重要。祭田的来源形式主要有以下四大类。

---

* 收稿日期：2018-05-14。

① 传统的江南，是指“八府一州”，即杭州府、嘉兴府、湖州府、苏州府、无锡府、常州府、镇江府、江宁府、松江府和太仓州。但从区域的广泛性来说，还应该包括今江苏南部、浙江、上海全境及安徽徽州和江西婺源地区。本文对明清江南家族祭田研究的范围，即取后者。

② 费成康主编：《中国的家法族规》，上海社会科学院出版社，1998年，第80页。

③ 朱熹：《家礼》，载朱杰人等主编：《朱子全书(修订本)》第七册，上海古籍出版社、安徽教育出版社，2010年，第876页。

④ 冯尔康等：《中国宗族史》，上海人民出版社，2009年，第181页。

⑤光绪八年(1882)《吴氏支谱》卷一二，载多贺秋五郎：《宗谱之研究·资料篇》，《东洋文库论丛》第四十五卷，1960年，第508页。

⑥ 侯杉杉：《明清时期孔府祭田研究》，硕士学位论文，曲阜师范大学，2016年。

⑦ 蒋伟：《从族谱资料看江苏宗族关于祭田祭祀的记录》，《现代交际》2010年第3期。

(一)族人置办祭田

家族中置办祭田主要分为三种方式：族人捐出私产置办祭田，无后族人遗产充公以作祭田，家族公产添置祭田。

第一，族人捐出私产置办祭田。这是祭田来源中最为常见的形式，也是祭田来源中所占比重最大的部分。祭田的捐置大部分系族人主动捐置，明嘉靖年间，太平县(治今浙江台州温岭市)谢铎父子就曾为族中捐置祭田。史称“(谢铎)父世衍尝出祭田三十亩，公(谢铎)买田代之，而以其田分给诸弟”[①]。清乾隆年间，钱塘贡生杨兆璘，因“族人贫不能祭，置祭田，有所余分给焉”[②]。同一时期嘉兴府(治今浙江嘉兴市)人吴三锡，捐置祭田用于赡养族人：“家居让田宅与叔及弟，捐置祭田、义田以赡族，著《劝孝录》，卒祀乡贤。”[③]清同治年间，湖州府(治今浙江湖州市)吴煜亦捐钱置祭田：“吴煜，字文度，归安学生。积累善行，捐赀置祭田，偕族人共祀远祖。”[④]

捐置祭田甚至在江南发展成为一种“制度”。清光绪年间，江苏毗陵(治今江苏常州市)的承氏家族，规定族中家境殷实者，需按照朱子《家礼》的条例，捐出财产的二十分之一作为祭田。其曰：“族中捐置祭田，凡殷实之家，照朱子《家礼》，二十捐一。”[⑤]这种通过强制族人捐置祭田的规定，使家族祭田的面积不断增加，从而促进了家族田产收入的增加。这充分保证了家族祭祀活动的经济来源，使家族祭祀活动能够正常开展和不断延续下去，贫困族人也无须为缺少祭祀之资而担忧。

第二，无后族人遗产充公以作祭田。这一时期在江南各个家族的家训和家规等资料中，大都有关于无后族人遗产的处理。主要有两种情况：一种情况是，族人身死后没有子嗣继承田产。对此，明代浙江永嘉县《项氏家训》这样规定：“今议：支子未立后而死者，族长、正主分财产，三分之二尽本房，三分之一充祠堂祭田。其田至十亩以上者，祔主于祠五世，同始祖配享。”[⑥]支子没有立后就去世的，其田产充公，本房为三分之二，捐充祠堂祭田为三分之一，这是族人过世时没有嗣子的情况。另一种情况是，虽然过世族人没有直系嗣子，但有过继嗣子，遗产充公则采取不一样的分割办法。光绪年间，江苏毗陵的承氏家族规定：“其过继之产，九归嗣子，一分入祠，遵凡族大例也。”[⑦]明确规定过继的财产，其财产的十分之九归嗣子所拥有，十分之一充公祠堂作为祭田。各个家族关于族人遗产充作祭田的份额数量，由过世族人是否有嗣子决定，充作祭田的份额并不相同。由此可见，将族人遗产充作家族祭田的形式已经普遍存在，并作为一种家族规定被写入当地的家训和家谱之中。

第三，家族公产添置祭田。康熙年间，浙江会稽县(治今浙江绍兴市)顾氏《祠堂例禁》规定：“拨常稔田五十亩，别蓄其租，专充祭祀之费。其田券印某郡某氏祭田六字字号，

---

① (嘉靖)《太平县志》卷七《人物下》，明嘉靖刻本。

② (乾隆)《杭州府志》卷九一《人物六·孝友》，清乾隆刻本。

③ (光绪)《嘉兴县志》卷二二《列传二》，清光绪三十四年(1908)刻本。

④ (同治)《湖州府志》卷七七《人物传》，清同治十三年(1874)刊本。

⑤ 承氏《祠墓规》，江苏《毗陵承氏宗谱》卷首，光绪五年(1879)，载多贺秋五郎：《宗谱之研究·资料篇》，《东洋文库论丛》第四十五卷，1960年，第824页。

⑥ 项乔撰，方长山、魏得良点校：《项乔集》，上海社会科学院出版社，2006年，第519页。

⑦ 承氏《祠墓规》，江苏《毗陵承氏宗谱》卷首，光绪五年(1879)，载多贺秋五郎：《宗谱之研究·资料篇》，《东洋文库论丛》第四十五卷，1960年，第824页。

步亩亦当勒石祠堂之左，俾子孙永远保守。有言质鬻者，以不孝论。”[①]将族中常稔之田，即常年丰收的土地，拨为祭田，另将田租存储，专门用作家族祭祀之用。除了将家族已有的田产拨为祭田外，还有一种是倡导族人共同集资置办祭田的情况。光绪年间，嘉兴府陆杲家族：“陆氏自唐宣公后为巨族，杲倡族置田八百亩，属景贤祠岁收，其入以周族人，曰族田。又置田五十亩，属世德祠，宗子供祭祀，曰祭田。设塾，集里族子弟置田二百亩以给稍廪，曰学田。宗族日繁更徭不支，置田三百亩，分赡之，曰役田。”[②]陆杲去官后倡议族中置办田产，其中即设置了专门用于祭祀的祭田。

(二)异姓置办祭田

除了同姓族人置办祭田之外，还存在异姓添置祭田的情况。虽然置办祭田的人与被赠予者并不是同一家族中的人，但是置田者与受赠予者之间往往存在姻亲关系。这可分为家族置田和个人置田两种情况。

一种情况是异姓为母族家族置办祭田。乾隆年间，浙江海宁人陈之暹“尝割产以广母家祭田，又置赡族田若干亩”[③]。陈之暹捐割自己的私产，为母族增置祭田，所添置的祭田用于母族整个家族的祭祀。另一种情况是异姓为某个特定的私人置办祭田。光绪年间，嘉兴府俞承吾外兄吴子九为其置办祭田，史载“俞承吾，少负膂力，尚气节。父母死，贫不能营葬，其外兄吴子九助之。承吾感吴德，思报吴。会某与吴有隙，潜持铁椎欲杀吴。承吾知之挺身赴斗，伤肋死。吴为立祠，置祭田祀之”[④]。俞承吾为报答外兄的恩情，与人决斗被杀，其外兄吴子九为其立祠，并为此专门置办祭田用于祭祀。

由上面两个异姓置祭田的例子可看出，添置祭田的人与受田者都有姻亲关系。虽然二者并不是同一家族中的族人，但是姻亲关系的存在，使他们能够为异姓添置祭田，这也是一种联系姻亲家族之间感情的方式。当然，后一种情况更多的是出于义举，双方互为感恩而行动，俞承吾外兄为其置办祭田，本质上是一种义举行为，超越了血缘的姻亲关系。

(三)女性置办祭田

古代封建社会是典型的父系社会，家族皆以男子为主导，女性作为男性的附庸，其社会地位并不高。同时，女性也没有固定的经济来源，置办田产的困难程度远高于男性。尽管如此，但也存在着女性置办祭田的特例。女性置办祭田可分为两种类型：一种是为夫族置办祭田，另一种则是为母族置办祭田。

为夫族置办祭田的女性，大多因丈夫早亡，她们凭自己的能力在赡养子女的同时也尽力为夫族捐置祭田。光绪年间，嘉兴府生员魏正鏊的妻子顾氏“三十岁夫亡，家贫赁屋以居，日夜纺织。以余资置祭田四亩，葬翁姑及夫，抚嗣子浩成立，年七十二”[⑤]。顾氏在丈夫死后，尽管家境贫困，但依旧以余资为夫族捐置祭田。同治年间，湖州府钱中

① 《顾氏族谱》卷二，康熙四十四年(1705)，载多贺秋五郎：《宗谱之研究·资料篇》，《东洋文库论丛》第四十五卷，1960年，第793页。

② (光绪)《嘉兴府志》卷五八《列传》，清光绪五年(1879)刊本。

③ (乾隆)《杭州府志》卷九二《人物七·义行》，清乾隆刻本。

④ (光绪)《嘉兴府志》卷五七《列传》，清光绪五年(1879)刊本。

⑤ (光绪)《嘉兴府志》卷七二《列女》，清光绪五年(1879)刊本。

愉妻许氏“年二十六，夫亡，晨昏纺绩。积有余赀，修宗祠，助祭田，并赒恤子侄之贫乏者”[①]。光绪嘉兴府石门县(治今浙江省桐乡市崇福镇)张继昌妻沈氏“奉两家姑嫜俱极孝敬。夫亡，尽出所蓄，命子某建宗祠，置祭田为春秋祭祀之费。持家勤俭，亲族无力婚葬者，必有以赠，待佃农计亩减其租”[②]。由此也可看出，明清时期江南地区的家族观念浓厚，丧夫女性在丈夫去世后只能继续依赖夫族的保护，为夫族置祭田主要目的就是获得夫族的认可。

江南也存在为母族置办祭田的女性。同治年间，苏州府(治今江苏苏州市)李氏与其姊一起为母族置祭田，交给母族子侄用于祭祀父母。“廪生蒋某，号竹厂，妻李氏。蒋佻达，氏好洁，性固执，有丈夫气，夫妇遂反目，常居母家及舅氏徐传一州署。母喜吟咏，氏少亦能诗。父母卒，未葬，无子，氏典卖衣饰营窀穸，并与其姊适徐氏者合置祭田数亩，托族侄祭埽，里人佥以为孝。”[③]李氏由于与丈夫反目，无夫族可依，只能依靠母族生存，祭田也是为母族置办的。李氏的母氏家族已无子嗣，李氏与其姊合置祭田，托族侄祭祀，主要起到的是让族侄代替子嗣祭祀的社会作用。当然，此亦为女性为母氏家族置祭田的一个特例。

(四)官府置办祭田

官府置办祭田也是祭田来源的一种特例，主要是由官府赏赐先贤或贤臣的后裔，供先贤或是先贤祠祭祀所用。但这种祭田的来源较少，且不普遍。

官府较早为先贤置办祭田的，是明嘉靖年间，为南迁并定居于嘉兴府的孟氏家族设置专门的祭田。据光绪《嘉兴府志》载，“宋南渡时，亚圣四十七代孙孟忠厚扈从临安，建邹国孟子庙于苏州(案今苏州孟子堂前即是)。元末，圮。五十四代孙孟观避兵于嘉兴之清风泾(案即今风泾镇)，遂居焉。明嘉靖三十二年，苏州庙圮。山东教授司查孟氏南支在嘉善，移文浙省，改建于嘉善，给裔孙衣衿守之，有本县印帖，给五十九代孙孟屏。三十六年，置祭田十八亩，县帖给孟道亨”[④]。孟子为孔门四圣之一，嘉靖九年(1530)被封为“亚圣”，官府由此给其后裔置办祭田，用作亚圣——孟子的祭祀。明成化二十二年(1486)，赵谏的《王右军祠祭田记》中记载：“犹虑岁祀之费出于民，匪常，乃劝宁德县丞水南潘洪璇辈舍田十五亩，仍以新涨涂田足之，岁收谷通计若干斛，以为经久之计。”[⑤]为了减小百姓祭祀王右军祠的负担，官府添置祭田，并将其收入用于王右军祠的祭祀。这一种祭祀来源是官府置办祭田的主要体现。

另一种是赏赐给先贤祠，用于祠堂祭祀的祭田。顺治十年(1653)，官府赏赐官地给施恭愍祠作为祭田，其收入用于祠堂的祭祀。乾隆《绍兴府志》载，“施恭愍祠，在驿东，祀明殉节左副都御史施邦曜，有司春秋祭，国朝顺治十年，赐官地七十亩，以为祭田”[⑥]。官府赏赐的祭田用于贤臣的祭祀，主要出于教化目的，彰显官府对贤臣的敬重和推崇。

通过对这一时期江南地区祭田来源的梳理，不难看出，在以上四种祭田置办形式中，

① (同治)《湖州府志》卷八七《人物传》，清同治十三年(1874)刊本。

② (光绪)《嘉兴府志》卷六四《列女》，清光绪五年(1879)刊本。

③ (同治)《苏州府志》卷一一五《列女三》，清光绪九年(1883)刊本。

④ (光绪)《嘉兴府志》卷一〇《坛庙》，清光绪五年(1879)刊本。

⑤ (弘治)《温州府志》卷一九《词翰一》，上海社会科学院出版社，2006年。

⑥ (乾隆)《绍兴府志》卷三七《祠祀志二》，清乾隆五十七年(1792)刊本。

最主要的来源还是族人置祭田，族人添置的祭田在家族祭田中占的比重是最大的。一些家族将家境富裕的族人捐置祭田和无后族人遗产收为祭田等规定都记入家族的条规之中，由此形成一种制度化的规定，使家族祭田的数量不断增加，保证了祭祀经费来源的充足，保障了家族祭祀的正常进行。

二　祭田的管理与经营

祭田作为族田的一种，其财产属于整个家族。因此，祭田的管理往往由整个家族一起来进行。各个家族设置了以家族为核心的管理组织，制定了严格的管理方法，对祭田进行管理。同时还采取合理的经营方式经营祭田，使祭田的收入能够满足族中祭祀等事务的开销。

(一)祭田的管理组织

祭田是家族的公共财产，对于祭田的管理，往往是全族人一起参与。祭田的管理组织由家族集体管理和个人分工组合而成，一是设立总管，由族长等地位较高的人代表家族进行集体管理；二是设董事等具体管理人员对祭田进行日常管理。

家族总管，主要是各个家族的族长、宗相等族中地位较高的人对祭田进行总管。道光十年(1830)，江苏江都县(治今江苏扬州市江都区)的卞氏家族规定，族中增置祭田时，需要族长、宗相通集长老计议。“祭田当置常稔。此后或有贤族输金增置祭田，族长、宗相务必通集长老计议，于附近公共老坟旁购置常稔之田。”[①]家族中地位较高的族长等人，作为家族的代表，在祭田事务需要决策时，代表家族对祭田进行总管，体现了集体管理家族财产的经济意识。

祭田的日常管理，则有两种情况，或是由家族选派董事，或是由族人进行轮管。

家族选派的董事，只有被推选的族人才有资格参与管理。清代江苏常熟临海屈氏家族的《义庄条规》规定：“任司事以重，责成义庄，甫新堂构，责任綦繁，经理得人，此其首重也。凡设董事，同姓一人，必通族共推廉干老成毫无异议者。公举报官，传知庄裔，延请任事。义庄为正管，安济堂为监管，各祭田为附管，均交董事执掌酌定。三年期满，谢事交代。如三年内整顿有方，为众所敬信者，并听报明，保留接管，仍不得私相授受。凡设司事二人，分司钱谷出纳，由董事同值年，慎加遴选，取有殷实保人方始任用。凡义庄一切公事，董主裁，司事赞理，务期和衷共济，纲举目张，责成攸属，毋旷厥守焉。”[②]《义庄条规》规定，设立董事和司事对家族中的祭田等田产进行管理。管理田产的董事由家族共同推举出来，分管钱谷出纳的司事还应严加筛选，确保家族田产的安全，防止管理者私吞族产。同时，董事还有任期，并不是无限期担任。

族人轮管，是指各房族人轮流管理，明代浙江归安菱湖(治今浙江湖州市菱湖镇)孙氏家族《菱湖孙氏五支三房墓祭规约》规定：“地荡租息，本房子侄督理，收贮各着家人催

---

① 《江都卞氏基沙祠堂条约》，载江苏《江都卞氏族谱》卷一，道光十年(1830)，载多贺秋五郎：《宗谱之研究·资料篇》，《东洋文库论丛》第四十五卷，1960年，第810页。

② 江苏常熟《临海屈氏世谱》卷一一，民国十一年(1922)，载多贺秋五郎：《宗谱之研究·资料篇》，《东洋文库论丛》第四十五卷，1960年，第550页。

取。今冬在璞司祭起例，两年一转。在璞值壬申、癸酉，在司值甲戌、乙亥，在心值丙子、丁丑，在旦值戊寅、己卯，在位值庚辰、辛巳，在中值壬午、癸未，在行值甲申、乙酉，周而复始。务须实心任事。”[①]各房子侄监督管理田产租息，每两年一轮，周而复始。

有的家族还规定，祭田轮管者还需承担家族祭扫的任务，每年两次，祭祀不得误期简陋。嘉庆八年(1803)，浙江杭州闻氏《乳泉公宗约》规定：“祭田二十二亩，系翰林淑泉府君卜葬于享堂旧基。因出续，置崇化田以抵地，值应得三分轮收。其收田之人，年行祭扫二次，上半年以清明日为度，下半年以十月朔为度。其祭仪已有成规，日后相时加益，不得愆期苟简。或遇歉收年份，则宜谅情薄举。每房或出一二人同往，少伸孝思，不得因而废礼。或遇全没，人各量出分金与轮年者，酌举行之。其田，次年再管一年，薄收者不得援例再管。”[②]为加强族人对祭田的管理成效，家族对祭田的管理人员还实行一定的奖惩规定。对祭田管理不当者，取消管理祭田的资格。

除了设置总管、董事和司事外，有的家族还设置了监管对祭田管理者进行监督。明代江苏武进县(治今江苏常州武进区)《庄氏家祠条约》规定：“祠中一切事宜，每分轮年。族长暨各分长公同举有身家、能干办、励廉节者一人或二人为经管，仍于每分中各举一人或二人为监管。自一房递及小房，周而复始。”[③]家族中各房轮流派出一至二人作为家族事务的监管人员，保证族中财产的安全，体现了家族管理组织的完善和严密。

(二)祭田的管理方法

祭田管理除了设置以家族为核心的管理组织外，还制定了较为严格的管理方法，以保证管理措施公正有效，以促进家族祭田的不断发展。

第一，对祭田事务的重要决策要进行公议。

祭田管理的决策方式是公议，由族长等族中地位较高者在祭田事务需要决策时，召集族人进行公议。清光绪年间，江苏苏州程氏《资敬义庄规条》规定族中义田、祭田遇到歉收，其经费发生变更时，需邀集族人共同商议，而不能随意决断。称“义田、祭田为数不多，设遇歉收，如果旧管无存，经费不敷，许庄正副邀集族人，公同酌议，先停婚嫁考费等。不给，则及丧葬；再不给，则及赡米。但多则半年，少则二二月，即当复旧，以示体恤。”[④]光绪十九年(1893)，浙江萧山沈氏家族，商议族中大宗祠租田票式时，也由族长和支长宗正等进行公议。其《宗约》曰：“族长同支长宗正公议大宗祠祭田，因历年以来应租与盗租混杂不明，今天将刻立印票戳记。”[⑤]通过公议的方式进行决策，保证了家族财产管理的透明公开，使族中众人都有参与祭田事务决策的机会，也有利于家

---

① 浙江湖州《菱湖孙氏族谱》第四本，民国二十九年(1940)，载费成康主编：《中国的家法族规》，上海社会科学院出版社，1998年，第294页。

② 浙江杭州《闻氏族谱》卷八，嘉庆八年(1803)，载多贺秋五郎：《宗谱之研究·资料篇》，《东洋文库论丛》第四十五卷，1960年，第686页。

③ 江苏《武进庄氏增修族谱》卷二四，民国二十一年(1932)，载费成康主编：《中国的家法族规》，上海社会科学院出版社，1998年，第404页。

④ 江苏苏州《程氏支谱》第一册，光绪三十一年(1905)，载多贺秋五郎：《宗谱之研究·资料篇》，《东洋文库论丛》第四十五卷，1960年，第566页。

⑤ 浙江《萧山沈氏续修宗谱》卷三四，光绪十九年(1893)，载多贺秋五郎：《宗谱之研究·资料篇》，《东洋文库论丛》第四十五卷，1960年，第701页。

族的团结和睦。

第二，祭田要进行登记造册，并妥善保管。

祭田是家族的公共财产，为了保证家族共有财产不流失，以及方便管理，祭田必须进行登记造册。清代江苏苏州彭氏家族规定："谊田祭田方单，各以次粘连成册，加用戳记，注明'彭氏谊庄田'、'彭氏谊庄祭田'、'永禁典卖'字样。并详造都图，字圩坵号、佃名、租额、条漕，清册呈官钤印，发运执守。日后增置增捐田亩，照此办理，以昭慎重。"①族中田产登记造册后，还应送官钤印。光绪三十一年(1905)，江苏苏州的程氏家族也规定："义田、祭田已立资敬义庄，户汇造清册，送官钤印，嗣后添置田产，即照此例，以杜影射。"②家族祭田登记造册后，再送官钤印，一方面是为了防止族中祭田遗漏缺失，造成族中财产损失；另一方面也是为了确认族中祭田的合法性，取得官方的认可和保障。

家族祭田的记录不仅存在记载于册的方式，还有将祭田的来源及祭田地点等内容专门刻在碑石上进行记载的方式，以不断流传于后世。《虞山缪氏祭田碑记》载："故议于族亲，族亲无异词。质于守令，守令无异词。上于监司，监司无异词。而且为之给示，而且命之勒石，谆谆乎惟恐不如旸谷之旨者，盖欲以'人本乎祖'之意为世俗之法也。夫以区区二十八亩之产，计所值无几，而雨岩公之手泽犹新，监司、守令之断案如一，祖训昭焉。继今以往，毋怙前非，毋矜已得，式相好，无相犹，子子孙孙弗替引之，所以光启前业而垂裕后昆者，皆于是乎在。余故乐记其事，以成厥美。至前人之记约，合族之公议，田数之若干，并勒诸石，以传之无穷云。"③

除了将祭田清册送官钤印以外，家族中对祭田账簿保管也进行了严格的规定。清光绪年间，江苏毗陵承氏《祠墓规》规定："祭田旧管新收，每年租息完办漕粮以及各项支销，各立一簿与神位祭器公项等簿，俱成正副两本，岁终汇齐结算清楚，正本藏于祠中，副本交接管之人收执，以凭比对。"④祭田账簿要造正副两本，一本藏于祠中，一本由轮管者收管，以此作为比对。光绪十九年(1893)，浙江萧山沈氏《宗约》规定："议家庙内碑，记祭式、祭器、祭田、粮户、花息，及捐助存发银两银，钉一本名曰《沈氏家庙公堂祭簿》。后有进主存银，账目出入，即于散祭后，公同算明登记，族长、宗正各存一本，其一本值年者，轮流交卸，以便查阅。"⑤族中祭簿由族长、宗正各存一本，一本由值年者轮流交卸，便于查阅。如果新管与旧管账簿不分明的，不许进行轮管交接。明代浙江浦江(治今浙江金华浦江县)郑氏《义门规范》规定："新管簿书不分明者，不许交代。一应催督钱谷，须是先时逐项详注已未收索之数，于交代日，分明条说，并承账人交付。虽累更新管，要如出于一手，庶不使人欺隐。旧管簿书不分明者，亦不许交代。"⑥族中祭田账簿设置多本，分别由不同的人保管，在交接时将新旧账簿进行比对，不分明者禁

---

① 《松鳞庄增定规条》，载江苏苏州《彭氏宗谱》卷一二，民国十一年(1922)，载多贺秋五郎：《宗谱之研究·资料篇》，《东洋文库论丛》第四十五卷，1960年，第543页。

② 《资敬义庄规条》，载江苏苏州《程氏支谱》第一册，光绪三十一年(1905)，载多贺秋五郎：《宗谱之研究·资料篇》，《东洋文库论丛》第四十五卷，1960年，第566页。

③ (光绪)《东兴缪氏宗谱》卷三五，缪氏衍泽堂藏原稿本。

④ 江苏《毗陵承氏宗谱》卷首，光绪五年(1879)，载多贺秋五郎：《宗谱之研究·资料篇》，《东洋文库论丛》第四十五卷，1960年，第824页。

⑤ 浙江《萧山沈氏续修宗谱》卷三四，光绪十九年(1893)，载多贺秋五郎：《宗谱之研究·资料篇》，《东洋文库论丛》第四十五卷，1960年，第699页。

⑥ 费成康主编：《中国的家法族规》，上海社会科学院出版社，1998年，第270页。

止交接，这有利于防止轮管族人私自挪用祭田的收入。因此，祭田账簿的严格管理和妥善保管，既便于家族对族中田产进行清算和管理，又能够防止家族公有财产的流失，保障了家族财产的安全。

第三，祭田收支要详细登记。

祭田的收支内容要详细登记在祭田账簿中，一是祭田交账提纲要清楚，二是祭田细目要清晰。如明代武进县《庄氏家祠条约》对账簿内容做了详细规定：

> 提纲必清。(首行写)某年经营某人，承上年经管某人交下存贮米麦等若干，银钱若干。(下节次写)田租共额米麦等若干，实收米麦等若干，除用去若干，净存若干，粜去米麦等若干。
>
> ……
>
> 细账必晰。(首行另写)“收豆数”三字。(下节次写)某处田若干，额租若干，除佃欠等若干，本年实收豆若干外，又收上年某佃欠若干，共收豆若干。(收米麦数同豆式)米麦有各乡货色不等，必开明收某某处若干。“用豆数”三字。(同上，另行，余写仿此)某某项付豆若干，除用去若干，净存豆若干。(用米麦数同豆式)“粜豆数”粜豆若干，每担价若干，共粜银钱若干。[①]

庄氏家族规定，账簿里面的提纲必须清晰，存贮收支米麦银钱等物品的数量必须详细记载；同时，账簿中细账要清晰，收支和出粜数量也必须详细记载在册。账簿在记录时还必须按照固定的格式记录，使账簿清晰明了。

祭田收支详细登记在册，既使族中账簿清晰便于查看，又有利于保障家族的财产，账簿条目记载十分详细也防止了族人私自篡改数量，侵吞族产。

第四，祭田严禁售典。

田产是古代社会家族中的重要财产，对于家族生活、生存和祭祀等各个方面都有着十分重要的意义。祭田属于家族中的公共财产，它的收入用于家族祭祀等事务，所以祭田严格禁止售卖和典当。江南各地家族对此都有明确的规定，清道光年间，湖州府归安县(治今浙江湖州市)《归安嵇氏(世臣)条规》：“阴木不许斩伐，祭田不许售典，如违以不孝论。”[②]祭田不许售典，违反者以不孝论处。清代江苏苏州彭氏家族也规定：“不得任意收存，致启私行典卖之实。”[③]各个家族除了禁止出售典卖家族祭田外，还规定禁止族人私自将祭田和祭田收入占为己有。清代浙江《余姚江南徐氏宗范》：“毋得贪图肥己，以乖祖宗立法美意。”[④]家族祭田禁止售典和禁止私人占有在一定程度上保证了家族祭田的公有性，禁止售典也保证了家族中的田产数量不会减少，为家族祭祀的正常进行提供了经济上的保障。

---

① 江苏《武进庄氏增修族谱》卷二四，民国二十一年(1932)，载费成康主编：《中国的家法族规》，上海社会科学院出版社，1998年，第407页。

② 浙江归安《嵇氏宗谱》第一本，道光年间，载多贺秋五郎：《宗谱之研究·资料篇》，《东洋文库论丛》第四十五卷，1960年，第682页。

③ 《松鳞庄增定规条》，载江苏苏州《彭氏宗谱》卷一二，民国十一年(1922)，载多贺秋五郎：《宗谱之研究·资料篇》，《东洋文库论丛》第四十五卷，1960年，第543页。

④ 《余姚江南徐氏宗谱》卷八，民国五年(1916)，载费成康主编：《中国的家法族规》，上海社会科学院出版社，1998年，第290页。

(三)祭田的经营方式

家族祭田的经营方式较为单一，即将祭田出租给佃户，然后收取相应的租税，但出租和收租的程序较为严格，同时也积极倡导善待租用祭田的佃户。

祭田出租有着严格的程序。光绪十九年，浙江萧山沈氏《宗约》规定："如值年者出租，必须向宗正取此印票收花。如愿租祠内田亩者，必须向出租者收取此印票，方为作准，如无此票凭据，作盗租论。此照。"[①]祭田承租人必须向宗正取得祭田印票作为出租的凭据，如果没有印票，将作为盗租处置。严格出租程序、家族经营祭田和及时收取租税。

租税收取的程序也十分严格。明代江苏常州武进县《庄氏家祠条约》："收租当设连票，开明田数、租额、佃名、并免限月日字样。二票同式，中用合缝图书。收租日填入米若干，余欠若干，俭岁系何成色，俱各注明。与该佃结账之日裁开，以后票付佃作照，前票连簿存留公处，以便查对。至有刁佃短欠成色及搀和水谷等弊，经管同监管须合心着力征讨，毋得徇纵。偶有挂欠，亦必簿上注明，以便下熟并追。……听收租息，不贮公所而入私家，无论弊有无，而猜嫌定然不免。今权于经管汇同监管公收公贮，经管登记数目，监管落锁、加封、收领匙钥外，另立副簿存核。如有私自收贮者，议罚。至米麦贮仓，钱银贮柜，子孙不得私自挪借，违者予受同罚。"[②]家族设置专门的联票用于收租，将租的时间、田亩、租税以及贮存的地点都要详细登记。不仅如此，对于租税的成色及有无以次充好等都有严格的检验要求。

虽然祭田出租和收租的程序较为严格，但祭田出租者也倡导要善待租用祭田的佃户。明代江苏常州武进县《庄氏家祠条约》："田租米麦虽系每分轮收，而斗斛较准画一。嗣后各分经营，俱用祠中校定斗斛，火烙为记。不得另用大斗大斛，酷虐佃户。"[③]庄氏家族规定收租时，只能使用规定的斗斛收租，不能另用大斗大斛虐待佃户。善待佃户，有利于促进家族祭田的良性经营。

严格祭田出租和收租程序是祭田经营方式的突出特点，这有利于增加家族祭田的田产收入，保证了租税的数量和质量。同时，善待佃户能够使更多的人愿意租用祭田，进一步促进了祭田的出租经营。

三　祭田的用途及意义

祭田的收入主要用于家族祭祀，同时还有修理祠墓、扩办族中义举和赡养族中贫困族人等用途。祭田的收入维持了族中祭祀活动的进行，保证了家族活动的稳定，促进了家族的团结和睦。祭田对于个人、家族和社会都起了很大的作用。

---

① 浙江《萧山沈氏续修宗谱》卷三四，光绪十九年(1893)，载多贺秋五郎：《宗谱之研究·资料篇》，《东洋文库论丛》第四十五卷，1960年，第701页。

② 江苏《武进庄氏增修族谱》卷二四，民国二十一年(1932)，载费成康主编：《中国的家法族规》，上海社会科学院出版社，1998年，第404-405页。

③ 江苏《武进庄氏增修族谱》卷二四，民国二十一年(1932)，载费成康主编：《中国的家法族规》，上海社会科学院出版社，1998年，第405页。

(一)祭田的用途

祭田的主体用途是用于族中祭祀活动。这是祭田最主要的作用，也是祭田收入支出最多的部分。家族的祭祀费用往往从祭田收入中拨出。据明代浙江金华《张氏祠记》规定：“祭田若干亩，俾三族轮掌，其租入以供祀。”①咸丰元年(1851)，江苏金匮(治今江苏常州金匮县)安氏《义庄规条》：“祠祭定期，春三月朔，秋八月望。墓祭春上巳，秋重九。族中子弟届期早集，毋得托故不到。每年于祭田项下支钱八十两作祭费。”②《义庄规条》规定了祠祭的时间，祭费也从祭田项下支出。这些都表明，祭田的主体作用是为家族祭祀提供经济支撑。总体而言，祭田收入主要用于置办祭品和祭器。

置办祭祀的祭品是祭田收入的重要开支之一。由于各个家族大小不同，家族拥有祭田数量的多少也有差异，因而，祭祀中置办祭品的种类和数量也不一样。明代《菱湖孙氏五支三房墓祭规约》规定：“祭品。牲、醴粢盛，必诚必腆。溪西怡善公、毅轩公墓，灵峰公墓，三牲各一副；肴馔各一桌，十二簋；时果各五碗；攒盒各一架；春粽、冬团各一盘；香各一束；烛各一对，重四两；楮各四劥；锭各一千。旨酒、汤、饭、飘白纸不可缺。千金东园公墓，凤林龙桥公墓，武康城山苕愚公墓，悉照此式。总不得苟简亵越，违者罚。墓上启土肉一方，鱼一盘，春粽、冬团十枚给管坟人。”③祭品的数量和种类都按照家族的规定进行置办，所需要的费用则从祭田收入中拨出。

置办祭祀的祭器则是祭田收入的另一个重要开支。明代浙江永嘉(治今浙江温州永嘉县)《项氏家训续训》曰：“礼，不鬻祭器，不假祭器。此尊祖敬宗之道也。项氏宗祠之立已余十年，方将吾辈祭田之入，置得桌椅长凳若干，磁器盘碗各若干，以备祭享之用。其创立可谓难得矣。子孙既不能为祖宗置立，已足耻矣，乃复假其所有置用而无忌，毁坏而不还，此非独族众所共切齿，亦神明所当恶也。今将前项祭器封锁，遇祭用之。非祭，虽各亲房亦不许假以私用。如私假与之，失一当令陪十，族众仍以不肖子孙呼之。如假者不告，敢欺守祠者昏懦，径取以私用，此当以窃盗论。以窃盗论，亦当责守者鸣鼓攻之，仍令盗者赔补不恕。”④祭祀作为家族重大活动，各族使用的祭器禁止从他处借用，必须购买。祭器只能用于祭祀，其他时候收存禁用。因此，祭器购买在祭田支出中也占有较大的比重。

当祭田收入用于置办祭品和祭器有所剩余时，多余的钱也会用于族中祠墓的修缮。咸丰元年，江苏金匮胶山安氏《义庄规条》规定：“如有赢余修理祠墓。”⑤祠堂和祖墓的修缮费用往往也从祭田收入中支出。

祭田除了用于祭祀外，也有一些辅助作用，即扩办族中义举。光绪五年(1879)，江苏毗陵承氏《祠墓规》：“祭田租息除办课备祭岁修等项，倘有盈余，存储殷实之户，添设

---

① (雍正)《浙江通志》卷二六一《艺文志三》，文渊阁《四库全书》本。

② 江苏金匮《胶山安氏家乘赡族录》，咸丰元年(1851)，载多贺秋五郎：《宗谱之研究·资料篇》，《东洋文库论丛》第四十五卷，1960 年，第 523 页。

③ 浙江湖州《菱湖孙氏族谱》第四本，民国二十九年(1940)，载费成康主编：《中国的家法族规》，上海社会科学院出版社，1998 年，第 294 页。

④ 项乔撰，方长山、魏得良点校：《项乔集》，上海社会科学院出版社，2006 年，第 527 页。

⑤ 江苏金匮《胶山安氏家乘赡族录》，咸丰元年(1851)，载多贺秋五郎：《宗谱之研究·资料篇》，《东洋文库论丛》第四十五卷，1960 年，第 523 页。

祭田，以便扩办族中义举。”[①]族中义举包括赡养贫困族人和兴办族中教育等内容。道光五年(1825)，江苏镇江丹徒京江(治今江苏镇江市丹徒区京江村)的柳氏《宗祠条例》规定：“祭田余利只以赡养宗族之贫乏，若非宗族不得擅支，即有女出嫁穷乏，亦不得借言来支。”[②]将祭田余利用于赡养贫困族人，不是本族人不许支用。“祭田的收入用于教育和赡族，实际上起到了义田的作用”[③]，这是祭田的辅助作用。

总之，祭田的主要作用是用于家族祭祀，包括置办祭品和祭器，以及修缮祠墓，同时也有扩办族中义举的辅助作用。

(二)祭田的意义

祭田为近古宗法礼仪制度的运行和维护提供了重要的经济基础，有力地推动了朱熹倡导的家礼在士庶家族中的实践，从而体现出敬宗收族的宗法意义。

朱熹《家礼》是近古士庶家族通用的家族礼仪，普通平民家族也可以有家族祭祀礼仪。一些学者认为：“宋朝以前，只有天子、诸侯、士大夫等贵族阶层拥有可以祭祀祖先的家庙。经历了五代的纷乱，入宋以后家庙制度已无规范。宋儒遂致力于重建祭祀之礼。从文彦博于知长安府任上访得唐代杜佑的家庙旧址，于嘉祐元年(1056 年)建造自己的家庙开始，到司马光在《书仪》中对‘影堂制度’的规定。无论是家庙还是影堂都可视为祠堂的先行。而真正意义之上为后世普遍接受的宗祠制度完成于朱熹。他将‘祠堂’置于《家礼》篇首，使其由司马光《书仪》中附录子项一跃升为通礼性首项，这就使祠堂成了家礼体系的基石。”[④]朱熹倡导的家礼制度在明清江南乃至全国得到了普遍的实践。明代上海松江徐三重《鸿洲先生家则》规定：“祠堂以奉先世神主，即所居室东间为之。主依世次递列，出入必告，正至朔望必参。俗节荐以时物，四时祭祀仪式，并遵用文公《家礼》，以二至二分日行事，并岁除凡五祭。”[⑤]四时祭祀仪式都要遵照朱熹《家礼》。清代浙江桐乡张履祥《训子语》：“《家礼》斟酌古今，通乎大夫士庶，冠昏丧祭可准而行。”[⑥]祭礼等家礼在明清江南家族中普遍出现，体现了朱熹《家礼》已经普及于民间。

祭礼等家礼的家族实践，具有敬宗收族的重要宗法意义。朱熹《家礼》曰：“祠堂。此章本合在《祭礼》篇，今以报本反始之心，尊祖敬宗之意，实有家名分之守，所以开业传世之本也。”[⑦]明末清初陆世仪《思辨录》指出：“教家之道，第一以敬祖宗为本。敬祖宗，在修祭法。祭法立，则家礼行。家礼行，则百事举矣。”[⑧]显然，祭田为祭礼等家礼的社会实践提供了重要经济基础和物质支撑。诚如明代浙江乌程姚舜牧《药言》指出：“《易》曰：‘风行水上涣。’先王以享于帝立庙，立宗祀，创族谱，所以合其涣也。然不

---

① 江苏《毗陵承氏宗谱》卷首，光绪五年(1879)，载多贺秋五郎：《宗谱之研究·资料篇》，《东洋文库论丛》第四十五卷，1960 年，第 824 页。

② 江苏丹徒《京江柳氏宗谱》卷一〇，道光五年(1825)，载多贺秋五郎：《宗谱之研究·资料篇》，《东洋文库论丛》第四十五卷，1960 年，第 805 页。

③ 冯尔康等：《中国宗族史》，上海人民出版社，2009 年，第 183 页。

④ 刘欣：《宋代家训研究》，博士学位论文，云南大学，2010 年，第 6 页。

⑤ 见《四库全书存目丛书·子部》，第 106 册，齐鲁书社，1996 年，第 138 页。

⑥ 张履祥：《杨园先生全集》，中华书局，2002 年，第 1382 页。

⑦ 朱杰人等主编：《朱子全书(修订本)》第七册，上海古籍出版社、安徽教育出版社，2010 年，第 875 页。

⑧ 陈宏谋辑：《五种遗规·训俗遗规》卷二，中国华侨出版社，2012 年，第 254 页。

立祭田，恐后人或以无田而废祀。”[①]无祭田恐后人废祀，表明祭田对于祭礼实践的重要性。道光年间《建德县志》叙述该县四礼沿袭：“祭礼。祖考忌日及生辰与凡俗节日，皆以时食祭于寝。新正及清明十月朔，皆祭墓。族繁者，有祠有祭田，祭则通族咸集，推族长主祭，其余随拜如仪。祭毕以齿序坐团饮，馂余分胙子孙，有违教令者，则于祠训饬之。”[②]

明代浙江浦江郑氏家族的《义门规范》要求在祭祀之后，全族人应齐集祠堂，共同聆听家族的教育，并对家族教令进行诵读。“朔望，家长率众参谒祠堂毕，出坐堂上，男女分立堂下。击鼓二十四声，令子弟一人，唱云：‘听！听！听！凡为子者，必孝其亲；为妻者，必敬其夫；为兄者，必爱其弟；为弟者，必恭其兄。听！听！听！毋徇私，以妨大义；毋怠惰，以荒厥事；毋纵奢侈，以干天刑；毋用妇言，以间和气；毋为横非，以扰门庭；毋耽曲孽，以乱厥性。有于一此，既陨尔德，复隳尔胤。眷兹祖训，实系废兴。言之再三，尔宜深戒。听！听！听！’众皆一揖，分东西行而坐。……会揖而退。”[③]祭田推动了全族人聚集在一起祭祀，共同聆听家族教令，并一同行祭礼。这一方面有利于增强族人的家族认同感，另一方面也起着促进家族团结和睦的作用。

即便是祭田作为赈济族人的辅助作用，其本质意义也体现在敬宗收族上。范仲淹最早倡导设立义庄，其目的在于赈济族人，起到敬宗收族的作用。其曰：“吴中宗族甚众，与吾固有亲疏，然吾祖宗视之，则均是子孙，固无亲疏也。苟祖宗之意无亲疏，则饥寒者吾安得不恤也。自祖宗来积德百余年，而始发于吾，得至大官，若享富贵而不恤宗族，异日何以见祖宗于地下，今何颜以入家庙乎？”[④]

《虞山缪氏祭田碑记》中载：“盖祠墓之有田，重祭也；田必世守，尊祖也。明非所得私也。吾族之在虞山者，十有一叶，明经孝廉，世相接武，于今垂三百余年，丘垅不改，松楸郁然，观者咸啧啧称缪氏有后。昔震、永、令三公，值功令采青，皆不惜躯命以保既仆之木，至不忍分一株之值。公同经纪者累年，遂置义号祭田一十六亩，纪述具在，情见乎词，亦可见保守之难，必协心乃能有济，非一手一足之烈也。”[⑤]由此可见，祭田的传承对于家族来说是尊崇祖先的体现，族人齐心协力共同维持祭田的存在和正常运行则增进了族中子弟的手足之情。祭田对家族的团结起了很大的作用，祭田的敬宗收族意义由此体现。

综上所述，祭田的具体作用表现为为祭祀提供经济支撑，而深层社会意义则是推动了祭礼等家族礼仪的社会实践，从而具有敬宗收族的宗法意义。

四　余　　论

祭田广泛出现是在明清时期，主要用于祭祀活动。明清江南家族祭田主要来自族人私产捐置，有些家族还形成了捐置祭田的制度化规定，从而保证了祭祀活动得以正常进

---

① 姚舜牧：《来恩堂草》卷一三，载《丛书集成新编》，第 33 册，台北新文丰出版公司，1985 年，第 3 页。

② (道光)《建德县志》卷六《风俗志》，清道光八年(1828)刊本。

③ 转引自费成康主编：《中国的家法族规》，上海社会科学院出版社，1998 年，第 270 页。

④ 范仲淹：《告诸子及弟侄》，载《戒子通录》卷六，文渊阁《四库全书》本，第 703 册，台湾商务印书馆，1986 年，第 71 页。

⑤ (光绪)《东兴缪氏宗谱》卷三五，缪氏衍泽堂藏原稿本。

行。祭田以族长、宗正为总管，以族人具体轮管，同时还设置了相对严格的管理方法和经营方法，确保祭祀的维持。

明清江南家族祭田繁荣发达，祭田为家族祭祀提供了经济基础和物质来源，故对于敬宗收族的家礼实践具有重要推动作用和宗法意义。从社会本质来看，明清江南家族祭田的繁荣发展体现了明清时期以族长(宗正)为核心的宗族制度得到了空前的强化，因为无论是家礼主持还是祭田管理，都强调了族长(宗正)的家族核心地位和权力。

明清江南家族祭田的繁荣发达既是范仲淹最早倡导设立义庄后，族田社会功能越来越细化分工的结果，同时也是朱熹《家礼》从理论上倡导的结果。朱熹《家礼》最早对祭田进行规范化，为后世家族设立祭田提供了理论上的基础。

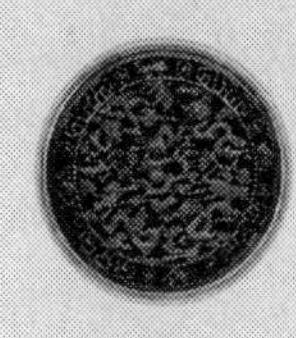

水陆交通、经营规范与商人伦理

——明清商业书之相关研究综述

澳门大学 历史系 安劭凡

摘要：明清以降，随着商品经济的发展和长程贸易的兴起，各种形式的商业活动日益活跃，商人群体、商业贸易及其经营活动也由此成为较引人注目的研究对象。尤其是保留至今的一批明清时期的商业书目，不但详细记载了包括商路里程、沿途各地风俗地产以及『行商』或『坐贾』的经营规范与原则，更包括关于明清商人群体的经营理念，乃至意识形态范畴的商业伦理内涵。目前学界关于明清商业书的研究取得了相当大的进展，主要涉及具体的诸商业书之版本及相应的个案研究、商书所反映之水路交通情况和『行商』或『坐贾』的种种经营规范以及商业书中反映的商人伦理或商人意识形态，尤其是张海英、余英时、邱澎生以及寺田隆信等几位学者的研究，对此有着不尽相同的看法，关涉对明清中国商人群体、商业社会乃至独立于传统社会意识形态的商人伦理等宏观历史面向的不同认识。

关键词：商业书；明清；商业伦理

明清以降，随着商品经济的发展和长程贸易的兴起，各种形式的商业活动日益活跃，商人群体、商业贸易及其经营活动也由此成为较引人注目的研究对象。尤其是保留至今的一批明清时期的商业书目，不但详细记载了包括商路里程、沿途各地风俗地产以及“行商”或“坐贾”的经营规范与原则，更能通过深入发掘，从而发现一些关于明清商人群体的经营理念，乃至意识形态范畴的商业伦理内涵。目前学界的研究已取得了相当大的进展，业已有为数不多的综述文章[①]，但尚未见较为全面与系统地介绍明清商书研究成果的专文。有鉴于此，本文拟就有关明清商书的若干研究为讨论中心，第一部分概述笔者目力所及的商书早期研究成果；第二部分介绍关于具体的诸商业书之版本情况及相应的个案研究；第三部分就多数研究成果均会涉及的商书所见之水路交通情况，以及地方物产与风俗等方面进行分析；第四部分集中讨论商业书中记载的关于“行商”与“坐贾”的种种经营规范；第五部分介绍商业书研究中集中讨论的另一主题——商人伦理(或商人意识形态)；第六部分谈笔者对目前明清商书研究情况的总体印象以及对其见微知著的研究发展趋势的认识。

一 明清商书的早期研究

目前学界对于商业书的界定尚无较为精准的概念或定义，但一般认为，商业书是“一些针对性较强、专门论述经商之道和商业知识”[②]的书籍，“内容涉及交通、住宿、货币、度量衡、商品、商税、应酬书信等各方面”[③]，因而具有较为珍贵的史料价值。但一些商业书往往其部分或全书属于日用类书中的一部分章节，如明代余象斗所编的《新刻天下四民便览三台万用正宗》就是典型的日用类书，但其中《商旅门》一节主要介绍了经商的经验、需要掌握的知识以及经商者所需具备的基本素质等方面的问题，因而可算在商业书的范畴内。[④]

早期学界关于明清商业书的研究尚属于发掘整理的起步阶段，因而处理的多是极为“碎片”的内容。就国内学界而言，早在20世纪30年代，鞠清远便曾发表《校正江湖必读》一文，对《江湖必读》中的三部商业书即《商贾便览》《江湖尺牍分韵》和《酬世群芳杂锦》进行了基本介绍，并在1968年发表的《清开关前后的三部商人著作》一文

---

* 收稿日期：2018-01-15。

① 笔者目前搜集到的研究讨论性质的文章主要有张海英：《明清商书及研究情况介绍》，360doc 个人图书馆网站，2012.4.6，http://www.360doc.com/content/12/0406/00/834422_201275368.shtml(2016.4.22 上网)；陈学文：《论明清日用类书中的商业书与商人书》，载《明清时期商业书及商人书之研究》，台北洪业文化公司，1997年，第20-26页。但此二文未能论及新近的许多研究成果，故有必要在两位学者研究的基础上再进行更为全面的归纳、梳理和总结，以期更系统地介绍近年来明清商书的研究情况。

② 张海英：《日用类书中的“商书”——析〈新刻天下四民便览三台万用正宗·商旅门〉》，《明史研究》第9辑，黄山书社，2005年，第195页。

③ 邱澎生：《由〈商贾便览〉看十八世纪中国的商业伦理》，《汉学研究》第33卷第3期，2015年9月，第205页。

④ 关于商业书与日用类书的具体区别，张海英认为二者并不相同，但也有一定的重合之处：“日用类书更多的是民间普通大众适用的日用参考之书籍”，内容庞杂，“属应用性很强的生活百科全书”；而商业书“则是以商业经营为主要内容，包含商业经营思想、商人职业道德、经营方法、商业知识等方面的内容”，商业书往往也“内容庞杂”，包括商业内容以外的其他内容。详见张海英：《日用类书中的“商书”——析〈新刻天下四民便览三台万用正宗·商旅门〉》，《明史研究》第9辑，黄山书社，2005年，第196页。

中[①]，更加详细地进行了论述。文章除提及作者如何偶得此三书之抄本及相应的版本源流外，还具体介绍了每本书的序言和目录，因为“要研究开关前后商业组织的转变，这几部书是相当重要的几部书”[②]。就三部书的内容而言，鞠认为主要包括“商客的格言、训录”，以及关于学徒和店铺伙计的行为规范的“伙计须知”两部分。前者涉及教导商人“着意于‘车船店脚牙’五者的防备与对付”，内容多为“农民的谚语”与“商贾的经验”，还包括常用的信札格式以及脚行组织的基本运作情况，且用语常“恳切扼要”；后者主要是如何做好一名伙计的注意事项，用语也同样恳切：“谆谆告诫，诚恳慈祥之意，溢于言表。”作者认为，这类材料不但“可以看出中国商店的具体组织与经营”，甚至“更可看出中国商店的具体组织与经营”，因而有意更多搜集，并将《酬世群芳杂锦》中的“伙计须知”全文录于文后。[③]通过鞠清远的基础性介绍，学界开始关注商业书这类材料，以及它们背后所反映的明清经济与商业上的一些问题。同一时期的国内学者也陆续关注商业书的问题，但主要是从一种新的、可发掘的材料的角度来认识和使用商业书。[④]20 世纪 80 年代以来，关于商业书的研究日益增多，韩大成[⑤]、杨正泰[⑥]等一批学者充分发掘了商书的史料价值，且利用商书所载的水路交通贸易路线，对明清交通史及历史地理等方面进行了很好的研究。[⑦]如韩大成在《明代徽商在交通与商业史上的重要贡献》一文中，主要依据徽商编著的《士商必要》《士商类要》以及《士商要览》三部商书，分别探讨“两京十三省的交通干线以及与此有关的诸问题”以及“外出经商必须注意的各有关事项”。前者包括全国范围内主要的交通干线里程以及路程中随时会遇到的盗贼响马、滩涂险阻乃至各种时疫等安全问题，还有各地物产以及风景名胜；后者则主要涉及路引的开具、车船脚夫的雇佣、投税与牙行，以及“识别货物好坏”的鉴别方法。最后作者强调了商书在古代交通史以及商业史上的重要地位，对其进行研究会有助于“全面评价徽商的贡献与作用”。[⑧]总体说来，这一时期的研究主要还处于充分发掘几种商书内容的有效信息的初级阶段，并以之作为新材料进行商业史、交通史或历史地理等既有方向的继续研究，但就商业书本身而言，尚未形成较为专门性或系统性的研究。

20 世纪 90 年代以来，对于明清商书的研究开始走向深入和具体，对某部具体商书的

---

① 鞠清远：《清开关前后的三部商人著作》，载包遵彭、李定一、吴相湘编纂：《中国近代史论丛》第二辑第二册，台北正中书局，1977 年，第 206 页。

② 鞠清远：《清开关前后的三部商人著作》，载包遵彭、李定一、吴相湘编纂：《中国近代史论丛》第二辑第二册，台北正中书局，1977 年，第 214 页。

③ 鞠清远：《清开关前后的三部商人著作》，载包遵彭、李定一、吴相湘编纂：《中国近代史论丛》第二辑第二册，台北正中书局，1977 年，第 214-244 页。

④ 傅衣凌：《明清时代商人及商业资本》，人民教育出版社，1956 年。

⑤ 韩大成：《明代社会经济初探》，人民出版社，1986 年；《明代城市研究》，中国人民大学出版社，1991 年；《明代交通运输散论》，《中国人民大学学报》1988 年第 2 期，第 93-103 页；《明代徽商在交通与商业史上的重要贡献》，《史学月刊》1988 年第 4 期，第 35-43 页。

⑥ 杨正泰：《明代驿站考》，上海古籍出版社，1994 年；《略论明清时期商编路程图记》，《历史地理》第五辑，上海人民出版社，1987 年；《明代国内交通路线初探》，《历史地理》第七辑，上海人民出版社，1990 年；《现存最早的商旅交通指南》，《历史地理》第二辑，上海人民出版社，1982 年；《明清商人地域编著的学术价值及其特点》，《文博》1994 年第 2 期，第 94-100 页。

⑦ 关于韩、杨两位学者对商书的早期研究，详见陈学文《明清时期商业书及商人书之研究》，台北洪业文化公司，1997 年，第 23-24 页。

⑧ 韩大成：《明代徽商在交通与商业史上的重要贡献》，《史学月刊》1988 年第 4 期，第 35-43 页。

个案研究逐渐增多，同时讨论的内容也不再仅限于商书所记载的内容本身，开始出现除水陆交通、经营规范之外的商业思想或商人伦理等方面更为贯通的讨论。受限于笔者学力及语言能力，对部分关涉商书及相关研究成果会有所疏漏，尚祈读者见谅，并批评指正。[①]

二　几种商书版本及相关个案研究

陈学文长期从事明清商业和商品经济史的研究，积累了大量专论或旁及明清商书的研究成果。[②]根据陈学文的研究，目前传世的明清商业书大约有 20 余种。但书商之间抄袭严重，“同书异名或同名异书、一书多名者时有发生，版本与序列较为混乱”[③]，因而需要进行必要的版本考证。目前学界关注较多的商书主要有商浚的《水陆路程》(8 卷，万历四十五年(1617))、佚名的《三台万用正宗·商旅门》(万历二十七年(1599))、陶承庆的《商程一览》(万历年间)、李晋德和黄汴的《一统路程图记》(又名《客商一览醒迷天下水陆路程》，8 卷，隆庆四年(1570)初刻，崇祯八年(1635)再刻)、程春宇的《士商类要》(4 卷，天启六年(1626))、周文焕与周文炜的《新刻天下四民便览万宝全书·天下便览路程》(万历年间)、江湖散人的《新刻士商必要》(6 册，明末)、憺漪子的《新刻士商要览——天下水行陆程图》(3 卷，明末)、崔亭子的《路程要览》、陈其的《天下路程》(3 卷，乾隆六年(1741))、赖盛运的《示我周行》(3 卷，乾隆三十九年(1774))，以及吴中孚《商贾便览》(8 卷，乾隆五十七年(1792))和王秉元的《生意世事初阶》抄本(1 册，乾隆年间)等。[④]

在具体关注某一部或几部商业书的个案研究方面，陈学文对商书进行研究的专书[⑤]下编具体讨论了六部商书的情况，包括《士商类要》《新刻京本华夷风物商程一览》《客商一览醒迷天下水陆路程》《新刻士商要览》《商贾便览》以及《江湖奇闻杜骗新书》。这些

① 除中国学界外，欧美相关研究中，笔者只关注到陆冬远的研究：Richard John：Lufrano，Honorable Merchants: Commerce and Self-cultivation in Late Imperial China，Honolulu: University of Hawaii Press，1997，pp.1-107、pp.177-186.日本学者对明清商书已有很多研究，水平也颇高，但受限于语言，笔者只能参看有中译文的文章，参见寺田隆信：《从商业书看商人和商业》，载氏著《山西商人研究》，山西人民出版社，1986 年，第 281-302 页。日本学者对明清商书的研究情况可参考以下文章：寺田隆信：《明清时代の商业书》，载氏著《山西商人の研究——关于明代的商人及商业资本》，京都大学东洋史研究会，1972 年，第 297-336 页；水野正明：《“新安原板士商类要”について》，《东方学》第 60 辑，1980 年，第 96-117 页；斯波义信：《“新刻客商一览醒迷天下水陆路程”について》，收入《东洋学论集：森三树三郎博士颂寿纪念》，1979 年，第 903-918 页；本田精一：《“三台万用正宗”算法门と商业算术》，《九州大学东洋史论集》第 23 辑，1995 年，第 87-125 页；亦可参见上述陈学文及张海英介绍研究情况的文章。

② 陈学文：《中国封建晚期的商品经济》，湖南人民出版社，1989 年；《明清社会经济史研究》，台北稻禾出版社，1991 年；《明清时期杭嘉湖市镇史研究》，群言出版社，1993 年；《龙游商帮》，中华书局(香港)、台北万象出版公司，1995 年。专门研究则有陈学文：《明清时期商业书及商人书之研究》，台北洪业文化公司，1997 年；《明清一部商贾之教程、行旅之指南——陶承庆〈新刻京本华夷风物商程一览〉评述(明清商书系列研究之七)》，《中国社会经济史研究》1996 年第 1 期，第 86-93 页；《明清时期商业文化的代表作〈商贾便览〉——明清商书研究系列之十》，《杭州师范学院学报》1996 年第 2 期，第 4-16 页。

③ 陈学文：《关于明清商书版本与序列的研究》，载氏著《明清时期商业书及商人书之研究》，台北洪业文化公司，1997 年，第 239-256 页。

④ 各商业书详细版本目录可参见陈学文：《表一：明清日用类书中的商业书与商人书目录》，载氏著《明清时期商业书及商人书之研究》，台北洪业文化公司，1997 年，第 239-256 页。

⑤ 对陈学文《明清时期商业书及商人书之研究》一书的书评可参见余丽芬：《探赜索隐 治史用世——评〈明清时期商业书及商人书之研究〉》，《中国经济史研究》2001 年第 1 期，第 138-140 页。

个案研究各具特色，作者可以更好地结合具体商书的特点进行独到的分析。[①]除一般水陆交通及物产等内容外，作者还善于发现不太引人注目的地方，比如《新刻京本华夷风物商程一览》中有关于“溜”的地理现象的记载就为其他商书所未见。[②]此外，姜晓萍根据《士商类要》分析了明代商业社会的几个变化趋势，包括“明代国内市场的形成和区域性市镇经济的繁荣”，“明代商品营销的基本状况和规律”，“明代商人的社会形象”，以及“明代商人在社会分层中的演变”。尤其是后两个方面，姜认为从中看出的是“仍然根植于封建的纲常伦理”的价值追求，而看不到“建立独立的商人社会伦理的趋势”；商人在社会分层中的变化则说明，“传统的‘重农抑商’政策……遇到了观念上的挑战”。[③]罗仑和范金民对《生意世事初阶》抄本进行了具体考察，他们认为，这是“一本专门介绍坐贾基本知识的商业书”，主要包括学徒学艺和店铺经营及培养学徒方式两部分内容。学徒除应具备个人品质、道德素质、业务素质等方面的基本要求外，还应掌握上秤、辨别银色、打算盘、写笔头(即写字)、学官话以及了解货源等方方面面的知识；经营店铺方面则要以“和蔼待客”为普遍的经商原则和采用“顾客至上的经营方针”。[④]

散藏于各地图书馆中的抄本商书也开始受到重视。魏金玉和桑良至曾分别撰文介绍他们所发现的佚名抄本商业书。陈学文认为二人所介绍之抄本可能为同一版本[⑤]，但尚未能够确定。[⑥]桑文在分类介绍抄本内容后初步判定此书是“明清徽商之作”；魏金玉的分析相比而言则更为详尽：除客商贸易时的注意事项、经营商业的一些原则鉴别商品(尤其是粮食商品)优劣的能力、对船家脚夫的防范、地理途程知识、行商安全问题外，还包括涉及“道德规范和行商世界观的内容”。值得注意的是，魏认为抄本中有“反对天命论”的唯物主义思想，这一点在之前尚未有人提及。

此外，台湾学者王尔敏[⑦]与吴慧芳[⑧]注重对日用类书(又称“万宝全书”)材料的使用和研究，对明清时期底层百姓大众的社会生活进行了细致全面的研究，尤其是对其中部分涉及《商旅门》的内容有所分析和论述，并充分肯定了其史料价值。[⑨]还有一些个案研究的成果，可以划归到具体的水陆交通、经营规范或商业伦理等不同研究面向之中，故将

---

① 陈学文：《明清时期商业书及商人书之研究》，台北洪业文化公司，1997 年，第 137-238 页。后文分类讨论相关研究成果时还将提及陈学文此书的全部或部分内容。

② 陈学文：《明清时期商业书及商人书之研究》，台北洪业文化公司，1997 年，第 154-155 页。

③ 姜晓萍：《〈士商类要〉与明代商业社会》，《西南师范大学学报(哲学社会科学版)》1996 年第 1 期，第 67-70 页。

④ 罗仑、范金民：《清抄本〈生意世事初阶〉述略》，《文献》1990 年第 2 期，第 233-239 页。

⑤ 陈学文：《明清时期商业书及商人书之研究》，台北洪业文化公司，1997 年，第 26 页。

⑥ 桑良至介绍之抄本藏于安徽省图书馆线装书库，目次为客商规略、贸易赋、经营说、为客十要、处世格要、行路图以及行路歌；魏金玉介绍之抄本未说明所藏何处，但抄录内容为《客商规矩略》《杂粮统论》《船脚总论》《客商十要》《买卖机关》《贸易赋》《经营说》《醒迷论》《上楚长江地名水程歌》《下长江程引》《行船装载略》及水程图等，共 152 页。仅从目录判断似乎不属于同一抄本，但考虑到存在两位学者概括该抄本目录时的不同角度，也存在如陈学文所言为同一抄本之可能。更可能的情况或许是两抄本皆抄自同一源头之版本，而抄录时由于抄录者不同的安排和喜好而进行了不同程度的增删，因而有部分重复、部分不尽相同的情况出现。见魏金玉《介绍一商业书抄本》，《安徽师大学报(哲学社会科学版)》1991 年第 1 期，第 43 页；桑良至：《安徽省图书馆藏抄本〈客商规略〉考评》，《文献》1994 年第 3 期，第 286 页。

⑦ 王尔敏：《传统中国庶民日常生活情节》，载《“中央研究院”近代史研究所集刊》(台北)第 21 期，1992 年，第 165-168 页。

⑧ 吴慧芳：《万宝全书：明清时期的民间生活实录》，花木兰文化出版社，2005 年。

⑨ 如王尔敏认为，“《万宝全书》实为明清民人社会生活最真实最质切之参考宝典。全部代表明清下层社会之真实需要”。详见陈学文：《明清时期商业书及商人书之研究》，台北洪业文化公司，1997 年，第 25 页；张海英：《明清商书及研究情况介绍》，360doc 个人图书馆网站，2012.4.6，http://www.360doc.com/content/12/0406/00/834422_201275368.shtml(2016.4.22 上网)。

其列入相关面向之中进行讨论，这里暂不涉及。[①]

三　商书所见之水陆交通

多数有关商书的研究成果都会论及其反映的明清中国的水陆交通状况，乃至具体的商路里程和各地的物产风俗以及名山大川等。上述韩大成与杨正泰等学者已有较为出色的研究。张海英近年来发表了大量的有关商书的研究成果[②]，其中依托商书材料对江南地区商路经济因素的研究是有关水陆交通研究中较为有代表性的一篇。[③]张文通过将商书记载与官方文献及各地方志相互参证的方法，分析了"苏州府至嘉兴府至上海县""苏州由太仓至南翔镇水路"等几条有代表性的商路，尤其是"跳船"与"夜船"的出现，反映了"水运贸易的发达及商品流通的繁荣"；[④]多数商路的起止点为苏州和杭州的商路布局，反映了苏杭在江南地区的"中心城市功能"和区域经济发展中心的地位；江南内部形成的较为完整的"水乡交通网络"贯通大小市镇，"改变了传统的零散分布的市场格局，将江南区域经济连为一体"。[⑤]商路成为"各级市场正常运转的不可或缺的载体"，从而使其经济内涵得到体现。[⑥]

王振忠在《徽州社会文化史探微：新发现的16—20世纪民间档案文书研究》一书中介绍了几类不常见的启蒙读物和商业书，涉及不少关于水陆交通和途程知识的新情况。[⑦]他介绍了几个徽商路程图记的"盏证"，包括《杭州上水路程歌》和《徽州下水路程歌》等，不但详细记述"沿途所经地点"，而且有"不少对名胜风景及人文民俗的状摹"，因而具有一定的史料价值。[⑧]除沿途景观和市镇外，歌诀往往还包括对地方习俗的记录，如徽州"一世夫妻三年半"的早婚习俗，就被完整地记录下来。[⑨]另外一些路程图记如《安庆至徽郡》《湖北武穴、龙坪由彭泽往徽》等，则对具体的商路线路和里程有极为详细的

---

① 既属个案研究，又分别属于商业教育及商业伦理等方面的研究成果，如李媛媛：《从〈士商类要〉看明代徽州商业教育》，《黑龙江史志》2014年第23期，第107-108页；邱澎生：《由〈商贾便览〉看十八世纪中国的商业伦理》，《汉学研究》第33卷第3期，2015年9月，第205-240页；张海英：《日用类书中的"商书"——析〈新刻天下四民便览三台万用正宗·商旅门〉》，《明史研究》第9辑，黄山书社，2005年，第195-201页。

② 张海英：《明清社会变迁与商人意识形态——以明清商书为中心》，载《复旦史学集刊》第一辑《古代中国：传统与变革》，复旦大学出版社，2005年，第145-165页；《从明清商书看商业知识的传授》，《浙江学刊》2007年第2期，第83-90页；《日用类书中的"商书"——析〈新刻天下四民便览三台万用正宗·商旅门〉》，《明史研究》第9辑，黄山书社，2005年，第195-201页；《明清商业思想发展及其转型困境》，《社会科学》2010年第2期，第148-154页；《明清商书及研究情况介绍》，360doc个人图书馆网站，2012.4.6，http://www.360doc.com/content/12/0406/00/834422_201275368.shtml(2016.4.22上网)；《明清江南商路的经济内涵》，《浙江学刊》2005年第1期，第99-108页；《明清商书中的商业思想》，《历史文献研究》第24辑，华东师范大学出版社，2005年，第239-250页；《从商书看清代"坐贾"的经营理念》，《浙江学刊》2006年第2期，第94-101页。

③ 张海英：《明清江南商路的经济内涵》，《浙江学刊》2005年第1期，第99-108页。

④ 张海英：《明清江南商路的经济内涵》，《浙江学刊》2005年第1期，第103页。

⑤ 张海英：《明清江南商路的经济内涵》，《浙江学刊》2005年第1期，第106页。

⑥ 张海英：《明清江南商路的经济内涵》，《浙江学刊》2005年第1期，第108页。

⑦ 王振忠：《启蒙读物与商业类书》，载氏著《徽州社会文化史探微：新发现的16—20世纪民间档案文书研究》，上海社会科学院出版社，2002年，第312-445页。

⑧ 王振忠：《启蒙读物与商业类书》，载氏著《徽州社会文化史探微：新发现的16—20世纪民间档案文书研究》，上海社会科学院出版社，2002年，第362页。

⑨ 王振忠：《启蒙读物与商业类书》，载氏著《徽州社会文化史探微：新发现的16—20世纪民间档案文书研究》，上海社会科学院出版社，2002年，第380页。

记录。王振忠对此做了简单总结，这类“路程”材料大概包括刊本、抄本和抄件，并介绍了几种既有研究中并不常使用的材料，包括开益堂增订《释义经书便用通考杂字》《增补通考全书》残本、《重订酬应全书注释》等。[①]总之，王振忠做了大量的史料搜集整理以及考订工作，发现了许多新的商书材料，值得后继学人予以充分关注。

明清商人的途程知识也涉及水陆交通的里程和路线。陈学文对陶承庆《新刻京本华夷风物商城一览》的个案研究表明，这部商书共记载143条水陆路程，“起讫点、中间经过始点、里程、交通工具”等记载得十分清楚。[②]而且多“以驿站为主，按驿站铺开交通线路”，方便读者参考。此外，对沿途的风景和名胜古迹也有很好的记载，对沿途情况不但介绍详尽，而且还附有“结合旅途路况”而应该采取的“相应措施”。另外，还有关于夜航船只、旅途费用、旅馆饭店等方方面面的介绍，可谓巨细无遗。[③]魏金玉也曾引用《上楚长江地名水程歌》和《下长江程引》等材料说明行商需要掌握必要的地理知识，即“了解所经路途的地名和里程”。[④]除此之外，陈学文在对明清商书研究的专书中有两个章节是专门研究水陆交通运输业发展情况的，内容多为根据里程或歌诀进行的考订分析，限于篇幅这里不再赘述。[⑤]杜宏争在其对明清江南商业知识的研究中也提到商书所蕴含的“交通知识”，包括商人编纂路程类商书的主要原因就在于，他们在“长期的经商实践中，饱尝了因不熟悉交通路线而‘前途渺茫’和四处问路之苦”。[⑥]

四　商书所见之经营规范

商书所见之经营规范是商书除水陆交通外的另一主要内容，一是关于经商之道的内容，另一则是关于经商所需掌握的技能。王振忠介绍了一些徽州民间商业书的抄本，如《便蒙习论》以及《日平常》等，言及“做学徒首先要‘学规矩’”是“不少商业书中开宗明义的教诲”。[⑦]做学徒不但要“手脚勤快，做事井井有条，待人接物更要掌握分寸”，此外最重要的是要掌握“算法”。[⑧]《便蒙习论》列举的“作为学徒的道德修养以及为人处世之道”包括谦虚、受训、敬长、学贤、谨言等九种，营销经验则包括估价、招售与预防，另外还有惜名、避嫌、节食等一系列具体的“道德操守和生活诀窍”。[⑨]另一部商业书《日平常》则涉及许多商业经营规范方面的内容，包括“中小徽商的借贷资本”以

① 王振忠：《启蒙读物与商业类书》，载氏著《徽州社会文化史探微：新发现的16—20世纪民间档案文书研究》，上海社会科学院出版社，2002年，第401-404页。

② 陈学文：《明清一部商贾之教程、行旅之指南——陶承庆〈新刻京木华夷风物商程一览〉评述(明清商书系列研究之七)》，《中国社会经济史研究》1996年第1期，第87页。

③ 陈学文：《明清一部商贾之教程、行旅之指南——陶承庆〈新刻京本华夷风物商程一览〉评述(明清商书系列研究之七)》，《中国社会经济史研究》1996年第1期，第88-89页。

④ 魏金玉：《介绍一商业书抄本》，《安徽师大学报(哲学社会科学版)》1991年第1期，第48页。

⑤ 陈学文：《明清时期商业书及商人书之研究》，台北洪山文化公司，1997年，第99-133页。

⑥ 杜宏争：《试论明清江南商业知识的发达及其影响》，硕士学位论文，南京师范大学，2008年，第17页。

⑦ 王振忠：《启蒙读物与商业类书》，载氏著《徽州社会文化史探微：新发现的16—20世纪民间档案文书研究》，上海社会科学院出版社，2002年，第312页。

⑧ 王振忠：《启蒙读物与商业类书》，载氏著《徽州社会文化史探微：新发现的16—20世纪民间档案文书研究》，上海社会科学院出版社，2002年，第314页。

⑨ 王振忠：《启蒙读物与商业类书》，载氏著《徽州社会文化史探微：新发现的16—20世纪民间档案文书研究》，上海社会科学院出版社，2002年，第317-322页。

及“商务上的其他银钱往来”等。用人方面则提出“疑莫用，用莫疑”，在其他常见的商书中也有类似的提法。此外，在买卖经营上还应注意“和气生财”以及签订“不准赊欠的公约”等内容。[①]

陈学文在其研究商书的专书中有《论明代商业的规范要求》与《明清时期商人的经商行为和心态之研究》两章专门探讨经营规范及心得的问题。他概括《三台万用正宗·商旅门·客商规鉴论》的要旨主要有：行商经营要以“安顿为主”、要“结伴同行”，行旅途中要“谨慎小心”“慎择主家”以及“重利轻义”等，在买卖货物时则要“贵贱转易”“灵活经商”“冷静镇定”，保持“得失本寻常”的良好心态等。[②]在经商心态和经商之道方面，儒家传统的义利观是重义轻利的社会导向，“重信义、重然诺”以及“不刻剥”；在道德规范方面则要求商人要“艰苦创业，节俭为本”“公平交易，光明正大”以及“重恩、守信、宽仁、平和、谨慎”；经商之道重在“守本固本”“量入制出”，并能“充分发挥讯息和商品市场盈缩规律在经商活动中的作用”；在经营管理上也要注意树立健全合理的管理机制，并保持良好服务态度，讲求信用，还要“扩大广告宣传作用”。[③]

杜宏争对经商经验和经商技能也有所关注，但使用的商书材料在陈学文的相关研究中已经述及，故在此不赘，只是其提到除一般防骗知识外，还要特别注意与牙行的关系这一点，或可留心注意。[④]张海英则将明清商人的经营理念概括为“对商人职业角色的清醒认知”“对学徒的严格要求与培训”“灵活多变的经营方针”以及“妥善处理‘劳资’关系的指导思想”四个方面，其中关于与顾客讨价还价，尤其是对滞销商品的打折策略和应对善于砍价的顾客的方法等经营心得是其他商书研究中较少见到的。[⑤]陈学文对吴中孚《商贾便览》的研究也提到其经商准则，主要是“公平交易守信用”“注意商品的行情和信息”“交易要守本，开店要择地”以及“量入制出”四个方面。[⑥]邹进文从“治生之学”的角度对《商贾一览醒迷》及《生意世事初阶》涉及的经营心得和经商技能进行了发掘，内容与上述研究所展现的情况相类，但没有给出任何结论性的意见。[⑦]

五　商书所见之商业思想与伦理

(一)商业教育

在对商业书所见的商业思想的研究中，有许多学者关注其商业教育方面的内容。李伯重在其论述江南早期工业化的专书中[⑧]，从劳动力质量提高的角度着眼，认为其客观上为商人群体从事商业活动提供了必要的技能上的支持，也关涉大量商业书中对经商所需

① 王振忠：《启蒙读物与商业类书》，载氏著《徽州社会文化史探微：新发现的16—20世纪民间档案文书研究》，上海社会科学院出版社，2002年，第338-341页。

② 陈学文：《明清时期商业书及商人书之研究》，台北洪业文化公司，1997年，第60-65页。

③ 陈学文：《明清时期商业书及商人书之研究》，台北洪业文化公司，1997年，第71-84页。

④ 杜宏争：《试论明清江南商业知识的发达及其影响》，硕士学位论文，南京师范大学，2008年，第21-27页。

⑤ 张海英：《从商书看清代“坐贾”的经营理念》，《浙江学刊》2006年第2期，第98-99页。

⑥ 陈学文：《明清时期商业文化的代表作〈商贾便览〉——明清商书研究系列之十》，《杭州师范学院学报》1996年第2期，第8-9页。

⑦ 邹进文：《明清商业书中的治生之学》，《北京工商大学学报(社会科学版)》2000年第1期，第54-56、61页。

⑧ 李伯重：《劳动力质量的提高》，载氏著《江南的早期工业化(1550—1850)》(修订版)，中国人民大学出版社，2010年，第332-350页。

掌握的技能的种种要求。李伯重认为，提高劳动力素质一般通过两种途径：一是专业技能培训，即从事一般工艺操作的普通劳动者；二是通过文化教育，“培养读、写、算能力”，而这一点对从事经商活动而言格外重要。①就这一方面而言，又可细分为主要目的为通过科举取得功名的精英教育与以识字、计算等实用知识为主的大众教育。通过以《三字经》《百家姓》《千字文》为主要启蒙教材、以背诵与讲解相结合的教学方法，一般受教育者都可在一两年内学会一两千字，足以大致应付日常生活的需要。②另一方面，基本的数学计算教育也是大众教育的重要内容。通过师徒相传的方法，加上“基本算法口诀化”的内容，珠算、笔算和口算在清代江南的大众教育中得以涌现，并迅速普及；在江南有的地区，算术教育甚至直接进入童蒙教育系统中，成为开蒙的必要知识。③在这样的大众教育普及趋势下，江南地区民众的识字率据李伯重估计接近 30%，而且教育已深入农村地区；除传统私塾外，社学、义学也得以普遍兴办。④除了大众教育的普及，精英教育中也开始出现一些实用性质的内容，比如“经世致用”的实用数学知识的出现，这一方面反映了精英教育在上、中层社会中的基本普及；另一方面也是大量读书人科举难以进入仕途，遂转而向外寻求生计的无奈之举的反映。总的来说，作者认为对于小企业、小作坊主而言，读、写、算能力必不可少。这里自然也包括商人群体在内，因为“只有具备了基本的读、写、算能力，才能进行原料购买、产品出售、成本与利润计算、合同与契约订立、货币换算，以及进行顾工、借贷、典当、抵押乃至纳税、商务诉讼等活动。同时，能够读、写、算，也比较容易获得商业信息和与商业有关的法律、法规等方面的知识”⑤。针对他们的一批实用书籍和专业书籍也因此出现，商业书自然是其中重要的一部分。

除了从劳动力素质提高的角度研究外，张海英还从商业知识传授的角度来分析商书所反映的商业教育情况。就“贩卖各类手工、农副产品所需掌握的专业知识而言”，《新刻天下四民便览三台万用正宗・商旅门》介绍是最为详细的，包括“斛斗、谷米、大小麦、黄黑豆、杂粮、芝麻谷子、田本、棉花、棉夏布、纱罗缎匹、竹木板枋、鞋履、酒曲、茶盐果品、商税”等十多个子目，介绍不同商品的产地、特点、辨识方法等方面的知识。⑥此外《商旅门》中的《客商规鉴论》作为典型的商人必读入门文章，特别强调对商人职业道德的重视以及“对从商者心理素质的培养”，要能够“在复杂环境中保持冷静清醒的头脑”。总的来说，《新刻天下四民便览三台万用正宗・商旅门》的内容是“偏重于经营买卖各类商品的专业知识”⑦。而另一部商书《商贾便览》则是“综合性商业知识、

① 李伯重：《劳动力质量的提高》，载氏著《江南的早期工业化(1550—1850)》(修订版)，中国人民大学出版社，2010 年，第 332-333 页。

② 李伯重：《劳动力质量的提高》，载氏著《江南的早期工业化(1550—1850)》(修订版)，中国人民大学出版社，2010 年，第 336-338 页。

③ 李伯重：《劳动力质量的提高》，载氏著《江南的早期工业化(1550—1850)》(修订版)，中国人民大学出版社，2010 年，第 338-340 页。另外，寺田隆信也提及商业算术书所反映的明清商业发展以及算盘的普及等现象。他举例说如《算法综统》这样的算术书籍，并常以现实需要举例，包括高额利润、合伙形式、资金借贷、银两使用等方方面面的例子，从而说明商人是掌握其应具有的计算能力的。见寺田隆信：《从商业书看商人和商业》，载氏著《山西商人研究》，山西人民出版社，1986 年，第 300-302 页。

④ 李伯重：《劳动力质量的提高》，载氏著《江南的早期工业化(1550—1850)》(修订版)，中国人民大学出版社，2010 年，第 341-342 页。

⑤ 张海英：《从明清商书看商业知识的传授》，《浙江学刊》2007 年第 2 期，第 84 页。

⑥ 作者在另文中更是高度评价《新刻天下四民便览三台万用正宗・商旅门》为“综合全面之作”。见张海英：《日用类书中的“商书”——析〈新刻天下四民便览三台万用正宗・商旅门〉》，《明史研究》第 9 辑，黄山书社，2005 年，第 199 页。

⑦ 张海英：《从明清商书看商业知识的传授》，《浙江学刊》2007 年第 2 期，第 85 页。

商业信息”方面的介绍：内容上不但相较于《新刻天下四民便览三台万用正宗·商旅门》而言更为全面，且有“中孚新增”的关于学徒、店铺以及用人等“坐贾”的内容，补充了之前几部商书的不足之处。[①]尤其重要的是，关于“算法”与“辨银”等专业技术的传授：几乎绝大多数商书都会专门讲及，且多采用歌诀等便于记忆的形式，以“适合经商者之需要”，即简明易懂。[②]另一个值得注意的方面是，商书抄本与刊印本的区别：抄本多记载有不便公开讲明的经商“经验”，包括“但今世俗，只宜假，不宜真”等露骨之语，因此在刊印本商书中往往不曾得见。[③]此外，在典当行业中，所需掌握的专业技能最为复杂，以致时人有“真如登天之难”的感叹。最后作者认为，商书的大量刊行说明明清商人“已开始重视商业知识的积累和传播，并对子弟授以职业的商贾教育”[④]。

李琳琦在研究明清徽州的徽商与教育之间的关系时注重从商书着眼。[⑤]他认为，徽州的商业教育宣传了新的商业价值观、普及了途程知识、传承了商贸具体运作中的实用技能与知识，并且在商业经营原则中渗透着商业道德伦理观的教育。[⑥]具体来说，徽州新的商业价值观主要是“否认士贵儒贱、批判农本商末，宣传‘士商异术而同志’、农商皆本”，而这一点实际上是对传统“本末观”的一种颠覆，客观上“减轻了徽州人从商的心理压力”。[⑦]途程知识的普及则体现在地理、水陆交通路线方面的知识除“前辈商人传授”外，更可通过商旅路程图书将其更好地保留与传播。在商贸具体运作的实用技能方面，则基本与张海英所述类似，包括行商安全、鉴别商品优劣等。在经商原则方面，李认为主要有三条：出奇制胜、知人得地顺时，以及市场变动规律与日常购销。但在商业伦理道德教育方面则稍显语焉不详，除徽州的深厚儒学传统以及徽商重视商业伦理道德教育外，没有给出太多的例证。[⑧]李媛媛以《士商类要》为基础也讨论了徽州商业教育，但观点与李琳琦并无太大出入，只是更加强调商书的刊行是传统“言传身教”教育手段外的一种全新方式，“大大拓展了商业教育的内容、途径和范围”。[⑨]

(二)商业伦理

围绕商书中所见之商业伦理，或称商人伦理、商人意识形态，是目前学界讨论的一个热点。其中又以寺田隆信、余英时、张海英以及邱澎生等人的观点较为有代表性。[⑩]

日本学者寺田隆信在他关于山西商人的研究中有一章专门讨论商业书的问题。他认为相对于家训、家传之类的书籍来说，商业书是“以非特定的形式和一般性的读者为对

---

① 张海英：《从明清商书看商业知识的传授》，《浙江学刊》2007年第2期，第87页。

② 张海英：《从明清商书看商业知识的传授》，《浙江学刊》2007年第2期，第88页。

③ 张海英：《从明清商书看商业知识的传授》，《浙江学刊》2007年第2期，第90页。

④ 张海英：《从明清商书看商业知识的传授》，《浙江学刊》2007年第2期，第87页。

⑤ 李琳琦：《徽商与明清徽州教育》，湖北教育出版社，2003年，第199-226页。

⑥ 李琳琦：《从谱牒和商业书看明清徽州的商业教育》，《中国文化研究》1998年第3期，第44-50页。

⑦ 李琳琦：《从谱牒和商业书看明清徽州的商业教育》，《中国文化研究》1998年第3期，第44-45页

⑧ 李琳琦：《从谱牒和商业书看明清徽州的商业教育》，《中国文化研究》1998年第3期，第48-49页。

⑨ 李媛媛：《从〈士商类要〉看明代徽州商业教育》，《黑龙江史志》2014年第23期，第108页。

⑩ 寺田隆信：《从商业书看商人和商业》，载氏著《山西商人研究》，山西人民出版社，1986年，第281-302页；余英时：《中国商人的精神》，载氏著《中国近世宗教伦理与商人精神(增订版)》，台湾联经出版公司，2004年，第97-166页；张海英：《明清社会变迁与商人意识形态——以明清商书为中心》，《复旦史学集刊》第一辑《古代中国：传统与变革》，复旦大学出版社，2005年，第145-165页；邱澎生：《由〈商贾便览〉看十八世纪中国的商业伦理》，《汉学研究》第33卷第3期，2015年9月，第205-240页。

象出版的一批书籍”。日本的内阁文库藏书中现有《一统路程图记》《商程要览》《士商要览》《路程要览》《天下路程》《示我周行》等商书，“多以记述交通要道和里程为主，并附各地特产名称”。而著述的目的一般是“给后人指明行商之里程”。这些商书对于“了解商业的实际状况”而言是很好的材料。[①]寺田隆信首先介绍了《三台万用正宗》《士商要览》《士商十要》《买卖机关》以及《商贾要览》这几部商书的基本情况，并着重强调如《客商规鉴论》等部分商书中以“人事关系的注意事项”为主要内容的特点，而非路程艰险遥远等因素。[②]根据寺田隆信的考察，明清商人主要分为客商与坐贾两种，而其中客商资本雄厚，商业书也往往多以之为对象。客商的成功秘诀往往被归纳为“谨慎小心、勤勉、禁欲和发挥才智”，只有这样才会被称作“理想的士商”。除此之外，寺田隆信再次强调人是商业活动的重要因素，因为在合伙经营中，“地缘、血缘结合的关系”被视为“最可信赖的稳定因素”。[③]但是寺田隆信认为，“商业书的记述范围仅此而已”，并未涉及社会结构、经商获利的意义以及如何获取财富等方面的内容。因此，寺田隆信认为明清商人群体没有独立的商业伦理观念：

> 总之，在他们身上似乎并不存在营利与仁义之间的矛盾的苦恼，也看不到企图建立超越伦理观的经商之道和积极地为商人在买卖中获得利益提供理论的动机，这就必然使他们的著作在对现实生活中的商人提出要求时，局限于单纯的品德和个人的机智方面。……山西商人的商业观和商业书的说教可以说并不反映包括随着商业的发展而对产生和支持这种商业道德本身的社会体制的批判，也不包含朝着既定的方向勇往直前迫使士大夫阶级承认商人阶级独立存在的价值。因而，其意义是非常局限的。[④]

在这种情况下，商人在戒奢、追求利益的同时力求“经营的合理性和坚实性”；同时适应各种条件，勤俭持家，对当权者谦卑恭敬，或“通过妥协与之结合”，以“积累巨大的财力”。[⑤]商业书所反映的恰恰是这种商人形象的楷模。

余英时对16—18世纪中国商人的精神凭借和思想背景的讨论与寺田隆信对商人精神较为负面的评价相比可谓截然不同。余首先探讨了明清儒家的“治生论”：由于宋以后的士多出于商人家庭，士商界限变得难以划分；与此同时，商业的比重口益加大，才智之人大多被吸引，出现了“儒者亦需急于治生”“为学亦当治生”等言论，可见“士必须在经济生活上首先获得独立自足的保证，然后才有可能维持个人的尊严和人格”[⑥]。诸如此类的治生之论看重的是“个人道德的物质基础”，而且是“儒家伦理的最新发展”，甚至于“一个儒家的人权观点已徘徊在突破传统的边缘上”，已经呼之欲出了。[⑦]另一个商人精神伦理方面的变化是新四民论的出现。“弃儒就贾”现象的大量出现使儒家伦理与商人

① 寺田隆信：《从商业书看商人和商业》，载氏著《山西商人研究》，山西人民出版社，1986年，第281-283页。

② 寺田隆信：《从商业书看商人和商业》，载氏著《山西商人研究》，山西人民出版社，1986年，第286页。

③ 寺田隆信：《从商业书看商人和商业》，载氏著《山西商人研究》，山西人民出版社，1986年，第297页。

④ 寺田隆信：《从商业书看商人和商业》，载氏著《山西商人研究》，山西人民出版社，1986年，第298页。

⑤ 寺田隆信：《从商业书看商人和商业》，载氏著《山西商人研究》，山西人民出版社，1986年，第299页。

⑥ 余英时：《中国商人的精神》，载氏著《中国近世宗教伦理与商人精神(增订版)》，台湾联经出版公司，2004年，第101页。

⑦ 余英时：《中国商人的精神》，载氏著《中国近世宗教伦理与商人精神(增订版)》，台湾联经出版公司，2004年，第104页。

阶层产生联系，加上明中叶后士商界限的“渐趋模糊”，明代商人开始意识到“他们的社会地位已足以与士人相抗衡了”，因而类似“士商异术而同志”，乃至“良贾何负鸿儒”，“贾何后于士哉”等傲慢的话亦开始出现。[①]与此同时，新的四民排列顺序变为士、商、农、工，俨然“士为尊而商紧随其后”，甚至在清代还有“士不如商”的说法[②]，徽州、山西等地的社会风气甚至会把商业放在科举之上。这样的“明清社会价值体系”的“深刻而微妙的内在变化”之所以发生，主要有明清人口激增，而科举名额未增，以及商人的成功对士人阶层的极大诱惑两方面的原因。[③]从“明清商人与儒学的一般关系”来看，商业是要求一定程度的知识水平的，而商业书是能够反映其所具备的商业知识的。尤其是商书与小说戏剧包含了“通俗化的儒家道德思想”，遂得以构成“商人吸收儒家伦理”的一个来源。[④]16世纪时的商人群体已经表现出主动了解儒家思想的愿望，他们相信儒家道理可以帮助其经商，“用儒意以通积贮之理”，“以出世精神做入世事业”。[⑤]这里的“儒意”是广义的，不限于儒家学说，而是关于“如何掌握商业世界的客观规律”，用理性方法致富的方法论。总的说来，余认为儒贾关系存在着两个层次：一方面是儒学指的是“一般层次的知识文化修养”，道德色彩较为中立；另一方面是“儒家道德规范对于商人的实际行为所发生的直接或间接的影响”，即“商人伦理的来源问题”，而这两者恰恰是无法清楚划分界限的。[⑥]

接下来余讨论了关键的“商人在伦理上的实践”，而不仅仅是那些文字表面所显示的“道德信条”。16—18世纪，中国社会的商人群体“正处在上升发展的阶段”，因而，商业道德主要发挥了约束的作用。[⑦]与韦伯的新教伦理(包括勤俭在内的新教伦理推动了欧洲资本主义的发展)相比，中国文化传统中同样存在有关勤俭的训诫，此外“诚信”与“不欺”也在中国商人中占重要位置；韦伯认为中国没有超越宗教道德的信仰；余英时认为诚与不欺上通“天之道”，已是超越宗教信仰了的；另外，中国商人还相信“理”与“鬼神”，还有道、释二教以及众多的民间信仰，包括“神助”“天报”等在内，这些实际上都是约束商人的“第二文化”。[⑧]最为重要的是，明清商人关于“贾道”的看法。这一经商之道不仅意味着如何赚钱，还包括“怎样运用最有效的方法来达到做生意的目的”。韦伯通过“理性化过程”以及“天职”等概念来解释欧洲商人赚钱的动力；余则认为中国

---

① 余英时:《中国商人的精神》，载氏著《中国近世宗教伦理与商人精神(增订版)》，台湾联经出版公司，2004年，第108-109页。

② 余英时:《中国商人的精神》，载氏著《中国近世宗教伦理与商人精神(增订版)》，台湾联经出版公司，2004年，第112页。

③ 余英时:《中国商人的精神》，载氏著《中国近世宗教伦理与商人精神(增订版)》，台湾联经出版公司，2004年，第117页。

④ 余英时:《中国商人的精神》，载氏著《中国近世宗教伦理与商人精神(增订版)》，台湾联经出版公司，2004年，第124页。

⑤ 余英时:《中国商人的精神》，载氏著《中国近世宗教伦理与商人精神(增订版)》，台湾联经出版公司，2004年，第126-127页。

⑥ 余英时:《中国商人的精神》，载氏著《中国近世宗教伦理与商人精神(增订版)》，台湾联经出版公司，2004年，第128-129页。

⑦ 余英时:《中国商人的精神》，载氏著《中国近世宗教伦理与商人精神(增订版)》，台湾联经出版公司，2004年，第137页。

⑧ 余英时:《中国商人的精神》，载氏著《中国近世宗教伦理与商人精神(增订版)》，台湾联经出版公司，2004年，第137-146页。

商人的动力来源于“深信自己的事业具有庄严的意义和客观的价值”，而这一点是超越世俗性的动机的。此外，明清中国的商人对商业似乎还有一种甚至自傲的心理：他们往往将商业与“帝业”相提并论，使用类似“创业垂统”这样的描述“帝业”的话语来描述自己的商业发家过程。这一现象相当普遍，且早于西方的“商业帝国”这一类似概念。[①]就此看来，“商业已取得庄严神圣的意义”，商人发展出“高度的敬业和自重的意识”，对名与德看得很重(大贾小商皆然)。[②]商人出现弃儒就贾的趋势，且他们又没有中断读书，加上从商书记载来看对算术亦很重视，可见“商人的文化和知识水平并不在一般‘士’之下”[③]。“善贾”与“廉贾”的区别也很重要：善贾的“善”乃工欲善其事的善，道德上是中立的；而廉贾的“廉”则具有明显的道德色彩。[④]

最后作者给出了自己的结论：商人的社会地位和意识形态在16—18世纪的社会史和思想史上都发生了深刻变化。从社会史的角度看：商人已取代大部分士大夫的功能(家谱、宗祠、寺庙、桥梁等)；政府对商人也更加尊敬；另外，士对商的“改容相向”也很能说明问题。而从思想史的角度看：新四民说的出现、理欲论、公私观等新的论点，都是重要的转变。更为重要的是，商人自身意识形态的出现，意即“商人的社会自觉”，自觉“贾道”即是“道”的一部分。此外除世俗的赚钱动机外，也有超越性的创业动机存在，强调重视名、德和功业。[⑤]总之，明清商人的精神凭借也就在于不断发展“贾道”，推陈出新。[⑥]

张海英也关注到了这一对明清中国商业伦理的有无和商人群体思想的独立存在与否截然不同的看法差异。她从“商人意识形态”这一概念和角度出发，指出既有研究多侧重于从商业道德、精英方式、伦理观念、商人形象等方面出发，而未见研究商人群体的“意识形态”的现状。而其实这一点正如作者所说，是由余英时应重视商人的“社会自觉”的看法而来的。[⑦]张认为，专门性商业用书的出现既说明了“商人意识的觉醒”以及经商者对自身职业的认可与重视，也体现出商人对“商业知识的积累和传播”的重视，以及在士商并列之类的观念上的变化。张海英归纳商书种类为以下三类：记载各地水路交通，兼及商路交通与商业规范，以及关于为商之道、经营经验的。[⑧]在进行必要的前人

① 类似的词句还有如“幼负大志”：由士人专用到商人也开始使用；“良贾何负鸿儒”：说明良贾和鸿儒二者之间已相差甚微；“商何负于农”：强调商业像农业一样，也是本业。详见余英时.《中国商人的精神》，载氏著《中国近世宗教伦理与商人精神(增订版)》，台湾联经出版公司，2004年，第148-150页。

② 余英时:《中国商人的精神》，载氏著《中国近世宗教伦理与商人精神(增订版)》，台湾联经出版公司，2004年，第150-151页。

③ 且余英时认为，16世纪的中国商业算术足以与西方同时期发展出来的复式簿记相抗衡。见余英时《中国商人的精神》，载氏著《中国近世宗教伦理与商人精神(增订版)》，台湾联经出版公司，2004年，第156-157页。

④ 余英时:《中国商人的精神》，载氏著《中国近世宗教伦理与商人精神(增订版)》，台湾联经出版公司，2004年，第158-159页。

⑤ 余英时:《中国商人的精神》，载氏著《中国近世宗教伦理与商人精神(增订版)》，台湾联经出版公司，2004年，第161-163页。

⑥ 余在最后还提到明清商人历史作用的局限性：主要是君主专制的官僚体系乃是“终极限制”，此外贪官的敲诈勒索以及商人进行政治投资以保商业利益等因素也很重要。这些局限张海英也有相似的论述，如“思想遗产的局限”以及“制度缺陷的制约”等。见余英时：《中国商人的精神》，载氏著《中国近世宗教伦理与商人精神(增订版)》，台湾联经出版公司，2004年，第164-166页；张海英：《明清商业思想发展及其转型困境》，《社会科学》2010年第2期，第150-154页。

⑦ 张海英：《明清社会变迁与商人意识形态——以明清商书为中心》，载《复旦史学集刊》第一辑《古代中国：传统与变革》，复旦大学出版社，2005年，第145页。

⑧ 张海英：《明清社会变迁与商人意识形态——以明清商书为中心》，载《复旦史学集刊》第一辑《古代中国：传统与变革》，复旦大学出版社，2005年，第147页。

研究成果综述后[①]，张文主要从传统伦理观念、经营环境以及思想遗产与商人意识形态的关系等方面具体展开论述。从传统伦理观念的角度来看，传统文化中的义利关系是以“以义取利”而不能“见利忘义”等道德训诫为基础的，因此商书在义利关系上对商人的要求自然也就是“重信义，守然诺，不刻剥”“君子之财，取之有道”等内容了。在“商人职业道德与规范方面”，商书强调要“艰苦创业，节俭为本”；在个人修养方面，要求商人“洁身自好”，不贪图奢侈享受；在经营理念方面，要以“信用为本”，讲求诚信，不但要“公平交易，光明正大”，而且要“诚实无欺，重恩守信”；同时，传统伦理观念中的“匡扶正义”“扶弱济贫”也深刻影响着商人群体。总体而言，诚信为本的商业道德和传统伦理道德思想都对明清商人有着至深的影响。[②]此外，作者还提到一个颇为有趣的经济学解读角度，即诚信为本的传统道德起到了一种“信用支撑”的作用，在缺乏法律与制度机制保护的情况下尤其重要。[③]

从经营环境的角度看商人意识形态，则很容易得出商人缺乏必要保障、总是小心翼翼的结论：行商大多需要长距离经商，难免旅途劳顿，且人身财产安全难以保障，这就使他们必须谨慎小心，避免不必要的损失。除此之外，商人利益还缺乏法律、制度性的保障，因此普遍怀有敬畏乃至依赖官员的心态：“是官当敬，凡长宜尊。”[④]由此商人往往处在一种两难状态之中：一方面传统伦理道德是轻视趋炎附势的，另一方面保护自身利益的现实需要却使他们不得不选择去依附官员。最终的结果便是商人在对自身社会角色认知上“难有自己的独立人格”。接着作者枚举了《三台万用正宗·商旅门·客商规鉴论》与《生意世事初阶》的例子以揭示其代表性意义，前文在讨论张海英的其他研究时多已论及，故不再赘述。[⑤]

从思想遗产与商人意识形态的关系来看，商书内容庞杂、成为应用性强的商业百科全书的现象说明，“当时商业思想还没有完全成为一种独立的思想意识”，人们仍按照“传统的经验抑或感觉行事”。此外，日用类书中经商知识的分布并不平均，可见商业门类并不是日用类书的普遍内容。[⑥]商书的最大特色在“经营、致富的方法”上，“提出了对经

---

① 张文总的看法是，前人研究多为从经济史角度研究商书，未见社会变迁角度探讨商人意识形态的文章，意即此文的创新性及必要性所在。见张海英：《明清社会变迁与商人意识形态——以明清商书为中心》，载《复旦史学集刊》第一辑《古代中国：传统与变革》，复旦大学出版社，2005 年，第 148-149 页；另可见其作《明清商书及研究情况介绍》，360doc 个人图书馆网站，2012.4.6，http://www.360doc.com/content/12/0406/00/834422_201275368.shtml(2016.4.22 上网)。

② 张海英：《明清社会变迁与商人意识形态——以明清商书为中心》，载《复旦史学集刊》第一辑《古代中国：传统与变革》，复旦大学出版社，2005 年，第 152 页。

③ 但张文提出“信用支撑”的前提是“中国古代的市场交易始终缺乏相关的法律条文和制度机制的保护”，因而“交易成本”较高，只有依托“信用支撑”才能稍微降低高昂的交易“成本”。关于明清中国对市场交易的法律层面的保护程度在法制史中尚有不同的讨论，这又涉及对明清中国国家与市场、法律规范与自发秩序等更为广泛议题的认识和讨论了。总之，伦理道德何以构成降低交易成本的“信用支撑”似乎尚需更进一步的论证。见张海英：《明清社会变迁与商人意识形态——以明清商书为中心》，载《复旦史学集刊》第一辑《古代中国：传统与变革》，复旦大学出版社，2005 年，第 153 页。

④ 张海英：《明清社会变迁与商人意识形态——以明清商书为中心》，载《复旦史学集刊》第一辑《古代中国：传统与变革》，复旦大学出版社，2005 年，第 154-155 页。

⑤ 值得一提的是，作者在此提及《三台万用正宗·商旅门·客商规鉴论》有标志商人日趋成熟、自我意识觉醒的意义，包括强调商业道德、重视传统伦理道德以及提高业务素质、培养心理素质等方面的内容。见张海英：《明清社会变迁与商人意识形态——以明清商书为中心》，载《复旦史学集刊》第一辑《古代中国：传统与变革》，复旦大学出版社，2005 年，第 155-160 页。

⑥ 张海英：《明清社会变迁与商人意识形态——以明清商书为中心》，载《复旦史学集刊》第一辑《古代中国：传统与变革》，复旦大学出版社，2005 年，第 160 页。

商能力和品德的要求”，但并未涉及财富的使用以及“扩大经营规模”、扩大再生产等内容。因此，张海英总的看法与寺田隆信的看法是基本相同的，即没有“企图建立超越伦理观的经商之道和积极地为商人在买卖中获得利益提供理论的动机”，因而“缺少经营管理的技术角度的分析与创新”，“商人意识形态”的理论意义比较有限。[①]为进一步分析这一局限性，张还引用费正清对中国商人心理状态的“捕鼠专利”的描述[②]来说明，商人致富后不思考如何扩大生产，反而转向应付官场奉应，捐纳功名，进行政治投资，最终成了政治的附庸。这种现象的原因有以下两层。其一，在思想观念上，尽管有“工商皆本”等务实的思想，但“经济思想领域却并无本质性的突破发展”，因此“传统‘士农工商’意识形态的思维定式成为商人们观念更新的最终桎梏”。[③]其二，在于传统政治体制的“制度缺陷”，即国家强于社会的制度结构：一方面政府强力调控，推行抑商政策，甚至允许部分行业进行特权垄断经营，因而很少有服务的职能认识；另一方面，一切制度安排都以官僚阶层的生存发展为目标，制度变迁总是滞后于经济的发展。而从历代经济改革的情况来看，政府对市场的管制是步步加深的。[④]作者最后的结论是，最能体现“商人意识形态”的商书只“将经商视为一种正常的谋生之略”，“缺少对自身职业社会功能、社会意义及自身社会地位的深刻认知”。而这种商人意识形态发展的“先天不足”则导致近代商人精神(世界市场、竞争、科学管理、公平等)在西方资本主义入侵过程中才得以缓慢发展。[⑤]

邱澎生的个案研究则是以吴中孚《商贾便览》为例来探究18世纪中国的“商业伦理”。他给出的商业伦理的概念更宽泛：“社会上公开出现的那些有关如何在商业经营过程中提升道德意涵之相关论述。”意即包含谨慎、节俭、勤勉等道德训诫和商业教育等内容在内，而二者又共同指向“小富由人”的核心主张。[⑥]吴中孚在序言中提及他作《商贾便览》的目的便是将行商之论补以坐贾之论，形成体系更全面的商业书。邱由此从序言入手，首先分析了以往研究中被忽略的吴中孚的成长年代背景，尤其是18世纪长程贸易的发展：吴中孚少年从商的活动空间在江西崇仁县与玉山县及浙江、江苏两邻省，而这两县是“十八世纪江西城镇体系的有机环节”，具体表现在吴中孚的成长伴随着这一时期长程贸易的发展、江西四大镇影响下商业功能逐渐强化以及玉山县成为江西往江南三条商业交通要道中的重要支线。另外，根据吴中孚的记载，他以了解国内主要商业城市如京、苏、楚、

---

① 寺田隆信：《从商业书看商人和商业》，载氏著《山西商人研究》，山西人民出版社，1986年，第298页；张海英：《明清社会变迁与商人意识形态——以明清商书为中心》，载《复旦史学集刊》第一辑《古代中国：传统与变革》，复旦大学出版社，2005年，第161页。

② “中国的传统做法不是造出较好的捕鼠笼来捕捉更多的老鼠，而是向官府谋取捕鼠专利。”见费正清著，张理京译：《美国与中国》，世界知识出版社，2000年，第46页。

③ 张海英：《明清社会变迁与商人意识形态——以明清商书为中心》，载《复旦史学集刊》第一辑《古代中国：传统与变革》，复旦大学出版社，2005年，第162页。

④ 这一过程特征有二：一是“维护市场自发秩序”的“改革成本递增”；二是“自主经济理性得不到正常的培育”。直接影响便是有价值的经济思想“没有转变为实际的经济体制”。见张海英：《明清社会变迁与商人意识形态——以明清商书为中心》，载《复旦史学集刊》第一辑《古代中国：传统与变革》，复旦大学出版社，2005年，第164页。对于这一转型困境更为详细的研究可参考张海英：《明清商业思想发展及其转型困境》，《社会科学》2010年第2期，第148-154页。

⑤ 张海英：《明清社会变迁与商人意识形态——以明清商书为中心》，载《复旦史学集刊》第一辑《古代中国：传统与变革》，复旦大学出版社，2005年，第165页。亦可见张海英：《明清商书中的商业思想》，《历史文献研究》第24辑，华东师范大学出版社，2005年，第248-249页。

⑥ 邱澎生：《由〈商贾便览〉看十八世纪中国的商业伦理》，《汉学研究》第33卷第3期，2015年9月，第206-207页。

粤，以及海外贸易的粤、闽、浙三大海关的情况，其获取商业信息渠道则“或自目睹，或由耳闻”，此外，在辨别银色问题上还总结出了一套“市镇规则”。①

邱认为，实践“小富由人”的商业伦理核心主要有两个方面：其一是在各个环节上，商人都应该随时谨慎且勤勉不懈；其二是“量才适性”，要“在适当年龄及时学习各种‘生理之道’”。《商贾便览》所反映的商业伦理在其看来主要有三个方面：一是有关谨慎或勤勉的，二是适龄早习商业的“中质者，学工商”，三是有关勤俭的。而这些在既有研究中大多被列为经营规范或经商之道的心得等方面的内容，较少归入商业伦理范畴。②有关谨慎或勤勉方面，作为老板要时刻留意财务收支与人事组织，并教导店内伙计与学徒：既要小心预防各类风险，也要不断认真学习。此外，还要谨慎保养身体，时刻留意旅行安全。伙计在行商途中则需留神雇夫、船家的设计坑害，谨慎预防赊欠不还的情况出现。还要勤于写信，及时通报商品行情起落；尊敬师友，每日勤习生理之道。另外，在经商合股时则要常存宽恕，并避免涉入难以解决的诉讼。③在“中质者，学工商”方面，一方面，吴中孚规劝家长要早评估子弟的才能与性情，择其适合经商者，及时学习“生理之道”，以便日后成为称职商人；另一方面，君子“生财有道”，习商贾仍要学习仁义礼智信。尽管“上质者，习儒业。中质者，学工商。下愚者，务农业”，但“行行出状元，只要有志气”，儒业并不特别高于工商业。④此外“中质者，学工商”为商人在儒业与农业之间找到一种更富积极意义的社会合理性。更进一步而言，“小富由人”与“中质者，学工商”相表里，职业商人有着“不卑不亢而又充满自信的日常生活世界”。⑤从勤俭方面来看，已有不少商书提及这方面的内容，“吴中孚只是将其中意义发挥得更加清晰与完整而已”，因此，“小富由人”或可视作16—18世纪“一群中国职业商人对于财富可借自身勤勉、节俭与谨慎而成功积累的共同信念的发展演化”⑥。

在文章最后一部分，邱抛出了传统中国商业书反映出怎样的明清商业与社会的互动关系的问题，并列举寺田隆信(负面)、魏金玉(非听天由命)、陆冬远(商书“修身”非儒业“修身”)以及余英时(商人的“社会自觉”)的差异较大的看法。但在商人意识形态对社会整体影响为何的问题上，作者也没有给出明确的答案，这一方面是由于商业伦理概念本身的复杂性；另一方面也受限于史料和比较视野的差异。此外，作者是否具备职业商人的身份这一因素也很重要。⑦邱澎生对商人只关心自己利益的看法表示怀疑，并表达了对余英时所提出的商人的“社会自觉”看法的倾向性认同，因为这“可能还是极富启发的思考方向”。⑧

---

① 邱澎生：《由〈商贾便览〉看十八世纪中国的商业伦理》，《汉学研究》第33卷第3期，2015年9月，第212-218页。

② 这当然与其对商业伦理的较宽泛的概念解读有关。

③ 邱澎生：《由〈商贾便览〉看十八世纪中国的商业伦理》，《汉学研究》第33卷第3期，2015年9月，第220-224页。

④ 邱澎生：《由〈商贾便览〉看十八世纪中国的商业伦理》，《汉学研究》第33卷第3期，2015年9月，第225-226页。

⑤ 邱澎生：《由〈商贾便览〉看十八世纪中国的商业伦理》，《汉学研究》第33卷第3期，2015年9月，第228页。

⑥ 邱澎生：《由〈商贾便览〉看十八世纪中国的商业伦理》，《汉学研究》第33卷第3期，2015年9月，第229-232页。

⑦ 邱澎生：《由〈商贾便览〉看十八世纪中国的商业伦理》，《汉学研究》第33卷第3期，2015年9月，第233页。

⑧ 张献忠：《日用类书的出版与晚明商业社会的呈现》，《江西社会科学》2013年第12期，第120-127页；郭孟良、张继红：《明清商书的出版传播学考察》，《编辑之友》2009年第10期，第110-112页；王艳红：《贾而好儒：明清徽商与书籍出版探析》，《出版发行研究》2014年第5期，第105-107页。

六 余　论

水陆交通、商业经营规范与心得，以及商业思想与伦理是目前学界讨论明清商书的三个主要面向。当然，对商书的研究还会涉及其他一些方面，如最近即有一些文章从出版传播的角度审视商业书的价值。①

郭孟良和张继红将商书出版分为三个阶段，分别是晚明的商书出版繁荣期、清前期的商书出版持续发展期，以及清后期的商书实用化和专业化的时期。商书的编纂者是“出版传播者”，主要以商人群体为主；商书的刊刻者是作为出版商的书坊；商书的传播渠道包括“大众渠道”和“专业渠道”，即分别为书坊的刊刻和“商人群体内部的传播、传抄与传授”；商书的接收者即是“出版传播的终点”的读者，包括商人、旅人以及社会大众。②总的来看，商书出版传播具有继承性和实用性的特点，核心内容往往“辗转传抄、增删损益”得非常普遍，且常会出版便于携带的“简本”。这些特点又推动了商书专业功能和大众社会功能的发挥，广泛应用于“商业训练和职业教育”与“向下层民众普及商业、地理、文化知识”等场景；此外，作为记录商人言行和商业活动的书籍，商书还具有一定的“文化功能或文献价值”。③张献忠则以日用类书的出版考察晚明商业社会的整体面貌。他介绍了这一时期日用类书编纂和刊刻的几个特点，包括“包罗万象，门类齐全”“纂而不述，互相转抄”以及“通俗易懂，四民皆宜”。④接着张文强调以《三台万用正宗・商旅门》为代表的商书“系统建构和传播了商业知识”，而在一些经商者与长辈亲属来往的信札中，则有着“商业伦理对家庭伦理的冲击”。此外，日用类书还涉及关于诉讼的民间法律知识以及种类多样的消费文化，共同呈现出一个商业发达、“欲望涌动、享乐主义盛行”，但也“包容和开放”的晚明社会。⑤王艳红主要考察了徽商对出版商书的热衷与支持，包括浓厚的儒学氛围、藏书文化、刻书以为“善举”以及作为启蒙商业教育等方面的内容。⑥

这些有关商书出版方面的研究或许受限于商书材料本身，所谈内容仍主要以商书涉及的水陆交通、经营规范等方面为主，因此新意不多。其实对商书的出版考察可以关注一下抄本与刊印本的比较问题。这一点张海英、邱澎生等学者已经有所关注⑦，但关于抄本似乎多有刊本所未见的违反一般经营观念的心得这一点，似乎还可以继续深入。

在既有的水陆交通、商业经营规范以及商业思想伦理这三个主要的研究方面，陈学文、张海英等学者已对前两个方面进行了很好的分析，常见的十几部商书也都有不同程度的涉及，一些稀见的商书材料在王振忠等学者的努力下也得以为学界所认识。总的说来，不同学者对商书所反映的水陆交通和经营规范等内容的认识没有太大差异，主要是

① 郭孟良、张继红：《明清商书的出版传播学考察》，《编辑之友》2009 年第 10 期，第 110-111 页。

② 郭孟良、张继红：《明清商书的出版传播学考察》，《编辑之友》2009 年第 10 期，第 112 页。

③ 张献忠：《日用类书的出版与晚明商业社会的呈现》，《江西社会科学》2013 年第 12 期，第 120-127 页；郭孟良、张继红：《明清商书的出版传播学考察》，《编辑之友》2009 年第 10 期，第 110-112 页；王艳红：《贾而好儒：明清徽商与书籍出版探析》，《出版发行研究》2014 年第 5 期，第 105-107 页。

④ 张献忠：《日用类书的出版与晚明商业社会的呈现》，《江西社会科学》2013 年第 12 期，第 121-123 页。

⑤ 张献忠：《日用类书的出版与晚明商业社会的呈现》，《江西社会科学》2013 年第 12 期，第 123-127 页。

⑥ 王艳红：《贾而好儒：明清徽商与书籍出版探析》，《出版发行研究》2014 年第 5 期，第 105-107 页。

⑦ 邱澎生：《由〈商贾便览〉看十八世纪中国的商业伦理》，《汉学研究》第 33 卷第 3 期，2015 年 9 月，第 209 页。

在概括和分析的角度有所区别。与之相反的是，在近年来讨论较为集中的商业思想与伦理方面的看法则显得分歧较大。除去使用材料和研究视野等天然差异外，一个可能的原因是商业伦理这一概念在界定上的不确定性。比如邱澎生对《商贾便览》的研究将勤俭与谨慎等内容纳入商业伦理范畴考察，但多数研究只将其纳入经营规范和心得内容。

另一个可能的原因则是对商人的伦理与儒家传统伦理的相似性的不同认识。不同于余英时，夏维中对余英时“商人的社会自觉”就持有保留的态度。他认为类似“从善”“不贪”以及“诚信”等商人伦理与儒家伦理具有“强烈的一致性”，但若“把研究的角度转向商人伦理的内涵、作用以及其性质，而不是其思想来源、形成过程时，这种强烈的一致性恰恰是问题根本之所在”，因为明清商人伦理并没有发挥与新教伦理之于欧洲资本主义经济发展相类似的作用。[①]夏认为，不应对明清商人追求利益的表述评价过高，因为其“充其量不过是予以商业和商人在新时期下该有的地位而已”，商人也“始终是把商业视作是实现正统伦理信条的手段”而已，也即没有独立于儒家的商人意识形态，其相似性恰恰说明二者的同一性。[②]陆冬远(Richard John. Lufrano)的看法则在一定程度上挑战了这种观点。他认为，商书显示了一种儒家传统价值被再诠释，以切合当时的社会经济环境的过程，因为其中多数教导虽有儒家伦理的影子，却更加追求实用，所以商人意义的“修身”(Self-cultivation)还是不同于儒家伦理的“修身”。[③]从这一意义来讲，这一相似性实为差异性。

总而言之，诚如陈学文所言，“明清商人道德规范、经商之道以及其社会导向不免含有当事人的理想化和溢美成分”,“是否全部实现也很难量化处理”，但可以肯定的是，“人们对好恶良善美丑是有评判的标准，是有所抉择的”。[④]对于商书所反映的商书作者(或陆冬远讲的“中层商人”)对其身处的明清商业世界的或相似或同一的认识与理解，或许会成为学者们长期关注和讨论的问题。

---

① 夏维中：《从商业书看明清商人伦理及其评价》，《文史研究》1994年第1～2期，第58页。

② 夏维中：《从商业书看明清商人伦理及其评价》，《文史研究》1994年第1～2期，第59页。

③ Richard John：Lufrano，Honorable Merchants: Commerce and Self-cultivation in Late Imperial China，Honolulu: University of Hawaii Press，1997，pp. 184-185.

④ 陈学文：《明清时期商业书及商人书之研究》，台北洪业文化公司，1997年，第93页。

倓虚、永惺、宽运对人间佛教的传扬

南开大学 历史学院 侯杰 马晓驰 吴慧

摘要：人间佛教的概念在中国近代是由太虚法师提出的，突破了佛教消极避世的安逸牢笼，开始更加积极地融入社会。这是佛教对时代变化的主动适应，佛教充分发挥其深入人心的影响力，广泛参与社会服务、慈善、文化、体育等项事业，同时弘扬菩萨道精神，以慈悲为怀，渡生不求回报，展现出一种无私奉献的高贵品质。人间佛教与菩萨道精神二者相互呼应，成为当代佛教发展的一大特色，在四十四代倓虚、四十五代永惺、四十六代宽运三位法师从天津到香港的弘教和社会服务活动中得到不断的继承与传扬，为人类精神家园的净化作了持续努力和巨大贡献。

关键词：倓虚；永惺；宽运；人间佛教；传扬

一 人间佛教的研究现状

当代是一个追求物质利益的高速发展的时代，急功近利、物欲横流、道德失衡等问题越来越严重。如果不加以重视，并予以切实解决，长此以往，势必会对社会运转和人们的日常生活造成严重影响。佛教自传入中国，早已在地化，并演变为中华文化的重要组成部分，对人们的观念、行为乃至公共道德的维系起到一定的规范和引导作用。以现实关怀为鲜明特色的人间佛教，不仅契合中国社会各阶层人士重视现世的宗教情怀，而且直接服务于他们极为看重的现实生活，因此备受青睐。故而有关人间佛教的研究具有很高的学术价值、理论意义和现实意义。

关于人间佛教的起源与发展，目前学术界和佛教界普遍认为，它是“对释迦牟尼佛人间教化思想和人间净土理想的现代表达”，但是“作为一种社会文化运动和宗教振兴运动，是近代太虚所开创”①，并被后来的印顺、星云、赵朴初、永惺等高僧大德所继承和发展。就研究现状来看，因为太虚、印顺、星云三位法师较为明确地提出并阐述了各自对于人间佛教的理解，并且彼此之间既有区别，又有联系，所以对他们的研究较多。其中，何建明的《人间佛教的百年回顾与反思——以太虚、印顺和星云为中心》②就是以这三位法师为代表，对人间佛教在不同历史时期的发展情况进行了较为系统的综合分析。太虚将佛教诸宗派的优点与中华民族优秀文化品格相结合，贯穿到他的人生佛教理念之中；印顺批判和否定传统文化与佛教诸多宗派的作用及影响，对宗教实践和现代化的重要性有些忽略；星云则打破宗派之见，重视佛教的创新、实践和佛教入世的现代化变革。与太虚、印顺都有所不同的是，星云认定佛教国际化是“我永世奋斗的目标”③。从近些年星云法师的讲经弘法和出版“人间佛教系列丛书”等活动即可以看出，他一直都致力于人间佛教的弘扬和发展。中南大学的彭欣曾在博士学位论文《星云法师人间佛教伦理思想研究》④中，对其人间佛教伦理思想进行了较为全面和透彻的分析。因为人间佛教是近年来学术界持续关注的重要议题之一，所以相关研究成果也较为丰富。如邓子美和周菲菲的《人间佛教研究五十年述评》⑤系统梳理并评述了五十年来人间佛教的研究成果。谭苑芳的《“人间佛教”的理论演进及其当代社会价值》⑥和程恭让的《论人间佛教的历史必然性》⑦等文章，都从入世的角度阐释了人间佛教的现实价值。

相比之下，对天台宗四十四代倓虚、四十五代永惺、四十六代宽运三位法师与人间

* 收稿日期：2018-01-29。

* 基金项目：2014 年教育部人文社会科学重点研究基地重大项目“近代中国日常生活”和南开大学国家级本科生创新科研项目“近代中国佛教海外传播的调查与研究——以倓虚法师为中心”。

* 致谢：本文在撰写中得到张昶等人的大力帮助，并于 2017 年 11 月 7 日至 8 日在香港举办的观音文化论坛上宣读，特此鸣谢。

① 何建明：《人间佛教的百年回顾与反思——以太虚、印顺和星云为中心》，《世界宗教研究》2006 年第 4 期，第 24 页。

② 何建明：《人间佛教的百年回顾与反思——以太虚、印顺和星云为中心》，《世界宗教研究》2006 年第 4 期，第 15-24 页。

③ 星云：《往事百语·永不退票》，佛光山宗务委员会，1999 年，第 99 页。

④ 彭欣：《星云法师人间佛教伦理思想研究》，博士学位论文，中南大学，2011 年。

⑤ 邓子美、周菲菲：《人间佛教研究五十年述评》，《西南民族大学学报(人文社科版)》2015 年第 6 期，第 65-77 页。

⑥ 谭苑芳：《“人间佛教”的理论演进及其当代社会价值》，《广东社会科学》2013 年第 3 期，第 72-77 页。

⑦ 程恭让：《论人间佛教的历史必然性》，《西南民族大学学报(人文社科版)》2016 年第 10 期，第 59-65 页。

佛教的传扬之关系，则研究较少。这与倓虚、永惺、宽运三位法师所付出的各项努力，做出的一系列实际贡献，极不相称。因为学术界尚缺乏对此进行系统的整理和研究，所以在已经取得的学术成果中，多是一笔带过，鲜有系统研究和探讨。班泰勇的《倓虚法师及其佛学思想研究》[①]，用了很长的篇幅论述了倓虚法师的佛学思想，但是对人间佛教关注不多，只是阐明了其所处的社会环境是"'宗派佛教'的复兴到'人间佛教'的登场"；他的"看破、放下、自在"将佛教拉回了人间。全文虽然引述了很多倓虚法师"在世关怀"的人间佛教事例，却都没有选择从人间佛教的角度去展开论述。而李勇的《西方净土与人间净土的统一与互补——永惺演霖的思想与实践》[②]一文，从人间佛教的角度对倓虚和永惺两位法师进行了分析。李净昉的《民国时期佛教期刊与倓虚大师研究》[③]一文，对民国时期记录倓虚法师弘法活动与言论的新闻报道和评论等进行了系统汇总及论述。此外，侯杰单独或与人合作撰写的《倓虚法师与北学南移——以〈影尘回忆录〉和〈香港佛教·倓虚大师追思录〉为中心》[④]《倓虚法师弘法的自我言说——以〈影尘回忆录〉为中心》[⑤]《倓虚法师香港弘法的书写与记忆——以〈香港佛教·倓虚大师追思录〉为中心》[⑥]等文章，对倓虚法师的生平尤其是弘法历程进行了较为全面的梳理，对他在不同地区建寺、安僧、弘法，以及他将天台宗带到香港等重要议题展开了分析。此外，在《香港佛教》《法音》《菩提》等报纸杂志上，有关三位法师的新闻报道与评论需要我们予以足够的重视，结合他们弘扬人间佛教的观念和行为展开深入探讨。幸运的是，永惺和宽运法师生活的时代是传统媒体与新媒体竞相发育、茁壮成长的重要历史时期，为人们的社会生活和信仰生活提供了极大的便利。他们对人间佛教的传扬，见诸各种报纸、杂志、网站发布的新闻报道、评论、弘教栏目，可供学者和信仰者采撷。本文将以天台宗倓虚、永惺、宽运三位法师为中心，对天台宗四十四代至四十六代法脉传承尤其是对人间佛教的弘扬进行梳理，以期弥补这一方面研究的不足。

二　从内地到香江：倓虚弘法足迹

倓虚法师是天台宗四十四代传人，出生于天津，年少时家境贫寒，求学不得始终，四处奔走，以做生意谋生，得闲时好读佛经，对经文熟悉并有所见解，遂逐渐萌生出家的念头。中年时期终于拜入谛闲法师的门下受戒礼佛，谛闲法师将天台宗四十四代法脉传给倓虚法师(另一传人为宝静)。倓虚法师在《阴阳妙常说》《金刚经讲义》《影尘回忆录》等著述中虽然对人间佛教的讲解并不太多，但是弘扬人间佛教却不遗余力。倓虚法师在

---

① 班泰勇：《倓虚法师及其佛学思想研究》，硕士学位论文，山东大学，2011 年。

② 李勇：《西方净土与人间净土的统一与互补——永惺演霖的思想与实践》，《辽宁大学学报(哲学社会科学版)》2010 年第 5 期，第 70-76 页。

③ 李净昉：《民国时期佛教期刊与倓虚大师研究》，载《东北三老佛学思想研讨会论文集》，香港书作坊出版社，2013 年，第 249-255 页。

④ 侯杰：《倓虚法师与北学南移——以〈影尘回忆录〉和〈香港佛教·倓虚大师追思录〉为中心》，载《"北学南移"港台文史哲溯源 1949》学人卷Ⅱ，台北秀威资讯科技股份有限公司，2015 年，第 232-249 页。

⑤ 侯杰：《倓虚法师弘法的自我言说——以〈影尘回忆录〉为中心》，载《东北三老佛学思想研讨会论文集》，香港书作坊出版社，2013 年，第 235-248 页。

⑥ 侯杰、马晓驰：《倓虚法师香港弘法的书写与记忆——以〈香港佛教·倓虚大师追思录〉为中心》，载香港珠海学院香港历史文化研究中心等：《香港的历史与社会研究》，2017 年，第 286-294 页。

北方弘法三十多年，取得了丰硕的成果。他首次弘法，是在饥荒严重的河北省井陉县灾区，饥民大多只能以树叶草根作为果腹的食物，痛苦不堪，但是在倓虚法师讲法之后，“居民及外道得开迷云，如饮甘露，色身难度，法身已肥”[①]。

本着菩萨的慈悲心怀，倓虚法师在营口楞严禅寺、哈尔滨极乐寺、长春般若寺、青岛湛山寺、天津大悲禅院等地弘法传教之时，正值政局急剧动荡与战争频仍的时期，环境极为恶劣。尽管如此，他仍在建寺、安僧、培育僧才的同时，坚持对难民、灾民施行救济。这时，从倓虚法师的身上就已经可以明显地看出人间佛教与菩萨道精神了。数十年如一日，倓虚法师弘法取得了骄人成绩：“计自民国十年起，共创建十方弘法大丛林九处、弘法支院十七处、佛学院十三处，在家中学两处、小学两处，印经处两处，谈经二百余会，著述十余种。曾在门下受业学生一千余人，培养已能在各地担任弘法事业者三十余人、传法者十四人。计三十年来所有徒弟、徒侄、徒孙、戒弟子、皈依弟子、学生及各地直接信众法眷属等不下十几万人！”[②]

1948 年，倓虚法师接受叶恭焯居士等人的邀请，由内地辗转到香港地区弘法传教，创办华南学佛院。起初，佛教活动的开展受到语言不通、经济基础薄弱等客观条件的限制，弘法遇到很大阻力。为节省开支，学佛院僧众自力更生，从事开田种地、挑水、织袜等劳动；倓虚法师每周日去东莲觉苑讲《法华经》，经常只买二等无座票。乐渡法师追忆恩师时曾感慨：“我见此七十六岁老人，站立船上，颇觉辛苦。”[③]尽管如此艰难，倓虚法师却从未因此而中断讲经弘法。在学佛院讲课，倓虚法师从不对学生厉声训斥，而是和颜悦色、推心置腹地讲解，让弟子“养成自爱的心理”[④]；“常鼓励我辈曰：‘出家之人，须要发大心，修大行，实行菩萨道，决志自利利他，才能有所成就’”[⑤]。这些都是倓虚法师人间佛教思想的一种实践和体现。

为了能让更多香港地区的佛教信仰者和社会各阶层人士研读佛教经典、聆听佛教天台宗的教诲，倓虚法师在香港地区建立中华佛教图书馆、佛教印经处、天台精舍等佛教场所。他四处采购经书赠给中华佛教图书馆，利用佛教印经处先后印经超过 10 万册；经常向市民开放讲经诵经法会，给人以启迪，度化社会各阶层人士，扩大天台宗的宣传，为弘扬人间佛教奠定较为广泛的社会基础。另外，倓虚法师对佛教与政治的关系做出“治理国家，政治和佛教是一体的，只是方式的不同。政以齐民，教以化民；政齐其已然，教化其未然。佛教可以辅政治之不足，助教育之不及，使人有所敬畏”[⑥]的阐述，在当时十分难能可贵，到现在也有很重要的借鉴意义。倓虚法师为香港地区的佛教徒以及社会各阶层人士带去了佛教天台宗，从信仰的层面进行指导，为民众的信仰生活提供便利，使人间佛教理念开始更多地渗透到香港地区的社会中去。

虽然倓虚法师不曾直接阐述人间佛教的概念，但是其佛学思想及弘法活动，都提倡佛教入世的精神。如前所述，倓虚法师在北方各地讲经建寺、培育僧才，适应了生活在近代的中国社会各阶层人士和佛教信仰者对于佛教的信仰需求，使天台宗在北方一些地

---

① 火头僧辑述：《湛山倓虚衔公大师略传》，《香港佛教》1964 年第 43 期，第 14 页。

② 倓虚口述，大光记录：《私记缘起》，载《影尘回忆录》，华藏净宗学会，2012 年，第 34 页。

③ 乐渡：《追思恩师略叙创办华南学佛院之经过》，《香港佛教》1964 年第 43 期，第 22 页。

④ 定因：《倓虚大师出家后的略史》，载湛山众弟子：《倓虚大师追思录》，新北金卡带有声出版社，2001 年，第 129 页。

⑤ 宝灯：《回忆尊师念将来》，载湛山众弟子：《倓虚大师追思录》，新北金卡带有声出版社，2001 年，第 74 页。

⑥ 倓虚口述，大光记录：《影尘回忆录》，华藏净宗学会，2012 年，第 515 页。

区得到进一步的发展和兴盛。1948 年，倓虚法师到香港地区弘法，培养了乐渡、宝灯、畅怀、性空、智海、智开、诚祥、圆智、智梵等僧才，使他们成为 20 世纪 60 至 80 年代香港地区佛教的骨干，有的还前往美国、加拿大及中国台湾地区等地弘法，促进了天台宗在中国香港地区、中国台湾地区和北美一些地区的传播。在香港地区的弟子继承倓虚法师的衣钵，纷纷创办佛教学院以继续振兴香港地区的僧伽教育。

三　从永惺到宽运：开创香港地区人间佛教新纪元

如前所述，“倓虚大师所开拓的人间佛教事业在其有生之年并未开展，或许这一重任落在他的学生永惺身上”[①]。永惺法师于 1948 年随倓虚法师来到香港，是第一期华南学佛院的学僧。永惺法师在倓虚法师座下学习了三年，认真修行，聆听教诲，继承了倓虚法师的人间佛教理念。20 世纪 70 年代后期，永惺法师在荃湾西方寺设立了僧伽培训班。在他的努力下，香港地区的佛教有了开展各项社会活动的基本框架，之后，服务社会与佛教人间化进程得以在此基础上顺利发展，与社会接轨，与时代发展同步。这使香港地区的僧伽教育传统得以恢复，永惺法师被誉为“小释迦”，成为香港佛教现代化的推动者之一。

为了可以更好地传扬人间佛教，永惺法师在弘法模式上进行了大胆创新，将原本单一的念佛讲经扩展为佛学班、佛学夏令营、佛学展览等多种形式。西方寺常常举行各种主题的摄影比赛和展览，不仅能够调动起佛教信仰者和社会各阶层人士参与的兴趣，还可以将菩萨慈悲入世的精神让更多人得以了解和知悉。在永惺法师的倡导下，香港地区的佛教引入了一种新的入教方式——短期出家，即在佛教寺院内短暂居住，与寺内僧人一同生活和清修。这给由于各种原因不方便出家的信众和社会各阶层人士带来了方便，为他们提供了更深入和全面接触佛教的途径，使他们在各种佛教活动中体悟到佛教的博大精深，聆听佛教对人们精神上的洗礼与净化，改善原有的生活方式，甚至给身边的人以积极的影响。

永惺法师还大力提倡香港佛教界与内地佛教界进行广泛、深入的交流。尤其是香港回归二十年以来，两地佛教交流达到新的水平。在弘法场所的兴建方面，五台山的尊胜寺、澄海市(今广东省汕头市澄海区)的圆明禅寺、汕头市龙泉岩万德庄严殿等寺庙的落成或重修，都由永惺法师来开光主法，增进了香港地区与这些地区佛教界乃至社会各界的友谊。在办学方面，2006 年，永惺法师与辽宁大学决定合办“永惺佛学研究中心”，2010 年 7 月“辽宁大学永惺佛学研究中心研修学苑”正式揭牌，以修复兴建佛学院带动内地的佛学发展。多年来，这些机构为促进内地与香港地区的佛教、文化、学术交流与发展作了很大贡献。在慈善方面，永惺法师一直关注“喀左新春助学”慈善助学项目，多次出资资助贫困学生上学，救助的范围和影响力逐渐扩大。2008 年，已经 82 岁高龄的永惺法师，在香港文化中心参加了“庆国庆——深圳市老艺术家书画作品展”，在展览上表示将会对赠给西方寺的作品进行义卖，所得善款全部用于捐助内地贫困地区的希望小学。这是内地与香港佛教界、文化界开展良性双向互动的典范，也是人间佛教精神弘扬与实践的典范。

① 李勇：《西方净土与人间净土的统一与互补——永惺演霖的思想与实践》，《辽宁大学学报(哲学社会科学版)》2010 年第 5 期，第 72 页。

永惺法师在港弘法半个多世纪，是香港佛教联合会名誉会长、香港佛教僧伽联合会副会长、香港菩提学会创会会长，也是名副其实的香港佛教界的著名领袖之一。他创建的荃湾东林念佛堂、荃湾西方寺，为教演天台、行归净土的道场。菩提学会是一个社会慈善团体，虚云和尚纪念堂是对近代三虚之一——虚云大师的纪念场所。此外，永惺法师在国内外还修建了多间寺庙，在美国休斯敦创办浴佛寺、佛光寺，在美国波士顿创办千佛寺，在马来西亚创建普陀寺等；并多次代表香港地区佛教界出席“世界佛教大会”“世界佛教僧伽大会”，多次主持天台宗传法大典。

在人间佛教的理论方面，永惺法师不仅继承了倓虚法师的衣钵，而且形成了自己独到的见解，开展创新性实践。他认为人间佛教的目标是建设人间净土，只有从教理、弘法、教育和管理四个方面实现现代化，才有可能真正将佛教带到人间。他在80岁寿诞上说：“随着时代的发展，我们必须提倡人间佛教，拓展人心环保与现代环保相结合，务求达到心清净，感恩惜福，阐扬正法，互助互惠，敬老慈幼，扶贫济困，救伤助残，化戾气为祥和，教众生平等，社会和谐博爱，创造人间净土。”[①]他以菩提学会和西方寺为基点展开各项佛事活动，菩提学会每周定时举办佛教诵经会、研究班和晚课等活动，永惺法师将人间佛教精神和理念融汇到日常的教理与弘法中，向香港社会各阶层人士开放，以便他们吸取佛教养分。

在慈善和社会服务方面，无论何地发生严重灾难，永惺法师都会带头赈济，号召信众和社会各阶层人士为灾区捐款。如2008年南方冰灾和汶川地震，他代表香港佛教界第一时间伸出援手，安抚受伤者的心灵，为他们重建家园、恢复生活提供帮助。20世纪下半叶，香港加快了国际化和现代化的步伐，与经济发展相伴而生的社会问题之一是人口老龄化。永惺法师未雨绸缪，先后创办了东林、菩提护理等安老院，让人们步入老年后身心可以得到一方净土，颐养天年。他重视人才的培养与教育，在香港和内地创建各级各类教育机构。为发挥医疗济世的功用，他按照大学本科制创办了华夏中医学院；为了培养僧才，他创办真理英文中学、华夏书院等佛教学校；在内地资助筹建二十多所希望学校，兴建四所高中、十多所中小学和幼稚园。[②]丰富的学校资源，让更多的孩子能够接受优良教育，将佛教的高尚情怀融入日常学习中，培养出一批批有文化、有道德、对社会有贡献的优秀人才。2012年，香港特别行政区政府为表彰和弘扬永惺长老在化世导俗、服务社会和利乐人群方面的济世情怀，为他颁发银紫荆星章。[③]这昭示着香港社会对人间佛教思想的肯定和赞扬。2016年5月6日，永惺长老圆寂。在追思赞颂仪典上，社会各界逾千名代表出席了仪式。时任特区长官的梁振英致赞颂词，赞扬永惺长老一生投身于弘法、安老和教育，无私无我。

宽运法师自1986年剃度出家之后，一直在永惺法师身边学习，并协理西方寺事务。2007年，宽运法师成为西方寺第二任方丈。他从师父手中接过衣钵时，正值香港佛教人间化发展遇到新的历史机遇。香港回归十年后，内地佛教与香港佛教的联系不仅更加紧密，甚至还间接推动了两地社会、经济、文化等多方面的互动与发展。宽运法师在频繁的社会活动中，成为香港与内地佛教交流的参与者、谋划者、主导者，将人间佛教和菩

---

① 永惺：《致辞》，《菩提月刊》2005年第5期，第5页。

② 濮文起主编：《中国寺院的故事》，山东画报出版社，2015年，第282页。

③ 参见 http://www.fjnet.com/hwjj/hwnr/201212/t20121216_201979.htm，访问日期：2017年9月13日。

萨道精神更好地传扬了出去。宽运法师说："其实我一年里有一半时间是在内地出席各种活动。'一国两制'下，两地佛教虽互不隶属却同根同源。"①

宽运法师认为，作为济世利人的宗教，如何能运用其智慧解决现实社会人生的问题，这是佛教在新世纪中应当思考的。香港佛教人间化取得的丰硕成果，得益于内地，他希望这些成果也能够惠及内地的社会各阶层人士。因而，他曾多次参加内地举办的佛教祈福法会，主法诵经，也经常招待各地到香港参加佛诞节、观音文化论坛等活动的佛教信仰者、学者和研究者，致力于通过佛教社会服务、文化活动等形式来加强香港与内地的互动与交流。宽运法师还十分关心青少年的健康成长，引导他们认清生命的意义。他认为，当今社会中，青少年易受不良环境影响，易出现自我认知混淆、盲从和偏激思想、情绪冲动、偏差行为。佛教有责任帮助青少年了解自己及所处的环境，从而有能力面对生活中的冲击，学习解决问题的方法，健康、快乐地成长。②他认为这是"人间佛教"的新发展。

宽运法师还很重视与内地学术界的交流和合作，佛教与学术界的联合，既是创新，更是双赢、共赢、多赢，也让人间佛教与菩萨道精神在学术界有所发展和传播。他持续跟进辽宁大学"永惺佛学研究中心"的学术活动；每年组织香港的大学生到内地学习考察，重视青年人才的培养。他与南开大学更有着不解之缘，多次为老师和学生的学术研究与社会实践提供极大的帮助。在新媒体时代，宽运法师在微博、新浪博客等社交媒体上开通了账号，刊登香港佛教界的活动信息及其开示，其微博粉丝量达到了 93250 人，博客访问量已经达到 17763929 次，佛教信仰者与社会各阶层人士均可以自由地和法师进行交流、聆听开示。这为佛教进一步走向"人间"拓宽了渠道，扩大了香港佛教的影响，无远弗届。

宽运法师对世界和平、国家进步等重要议题愈加关注。宽运法师认为，"慈悲"是佛教弘法度生的出发点，"慈悲"标志着中国佛教的根本精神。2016 年 10 月，在香港举办的观音文化论坛上，他向各地佛教道场、团体发出呼吁，主张将"观音菩萨出家纪念日"定名为"世界慈悲日"，呼吁将观音菩萨慈悲济世的精神宣扬开去，借以启迪人心，改善今天社会人心浮动的情况，成为导正社会、净化人心的正能量。2017 年全国"两会"上，宽运法师作为全国政协委员、香港佛教联合会执行副会长和西方寺住持，提倡在香港设立宗教和平委员会。他说："作为香港宗教界的一分子，虽然我们 1978 年成立了六大宗教组成的宗教委员会，但还没有成立一个专职为世界和平出声的组织。所以，我提议香港要设立这样的组织。"③这是佛教文化普度众生、慈悲为怀的明证。他还在政策层面持续为国家文化发展和公民道德建设发声。他呼吁佛教界的有识之士，在社会人生中肩负起责任，思考如何担负起弘法利生的任务，将中国佛教文化更好地融入社会人生，使其在社会人生中得到真实的体现，从而令更多有情众生受惠得益。④

在社会服务和慈善方面，宽运法师曾为中国预防性病艾滋病基金会捐助善款，为甘

---

①《香港西方寺方丈宽运法师，缘定香港度众生(图文)》，佛教网，2012 年 6 月 20 日，http://www.fjxw.net/gatnew/2012-06-20/43862.html，访问日期：2017 年 9 月 12 日。

② 宽运法师：《佛教"觉之教育"与现代青年教育》，新浪博客，2017 年 6 月 23 日，http://blog.sina.com.cn/s/blog_608c6e6d0102wq9x.html，访问日期：2017 年 9 月 23 日。

③ 王丽君：《宽运法师：希望香港设立宗教和平委员会，为世界和平发声》，《法音》2017 年第 3 期，第 68 页。

④ 《弘扬佛教文化，促进公民道德建设》，《人民政协报》2013 年 3 月 9 日，第 5 版。

肃舟曲遭受泥石流灾害的人们募集捐款；2017 年 8 月 8 日，四川阿坝九寨沟发生的里氏 7 级地震，西方寺也在第一时间全力提供帮助，号召社会各阶层人士献上一份爱心；2017 年“两会”期间，宽运法师作为全国政协委员，提出了在香港设立宗教和平委员会的建议……这些都是他慈悲为怀、关爱生命的人间佛教与菩萨道精神的体现。

永惺时期，香港佛教界已经能够与现代社会较好地融合在一起，佛教的各种组织架构、运行模式也都基本形成。宽运法师和他所住持的西方寺在此基础上，继续在佛教人间化道路上做出更多的探索，取得了一定的成功。一诚长老说：“宽运法师在升座以后，西方寺更是蒸蒸日上，法务兴隆。”[①]此外，宽运法师还是中华海外联谊会理事、中华慈善总会常务理事、全国政协委员、辽宁大学“永惺佛学研究中心”荣誉教授、香港菩提学会副会长兼总务主任、东林念佛堂方丈、西澳菩提寺住持、香港佛教联合会副会长、香港佛教文化产业名誉顾问、佛教菩提护理安老院管委会副主席、香港虚云和尚纪念堂董事、佛教能仁书院校监、佛教慧远中学校董、佛教慈正村菩提幼儿园校监、佛教彩辉村菩提中英文幼儿园校董、《菩提月刊》主编等。2007 年，他荣获中华慈善总会颁赠的“中华慈善事业突出贡献奖”，并被授予“中华慈善人物”称号。

倓虚、永惺、宽运三位法师法脉明晰，有关人间佛教的理念和实践也是一脉相承的：倓虚法师到香港弘法时即持有佛教人间化的理念，让这种精神在香港落地生根，为当地带去了天台宗佛教的福音；在他之后的永惺法师和宽运法师继承和发展了这种精神，使人间佛教在香港开花结果，无论是在佛教自身弘法的领域，还是在为社会服务的教育、文化、安老、赈灾、慈善等领域，都取得了丰硕的成果，使香港进入人间佛教的新时代。

四 结 语

佛教与众生存在天然联系。“无缘大慈，同体大悲”是佛教济世利人的宗旨。两千五百多年前，佛陀经过十多年的寻师访道与潜心修行，终于证得解脱生死轮回之“无上正等正觉”。之后佛陀以此无上菩提妙法化导众生，说法四十余年，直至涅槃，以实践他所立下的誓愿：“三界皆苦，吾当安之。”佛陀的誓愿，体现了佛教关怀众生、利乐有情、无我的慈悲精神。“慈”是予众生乐，“悲”是拔众生苦。“大慈与一切众生乐，大悲拔一切众生苦。”《佛说观无量寿经》中说：“佛心者，大慈悲是。”《大智度论》中则更明确宣称：“慈悲是佛道之根本。”这种慈悲精神，在当代人间佛教的发展中得到了最充分的发扬。

天台宗倓虚、永惺、宽运三位法师是慈悲精神的实践者，他们对人间佛教的传扬走出了一条顺畅的发展道路：倓虚法师将人间佛教的理念融入弘法的具体实践中，由北方带到南方。倓虚法师虽然经历了很多困难，但从未放弃对人间佛教的坚守，为人间佛教的传扬奠定了精神和物质基础。永惺法师全面展开振兴佛教的工作，把天台宗佛教全面融入香港社会生活中，充分发挥佛教积极的精神引导作用，使香港的人间佛教传扬开来。宽运法师则牢牢把握香港回归后以及全球化的时代机遇，放宽对人间佛教的宣传视野，不仅加强与内地的交流，还与时俱进地利用各种佛教电视节目、广播、网站以及移动自媒体等新媒体渠道，将天台宗佛教和人间佛教精神传扬到更多的地方，推动佛教人间化

① 普正：《香港西方寺住持宽运法师拜访中国佛教协会》，《法音》2008 年第 5 期，第 61 页。

更高、更快地发展。

永惺法师和宽运法师继承并传扬了这种精神，在香港地区进行了大胆的创新性实践，丰富和完善了人间佛教思想，并通过各种形式的佛教交流活动，把该理念反馈给内地乃至北美一些地区，形成良性的双向互动，推动不同地区华人社会的健康发展。在弘法实践中，三位法师基本都遵循这样的模式：遵循人间佛教的宗旨，兴办各种佛教机构；通过在不同场合的讲经弘法来宣传人间佛教；令佛教深入社会各阶层人士的信仰生活和日常生活。

明清以降特别是清末民初，建设人间净土，成为人间佛教发展的目标。时至今日，通过倓虚法师、永惺法师和宽运法师的不断努力，人间佛教与菩萨道神已经越来越多地融入人们的日常生活之中，也有越来越多的人开始重视佛教对个人和社会的规范、引领作用，与现当代人类文化、社会的发展趋势，保持同步，不断实现着佛教救世度人的基本教化使命。不宁唯是，香港佛教界更加重视社会活动中个体的尊严与价值，更加重视现实人生的成就与品质，极其注重社会参与、生态环保等重大议题。这些价值选择与目标同样也成为人间佛教全力以赴的庄严事业。同时，社会主流对佛教的社会参与接纳度也越来越高，这是人间佛教不断传扬的结果，也昭示了现当代佛教的转型发展。

和谐与对抗
——阿兰 R.H. 贝克新著《和谐与对抗》简介

北京大学 城市与环境学院 阙维民

摘要：阿兰 R.H. 贝克新著《和谐与对抗》研究了作为革命性概念『博爱』之实践表达的19世纪法国娱乐性自愿协会。贝克利用藏于法国国家级与省级档案馆的大量未出版资料，分析了1848—1914年间法国11个省业余音乐协会与运动俱乐部的历史、地理与文化意义。分析结果显示，虽然这些自愿协会利用并延伸了传统的合作与社区概念，以及革命性的博爱概念，但它们仍然包含了竞争与冲突的基本特征，虽然意欲制造社会和谐，但在实践中，它们所反映的理念对抗与文化矛盾渗透了19世纪的法国社会。

关键词：和谐与对抗；19世纪；法国；自愿协会；阿兰 R.H. 贝克

一

2017 年 10 月，阿兰 R.H.贝克(1938—，以下简称贝克)出版了新著《1848—1949 年的法国省级业余音乐社团与运动俱乐部：和谐与对抗》[①](图 1，以下简称《和谐与对抗》)。

贝克是中国历史地理学界熟悉的当代西方历史地理学者，他的学术研究有三个专题方向。第一是历史地理学的历史、哲学与方法，将其作为促进研究与撰述历史地理的探

图 1　阿兰 R. H. 贝克新著《和谐与对抗》封面

* 收稿日期：2018-05-08。

① Alan R.H. Baker，Amateur Musical Societies and Sports Clubs in Provincial France，1848-1914: Harmony and Hostility，Gewerbestrasse，Switzerland：Palgrave Macmillan，2017，pp. 1-350. 阿兰 R.H. 贝克：《1848—1949 年的法国省级业余音乐社团与运动俱乐部：和谐与对抗》，瑞士格沃百斯特雷斯：帕尔格雷夫-麦克米兰出版公司，2017 年，第 1-350 页。

索途径，这是贝克被国际暨中国历史地理学界所认知的专题方向。作为国际《历史地理学杂志》创始成员与主编(1987—1996)、“历史地理研究丛书”(1970—1980，共出版 12 种)与“剑桥历史地理丛书”(1980—2005，共出版 44 种)的主编，贝克为国际历史地理学科的发展做出了重要贡献，也因此获得重要的国际学术声誉。

第二是他的博士论文(伦敦大学学院)研究专题：中世纪肯特郡的土地系统与乡村聚落模式，进而扩展到中世纪英格兰地理研究，主要成果发表在 20 世纪 60 年代[①]。位于英国东南沿海的肯特郡，是贝克 20 岁以前的生活学习成长之地，以最熟悉的家乡作为初始研究地域，进而扩展至全国乃至域外，是中外历史地理学界著名学者的共同特征。

第三是 19 世纪法国乡村变化的景观、社会与经济，主要关注于法国乡村各类自愿者协会的历史发展、地理分布与变化作用。[②]这是贝克最初的研究兴趣，也是他自始至今不

---

① Alan R.H. Baker，Some early Kentish estate maps and a note on their portrayal of field boundaries，*Archaeologia Cantiana*，1962，77，pp. 177-184; Alan R.H. Baker，The field system of an East Kent parish (Deal)，*Archaeologia Cantiana*，1963，78，pp. 96-117; Alan R.H. Baker，1964 Open fields and partible inheritance on a Kent manor，*Economic History Review*，1964，2nd ser. 17，pp. 1-23; Alan R.H. Baker，Field patterns in seventeenth-century Kent，*Geography*，1965，50，pp. 18-30; Alan R.H. Baker，Some fields and farms in medieval Kent，*Archaeologia Cantiana*，1965，80，pp. 152-174; Alan R.H. Baker，The Kentish iugum: its relationship to soils at Gillingham，*English Historical Review*，1966，81，pp. 74-79; Alan R.H. Baker，D. Roden，The field systems of the Chiltern Hills and of parts of Kent from the thirteenth to the seventeenth century，*Transactions of the Institute of British Geographers*，1966，38，pp. 73-88.

② Alan R.H. Baker，Le remembrement rural en，*France Geography*，1961，46，pp.60-62; Alan R.H. Baker，A modern French revolution. Farm consolidation policy in France，*Geographical Magazine*，1968，40，pp. 833-841; Alan R.H. Baker，Reversal of the rank-size rule: some nineteenth century rural settlement sizes in France，*Professional Geographer*，1969，21 no. 6，pp. 386-392; Alan R.H. Baker，Francis John Monkhouse，*Emmanuel College Magazine*，1975，57，pp. 87-88; Alan R.H. Baker，On the historical geography of France，*Journal of Historical Geography*，1980，6，pp. 69-76; Alan R.H. Baker，Devastation of a landscape，doctrination of a society: the politics of the phylloxera crisis in Loir-et-Cher (France) 1866-1914，*Wurzburger Geographische Arbeiten*，1983，60，pp. 205-217; Alan R.H. Baker，Individuals and groups: the problem of method in historical geography，illustrated with particular reference to rural France during the nineteenth century in M. Rosciszewski (Ed.)，*Transition from Spantaneous to Regulated Spatial Organization* (Warsaw)，1984，pp. 15-16; Alan R.H. Baker，Fraternité dans la forêt: la création，le pouvoir et léchec des syndicats de bucherons en Loir-et-Cher (1852-1914)，*Mémoires de la Société des Sciences et Lettres de Loir-et-Cher*，1985，40，pp. 95-116; Alan R.H. Baker，The infancy of Frances first agricultural syndicate: the Syndicat des Agriculteurs de Loir-et-Cher 1881-1914，*Agricultural History Review*，1986，34，pp. 45-59; Alan R.H. Baker，On geographical literature as popular culture in rural France，c.1860-1900，*The Geographical Journal*，1990，156，pp. 39-43; Alan R.H. Baker，Rural landscape as socio-cultural heritage: the late-nineteenth century，cité agricole of Champigny-en-Beauce，Loir-et-Cher (France)，in J. Bethemont (Ed.) LAvenir des Paysages Ruraux Européens (Lyon)，1994，pp.129-142; Alan R.H. Baker，Environment，space and place: historical geography at the Annual Meeting of the Association of American Geographers，San Francisco，29 March-2 April 1994，*Journal of Historical Geography*，1994，20，pp.452-455; Alan R.H. Baker，Locality and nationality: geopieties in rural Loir-et-Cher (France) during the nineteenth century in S. Courville and N. Séguin (Eds) Espace and Culture (Laval)，1995，pp.77-88; Alan R.H. Baker，Farm schools in nineteenth-century France and the case of La Charmoise 1847-1865，*Agricultural History Review*，1996，44，pp.47-62; Alan R.H. Baker，Military service and migration in nineteenth-century France: some evidence from Loir-et-Cher，*Transactions of the Institute of British Geographers*，1998，23，pp.193-206; Alan R.H. Baker，Time，space and modernity in leisure-related voluntary associations in France 1867-1914 in B. Caulier and Y. Rousseau (eds) Temps，Espace et Modernités (Québec)，2009，pp. 219-230; Alan R.H. Baker，Forging a national identity for France after 1789: the role of landscape symbols，*Geography*，2012，97，pp. 22-28; Alan R.H. Baker，Hail as hazard: changing attitudes to crop protection against hail damage in France，1815-1914，*Agricultural History Review*，2012，60，pp. 19-36; Alan R.H. Baker，Pigeon-racing clubs in Pas-de-Calais，France，1870-1914，*Journal of Historical Geography*，2013，41，pp.1-12; Alan R.H. Baker，Des aspects géographiques des sociétés de préparation militaire en France，1870-1914，*Revue Historique des Armées*，2014，274，pp.15-22; Alan R.H. Baker，Emmanuel on stage for the one-hundred-and-first Tour de France，*Emmanuel College Magazine*，2014，96，pp. 77-83; Alan R.H. Baker，The sights and sounds of amateur musical societies in provincial France during the nineteenth century in J-R. Trochet et al (Eds)，LUnivers dun Géographe: (Sorbonne)，2017，pp. 473-493.

懈努力的研究专题。他发表的第一篇学术论文，即为《法国的乡村土地整治》[①]，而其最新的学术成果，即本文所评述的《和谐与对抗》。

二

《和谐与对抗》研究了作为革命性概念“博爱”之实践表达的19世纪法国娱乐性自愿协会。贝克利用藏于法国国家级与省级档案馆的大量未出版资料，分析了1848—1914年间法国11个省业余音乐协会与运动俱乐部的历史、地理与文化意义。分析结果显示，虽然这些自愿协会利用并延伸了传统的合作与社区概念，以及革命性的博爱概念，但它们仍然包含了竞争与冲突的基本特征，虽然意欲制造社会和谐，但在实践中，它们所反映的理念对抗与文化矛盾渗透了19世纪的法国社会。

《和谐与对抗》全书共分四章：社交与博爱、音乐社团、运动俱乐部、结论与推测。

第一章“社交与博爱”(Sociability and Fraternity)，是全著的导章，分为四节。第一节“概念背景”(The Conceptual Context)，界定了该著的主要关键词：“社交”(Sociability)、“博爱”(Fraternity)及其“合法构架”(The Legal Framework)。第二节“案例背景”(The Empirical Context)阐述了该著的研究背景“研究农民协会的基础”(Building on a Study of Peasant Associations)，以及研究对象“业余音乐社团”(Amateur Musical Societies)与“业余运动俱乐部”(Amateur Sports Clubs)的背景。第三节“资料来源”(Sources)与第四节“所选区域”(Selected Departments)，分别叙述了该著的资料获取途径与选择的研究区域(见图2)。

第二章“音乐社团”(Musical Societies)分为十节。前五节分别探讨了叙述框架内容“时间范围”(Timing)、“空间范围”(Spacing)、“社团目的”(Aims)、“代理人”(Agents)与“会员”(Membership)。后五节是有关音乐社团的“可持续性”(Sustainability)、“个人间的冲突”(Personal Conflicts)、“理念上的冲突”(Ideological Conflicts)、“公众抗议与竞争社团”(Public Protests and Rival Societies)与“社团的可见性”(The Visibility of Societies)。其中第五节“会员”探讨了会员的年龄、性别与比例，以及会员的训练。第六节“可持续性”分析基金问题、领导层与招募问题。第十节“社团的可见性”阐述了音乐社团的活动(音乐会、小夜曲、列队游行、比赛)，社团成员的制服，社团的音乐台。最后“终曲”探讨了音乐社团受到其他休闲形式(尤其是运动俱乐部)的严峻挑战。

第三章“运动俱乐部”(Sports Clubs)分为八节：“时间范围”(Timing)、“空间范围”(Spacing)、“俱乐部目的”(Aims)、“会员”(Membership)、“组织”(Organisation)、“个人冲突与理念冲突”(Personal and Ideological Conflicts)、“活动”(Activities)与“文化影响”(Cultural Impacts)。所探讨的运动俱乐部，以该著所绘制的俱乐部数量与分布图为据，主要集中于体操、射击与自行车(出现于次标题)以及鸽子与钓鱼(未出现于次标题)。第八节“文化影响”阐明：对于法国省区城市甚至许多乡镇的社会生活活力，运动俱乐部做了重要贡献。

第四章“结论与推测”(Conclusions and Conjectures)分为四节：“事件、环境与结构”(Événements，Conjonctures et Structures)、“社交与博爱”(Sociability and Fraternity)、“合作、竞争与冲突”(Co-Operation，Competition and Conflict)和“持续、变化与比较”(Continuities，Changes and Comparisons)。

---

① Alan R.H. Baker，Le remembrement rural en France，*Geography*，1961，46，pp.60-62.

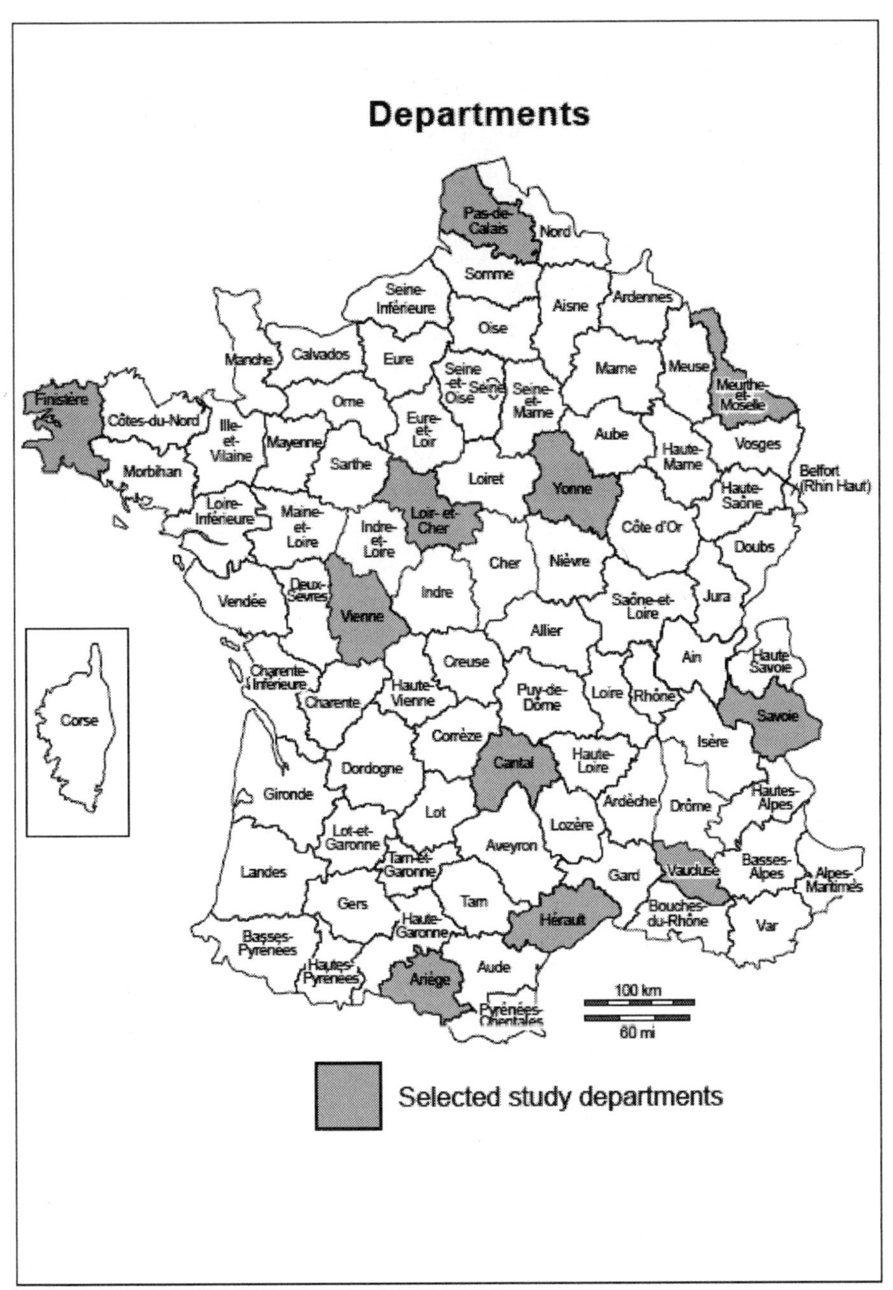

图 2 《和谐与对抗》的研究地域范围：法国的 11 个省

《和谐与对抗》全书配有 11 幅地图、5 幅照片。除每章末都有“备注”(Notes)与“引用著作”(Works Cited)外，书末的“参考文献”分列为四类：未出版的原始资料(11 个省的 153 种)、出版的原始资料(1 种)、未出版的二手资料(4 种)与出版的二手资料(297 种)。

三

贝克的新著《和谐与对抗》，虽然研究的是19世纪法国11省的音乐社团与运动俱乐部的历史地理文化社会现象，但它的研究结论——“和谐与对抗”，揭示了人类历史进程中一个普遍的社会现象。这一社会现象，不会因为贝克新著的研究对象——19世纪法国音乐社团与运动俱乐部——逐渐消失而消失，也不会因为这些研究对象的传统内容与形式的现代化改变而改变。

和谐与对抗，就像一对孪生子，不仅是法国社会的现象，也是大至各国社会乃至国际社会，小至各民族与宗族社会的现象；不仅是19世纪法国社会的现象，也是各个历史时期包括当代各国乃至国际社会以及各民族与宗族社会的现象。

而大量的历史告诉我们，在一个特定社会的历史进程中，当和谐占据主导地位时，这个社会的经济、科技、教育、文化就会繁荣发展，而当对抗占据主导地位时，则会停滞不前甚至衰败倒退。

如何让和谐占据主导地位？需要什么条件？应该遵循什么原则？

贝克的新著没有述及以上这些问题，这不是《和谐与对抗》研究的内容与主题，而应该由每一位读者去思考、去解答。

《秦汉土地赋役制度研究》评介

西北大学　文化遗产学院　徐卫民

摘要：作者以历史唯物主义方法论为指导，本着历史和逻辑相统一、宏观分析和微观考察相统一的原则，以长时段、大视野的眼光，力图贯通式地探讨战国、秦汉时代土地、田税、算赋、更赋制度变迁的历史过程和内在逻辑，分析农民身份地位演变的制度因素。在充分吸收、尊重前贤时哲成果的基础上，将具体问题置于社会结构变动的过程中，分析各种分歧的合理性，得出自己的结论。

关键词：秦汉；土地制度；赋役制度

历史的经验教训值得认真总结，特别是历史上的社会动乱和改朝换代多与土地问题有关，因此，对古代土地制度的研究既具有历史意义，也具有现实意义。

土地制度是贯穿中国古代社会的一条红线，历代经验证明，此问题处理得当，则政治稳定、经济繁荣，反之则王朝衰败，甚至被推翻。因为中国古代实行的是自给自足的经济政策，农业乃经济的根本。在以农立国的古代社会，“重农抑商”是基本国策，土地为国之根本，历朝历代的土地制度变化纷繁，统治阶级极为重视土地问题，一方面是为了分配利益，维护统治；另一方面便是为了“使民”，将民众束缚在土地上。因此，中国古代王朝的兴衰大抵与民众和土地有关。

秦汉土地、田税、徭役制度影响深远，是以后历代赋役制度的历史基础，是把握传统中国社会结构变动、社会矛盾发生与变化、王朝兴衰的核心问题。秦汉时期是中国统一帝国的建立和发展时期，是中国古代制度承上启下的时期，不仅奠定了此后两千多年社会结构的历史基础，也显示了此后历代王朝社会冲突、社会动乱与王朝兴衰的基本规律。土地制度也是如此，既是对秦朝之前的土地制度的继承与发展，又对后代王朝产生了十分重要的影响。秦汉土地制度的材料缺乏，给研究工作带来了极大的影响，尽管涉猎者不少，但是争论问题更多。20 世纪初简牍资料出土以后，特别是 20 世纪 70 年代以来出土的一系列战国、秦汉简牍，极大地丰富了人们对秦汉历史的认识，但因资料缺少系统性，学界对秦汉时期土地赋役制度的认识存在诸多分歧。臧知非先生知难而进，几十年如一日，矢志不渝地耕耘在这块土地上，提出了不少有学术价值的观点，取得了令学界刮目相看的成果。《秦汉土地赋役制度研究》就是他几十年来辛苦耕耘后的收获。全书 47.5 万字，可谓鸿篇巨著，入选《国家哲学社会科学成果文库》，由中央编译出版社于 2017 年 3 月出版。

该书作者以历史唯物主义方法论为指导，本着历史和逻辑相统一、宏观分析和微观考察相统一的原则，以长时段、大视野的眼光，力图贯通式地探讨战国、秦汉时代土地、田税、算赋、更赋制度变迁的历史过程和内在逻辑，分析农民身份地位演变的制度因素。在充分吸收、尊重前贤时哲成果的基础上，将具体问题置于社会结构变动的过程中，分析各种分歧的合理性，得出自己的结论。

全书共分为八章。第一章论述战国授田制形成基础与历史内涵，在讨论井田制一般含义的基础上，讨论春秋时代各国赋役变革的历史内涵，分析“相地而衰征”“作爰田”“作州兵”“初税亩”“作丘甲”“用田赋”等历史内涵，揭示其时赋役变革、田制变革所体现的国家力量对土地控制的发展，为战国授田制奠定历史基础；授田制是战国时代的普遍制度，以提封田法计算土地面积，区分类别，以百亩为单位，根据土地质量确定不同的数量等级，授予相应的农户。第二章论述秦授田制的历史特点，商鞅在总结以往经验的基础上，为实现富国强兵的目的，从国家主义出发，垄断土地，控制人口，实行新的田亩阡陌制度，严格授受，强化田间管理，以课促垦，提高农业生产效率，同时按照军功爵制增加土地，进而讨论秦朝统一授田的实施情况以及与社会结构变动的关系。第三章论述汉代授田及其私有化的历史过程，在系统考辨“复故爵田宅诏”和《二年律令》及其他简牍资料的基础上，考察西汉初期授田制实行状况、土地的继承与买卖及土地私有化的发生和发展，农民土地实际占有情况和制度规定的距离及其原因；阐述汉文帝十

* 收稿日期：2018-02-09。

三年(前 167)“不为民田及奴婢为限”的历史内涵与土地私有制的发展历程；辨析“田宅逾制”“假民公田”“赋民公田”“度田”的各种分歧及其所反映的社会结构的变动状况。第四章论述秦汉田税征收方式与农民田税负担，考释“垦田舆”“舆田”“税田”含义，分析“以顷计征田税”的适用范围、“税田”制的由来和实行情况以及田税货币化对农民负担的影响。第五章讨论算赋制度，从学界对算赋含义的各种分歧入手，从训诂和历史不同层面分析“算”的含义与功能，考释文献和简牍中“算”的各种含义，说明算赋的生成和演变。第六章讨论更役和更赋，秦汉编户民更役复杂、负担沉重，本章分析秦和汉初“月为更卒”的内涵、更役方式和实际天数、“正卒”含义，论证更赋是更役货币化的结果，是商品经济发展到一定阶段的产物，是国家徭役实现方式的改变，体现了国家对农民人身控制的松弛，同时也为基层政府盘剥农民提供了制度上的便利，农民实际负担因为实际执行的原因要超出制度设计。第七章从社会控制角度论述户籍制度中的疑难问题，针对以往研究的分歧，主要讨论什伍制度的历史基础、存在状况、社会等级制度的政治经济内涵、“闾左”含义及其反映的社会控制、“叚门逆旅”的身份属性。第八章讨论傅籍制度中的“算民”与“立户”的关系、“自占年”的制度意义及其程序与功能、傅籍与户等变动等问题。余论部分从理论上说明战国、秦汉时代农民身份特点及其变迁的必然性。

从作者的论述可以看出，在以下诸方面提出了自己的新见解。

第一，关于授田的历史、“相地而衰征”“提封田”法的历史内涵。作者以学界井田研究的丰硕成果为基础，以战国授田制为思考原点，以叙述的方式，追溯井田与授田的关系，说明井田制并非传统理解的土地分配方式，而是土地、军赋、户籍三位一体的制度体系，是战国授田制的历史基础。战国授田标准是每夫一顷，采用的是大亩制，是在“方里而井”的基础上采用“提封田”法计算土地面积而后授之于民，目的是通过控制资源把人口置于国家控制之下，满足国家赋税徭役的需要，其时的农民是国家课役农而非后世理解的小自耕农。“相地而衰征”是春秋时代各国田制和赋役变革的基本原则，其内涵是根据土地质量授予不同数量的土地而征以相同的定额实物税，良田按标准授予，劣田多授，或加倍、再倍以至于三倍、五倍、十倍地授予，具体数量根据土地质量而定；“衰征”之“衰”是授予农民不同质量的土地数量差别，而非传统注家和现代学者所理解的根据产量征收的实物数量级差。这构成了战国时代田税征收方式的基础，荀子说“相地而衰征”是有制度依据的。战国时代的“提封田”法是由“方里而井”发展而来的普遍的土地计算方式，“提封”是设立疆界，“提封田”是国家计算疆域内可用来授予农户的土地，以百里为一个“提封”——计算单位；“提封”并不是王念孙认为的是“都凡”的“声转”，现代学者依据“声转”解为“大数之名”背离历史事实，没有训诂和事实依据。

第二，关于“名田”问题。商鞅在总结六国制度基础上推行秦国特色的授田制，确定社会等级，按照身份授予不同数量的土地住宅以及其他权利，司马迁概括为“明尊卑、爵秩、等级各以差次，名田宅、臣妾、衣服以家次”。这里的“名田宅”是指国家按照名籍授予田宅，是指名籍在授田制中的功能而言，不能抽象地理解为以名籍占有田宅。“名田宅”之“名”不是古人所训释的“自名”之省，而是“名籍”之省，不能得出“名田”是自我申报田宅的结论。这二者有着权力属性的差异，授田以土地国有制为前提，体现的是土地国有制的经济属性，而“以名籍占田”不能体现出土地国有制的性质。从文献

记载看，“名田”在不同历史条件下有着不同的历史属性与形态，不能揭示其时所占之田是由国家授予的这一本质属性，和国家土地所有制相矛盾。释“名田”为“占田”，谓董仲舒说的“限民名田，以澹不足，塞并兼之路”为“名田，占田也。各为立限，不使富者过制，则贫弱之家可足也”于训诂、史实都不能成立。秦朝统一授田制度，在制度层面按照秦国社会等级重新分配土地，是对六国经济结构的大调整。原六国贵族、官僚工商业主因为身份的改变，原来占有的土地因此而丧失，秦朝按照这些贵族、工商业主的新身份授予田宅，自然遇到重重阻力和反抗，遂有迁徙豪强之举，这是秦朝社会矛盾大集结的经济根源。但是，秦朝授田制在实际执行过程中，因为领土的改变、自然条件的变化，产业结构的多样性和政策的调整，农民实际授田数量、土地空间分布、田亩形制因地而异，呈现出多样性，不能按照每夫百亩的制度设计机械式地理解秦朝授田制度和田亩形制，体现了统一之后经济发展的新特点。

第三，探讨了《二年律令》所述土地制度的历史实践及汉代授田制的演变问题。汉代是土地私有制大发展的时代，而《二年律令》有着授田制度的明确规定。学者遂认为，《二年律令》所述授田制并非现实实行的制度，而是旧制度的遗存，是出于稳定社会秩序的目的、为了宣传仁政而做出的姿态，或是对旧制度的追述；刘邦“复故爵田宅诏”不是普遍授田诏，而是重复以有功劳行田宅、满足高爵的原则，不是为了授田给普通农民；其时土地有限，无法实现普遍授田给农民，《二年律令》所述不过是一纸具文而已。作者认为，汉初不存在学者所理解的人地关系紧张、授田制难以为继的问题，刘邦“复故爵田宅诏”本身包含普通农民授田的制度内容，“以功劳行田宅”“满足高爵”正是以普通农民授田为基础的；《二年律令》进一步证明汉朝建立伊始继续实行授田制，都是每夫百亩的标准，在田亩形制上也延续了秦朝的二百四十步亩制，而且进一步丰富了人们对秦朝授田制内容的认识。作者进一步指出，汉代尽管是土地私有化迅速发展的时代，但从制度设计层面看，即使在汉武帝以后也始终存在着授田制的规定，而土地私有化与授田制的设计有着内在关联，授田制是私有化的制度因素：授田目的是把农户固着于土地以实现徭役赋税，故一经授予即固定于个人名下，由占有而所有，可以继承和买卖，处于私有化过程之中，这是经济结构发展的历史结果，不因哪一位皇帝的某一道诏令而废止。汉文帝十三年曾免除田税，东汉儒生曾谓汉文帝“不以田宅奴婢为限”，有的学者遂认为汉代授田制到汉文帝时就正式废除了。作者认为，汉文帝诏令有其特定的历史内涵，并没有废除授田制，文帝后元三年(前161)的诏书“夫度田非益寡，而计民未加益，以口量地，其于古犹有余，而食之甚不足者，其咎安在”说明了当时授田制的存在，“度田”与“计民”就是为了“以口量地”，即计算人地比例，以制土分民，这正是先秦以来授田制的传统。汉武帝时土地兼并发达，但“田宅逾制”既说明了土地实际占有的两极分化，也说明了制度的延续性，有“制”存在，这个“制”是授田制下的数量标准；西汉的“假民公田”、东汉的“赋民公田”都是授田制的孑遗和补充，和土地租赁性质有别。当然，这种“制”随着经济结构的变动而失去实际意义，大一统的帝国统治也就走向了崩溃。长期以来，绝大多数学者出于东汉大土地所有制发达的既定思维，认为刘秀“度田”是一场失败的土地核查行动，是刘秀集团代表大地主豪强利益的体现。该研究认为，刘秀“度田”没有因为兵变而废止，而是严格执行下去，是东汉初年整顿社会秩序、打击地方分裂势力的有效举措，也体现了国家重新控制社会、土地、人口以实现人地结合的努力，收到了良好的效果，文献和简牍资料都表明东汉一代始终存在“度田”，其实施效果则呈递减态势；东汉虽然大土地所有制发达，但并不能因此得出东汉建立伊始就对社会控制处于无效状态。

第四，论述了授田制与私营工商业发展的关系。私营工商业发达是战国秦汉经济结构的特点，学界在讨论这一问题时，多从土地私有制层面分析私营工商业发展以及国家实行重农抑商政策的原因。该研究认为，战国时代私营工商业发达、西汉前期私营工商业再度兴起，并成为兼并农民的疯狂势力，原因是多方面的，授田制的因素则不容忽视——授田制赋予了私营工商业主的经济资源：授田制之下的良田按照标准授予、劣田增加授田数量的制度设计，为私营工商业提供了支持，山川林泽等折合成良田授予农户，为私营畜牧业、种植业、矿冶业提供了最初的经济资源。在生产力有限、生产工具落后的条件下，对于普通农民而言，这些劣等土地垦种困难，为了鼓励垦荒，所以增加授田数量以补质量不足所带来的收益差异。但是，这些山川林泽、池沼湿地，不宜农作，却有着丰富的经济资源，随着生产技术的进步，可以发展矿冶、畜牧、经济作物种植，成为私营工商业兴起的原始生产资料。秦朝部分工商业主被迁离故土之后凭借授田所得山林矿冶资源而富甲一方，西汉初年的授田制度、分封制和无为放任的经济政策、汉文帝农商并重的经济政策，重新造就了大批的私营工商业者，结果又加速了对授田制度的侵蚀。

第五，探讨了田税征收方式和农民田税负担：“以顷计征”与“税田制”。关于秦、汉田征收方式，传统文献记载寥寥，学界理解难以深入。简牍资料问世之后，认识逐步具体，而分歧甚远，归纳起来，可以分为三种观点：第一种观点认为是定额税制，即政府确定统一的亩产量，根据税率确定统一田税额，每亩地交税三升、四升或者一斗，等等。第二种观点认为采用浮动税制，即每年估定平均亩产量，征收田产的十五分之一或者三十分之一，只要掌握每家每户所耕土地面积，也就确定了每户农民的田税数，农民田税额每年都随着政府估定产量的变动而变动。第三种观点认为秦、汉田税征收方式有别，不能笼统视之，秦朝田税采用的是“按顷计征”的办法，是以一户有田百亩的假设而按户征纳的，有田百亩的人，固然要按顷亩纳租，而不够顷田的农户，同样要交顷田之租，西汉改为按照土地数量和产量依据税率计算征收。作者认为，从授田制度的以授促垦、以授保税这一总原则出发，认为第三种观点也就是“以顷讠征、按户征收”的看法接近历史事实，但是，这不仅是秦朝制度，也是西汉，起码是西汉前期的制度，秦朝的授田百亩不是“假设”而是真实的存在，西汉继承秦朝授田制自然延续其田税征收方式。在具体实施过程中，“以顷计征、按户征收”根据田税结构而异，刍、稿以顷为单位，谷物则根据授田民实际垦种状况采用“税田”制。“税田”是官府在农民垦田中按照一定比率划定的用于缴纳田税之田，“税田”制是征缴“禾”即谷物的计算方式和征纳方式，其程序是在每年五月份根据庄稼长势“取程”，依“程”确定产量；把官府额定的应该缴纳的税额，按照“税田”标准产量，在民户垦田中划定“税田”面积，“税田”之收用作田税，在秋季按户平均征收。其目的是在完成国家设定田税任务的前提下，既能体现田税按户平均征收的特点，又能反映出垦田实情，体现地方官吏督促农事情况。根据里耶秦简、岳麓秦简、张家山汉简等资料，其时田税征收方式以每夫百亩的授田制为基础，国家在授田的同时，即明确百亩之田的田税任务，根据田税内容分类计算，征收方式则因实物而别。刍、稿有全国性的统一数量标准，即刍三石(西汉规定上郡是二石)、稿二石，无论耕种与否，收成如何，都必须缴纳；谷物虽有统一税率和数量标准，但具体执行则

根据地域差异而调整，不同郡县的谷物数量有别。按照当时行政体制，中央制定统一数量标准，根据地域情况分解给郡，郡分解给县，县分解给乡。郡与郡、县与县的具体数字并不相同。县是一级财政单位，一个县的田税数量统一。乡是具体的完税单位，乡吏的任务就是根据税率、采用“税田”方式确定各家各户应税数量，而后平均“以户数婴之”以满足设定的田税标准。因为各乡垦田和庄稼生长有别，产量不一，所以用调整农户“税田”和垦田比例的方式，既满足户均田税数的需要，又反映各乡垦田情况。在这里，谷物、刍、稿的按顷计算与按亩计算的关系是：谷物就国家而言按顷计算，基层实施则按亩计算，刍、稿则统一按顷计算，谷物、刍、稿均统一按户征收。因而，国家虽有以授田百亩为基础的统一标准，但不同地区农户的实际负担并不统一，一切均在基层官吏具体执行之中。田税形态，在秦朝和汉初，以实物为主，间收货币，随着经济结构的变动，根据国家财政需要，货币的比重越来越大。而实物与货币的具体折算由乡官里吏按照“平贾”确定。“平贾”是官府制定的价格，因时因地而异。这不仅是农民落入高利贷陷阱的制度因素之一，也是推动工商业发展的杠杆之一，同时，为基层政府和乡官里吏盘剥百姓、中饱私囊提供了制度上的便利：“税田”的多寡、刍稿征收时间、实物与货币的折算，均在基层政府、乡官里吏的掌握之中，都有牟利空间。

西汉已降，因为土地私有制的发展，田税征收方式呈现多样性，但是税田制依然存在，“田虽三十而以顷亩出税”是对授田制下“以顷计征”的概括，东汉“度田”与确定田税的同步、“田分上中下”、乡官之“皆主知民善恶，为役先后，知民贫富，为赋多少，平其差品”，都是税田制遗存的体现。吴简《嘉禾吏民田家莂》之“定‘熟田’‘旱田’若干”是“税田”制的发展。

第六，研究了秦汉时期的算赋问题。算赋是汉代重要税种，中外学者对算赋的起源、数量做过深入细致的考察，虽然在数量和实施细节上还存在分歧，但学者们一致认为，算赋起码在秦昭王时期已经实行，秦朝成为统一的制度，刘邦的“八月初为算赋”是汉代实行算赋的开始，江陵凤凰山十号汉墓出土的4号木牍、5号木牍，天长木牍《算簿》等是基层征缴算赋的原始记录。作者根据简牍和文献实例，在前人研究的基础上，认为“算”的词性和含义具有多样性。其作为动词，是指计算活动，后世的谋划、权衡、算计、谋算就是从计算这一活动引申而来的。其作为名词，本指计算用具，后将计算的某一数量单位或和计算有关的考核的奖惩单位称之为算，同时是服徭役的人的代称，成为量词，系动词的名词化。其作为钱数单位，有120钱一算、127钱一算、10000钱一算等；其作为考核单位，具体内容则因对象不同而不同，如汉简中边境吏卒的“得算”与“负算”、张家山汉简《算数书·医程》的“得算”和“负算”之“算”指的是考核之后的奖惩单位。其具体含义要根据上下文、置于当时语境之下分析，不能仅仅根据字面含义理解，更不能把文献和出土简牍中的“算”都解为算赋之省。从事实逻辑上分析，刘邦“八月初为算赋”是指“八月算民”即“算”民而后赋之，不是八月初次或者是八月初征收算赋；《九章算术》徭役类算题的“算”不能解为算赋，因为此解与算赋的征收对象矛盾；凤凰山木牍的“算”不是算赋的省称，解为算赋之省，不仅与训诂学上的唯一性原则矛盾，而且在实践上也没有可行性；天长汉牍所记之“算”是指符合服役条件的人。作者认为，算赋作为单独的税种，有一个生成和发展的过程，起源于“算民”而后“赋”之，其早期，“赋”的内容并非人口税，而是包含了所算之民应该承担的各项赋税徭役义务，而后逐步地以收钱代替服役，即徭役货币化，逐步地成为单独的人口税税种。

第七，论证了“正卒”“更卒”与“更赋”的不同意思。历代注家或拘泥于经学思维，或望文生义，对“正卒”“更卒”与“更赋”有不同解释，随着新资料的出土，今人多有更正，但仍有不明之处。作者认为，“正卒”以荀悦解释为是，是傅籍之后役龄男子的统称；秦汉时代更役内容复杂，“更”的次数、时间因时因事而异，“月为更卒”不能机械地理解为一年在郡县服劳役一次、一次以一月为期，而是具有多样性。“更赋”是更役的代役钱，其形成有一个过程，秦和汉初，交钱代役是应役人员的个体行为，随着经济发展、社会结构、徭役结构的变动，演变成为人人都要缴纳的独立税种，是徭役货币化的体现之一，也是农民负担逐步加重的表现；其数量就目前所见有三百和两千之别，是不同时期的制度，不能理解为两汉通制。

第八，研讨了什伍连坐的渊源、“闾左”“叚门逆旅”的身份属性。千百年来，无论是思想家还是史学家，一致把什伍连坐作为秦朝暴政制的代称，是秦朝短祚的原因，而商鞅是什伍连坐制的始作俑者。这也是现代学者的共识，商鞅因此备受诟病。作者认为，什伍连坐制不是商鞅的发明，而是其来有自。春秋时代各国田制变革、《周礼》所述井田制下的“九夫为井”“十夫为沟”制以及《汉书·食货志》综合的井田制，都包含着户籍连坐的因素；春秋时代步兵兴起、管仲“三其国而五其鄙”、《管子》和《鹖冠子》《逸周书》等不约而同地设计了什伍连坐制，说明这是当时思想家、政治家思考的相同内容，都是用来指导现实的，各国的变法普遍推行之，不过是实施程度不同而已。商鞅变法是把早已实行的什伍连坐制根据秦国特点予以严密化、法治化，同时彻底地以军功等级制代替传统血缘关系为基础的等级制，民户按照身份高低居住在不同的区域，其生产、生活都处于官府的监视管理之下，国家的社会控制高效而严密，效率远远高于六国。学术界对“闾左”含义多有训释，或认为其是居住在“闾里之左者”，或认为其是复除不服徭役者，或认为其是贱民，或认为其是“里佐”。作者从战国秦朝编户民身份等级和基层组织“里”的形态入手考察其内涵。根据其时之编户民按照身份分区居住，有着严格的法律规定的事实，认为“闾左”在空间上是指里门之左而非“闾里之左者”，“发而闾左之戍”是征发暂住于里门之左的“宾萌”“寄人”等“浮浪人口”。这种征发违背法律的相关规定，不应该服役的人也在征发之列，故受到批评。学术界对“叚门逆旅”的见解也是不同的：一种意见认为“叚门逆旅”是指商贾和开旅店的人，是私营工商业者，其思考前提是商鞅变法推行的打击私营工商业者的政策，即“事末利及怠而贫者举以为收孥”。另一种意见认为“叚门”是“监门”的别称，监门是一种贫贱之人，是一批脱离生产的游民。该研究认为，说“叚门逆旅”是脱离生产的游民是对的，但并非“监门”。释“叚门”是“监门”于训诂和事实均无据，“监门”是守门人，虽是贱役但属于公职人员，并非无业游民。“叚门逆旅”也非商贾和开旅店的人。商鞅变法采用的是加重私营工商业者的徭役赋税负担的经济手段，而非用行政手段将私营工商业统统没为官奴隶；收孥的对象是“贫者”，而非“事末利”者和“怠而贫者”，“及”所联结的是致贫的两个原因——“事末利”和“怠”，即将“事末利”而贫和“怠”而贫这两类人没为奴隶。作者认为“叚门逆旅”是“寄居于逆旅之人”。发“闾左”和“叚门逆旅”体现了国家控制社会的特点。

第九，辨析了“自占年”与傅籍的含义。“自占年”是“算民”“案比”的核心内容，学界一般理解为“自我申报年龄”。作者认为，从汉代傅籍制度和训诂历史事实的不同层面分析，古人训“占”为申报均不能成立。占的本意是观察判断，而后引申出推测、验证诸意，古人谓“隐度”是引申义，申报则是转引义，不能根据这些引申义将“自占年”

理解为自行申报年龄，不合“算民”“案比”的程序和要求。“自占年”是亲自到指定地点核实登记年龄、身体状况、身份，以确定是否、如何应役。“傅籍”即著名役籍，既是编制新户籍，又是保证准确征发徭役、征缴赋税的前提，同时对变动的社会等级予以法律的认可。

作者的主要创新点表现在：在视角上从社会控制和社会结构的历史变动层面系统考察土地赋役制度的演变与影响，因而在具体内容上提出了自己的看法。其一，系统考察授田制度的历史基础和实施演变过程，明确提出和论证不能用“名田”代指授田、《二年律令》是实际实行的制度、汉文帝没有废止授田制、授田制废止是个历史过程；其二，明确提出和论证授田制下的“以顷计算、区别作物、按户平均征收”的田税征收方式实施和演变过程，系统考察“税田”制在两汉的存续情况，填补了以往研究的空白；其三，对算赋进行探索，认为算赋是徭役货币化的结果，其生成经历了相应的历史过程而成为统一制度，这一过程，是经济结构变动的体现，是国家控制社会的经济体现。

纵观全书，可以看出作者新论迭出，立论有据，逻辑严密。有以下三个特点。

其一，全书立意深刻，观点新颖，论证严密。书中研究的问题大多是学界的热点问题，有不少学者进行过研究，但臧先生依据自己的研究提出了新的看法，推动了该领域的研究，这是难能可贵的。比如对孟子所描述的井田制，历史上是否存在，他通过传统文献，如《周礼》《汉书·刑法志》和《汉书·食货志》以及《诗经》等文献资料，认为孟子所描述的九夫为井、班固所说的八家共井等在理论上都是存在矛盾的，在实践上也是无法实行的。

其二，利用两重证据法进行研究，资料翔实，得出的结论令人信服。关于秦汉时期的土地赋役制度尽管非常重要，但传世文献记载比较少，给研究带来了一定的困难，因此过去涉猎的人比较少。随着考古工作的深入，秦汉简牍材料的不断出现，这一问题的研究成为学术界的热点。臧先生巧妙地将传世文献与考古发现的简牍材料结合起来进行研究，从而得出了合理的结论。

其三，鉴古知今。在中国传统社会，农业人口是主体，农民是人口的绝大多数，农民的生存条件、劳动资料的占有状况及其产品分配决定着农业发展水平，直接决定着社会矛盾与社会冲突的发生与发展，决定着社会的稳定和王朝兴替，社会危机的核心问题就是农民生存危机而引发的剧烈的社会动荡。历朝历代的思想家、政治家苦思冥想的治国之道、理民之术的核心就是如何管理农民、稳定农业。秦汉时期是中国统一帝国的建立和发展时期，不仅奠定了此后两千多年社会结构的历史基础，而且显示了此后历代王朝社会冲突、社会动乱与王朝兴衰的基本规律，对于从土地赋役的制度设计层面分析古代中国的社会冲突具有典型意义。土地与赋役制度正是和农民的关系最密切的，历史上既有成功的经验，也有失败的教训，而秦汉时期的土地赋役制度不但对当时的社会产生了极大的影响，而且对后世也影响甚巨。即使在当代，我国还有百分之四十以上的农民，如何处理三农问题也是保证社会进步发展必须加以认真对待的重大问题。

然而该课题所涉及的土地、田税、算赋、更赋、户籍等，都是秦汉史研究的经典问题，因为传世资料阙如，以往只能根据古人的原则性记述，给出抽象的认识，和历史实际距离甚远。近来因为一系列新资料的公布，中外学者从不同层面深入探讨，精细入微，新识不断，成就蔚然。但是，从理论上说，历史是过去的存在，是无法“复原”的，任何真相的把握和认识都是相对的。从事实上看，秦汉历史四百余年，就纵向来说，各项制度有继承、有演变；就横向而言，区域差异甚大；从制度设计和制度实践的层面来看，二者有着相当的距离，并且随着国家的发展、国家职能的变迁，农民实际负担和历史命运与统治者的初衷渐行渐远。所以，无论是从宏观分析，还是从微观考察，都有相当的探讨空间，有待于进一步探究和充实。作者长期以来潜心这一问题的研究，取得了学界公认的成果。但由于资料的缺乏，许多问题仍然有进一步探讨的空间，该著作的出版，无疑具有非常重要的学术意义和现实意义。

当然，该研究也存在一定的不足。首先，由于秦汉时期距离现在时间太久，留下来的资料太少，给这一重大问题的研究带来了不少的困难，作者提出的一些看法未免完全正确，尚有可商榷之处，还需要更多材料的补充和完善，随着考古新资料的不断涌现，我相信相关的研究一定能够更加完善。其次，作者在第二章用的标题为“秦朝授田制度的统一及其实态”，但其中内容不少是秦国时期的，秦朝与秦国是不同的概念，内涵也不一样。最后，在结构上最后两章似有画蛇添足之嫌，可以删除；余论部分不够深入；税田、算赋、更赋还需要新资料进一步证实。期待再版的时候予以修改。

读《岳麓书院藏秦简(伍)》札记

武汉高校读简会

有学者曾言“历史学就是史料学”，这一说法稍显绝对，却触及了历史研究的根本问题；新史料则是生发新学问，是历史研究得以深入推进并焕发新生机的动力。2017年秋，鉴于简牍资料陆续出土的实际状况，也为了活跃武汉地区的简牍学习氛围，培养武汉高校简牍研读的生力军，尤其是在简牍研究传统相对薄弱的学校培养学生认识简牍、接触和运用一手出土文献的习惯，掌握基础的简牍阅读技巧和研究技能，华中师范大学历史文化学院、武汉大学历史学院、华中科技大学历史研究所的数位老师和学生一同以“武汉高校读简会”(又名读谭社)的名义发起组织了简牍读书活动。读书会的形式较为多元，初以《里耶秦简牍(第一卷)》和简牍人名、地名、爵名、行邮文书等各类主题为核心。2018年上半学年研读重心集中到新出版的《岳麓书院藏秦简(伍)》上[①]，以下是简牍读书会期间的一些基础认识，特辑录部分以请方家批评指正。

一

> ●廿六年十二月戊寅以来，禁毋敢谓母之后夫叚(假)父，不同父者，毋敢相仁(认)为兄、姊、弟∟。犯令者耐隶臣妾而毋得相为夫妻，相为夫妻及相与奸者，皆黥为城旦舂。有子者，毋得以其前夫、前夫子之财嫁及入姨夫及予后夫、后夫子及予所与奸者，犯令及受者，皆与盗同灋。母更嫁，子敢以其财予母之后夫、后夫子者，弃市，其受者，与盗同灋。前令予及以嫁入姨夫而今有见存者环(还)之，及相与同居共作务钱财者亟相与会计分异相去。令到盈六月而弗环(还)及不分异相去者，皆与盗同灋。∟虽不身相予而以它巧(诈)相予者，以相受予论之。有后夫者不得告辠其前夫子∟。能捕耐辠一人购钱二千，完城旦舂辠一人购钱三千，刑城旦舂以上之辠一人购钱四千。女子寡，有子及毋子而欲毋嫁者，许之。谨布令，令黔首尽。(1025-1026)

该条法令涉及秦代婚姻关系与财产保护，禁止前夫子女与后夫子女之间形成兄、姊、弟关系，同时禁止两者相为夫妻和相与奸，犯令则进行对应的惩罚。再依次说明有子更嫁之母和前夫之子财产处理不当的处罚，以及特定情况下财产的处理和犯罪处罚。法令试图隔断两个家庭之间的连接，同时说明与此相关的奖赏政策。该法令意在保护前夫、前夫之子的财产，有其现实背景。秦代对外扩张，屡兴战争，本国男性损失严重，导致大量妇女成为寡妇，战场上死去的战士的财产得不到保障，容易被妻子攫取。因此，秦国为了奖励军功，使战士打仗没有后顾之忧，遂禁止有子妇女用前夫之财改嫁。

同时，这条法令也可能与秦帝国移风易俗的措施有关。《史记·秦始皇本纪》中会稽刻石颂秦之德：“饰省宣义，有子而嫁，倍死不贞。防隔内外，禁止淫泆，男女絜诚。夫为寄豭，杀之无罪，男秉义程。妻为逃嫁，子不得母，咸化廉清。大治濯俗，天下承风，蒙被休经。”[②]对家庭伦理方面的整肃是秦帝国引以为傲的“政绩”，而这条简中，对前夫

* 收稿日期：2018-07-06。

* 附记：参加“武汉高校读简会”的老师和学生主要来自华中师范大学、武汉大学、华中科技大学和加州伯克利大学。各部分执笔者有刘聪、Trenton Wilson(魏德伟)、刘楚煜、但昌武、高欣媛等人，本文最后由华中师范大学历史文化学院郭涛统稿。

① 陈松长主编：《岳麓书院藏秦简(伍)》，上海辞书出版社，2017年。

② 《史记》卷六《秦始皇本纪》，中华书局，2014年，第333页。

及前夫之子财产的维护，对于不同父的“兄弟姐妹”(尽管在法律上不予承认)的婚姻与“为奸”关系的惩罚，都带有浓厚的移风易俗色彩，可与会稽刻石内容对照理解。

此外，整段法令可与西汉时期的《先令券书》对读，《先令券书》中的那位老母亲嫁有三夫，共有子女六人，六位儿女的财产是由这位老母亲来分配的，后来其小儿子“公文”无产业，老母亲又从与公文不同父的姐姐和妹妹那儿拿了部分田地给公文。①这与秦简中的记载完全不同，或许值得我们进一步讨论。其他意见如下。

(一)姨夫

关于“姨夫”，整理者注为：入，交、交纳。《说文》：“入，内也。”姨夫，妻之姐妹的丈夫。入姨夫，即交给姨夫。②何有祖先生认为，此处“入姨夫”之“入”与“入赘”意义相同。③张以静先生指出，“入”为“入赘”之意，“入姨夫”之“姨”泛指“妇女”，主要指“离异”或者“夫死更嫁”的妇女。④“入姨夫”，释为“妇女招婿入赘为后夫”。刘楚煜则认为：“把‘入’释为‘入赘’是合理的，‘入赘’的对象是‘姨夫’，‘姨夫’应当是专指一类男性。‘姨夫’是一个‘偏正结构’的词语，‘姨’是修饰语，‘夫’是中心语。‘姨夫’应当专指在秦代经济落后的情况下那些难以独立生活、贫穷无能，不得不依靠寡妇生活的人。”⑤

今按：壻字，同“婿”。睡虎地秦简《为吏之道》：“赘壻后父，勿令为户，勿鼠(予)田宇。”⑥此处，“姨”字可能与壻有联系。文献中，胥、咠两字多乱。《晋书·地理志》云：“武威郡揖次县。”钱大昕《廿二史考异》云：“当作揟次，汉隶胥、咠二字多相乱，故讹为揖；隋开皇初改广武县曰邑次，又因揖、邑同音而讹也。”⑦

(二)分异

“相与同居共作务钱财者亟相与会计分异相去”中“分异”，整理者引《史记·商君列传》：“民有二男以上不分异者，倍其赋。”解为“分户”，并认为这里的“分异”是针对前文所说“同居共作务”而言的，即户籍要分开。⑧

我们认为，整理者把“分异”解为“分户”不符合该句语境，此处当指财产分割，针对的是作务收入而非同居，“分异”的基本义是分别不同，此处分异具体对应的是财产而非户籍。

① 陈平、王勤金：《仪征胥浦 101 号西汉墓〈先令券书〉初考》，《文物》1987 年第 1 期。

② 陈松长主编：《岳麓书院藏秦简(伍)》，上海辞书出版社，2017 年，第 73 页。

③ 何有祖：《〈岳麓书院秦简(伍)〉读记》，简帛网 2018 年 3 月 10 日，http：//www.bsm.org.cn/show_article.php?id=3004。

④ 张以静：《读〈岳麓书院藏秦简(伍)〉札记一则》，简帛网 2018 年 3 月 27 日，http：//www.bsm.org.cn/show_article.php?id=3036。

⑤ 刘楚煜：《初读〈岳麓书院藏秦简(伍)〉札记二则》，简帛网 2018 年 4 月 24 日，http：//www.bsm.org.cn/show_article.php?id=3063。

⑥ 陈伟主编：《秦简牍合集(壹)》，武汉大学出版社，2014 年，第 1133 页。

⑦ 钱大昕撰，陈文和、张连生、曹明升校点：《廿二史考异》卷一九《晋书二》，凤凰出版社，2008 年，第 264 页。

⑧ 陈松长主编：《岳麓书院藏秦简(伍)》，上海辞书出版社，2017 年，第 73 页。

二

●捕以城邑反及非从兴殴(也)，而捕道故塞徼外蛮夷来为闲，赏毋律。今为令：谋以城邑反及道故塞徼外蛮夷来欲反城邑者，皆为以城邑反。智(知)其请(情)而舍之，与同辠，弗智(知)，完为城旦舂。以城邑反及舍者之室人存者，智(知)请(情)，与同辠，弗智(知)，赎城旦舂。典、老、伍人智(知)弗告，完为城旦舂，弗智(知)，赀二甲。·廷卒乙廿一

●能捕城邑反及智(知)而舍者一人，(拜)爵二级，赐钱五万，诇吏，吏捕得之，购钱五万。诸已反及与吏卒战而

受爵者毋过大夫∟，所□虽多□□□□□□□□□□□□□及不欲受爵，予购级万钱，当赐者，有(又)行其赐。·廷卒乙廿一

●吏捕告道徼外来为间及来盗略人，谋反及舍者，皆毋赏。·隶臣捕道徼外来为间者一人，免为司寇，司寇为庶人。道故塞徼外蛮夷来盗略人而得者，黥劓(劓)斩其左止(趾)以为城旦。前令狱未报者，以此令论之∟。斩为城旦者，过百日而不死，乃行捕者赏。县道人不用此令。·廷卒乙廿一

●隶臣捕道徼外来诱而舍者一人，免为司寇，司寇为庶人。其捕数人者，以□☑

数人共捕道塞徼外蛮夷来为间及来盗略人∟、以城邑反及舍者若诇告，皆共其赏∟。欲相移，许之。

告道故塞徼外蛮夷来为间及盗略人∟、以城邑反及舍者，令、丞必身听其告辤(辞)，善求请(情)，毋令史

治道故塞徼外蛮夷来为间及盗略人∟、以城邑反及舍者，死辠不审，耐为司寇；城旦舂辠不审，□(赀)

鬼薪白粲辠、耐若䙴(迁)□☑

☑䙴(迁)辠不审论。·廷卒乙廿一(1792—1602)

此段内容是关于缉捕“以城邑反”的令文，编号均为“廷卒乙廿一”，可分为五个部分。

第一部分，论述了此令颁布之缘起与此令实施的对象。指出对于抓捕“以城邑反”及相关罪行之人的捕者，无对应的律文进行赏赐。此处的“赏毋律”有两种情况：①捕“以城邑反”；②没有参与政府征发的抓捕行动，但是也抓捕了“道故塞徼外来为间”的人。从而引出“今为令”，以下就是对此抓捕行为所颁布的令文，可见“令”对“律”的补充作用。于是句首“捕以城邑反及非从兴殴(也)，而捕道故塞徼外蛮夷来为闲，赏毋律”意思是，那些参与抓捕“以城邑反”的人，但无律文确定赏赐标准；只是，虽都以“以城邑反”为主题，但前者所言是赏，令文所言是罚，赏罚之间存在一定的转换和匹配关系。令文具体划分“以城邑反”犯罪相关的各类人员及其处罚，以为赏的参照。将有罪者分为三类人：一是以城邑反直接犯罪者(强调以城邑反的适用对象)；二是舍者及室人；三是里中管理者。处罚不同，赏赐也有所区别。

第二部分，赏罚相配，解释在抓捕“以城邑反”及相关罪人中，有功庶人应当如何

行赏。“能捕以城邑反及智(知)而舍者一人，(拜)爵二级，赐钱五万，诇吏，吏捕得之，购钱五万。”即可以看作对抓捕第一类及第二类中知情舍者同等罪刑的详细解释。功劳也分为两种：①亲自抓到了；②提供信息给吏，而且吏因此抓到了他们。赏赐有拜爵和赏钱两种，后面还有附加的规定。

第三部分，在抓捕“以城邑反”及相关罪人中，有功之吏的赏赐安排。令文规定，吏有功皆无赏；隶臣、司寇有功应当行赏。能捕一人的隶臣可免为司寇，司寇免为庶人。相对于庶人，隶臣、司寇作为捕者获得奖赏的附加条件是，如果被捕者被斩为城旦舂且能百日不死才能行赏。

第四部分，区分了捕一人、捕数人、数人共捕几种情况下的赏赐。如果是共同抓到的，就共其赏。这些赏赐也可以相互让渡。

第五部分，官吏在抓捕与审理“以城邑反”及相关罪人中的责任。从残存简文来看，其责任有二：①一定要亲自去听告辞，并且认真分析；②对于相关罪行的审理一定要谨慎而认真。

从目前所见简文来看，秦廷对于“以城邑反”及缉捕“以城邑反”的规定可谓系统而详细，考虑到各种人在其中的角色和可能出现的行为，体现了秦法的严密与细致。其他意见如下。

(一)以城邑反

里耶秦简牍中简 12-10 载有审判“以城邑反”的案件如下。

> 廿六年六月癸丑，迁陵拔讯榬、蛮、衿☐
> ☐鞫之：越人以城邑反，蛮、衿害弗智(知)☐

“越人”，整理者注为“当时生活在此地的濮越等少数民族”[①]。今结合岳麓(伍)的记载“谋以城邑反及道故塞徼外蛮夷来欲反城邑者”的语境来看，以城邑反者针对的是个人犯罪，且律文具有普遍性，“越人”更可能是人名，而非族群名。里耶秦简牍 9-8 中的“越人”就是阳陵逆都士五(伍)之名。

> 卅三年四月辛丑朔丙午，司空腾敢言之：阳陵逆都士五(伍)越人有赀钱千三百卅四。越人戍洞庭郡，不智(知)何县署。·今为钱校券一，上谒令洞庭尉，令越人署所县责以受(授)阳陵司空，司空不名计，问何县官计付署，计年为报，已訾其家，家贫弗能入，乃移戍所，报，署主责发。敢言之。四月戊申，阳陵守丞厨敢言之：写上，谒报，署金布发，敢言之。/儋手……(9-8)
>
> 里士五越人☐日□隶妾孙行☐(9-1044)[②]

这两处“越人”均为具体人名。可以补充说明的是，湖北云梦睡虎地 77 号西汉墓的墓主人也叫“越人”[③]，越人为人名的情况较为普遍，可能取的是“超越人”的意思。

张家山汉简《二年律令·贼律》对“以城邑反”亦有相关记载：

---

① 湖南省文物考古研究所编著：《里耶发掘报告》，岳麓书社，2007 年，第 191 页。

② 湖南省文物考古研究所编著：《里耶秦简(贰)》第九层简牍释文，文物出版社，2017 年，第 40 页。编号以 9 开头的简牍均出自《里耶秦简(贰)》。

③ 熊北生、陈伟、蔡丹：《湖北云梦睡虎地 77 号西汉墓出土简牍概述》，《文物》2018 年第 3 期。

以城邑亭障反，降诸侯，及守乘城亭障，诸侯人来攻盗，不坚守而弃去之若降之，及谋反者，皆要斩。其父母、妻子、同产，无少长皆弃市。其坐谋反者，能偏捕，若先告吏，皆除坐者罪。①

由简文可知，秦汉时期的城邑有不少是小规模的聚族而居的聚落，“以城邑反”的犯罪成本比较小。且汉帝国建立之初，曾有每县一城广泛建城的行为。秦汉文献中的城有时等同于县，可互换，这在《汉书·地理志》和《续汉书·郡国志》中表现最为明显。但也有不少城并不是县，而是军事性质的城郭之城，见北大秦简《水陆里程简册》《续汉书·郡国志》等。另外值得注意的是，简牍封泥中见有“某某县新城”，说明此县并不只有一座城。而且结合文献和考古资料来看，战国秦汉之际存在一种造新城的运动。

(二)道

“道”可通“导”，有引导的意思。陈伟《〈岳麓书院藏秦简(伍)〉校读(续三)》释045-047号简中“送导”似犹“导送”，送行、引导义；武汉大学简帛研究中心秦汉简读书会《〈岳麓书院藏秦简〉(伍)读札(二)》释045-047简按，此处“道”当读为“导”，即引导之意。“道故塞徼外蛮夷”释为“引导过去塞徼外的蛮夷”。结合下句“今为令：谋以城邑反及道故塞徼外蛮夷来欲反城邑者，皆为以城邑反”来看，“及”为并列连词，前后成分结构应相同(动词+名词)，“谋”为动词，所以“道”应该同为动词。故可认为“道”是“引导”。②

今按：将“导”解释为“引导”和“诱导”难以很好地解释其他简文，尤其是“隶臣捕道徼外来诱而舍者一人”，出现了语义重复。“捕道故塞徼外蛮夷来为闲”之“道”字应理解为“经由”之义，与后来“从”同义。该句可翻译为：“逮捕从故塞徼外蛮夷地区进来为非的人。”岳麓(肆)中的“道徼中蛮夷来诱者”(0187)等其他“道故塞徼／道徼”句式也可以这样理解。如“道徼中蛮夷来诱者”应该理解为“从徼中蛮夷地区中进来诱导臣民”。

“道”作“经由”义在秦汉出土文献中多见。如《二年律令·户律》简339有“道外取其子财”，整理者释“道”为“由”，意思是：“妇女经由外面的渠道夺取儿子的财产。”如何有祖先生指出，里耶秦简8-547+8-1068“道临沅归”中的“道”也该作“经过”理解。③岳麓秦简(壹)《三十四年质日》十月丁巳日记载“腾之安陆”(0636)，到十一月己卯日“腾道安陆来”(0501)，中间没有记载其他事情。④显然“之”与“道……来”是表示去向的字眼。睡虎地汉简质日中也有不少例子。如“越人道休来”“越人道江陵来”等。⑤北京大学藏秦简《鲁久次问数于陈起》简04-136有“道头到足，百体各有笥(司)殹”一句。韩巍先生训“道”为“导”，但是直接解释为“从头到脚”也符合秦人的语言习惯。⑥

“道”与汉律的“从”同义。如《二年律令》简2：“【从诸侯】来诱及为闲者，磔。

---

① 张家山二四七号汉墓竹简整理小组：《张家山汉墓竹简[二四七号墓]》(释文修订本)，文物出版社，2006年，第7页。

② 陈伟：《〈岳麓书院藏秦简(伍)〉校读(续三)》，简帛网2018年3月21日，http://www.bsm.org.cn/show_article.php?id=3030；武汉大学简帛研究中心秦汉简读书会《〈岳麓书院藏秦简〉(伍)读札(二)》，简帛网2018年3月21日，http://www.bsm.org.cn/show_article.php?id=3029。

③ 何有祖：《读里耶秦简札记(二)》，简帛网2015年6月23日，http://www.bsm.org.cn/show_article.php?id=2265。

④ 朱汉民、陈松长主编：《岳麓书院藏秦简(壹)》，上海辞书出版社，2010年，第73、82页。

⑤ 蔡丹、陈伟、熊北生：《睡虎地汉简中的质日简册》，《文物》2018年第3期。

⑥ 韩巍：《北大藏秦简〈鲁久次问数于陈起〉初读》，《北京大学学报(哲学社会科学版)》2015年第2期。

亡之【诸侯】……。”“从诸侯”几字据《奏谳书》简 21-22 补：“律所以禁从诸侯来诱者，令它国毋得取(娶)它国人也。阑虽不故来【诱】，而实诱汉民之齐国；即从诸侯来诱也。”叶山等在新近出版的英译本中把“从诸侯来诱者”翻译为“coming from [the territories of] the Regional Lords to lure”，增“the territories of”几词以全其意，此甚确。[①]如今岳麓(伍)“捕道故塞徼外蛮夷来为闲”的结构与此完全相同，也可以认为“道故塞徼外蛮夷”的意思是“从故塞徼外蛮夷地区”。

(三)舍、存

舍，收留的意思。简 1019“讯。其所智从人、从人属、舍人，未得而不在譓中者，以益譓求，皆捕论之。敢有挟舍匿者，皆与同罪”。其中的“舍”，整理者注为“不知情收留”。

今按：“舍”不能作“不知情收留”解，“不知情”与简文中“智(知)请(情)而舍之”显然矛盾，所以直译为“收留”即可。

存，存活、在世的意思。似也可以作存在的意思解，表示在收留城邑反之人时，这些人也在场。该句可译为：以城邑反的人以及收留以城邑反的人，他们尚活着的家人/当时在场的家人。

(四)蛮夷与故塞徼

在汉律中有“蛮夷律”(见于《奏谳书》简 3)，专门管辖“蛮夷”(虽然涉及的内容似乎是类似于“徼中蛮夷”的情况)。此外，岳麓三“尸等捕盗疑购案”简 36-37 有秦律：“它邦人……盗，非吏所兴，毋(无)什伍将长者捕之，购金二两。”律文涉及秦吏民的悬赏，但是整个案子涉及一个重要的现象，即“归义”问题。在秦看来，边界的人随时可以变成秦黔首，所以在法律上会有特别的照顾。与此相关的是《里耶秦简(贰)》9-557：“☐首皆变(蛮)夷时来盗黔首徒隶田藺者毋吏卒☐。”虽然比较残缺，但是似乎是说某种人或者某地方的人为“蛮夷时来盗”会有什么不一样的对待。对照秦汉律令，这一时期的蛮夷归义，可能与它邦民归义没有什么区别，所以统一前指向它邦，统一后指向蛮夷，汉初指向诸侯国，“外”的对象改变了而已。

简文中多次出现了“故塞徼”，塞与徼都是边境的意思，里耶秦简牍更名方载：“边塞曰故塞，毋塞者曰故徼。”[②]显然徼与塞是有区别的。从字义来看，“故塞徼”当作“以前的塞徼”。但问题显然不是这么简单，如更名方所载，秦在统一天下后，将天下的“塞徼”全部更名为“故塞徼”。这一点可以得到岳麓简令文的支持。在简文中，“故塞徼外”“故徼外”“塞徼外”“徼外”是相互混用的，可能后面两种皆为前二者的省称。这种混用现象即表明，“故塞徼”与“塞徼”应该是一个意思，否则在如此严格的秦律令中，两个意涵相距甚远的名词被弄混恐怕会导致很严重的后果。

《岳麓秦简(肆)》中亦有类似的记载：

---

① Anthony Barbieri-Low and Robin D.S.Yates，Law，State，and Society in Early Imperial China：A Study with Critical Edition and Translation of the Legal Texts from Zhangjiashan Tomb No. 247，Brill，2015，p.1199。

② 游逸飞：《里耶 8-461 号“秦更名方”选释》，简帛网 2013 年 8 月 1 日，http: //www.bsm.org.cn/show_article.php?id=1875。

诱隶臣、隶臣从诱以亡故塞徼外蛮夷，皆黥为城旦舂；亡徼中蛮夷，黥其诱者，以为城旦舂；亡县道，耐其诱者，以为隶臣。[101]道徼中蛮夷来诱者，黥为城旦舂。其从诱者，年自十四岁以上耐为隶臣妾ㄥ，奴婢黥(颜)頯，畀其主。[102]/[缺简9](颜)頯；其得故徼外，城旦黥之；皆畀主。[103][①]

此简明确将“故塞徼外”与“徼中”对举，应当是表明，“故塞徼外”即“塞徼外”。根据此简可绘出“故塞徼”内外的示意图(如下)。

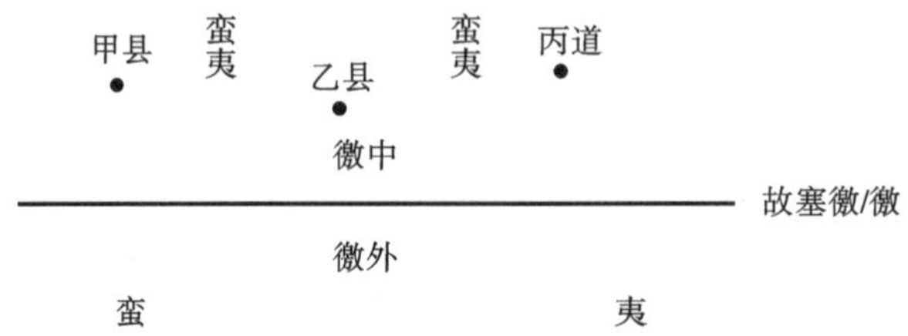

(五)“县道人不用此令”

对于“县道人”，整理者注：非“故塞徼外蛮夷”之类的人。

今按：此处理解有误。如前文所论，这一条令文所针对的对象为在抓捕行动中有功的隶臣与司寇，罪犯百日不死为其行赏的前提条件，但是这一前提条件只适用于隶臣与司寇，后面所加的“县道人不用此令”，表明此令不适用于县道之庶人，与故塞徼外蛮夷无涉。

三

律曰：黔首不田作，市贩出入不时，不听父母笱若与父母言，父母、典、伍弗忍告└，令乡啬夫数谦(廉)问，捕毄(系)【献廷】，其辠当完城旦以上，其父母、典、伍弗先告，赀其父若母二甲，典、伍各一甲。乡啬夫弗得，赀一甲，令、丞一盾。有【犯律者】辄以律论及其当坐者，乡啬夫弗得，以律论及其令、丞，有(又)免乡啬夫。·廷甲十一(1686-1620)

(一)律曰：黔首不田作，市贩出入不时

整理者根据《为吏治官及黔首》第13简“黔首不田作不孝”及第25简“出入不时”将第一句断读为“律曰：黔首不田作，市贩出入不时”。陈伟先生则断读为“律曰：黔首不田作、市贩，出入不时”，陈伟先生根据张家山汉简《奏谳书》210-211号简中“訮(研)诇谦(廉)问不田作市贩，贫急穷困，出入不节，疑为盗贼者”[②]，认为张家山汉简中的断读无误，岳麓秦简的断读应参照此进行处理。

今按：我们认为此句断读应从整理者说。“市贩”当为与“黔首”对应的表示身份的

① 陈松长主编：《岳麓书院藏秦简(肆)》，上海辞书出版社，2015年，第72-73页。

② 张家山二四七号汉墓竹简整理小组：《张家山汉墓竹简[二四七号墓]》(释文修订本)，文物出版社，2006年，第110页。《奏谳书》原释文作“不日作”，陈剑、陶安先生将“日”改释为“田”。参见陈剑、陶安：《〈奏谳书〉校读札记》，载于《出土文献与古文字研究》第4辑，上海古籍出版社，2011年，第413-414页。陈伟：《〈岳麓书院藏秦简(伍)〉校读(续四)》，简帛网2018年3月31日，http：//www.bsm.org.cn/show_article.php?id=3041。

一类人，此处作“出入不时”的主语，而非“黔首”的谓语。《二年律令·田律》记载：“市贩匿不自占租，坐所匿臧(赃)为盗，没入其所贩卖及贾钱县官，夺之列。”①证明确有“市贩”作主语的表达。同时，整理者的断句方式也更对称。

(二)不听父母笱若与父母言

此句整理者释文作“不听父母笱若与父母言”，“父母”在同一句话中出现两次，意思上应当有所区分。陈伟先生断读为“不听父母，笱若与父母言”，并将“笱”通“苟”，取“苟”草率之义，将“笱若与父母言”解释为“草率、粗鲁地跟父母说话”，与“不听父母”是两种行为。不过陈伟先生也很谨慎地说明，“苟若”即“苟且”的用法，“大致当是”②，并不完全肯定。

今按：“若”可能是作连词，当“或、或者”讲，这是比较常见的用法。“言”，整理者认为“当指怨言”③。我们认为“言”或亦可作“议、议论”讲。《战国策·秦策五》载：“今王破宜阳，残三川，而使天下之士不敢言。”高诱注：“姚本言，议。”④《说文·言部》：“议，语也。”段玉裁注：“又云：语，论也。是论、议、语三字为与人言之称。”⑤或可引申理解为争论。⑥

四

☐各乡啬夫、令史里即为读令，布令不谨，吏主者，赀二甲，令、丞一甲。已布令后└，吏、☐(1085)

整理者断读为“☐各乡啬夫、令史、里即为读令”⑦。我们认为应连读“令史”和“里”，整句话的意思是，“各乡啬夫和令史在里中读令”。如此断读有两点理由：一是“乡啬夫”“令史”为官名，而“里”是一种聚落类型，不应并列在一起。且“里”来“读令”，语意不通。二是后文提到“复申令县乡吏治前及里治所”，“县乡吏治前”与“里治所”也能与“各乡啬夫、令史里”对应。

五

●诸治从人者，具书未得者名族、年、长、物色、疵瑕，移讂县道，县道官谨以讂穷求，得，辄以智巧讃(潜)讯。其所智(知)从人、从人属、舍人，未得

---

① 张家山二四七号汉墓竹简整理小组：《张家山汉墓竹简[二四七号墓]》(释文修订本)，文物出版社，2006 年，第 44 页。

② 陈伟:《〈岳麓书院藏秦简(伍)〉校读(续四)》，简帛网 2018 年 3 月 31 日，http://www.bsm.org.cn/show_article.php?id=3041。

③ 陈松长主编:《岳麓书院藏秦简(伍)》，上海辞书出版社，2017 年，第 158 页。

④ 刘向集录:《战国策》卷七《秦策五》，上海古籍出版社，1985 年，第 268 页。

⑤ 许慎撰，段玉裁注:《说文解字注》卷三《言部》，上海古籍出版社，1981 年，第 184 页。

⑥ 关于“言”的解释，王宁先生在武汉大学简帛网简帛论坛发表观点，认为“言”确当呵斥或争论的意思，此义项后被“訮”字取代。参见王宁:《〈岳麓(伍)〉简 196/1686 的“笱”和“言”》，武汉大学简帛网简帛论坛，2018 年 7 月 11 日，http: //www.bsm.org.cn/bbs/read.php?tid=4327&fpage=2。

⑦ 陈松长主编:《岳麓书院藏秦简(肆)》，上海辞书出版社，2015 年，第 228 页。

而不在讂中者，以益讂求，皆捕论之└。敢有挟舍匿者，皆与同皋。同居，室人，典、老、伍人见其挟舍匿之，及虽弗见└，人或告之而弗捕告，皆与挟舍匿者同皋。其弗见及人莫告，同居、室人，皋减焉一等└。典、老、伍人皆赎耐└，挟舍匿者人奴婢毆(也)，其主坐之如典、老、伍人└。所求在其县道官畍中而脱，不得，后发觉，乡官啬夫、吏及丞、令、令史主者，皆以论狱失皋人律论之└。执灋、执灋丞、卒史主者，皋减焉一等，当坐者或偏捕告，其所当坐者皆相除，或能捕若诇告从人、从人属、舍人及挟舍匿者，死皋一人若城旦舂、鬼薪白粲皋二人，购钱五千└。捕城旦舂、【鬼薪白粲皋一人若䙴(迁)耐皋二人)】，购钱二千五百└。捕䙴(迁)耐皋一人，购钱千二百。皆先予，毋以次。·从人之属、口人或能枸(拘)捕，捕从人死皋一人若城旦舂、鬼薪白粲皋二人者，除其皋以为庶人└。捕城旦舂、鬼薪白粲皋一人若䙴(迁)耐皋二人，皆减其皋一等└。谨布令，令黔首、吏、官徒隶、奴婢明智(知)之，毋巨(歫)皋。· 十五(1021-1038)

1016简和1122简，整理者均作"典老"，未将"典"和"老"断开。

今按："典""老"应断读。显然，"典""老""伍人"为三类乡里管理人员。简1855也同时出现了"典""老""伍人"，且均断开，此处同样应如此处理。

另，简文见"乡官啬夫"。"官啬夫"当是各类专职啬夫的总称，如"田啬夫""仓啬夫""库啬夫""司空啬夫"等各种负责某一方面事务的啬夫都属于"官啬夫"。[①]邹水杰先生通过对"迁陵吏志"木牍的深入分析，认为"乡官啬夫"属于"官啬夫"的一种。[②]其说当是，但该问题仍有一定的探讨空间。

《岳麓书院藏秦简(伍)》中另有一条与"从人"相关的简文，如下。

●叚(假)正夫言：得近〈从〉人故赵将军乐突弟└、舍人袑等廿四人，皆当完为城旦，输巴县盐。请：论轮〈输〉袑等【廿四人，故】代、齐从人之妻子、同产、舍人及其子已傅嫁者，比故魏、荆从人。·御史言：巴县盐多人，请令夫轮〈输〉袑【等廿四人，故】代、齐从人之妻子、同产、舍人及其子已傅嫁不当收者，比故魏、荆从人之【妻】子、同产、舍人及子已傅嫁者└，已论轮〈输〉其完城旦舂洞庭，洞庭守处难亡所苦作，谨将司，令终身毋得免赦，皆盗戒(械)胶致桎传之。其为士五(伍)、庶人者，处苍梧，苍梧守均处少人所，疑亡者，戒(械)胶致桎传之，其夫妻子欲与，皆许之└。有等比。· 十五(1029-1111)

第一条简文为处置"从人"的令文，第二条简文是"得近从人故赵将军乐突弟、舍人袑等廿四人"的具体案例，下级官员依令办事，"皆当完为城旦"，并向上级汇报。御史以"巴县盐多人"之故对这批"从人"的处置做出灵活调整，并以此案等比，对令文内容进行了补充，其中就包括"轮〈输〉其完城旦舂洞庭"。新出《里耶秦简(贰)》中简9-22恰是关于"从人"的行政文书：洞庭郡迁陵县贰春乡接收了"从人城旦"后，因"从

① 参见高敏：《论〈秦律〉中的"啬夫"一官》，《社会科学战线》1979年第1期；裘锡圭：《啬夫初探》，载中华书局编辑部编：《云梦秦简研究》，中华书局，1981年，第227页。

② 邹水杰：《秦简"有秩"新证》，《中国史研究》2017年第3期。

人城旦皆非知槎田殹”，乡守敬上谒希望调整他们“作治县官府”[①]。三条简文明显可以联系到一起对读。[②]

六

□诸犯令者，其同【居】、典、伍或□告相除，除其当坐者；同居、典、伍弗□告，乡啬夫得之，除乡啬夫及令、丞，206/ 缺简□论其典、伍□□ ᒪ，乡【部啬夫】……论其乡部啬夫及同居、典、伍。·廷甲十四(1910-1901)

关于“乡部”的含义，学界有多种不同的解释，总结起来大致有以下三种说法。第一种说法将“乡”等同于“乡部”，不过具体的解释仍有不同。张金光先生认为“乡”又称为“乡部”，或简称“部”。秦简《秦律杂钞》之“吏部”，《法律答问》“部佐”之“部”，皆为“乡部”之简称。汉承秦制，乡仍称“乡部”；臧知非先生认为，从《秩律》来看，“乡部”应是“乡”的法律称谓，即分部而治的意思；邹水杰先生则指出“乡部啬夫”即“乡啬夫”，自然地，“乡部”就是“乡”的另一种称法。[③]第二种说法将“乡部”看作是“乡”与“亭”的合称，以周振鹤先生为代表。周振鹤先生认为某些情况下“亭”可省称为“部”，“乡”与“亭部”常合称为“乡部”。第三种说法则将“部”看作一定的地域范围，如苏卫国先生指出乡、亭分属不同系统，管理县境内两类空间，两汉时期人们习惯性将这两个系统的统辖区域称为“部”，则“乡部”当为“乡”这一系统的统辖区域。[④]郭涛认为，“部”即官吏的辖区，“乡部”就应是“乡”级官吏辖区。[⑤]“乡部啬夫”与“乡啬夫”并不相同，而是县及以上行政层级对“乡啬夫”的一种泛称，从范围上讲大于“乡啬夫”。

《二年律令》中多次出现了“乡部、官啬夫”并举的律令，举例如下。

《二年律令·贼律》5 号简：“乡部、官啬夫、吏主者弗得，罚金各二两。”

《二年律令·钱律》201-202 号简：“盗铸钱及佐者，弃市。同居不告，赎耐。正典、田典、伍人不告，罚金四两。或颇告，皆相除。尉、尉史、乡部、官啬夫、士吏、部主者弗得，罚金四两。”[⑥]

另有“乡部、田啬夫(属官啬夫)”并举的律令如下。

《二年律令·户律》322 号简：“代户、贸卖田宅，乡部、田啬夫、吏留弗为定籍，

---

① 湖南省文物考古研究所编著：《里耶秦简(贰)》第九层简牍释文，文物出版社，2017 年，第 6 页。

② “从人”的相关讨论参见李洪财：《秦简牍“从人”考》，《文物》2016 年第 12 期；吴雪飞：《〈岳麓秦简五〉所见“从人”考》，简帛网 2018 年 4 月 13 日，http://www.bsm.org.cn/show_article.php?id=3052。黄浩波先生已经指出三条简文可以对读，参见黄浩波：《〈里耶秦简(二)〉读札》，武汉大学简帛网，2018 年 5 月 15 日，http://www.bsm.org.cn/show_article.php?id=3095。

③ 张金光：《秦乡官制度及乡、亭、里关系》，《历史研究》1997 年第 6 期；臧知非：《简牍所见汉代乡部的建制与职能》，《史学月刊》2006 年第 5 期；邹水杰、李斯、陈克标：《国家与社会视角下的秦汉乡里秩序》，湖南师范大学出版社，2014 年，第 58 页；邹水杰：《秦简“有秩”新证》，《中国史研究》2017 年第 3 期。

④ 周振鹤：《从汉代“部”的概念释县乡亭里制度》，《历史研究》1995 年第 5 期；苏卫国：《秦汉乡亭制度初探》，硕士学位论文，北京大学，2000 年，第 12 页。

⑤ 郭涛：《秦帝国末端行政运行研究——以里耶秦简牍为中心的考察》，博士学位论文，复旦大学，2016 年，第 52-56 页。

⑥ 张家山二四七号汉墓竹简整理小组：《张家山汉墓竹简[二四七号墓]》(释文修订本)，文物出版社，2006 年，第 8、35 页。

盈一日，罚金各二两。”[①]

那么汉初“乡部”与“官啬夫”应当分作两个系统：一为乡部系统，一为官啬夫系统。关于“乡部”的概念、“乡部”与“乡”的关系、“乡啬夫”“乡部啬夫”和“官啬夫”之间的联系，还需要更多的材料和更深入的讨论。

① 张家山二四七号汉墓竹简整理小组：《张家山汉墓竹简[二四七号墓]》(释文修订本)，文物出版社，2006 年，第 53 页。

刘知几：沉思史学，别开洞天

华中科技大学 历史研究所 雷家宏

刘知几在撰写《史通》一书时，引来不少人的嘲笑，嘲笑他愚。公元710年《史通》成书，由于书中臧否了许多古今人物和史书，他遭到不少人的责难。可是与其同时代的史学家、集贤院学士徐坚郑重地告诫人们："凡是担当修史职责的人，都应该把此书当作座右铭。"刘知几的《史通》是一部什么样的书，竟引来如此互相抵触的评价？

彭城(今江苏徐州)人刘知几(661—721)，出生在一个文学官宦家庭。这个家庭世代以学问相传授，以词章文学著称于时。他的叔祖父擅长儒家学问，曾经参加过撰修国史的工作。他的父亲、叔父和兄弟都以文章而知名。刘知几从小酷爱读书，喜欢思考历史。12岁时，他的父亲给他讲解《尚书》，由于深奥难懂，过了好长一段时间，他都没有吃透书里的内容，惹得父亲非常生气，便以痛打督促他尽快掌握所学功课。后来，听说父亲要为几位哥哥讲授《左传》，刘知几放下手中的《尚书》，偷偷跟着听，并就没有听懂的问题向父亲请教。学了一段时间，他被《左传》中生动有趣的历史故事所深深吸引，于是长叹一声道："如果我学的书也这么有意思，我怎么会没有心思往里钻呢？"父亲意识到问题的严重性，不再坚持原来的想法，开始改教《左传》。

一年后，刘知几读完了《左传》，又开始读注释《左传》的文字，并迫切想了解《左传》以后的历史。于是相继读了《史记》《汉书》《三国志》等史学名著。到17岁时，他基本上读完了唐朝以前的史书。在读书过程中，他逐步养成了独立思考的好习惯，不盲目崇拜别人的说法，敢于表达自己的观点。他读班固的《汉书》和谢承的《后汉书》，就直截了当地指出，《汉书》既然是写西汉一代的历史，就不应该有收录远古至秦朝末年人物的《古今人表》；而谢的《后汉书》不为西汉末年农民起义军所立的更始皇帝刘玄立本纪，则是不应该的。这些在当时都属于十分"前卫"的看法，父亲还责怪他有些冒失。后来他发觉自己的看法竟然与东汉学者张衡和南朝史学家范晔的观点不谋而合，因而更加坚信自己对前人的质疑是有道理的。

20岁那年，刘知几考中进士，被任命为获嘉(今属河南)县主簿。官职虽小，但他十分关心时政，多次上书朝廷，给武则天提意见。他说在任官员中不少名声不好，见识不高，应加以淘汰，不然会坏了朝廷的大事。一年当中，皇帝频繁颁布赦免令是不适当的，应大加节制。官员晋升要依据功劳而定，随便封赏是极不正常的，既不能劝勤，也不能罚懒。武则天觉得刘知几说得在理，人亦正直，但就是不予以采纳。当时，武则天实行酷吏政治，很多官员上朝前，不知晚上能否安全地回来，与家人分别就像生死诀别一样。刘知几不愿看到这样的局面，对祸福无常的官场深有感触，于是作《思慎赋》，用来讽刺现实。他说，过去听人说"贵不如贱，动不如静"，还不大相信，如今在官场上的所见所闻，证实这句话是有道理的。刘知几直率的性情，决定了他在官场上不可能左右逢源，所任获嘉县主簿一职竟长达19年而得不到升迁。

从中年到去世的20年间，刘知几绝大多数时间都任史职或兼任史职，所以他晚年称自己"三为史臣，再入东观"。东观系东汉时期官方藏图书的地方，并在此组织集体修史，后来成为官府设置的修史机构史馆的代称。在进入史馆之前，刘知几以孔子自勉，想在史学上施展自己的宏伟抱负。可事与愿违，刘知几的创见和想法常常受到牵制和束缚。在这种情况下，不愿随波逐流的刘知几决定辞官。他在给监修大臣中书侍郎萧至忠的信中，对设馆修史提出了尖锐的批评。他认为，设馆修史容易出现人浮于事、互相观望的

* 收稿日期：2018-01-13。

局面；人多主张多，史料难以收集，编写无从下笔；畏惧权贵，不敢据实直书；设置监修，导致意见分歧，史官无所适从，就好像十只羊九个牧羊人一样；监修太多，分工不明，势必迁延日月，白头的日子就在眼前，而成书的日子不知在什么时候。

身处史馆的刘知几为此陷于苦恼之中，常常闷闷不乐。既然“美志不遂”，于是转而撰写自己的史学著作，这就是后来的《史通》。

《史通》其实就是刘知几对唐朝以前中国史学的基本看法，涉及史学源流和派别、纪传和编年史的体例、史料的搜集鉴定和撰述、史学艺术、史学态度、历代史官史馆的设置沿革及其得失等。这些看法大多是他“一家独断”的见解，体现了史学家自觉的反省意识，颇有新意。

刘知几把以前的史书概括归纳为正史和杂述两个类别，分别叙述它们的源流和体例。

正史有“六家”“二体”，“六家”指《尚书》家、《春秋》家、《左传》家、《国语》家、《史记》家、《汉书》家。它们有记言的、记事的，有通史，有断代史。它们各有优点，又都有这样或那样的局限性。比较而言，可以作为后世遵循效仿的，只有《左传》和《汉书》两家而已。这是从源流来说的。从体例而言，唐朝以前的史书实际上就是编年和纪传“二体”。编年体的优点在于时间概念清晰，记事无重复；缺点为记事零散，遗漏较多。纪传体的优点在于纪、表、志、传各得其所，记载的内容全面丰富；缺点为时间概念不清，重复较多，叙述有时不够连贯。刘知几六家二体的分析和归纳不仅符合中国史学发展的实际，而且对史学家从事史学著述和今后史学的发展方向有不少的警醒作用。清人浦起龙说：“六家举史体之大全，二体定史家之正用。”充分肯定了刘知几的概括能力和批判精神。

正史之外的史书统归为杂述，共有十种，即偏纪、小录、逸事、琐言、郡书、家史、别传、杂记、地理书和都邑簿。杂述类的史书，虽然不如正史那样记载帝王诸侯所经历的大事及其朝纲政典，但它所记载的内容涉及百姓生活和社会底层的方方面面，也是十分珍贵的史料。只要善于选择和鉴别，其价值不低于“正史”和“实录”。

刘知几关于史书的分类方法，为后世史学家所继承，有的沿用至今。

关于史籍的编撰，刘知几把它分为记录史料和编纂史著两步。史料来源于当时史官记事记言的书简，如《起居注》《实录》等，须博闻实录；有“俊识通才”的人根据这些第一手史料撰写成史著，就是历代的正史之类。刘知几在《史通》中首次将史籍划分为史料和著述两个有区别又有联系的类别，强调二者须分工合作。清代章学诚继承和发展了刘知几的上述观点，将史籍分为记注和撰述二类，强调记注要详，撰述则要体现史家的治学特色，形式可以不拘一格。由此可见刘知几对中国历史编纂学的理论贡献。

刘知几认为史学最大的功用就是彰善瘅恶。史学要发挥这样的功用，就必须做到直笔实录，即不隐恶，不虚美，如实地记载历史事实，写出信史。做到了这一点，史书才有价值，史家才算尽到了自己的职责。刘知几饱含热情地颂扬南史、董狐、韦昭、崔浩等为记载真实历史而不惜牺牲的史学家，称赞他们“宁为玉碎，不为瓦砾长存”的高贵品质，以及“仗气直书、不避强御”的良史精神。与此同时，刘知几对那些为了一己之私利而不惜歪曲历史事实的人，进行了无情的抨击和批判，说这样的人是“奸贼”“凶人”，认为将其扔给野兽也是可以的。对奉为经典的《尚书》《春秋》，刘知几也一样毫不留情地加以评议，认为《尚书》值得怀疑的地方有十条，《春秋》有十二条讲不通的地方，有五处虚美的地方。《春秋》为尊者讳、为贤者讳的撰史手法，给后来的史学发展带来了极

大的负面影响。刘知几这些敢于发前人所未发的评论，反映了中国古代史学家自觉意识的逐步增强，具有积极的导向意义。

史学家为什么不能做到直笔实录呢？其原因是多方面的，如屈从权贵，不敢直书；追名逐利，不愿直书；报个人恩怨，不能做到直书。但有一点非常关键，这就是史学家的自身修养达到什么样的程度。

礼部尚书郑惟忠问刘知几："为什么自古以来文学人才多而史学人才少？"

刘知几回答说："史学人才需要有才、学、识三个长处，世上很少有具备这三个长处的人，所以史学人才少。有学而无才，好比有百顷良田，满筐黄金，而让一个愚蠢的人去经营，最终还是不能增殖生利；有才无学，就好比能工巧匠而没有木材和工具，终究建不成房屋。至于史识，则更重要，需要有正直的品格，好事恶事都能如实记载，使骄横的君主和乱臣贼子有所顾忌。"

在刘知几看来，"史家三长"中，最重要的是史识，即见解和观点，尤其是要有秉笔直书的精神；其次是史才，即编撰史料、撰述历史的能力；再次是史学，指学问渊博，善于掌握丰富的史料。这就是刘知几倡导的史学家必备的条件。刘知几的"三长"说，指明了史学家自身修养的基本方向，不仅被时人视为精辟的见解，而且得到后世史学家一致的公认和肯定。清代史学家章学诚在此基础上加了一个"史德"，使它更加完善。

对于史学家用什么样的文字来表达其史学意识和思想，史书的内容和体例怎样做到统一，遇到众说纷纭的材料如何取舍，刘知几也提出了新颖的看法。撰写历史，讲究语言艺术是必要的，但要分清文与史的区别，不能以文害意，喧宾夺主，更不能写成"文不文，史不史"。史书的文字表述，应该像《左传》一样简练、生动、朴实、天然，要多用当代语言，包括口语，不必处处模仿古人的文法。不同体例和类别的史书，所收材料应该有所区分。一般来说，史书收录的材料要对国家、社会和个人有借鉴价值，图谶、传说、神话、妖异之类的东西不能作为史料编入史书。为了全面客观地反映历史面貌，史书记载的范围要广泛，尽量不留遗憾。

刘知几善于读书，勤于笔记，每有研精覃思的心得，便随手记录。日积月累，他做的札记越来越多，后来把它们加以分类，就成了《史通》一书。刘知几的《史通》在中国史学的发展过程中，具有里程碑式的意义。在此之前，只有个别学者从某一个侧面对史学的发展做过初步的总结，零散而简约。刘知几的《史通》则第一次以史学本身的发展过程为研究对象，并做出了系统而具体的理论考察和评论，标志着中国古代史学理论的形成，对唐以后的史学发展具有深远的文化影响。清代史学家章学诚继承和发扬了刘知几的史学思想，将中国古代史学评论推向高峰。刘知几在《史通》一书中表现出来的疑古惑经的勇气和学术批判精神，开了唐朝后期疑古风气的先河。

忆石泉先生对我的言传与身教：纪念先师百岁诞辰

中国社会科学院 经济研究所 袁为鹏

2018 年 1 月 17 日，是先师石泉先生一百岁诞辰纪念日。武汉大学历史地理研究所前不久召集先师生前友好和门人齐聚珞珈山，共同缅怀先生的学术贡献和人格风范。余忝列先生门下，得以出席这一盛会，其间聆听各师友叙说先师嘉言懿行，追忆与先师数载之交游，感念先师培育之恩德，数度涕下，情难自已。因思石师一生以治学与教育为职志，关于先师之治学经历、学术成就、学术贡献与学术品格，自先师逝世以来已陆续由各位师友撰文详细介绍，唯于先生之教育方法，尤其是对于研究生的教育与培养工作，虽在不少师友的回忆文章中提及，尚少有专门的文章介绍。我作为先师晚年所培养的近代历史地理研究方向的博士研究生，所接受的教育与培养方法与各位同门师兄、师姐颇有不同。二十年前，武汉大学历史系之研究生教育，其制度环境与培养方式亦与今日存在不少差异。倘能追叙余与先师当年结缘及问学之经历，概括先师对余之教育与培养方式，对于后人全面了解石师之教育方法与教育思想及当年武汉大学历史地理所研究生的教育状况，或许不无裨益。爰草斯文，一则抒发个人对先师培育之恩的感激之情，以为先师百年诞辰之纪念，二则保存一段真实历史，以为后来者参考。余生也晚，性至愚，对先师思想与学问之理解远未深入，本文所叙仅是先生晚年教育生涯的一个片段而已，不当之处，尚祈各位师友和广大读者指正。

一　跨入师门

(一)推荐

1997 年的秋天，我尚在华中师范大学念硕士三年级。毕业在即，是参加社会工作还是继续求学深造，我心里一片迷茫。因为家庭经济方面的原因，我一方面想要早点工作，另一方面又不甘心放弃自己进一步求学深造的梦想。我曾在图书馆查阅过当时国内各主要高校及研究机构中国近现代史专业的博士招生信息，发现各地大多是招收文化史或思想史方向的研究生。而我硕士学位论文做的是关于晚清利权观念与经济民族主义思潮的内容，写作过程中感觉经济思想史与文化史的研究理论性太强，不易把握，颇想换个领域再学习。一天晚上，我到青年老师王奇生家中求教，王老师现已是北京大学历史系的名教授，而当时尚是刚刚博士毕业留校任教的年轻老师，他思想活跃，待人热情，我们青年学子很喜欢到他家中做客。没想到王老师一见到我，就想起他的母校——武汉大学历史系石泉先生有意招收一名中国近现代史专业的博士研究生，并觉得我比较合适，当即打电话向石先生推荐我，并让我到武大找石先生一谈。

王老师虽然向我简单地介绍过关于石先生的情况，我本科选修历史地理学时也曾得知先生是荆楚历史地理的名家。但想到先生是有名的大学者，我在拨打先生的电话时内心忐忑不已，电话接通，里面传来的是一个浑厚、亲切的男中音。我在电话中说明来意，并与先生约好第二天下午三点到先生家中面谈，石师仔细地告诉我他的家庭住址及交通路线，结束通话时，先生很客气也很亲切地说了声：“恭候。”多少年来，这一声“恭候”时常回响在我的耳边，令我难以忘怀。

* 收稿日期：2018-03-24。

(二)面谈

第一次去见石先生，心中十分紧张。王老师告诉我，石先生招生以严格出名，而且先生招生并不特别看重学生的考试分数，而是注重学生的学术兴趣与培养潜力。在招收学生前，一般都会与之面谈一次。如果面谈不满意，则会直截了当地告诉其不适合报考，劝其另谋高就。据说之前本校曾有位学兄有意报考先生的研究生，但面谈之后即遭到先生婉拒，所以这第一次面谈其实就是一场提前了的面试。当时我对石先生的治学与为人知之甚少，对于历史地理学这一学科的知识也很有限。只是觉得研究地理环境变迁很有意义，而且先生又是难得一觅的名师，机会难得，所以决定来试试。

我从小在乡下长大，很少对外交际，不懂礼节。临行前，曾有一位精通时务的学兄告诉我，第一次登门造访，应该给先生带上一瓶好酒或者一盒名茶作为见面礼。我当时对酒、茶毫无知识且囊中羞涩不克置办，没有采纳这位学兄的建议，而是决定用一个大信封包了两篇我尚未公开发表的论文手稿，带着去见先生，顺便也好向先生请教。后来想来，幸亏没有采纳那位学兄的意见，否则，我这一生恐怕永远也难再次踏进先生的家门。记得当我按响先生家的门铃，走到四楼门口时，先生已经打开房门，笑容可掬地欢迎我的来访。但当他的眼睛扫过我手中的那个厚厚的大信封时，脸上立刻变得严肃起来，连忙询问里面是什么东西，并声称如果是贵重物品请在外面放好之后再进来，我连忙从里面掏出那两篇习作呈请先生指正，先生这才放心，很热情地招呼我到他书房里坐下来交谈。

第一次与先生的面谈令我很难相信他是一个将近八旬的老人，我感觉先生精力充沛，讲话中气十足，思维与反应相当敏捷。我们第一次面谈持续了大约两个小时。石先生向我介绍他早年追随陈寅恪先生研治中国近代史，后来从事荆楚历史地理研究的学术经历，还介绍了武汉大学历史地理研究所的发展历史及现状，强调指出中国近百年地理环境变迁最大、最烈，对中国现实影响最直接，而中国历史地理学界却少有研究，实在是一种学术惯性之所致，并说明自己希望培养一名博士生来从事中国近代历史地理学的研究，考虑到武汉大学自身的优势及研究所的情形，最好先从研究武汉城市历史地理面貌的变迁入手，但如果学生另有好的选题也可以，他并不定框框。这时我才知道先生竟是史学大师陈寅恪先生的入室弟子，敬仰之情油然而生。第一次见先生我显得有点拘束，不知道该说些什么。先生询问我的一些学习经历和兴趣，并特别问我读些什么书，有何心得可以分享。说来也巧，当时我正好迷上了国内刚出版的陆键东先生所著的《陈寅恪的最后20年》一书，对陈先生的学问与品格，甚是敬重，而对陈先生的人生遭际，不胜同情与慨叹。我简单地谈了自己阅读这本书的一些感受，并趁机向先生请教自己读此书时的两处疑惑，先生面色和蔼，并且一一详细解答。[①]先生还特别介绍了他那本即将由三联书店出版的硕士学位论文《甲午战争前后之晚清政局》的主要内容及写作过程。临走的时候，他很高兴地告诉我，这本书的样书可能下周就会寄到他的手中，他嘱咐我下周再联

---

① 我当时提出的两个问题如下：其一，陈先生之身世与经历和中国近代历史有着千丝万缕的联系，他无疑是研究中国近代史的绝佳人选，为何他本人不治中国近代史？其二，1949年前后，他为何选择去广州而不是干脆留在北京，或者去香港，或者去欧美暂居？有趣的是，后来先生告诉我，这两个问题也是海外著名汉学家汪荣祖先生当年在海外曾向他问及的两个问题。坊间关于陈寅恪先生的传记很多，石师生前最看重汪先生的著作。或许这一个巧合是我当年能够通过面试的重要原因吧。

系他一次，他愿意送一本书给我，无论我是否报考他的研究生。我趁机问先生是否欢迎我报考，他点了点头，表示同意我报考，并欢迎我以后有问题随时联系、造访。对于我而言，算是过了报考博士研究生关键的第一关。

(三)察访

不过，后来我的硕士研究生导师刘伟教授告诉我，此后不久石师曾委托当时在华师任教的青年教师周洪宇先生专门拜访过刘老师，向她仔细询问我的具体情况，并特别问了一句话："他能够真正坐得下来吗？"刘老师的回答极其严谨而负责："从目前的情况来看，他是最有可能坐得下来的。"先生这才放了心。先生择生之严，态度之认真，由此可见一斑。

不久，我如约再次拜访先生，获得先生亲笔签名的赠书。石先生进一步向我介绍了国内历史地理学学科发展与现状，勉励我从事这方面的研究工作。另外，考虑到我对于历史地理学的知识尚很欠缺，先生还介绍我与其助手鲁西奇老师联系，由他帮助指导我准备考试。当时正好赶上先生的八十华诞，武汉大学历史文化学院和历史地理研究所等单位组织了系列的庆典和座谈会，为了让我进一步了解历史地理学科及武汉大学历史地理所的研究情况，先生还让我作为一名特殊的客人出席这些活动。这些交往与活动令我对历史地理学以及先生的学术研究工作产生了浓厚的兴趣，我不再踌躇，决心报考先生的博士研究生。

(四)考试

1998 年武汉大学历史地理学博士研究生入学考试，除了考英语之外，共有两门专业课，一门是中国古代史，一门是历史地理学。其中历史地理一科考题中有两道题目给我留下了深刻的印象，一道题是罗列一大段《水经注》的白文，要求考生标点。《水经注》的正文包括经和注两个部分，其中注是对经文部分的解释与补充。标点之前须先分清经与注，否则很难弄通。另一道题则是问考生为什么要报考历史地理学的博士研究生。我还大体记得我当时主要回答了三点理由：其一，当时国内近代史博士点都招文化史与思想史，我觉得文化史研究太重理论，自己把握不住，不如历史地理学研究内容比较实在，而且对现实较有意义。其二，近代历史地理学国内尚少有人研究，属于开拓性的研究，我很感兴趣。其三，做地理环境变迁方面的研究与政治很少有关联，可以不受束缚，畅所欲言。从这两道题中可以看出石师的风格，即不太注重那些死记硬背的知识，而是考查学生的古文功底，并注意观察考生今后的研究志向。我后来在自己的博士研究生招生考题中也一直仿效先生出一道古文标点题，只是所选的文章要简单些，不再从《水经注》中选题，而是从晚清的各类文献中随意选取。

1998 年秋天，我很顺利地通过了武汉大学的博士研究生考试，正式成为先生的学生。先生年事已高，已不再另外招生，我便有幸成为先生之关门弟子，在武大颇受老师和同学们瞩目，我也一直引以为豪。

二　指导方式与教学内容

我进入武大时，石先生已八十高龄，而且还承担着湖北省政协与民进方面的社会工作，已不再可能有时间和精力单独为我开设专业课程了。在专业学习方面，石老师让我平时多和鲁西奇老师接触，说他读书较多，知识面广，文笔也好，可以提供多方面的帮助和指导。还让我选修蔡述明教授的自然地理专题课、陈伟老师的历史地理史料学、鲁西奇老师的中国历史地理学专题等课程，并与我约定不定期地进行面谈，随时对我在学习中碰到的各种问题进行点拨。

因此，与石先生约定的不定期面谈便是石先生对我最主要的教育方式了。面谈的次数大约是每月一次到两次，时间一般是下午四点左右到六点，谈话的内容与主题并不固定，但多是与我的学术研究密切相关的。我记得主要有以下几方面的内容。

(一)陈寅恪先生的指导方法及各位前辈学人的学术史

在与先生的面谈中，先生常常会提起他的老师、著名史学大家陈寅恪先生，包括陈门弟子周一良、汪篯、刘节等人的人生经历与学术成就。武汉大学两位已经逝世的历史学家吴于廑、唐长孺先生，也是先生的生前好友，他们的人生经历与治学经验，先生也会时常向我提起，并嘱我平时多阅读这些学术前辈的经典著作。偶尔来兴致时，他还会津津有味地讲一些有关这些前辈学人的掌故。而先生介绍最为细致的，还是自己当年追随陈寅恪先生学习中国近代史并在陈先生的指导下进行硕士学位论文写作的情形。关于先生当年在燕京大学的学习、考试、论文写作情形，从石师的介绍来看，我感觉当年燕京大学历史系硕士研究生教育似乎比较类似于美国高校的博士生教育。研究生首先要修习不少专业课程，在正式进入论文写作阶段之前，除了要通过各门专业课程的考试之外，还要通过一个比较严格的综合性考试。关于陈寅恪先生对石师硕士学位论文的指导方式与方法，先生在其正式出版的著作《甲午战争前后之晚清政局》一书自序中有详细说明，其文如下：

> 写作过程中，进行每一章之前，皆曾向先师说明自己的初步看法，经首肯，并大致确定范围后，始着笔。每完成一大节或一小章(各章各节大小不等)，则读与先师听，详细讨论后，定稿。先师对史料之掌握，极为严格:首先必须充分占有史料，凡当时闻悉并能见到者，皆须尽力设法搜集、查阅，不容有丝毫遗漏；而选用于学位论文时，则又尽量筛汰，力求精炼。其次则尤注意于史料之核实，同一史事，尤其是关键性的记载，彼此有出入者，必须认真加以鉴定，确证其某一部分为史实后，始得引以为据。在观点方面，则持之尤慎，必以史实为立论之基础。论文中每有分析性之论点提出，先师必从反面加以质询，要求一一作出解答，必至穷尽各种可能的歧见，皆予澄清以后，始同意此部分定稿。其高度谨严之科学精神，对我此后一生的治学态度、途径与方法，皆有深远影响。

其中，我印象特别深的有两点：一是陈先生在指导中所运用的反面质询方法。石师曾坦言当时写作立论之不易，自己的学术观点除了首先要保证自身有理有据之外，还得

能够说服或者驳倒相反的或者其他具有竞争性的观点。至少同相反的或其他竞争性的观点相比较，要能保证自己的观点在证据上更加充足，在逻辑上更加合理。记得先生曾提及当年在写作论文时，围绕甲午战败后清政府何以必须尽快签订合约结束战争，而不是如同当时少数人所主张的那样，实行迁都和持久作战这一问题，石师曾与陈先生反复辩难，师生二人根据当时所能掌握的史料，对当时的敌我军事力量对比、清政府政治动员与控制能力进行过反复推演，最后得出在当时的情形之下，清政府如果想要保住政权，实已别无选择，不得不尽快与日和谈。二是先生特别为我介绍了一本民国时期的笔记，名为《花随人圣庵摭忆》，作者黄濬，字秋岳，是近代有名的诗人，可惜后来晚节不保，抗战初期竟然出卖中国军事情报给日本侵略者，结果被南京国民政府以汉奸罪处死。先生当年在陈寅恪先生指导下研治晚清史时，师生二人都十分欣赏黄氏的史才与史识，对其后来的结局惋惜不已。石先生在硕士论文写作中，曾参考和引用过黄濬的这本书，这在当时受到一些保守学者的非议，但陈寅恪先生坚持认为不可因人而废言，支持他大胆地使用这本书。20世纪50年代初期，陈寅恪先生在岭南大学准备写作《寒柳堂记梦》之时，还专门写信向石先生借阅此书。后来，我在研究工作中也多次阅读过这本书，受到很多启发。

(二)多读古代史方面的经典论著

在先生的提示下，我阅读了不少像陈寅恪先生这样的著名学者的论文与著作。同近代史这一相对比较年轻的学科相比，中国古代史研究的历史较长，名家辈出，涌现出许多典范佳作。我在武汉大学虽然专业方向是近代历史地理，但平时阅读的重点，几乎都是古代史的论著。除了罗尔纲先生的几本考据著作与今人茅海建的《天朝的崩溃》一书，石师曾特别指示我阅读之外，先生似乎很少给我开列近代史方面的阅读书目，只是提醒我在写作时注意查阅并参考同类论著，注意遵守相关学术规范。我以为这固然与先生离开近代史研究多年，对近代史领域当前的研究情况略有生疏有关，但更主要的原因恐怕还是，在先生看来，近代史是史学领域相对年轻的学科，相关的史料丰富，新材料层出不穷，而古代史方面的研究者常苦资料之不足，因而，在史料的鉴别、运用与考据方面较之近代史的研究更加细致深入，更注重精耕细作。所以，要熟练掌握史料运用与考据学的方法，还应多读点古代史方面的经典论著。虽然我以后的研究工作极少涉及中国古代史，但对这些经典著作的研读，至今仍令我深深受益。

(三)强调历史地理学理论与实践的结合

石先生在历史地理学的学科理论方面特别推崇北京大学侯仁之教授，对于侯先生的著作，特别是《历史地理学的理论与实践》《历史地理学四论》，反复告诫我们要仔细研读。在历史地理学的研究与实践方面，则重视复旦大学历史地理研究所谭其骧先生及其门人的学术成果。他常说，武汉大学历史地理所发展较晚，要多向北大和复旦学习。博士研究生期间，鲁西奇也指导我读了一些海外学者如施坚雅等人的地理学方面的理论与研究成果，我也正是从阅读这些书中初步摸到了一点点历史地理学的治学门径。石先生治历史地理学非常重视田野考察，许多同门师兄们都有跟随先生到外地考察的经历。遗憾的是，我入学时石师年事已高不克外出考察，我便缺乏这方面的宝贵经历。先生生前还曾特别嘱咐我多找机会弥补这方面的不足。

(四)自己的家世、人生经历与晚清掌故等

张之洞与湖北新政，兼及张之洞、李鸿章、陈宝箴等人的历史掌故也是先生谈论的话题之一。先生是晚清世家子弟，他的曾祖父、叔曾祖父都是出身淮系的晚清大臣，他的祖母就是张之洞的女儿，先生年轻时曾与张之洞的后人多有交往。出身北洋的近代工商巨子周学熙的妻子即是先生的姑母，所以先生非常熟悉晚清政坛的各种典故，随口讲来，皆是难得的史料。

比如在谈到张之洞为官之清廉时，即以他祖母当年的嫁妆之菲薄为例，据说只有一二百元大洋加上两个很普通的大木箱。谈到当年张之洞、陈宝箴等人思想之开明，即以他所熟悉的陈寅恪先生儿时的家庭教育情形为例来加以说明。再如，张之洞在儿子去世后很快便将儿媳遣返回家等事例。石先生还很爱讲他的叔曾祖父刘含芳的故事。刘是出自李鸿章手下的一名淮军将领，后来成为一位比较能干的洋务官员。他曾苦心孤诣地建设新式炮台，在甲午战争时期据守烟台，面对强敌，紧急时刻，他一面积极组织防守，一面让人备好一瓶酖酒(一说是鸦片烟泡)，誓言城破之后将与夫人同饮，决不贪生投降，所幸日寇未得入城。但甲午战败后，根据条约，他不得不亲手屈辱地将自己苦心修筑的各炮台拆毁，内心受到强烈刺激，郁郁而终。他还讲了许多张之洞与李鸿章之间相互讥讽，以及甲午战前翁同龢刻意削减海军军费的典故。对于刘氏家族从晚清至民国时期如何由盛转衰的历史，先生也毫不避讳。这些故事，有的在晚清的各种笔记、野史中略有记载，有的则是先生直接从亲友那里得到的口述史料，非常生动，仔细品味，颇能加深对中国近代史之认识。因为我的博士论文选题主要是围绕张之洞湖北新政时期武汉一带的地理环境变迁而进行的，所以这方面的内容是我在博士研究生学习的第二年和第三年与先生交谈之重点。

石先生一生坎坷，亲身经历过许多重要的历史时期与历史事件。可惜，这方面的内容并不是先生对我讲述的重点，他大概只在工作相对比较清闲、心情比较愉快的时候才会讲给我听。而先生一生都在忙于研究与社会工作，这样的机会并不多有。我曾听到的先生讲的故事除了先生同陈寅恪先生求学的经历之外，还有抗战前夕先生参加军事训练，接触宋哲元将军与冯玉祥将军部分高级军官的有趣的经历，抗战爆发后先生从江西逃难到四川的一路交通情况，以及 1948 年先生躲避国民党的追捕而最后进入解放区的经历，等等，这些故事极为生动，对于我们深化对民国时期的政治、经济与社会文化等方面的认识大有裨益。譬如，关于冯部军官的文化水平，石先生讲军训时期有位军官曾很客气地夸奖他，“你们这些青年学生个个能讲好几种英语，将来前途不堪设想”。关于燕京大学外籍教师对于学生参与革命工作的态度，石先生讲述了当年面临国民党追捕时，如何在夜间和同志们在一位外籍教师的家中秘密商量脱逃计划的经过，以及白天自己在一名外籍青年教师的掩护下，两人身着白色西服，一边骑着自行车，一边用英文交谈着，若无其事地通过了国民党军队的哨卡，出了北平城门，而后进入解放区。再如关于陈寅恪先生对于自己从事学生运动的态度，据石先生讲，陈先生大体上是知情的，但从不干预过问。但当李涵师母因受先生参与学运的牵连而被国民党当局拘捕后，陈先生立即出面

营救。[①]

还记得有一次先生生病入院治疗，我在病房里面陪护。晚上睡不着，先生主动同我谈起他当年求学时的经历，说到他自己当年读书期间，内心最大的苦恼就是长期在从事社会活动与学术研究之间何去何从的选择中挣扎。一方面，天下兴亡，匹夫有责，国难当头，他理应积极参加当时的救亡与民主运动；另一方面，对于学术有着浓厚的兴趣，又使之希望能够潜心学术。陈寅恪先生对此曾反复告诫他一心不可二用，如果想要二者得兼，到头来注定是一场空。研究生期间在陈先生的教育和熏陶之下，石师矢志于学，并成功地完成了硕士学位论文的写作，但最终却因为积极参与学运而上了国民党特务逮捕进步学生黑名单的第一名。最终被迫放弃论文答辩，离开北平进入解放区。所幸新中国成立后，先生和师母主动放弃行政岗位，要求归队，回到了教学与科研工作中。我参加工作后，先生和师母也曾反复告诫我一心不可二用。石师传奇的一生无疑是中国近现代史的宝贵材料。

三　漫谈石师的教学方法与教育风格

石先生深谙教育之道，他对我的教学从形式上看似乎很随意，实际上却自有法度。在长期的教育与治学生涯中，先生业已形成自己的教育特色，并最终体现为一种独特的历史学家的人格魅力。就我的肤浅理解，可以体现在以下几个方面。

(一)充分尊重学生的积极性和创造性，努力建立融洽友好的师生关系，严、宽结合，创造一种平等、民主的教学氛围

上面提到，第一次与先生见面时我曾将两篇自己的手稿递交给先生指教。石先生第二天就要赴外地开会，他是在火车上挤时间读了我的文章。此后不久，在一次会议间歇，先生将文章还给我，归还时还向我道歉，说是拖延太久了。待我回家仔细一看，发现里面密密麻麻地写满了许多先生的铅笔批注与建议。我当时很诧异为何先生要用铅笔批注，后来才明白，先生批阅学生文章一般用铅笔，以示对学生的尊重，表明自己的意见只是参考，学生不满意可以擦去。除非是文中明显的常识性错误，先生才使用红笔批注，以示警惕。平时对于学生在学习中初步形成的一些看法，有的虽然很肤浅，但先生从不一棍子打死，而是积极鼓励，并从不同的角度反复问难，启发学生将思考引向深入。

谈到师生关系之融洽，有一个场景也时常在我脑海中浮现：那是一个冬日的上午，我应约到先生家里谈话。石先生让我和他一道躺在书房外阳台上的两张旧式的躺椅上，一边享受冬日熙暖的阳光，一边聊天。记得我当时比较拘谨，每当先生向我提问时，我总会不由自主地坐起来回答，先生见后，一面嘱我随意，不要拘泥于礼节，一面用双手使劲地按住我的双肩，让我也躺着同他自由交谈。“此情可待成追忆，只是当时已惘然。”先生虽然已经离我而去，但他对学生的关爱，却如同那冬日暖阳，仍时时照耀着我，温暖着我。

或许是因为与先生年龄相差悬殊，先生平时对我更多地体现出慈祥的一面，但对我

① 石泉先生出城后，国民党特务因为抓不到石先生，转而拘捕李涵师母。陈寅恪先生闻讯立即参与营救，最后李涵师母由燕京大学校长陆志韦先生保释出狱。后来，师母也在地下党的帮助下成功逃离，与石师会合，后一同进入解放区。

学业方面的要求仍然十分严格。为了培养学生严谨的学风，先生一向有个规矩，那就是每次提交作业时必须将文章所使用的主要参考文献也一并上交，便于先生查考。但因为我研究的是近代史，许多文献部头很大，而且图书馆不让外借，我很难完全满足先生的要求。但只要先生手头有的书籍，他都会认真查考，毫不含糊。先生要求我在博士论文正式打印之前一定要到图书馆仔细核对引文及出处，不允许有半点马虎。我当时觉得写作是比较认真的，很多资料均是自图书馆借阅并抄录在笔记本上，再到图书馆借原书复查很麻烦，心中颇有些抵触。在先生的反复要求下，我才拿着文稿到图书馆检查，真是不查不知道，一查吓一跳，最后的复查结果是，文稿中凡是五十字以上的引文，很少有文字、标点等完全不出错的，一百字以上的引文错误往往还不止一处。有了这次深刻的教训，此后我凡有学术文章，在发表前都会自觉地核对一下引文，以减少不必要的疏漏。

先生的严格要求还体现在另一个方面，那就是平时和先生谈话时，先生往往会针对我知识方面的不足，随时补充一些参考书籍和文献，嘱我从图书馆中借来参阅。虽然我同先生见面的时间并不固定，有时候间隔会长达一个多月，但先生的记忆力甚佳，他会记住上一次甚至上几次谈话中提到的参考书或文章，在下次谈话中冷不防地询问我对那本书或文章有何意见，以此来检查我对学习是否用功，是否已认真听取他的意见并仔细地阅读过他提示到的那些参考文献。这用先生自己的话说，叫作“杀回马枪”，他时常运用这个方式来检查和督促学生的学习。所以先生对我的教育表面上很是随意，但实际上是相当严格的。

不过，对于我的研究方向与博士论文的选题，石先生却表现得格外宽容，他尽量减少对我的束缚，放手让我做自己喜欢的研究。我的博士论文的选题过程就充分体现了这一点。我的博士论文一开始是围绕武汉一带近代城市地理变迁来做的，一方面，因为石师有一个研究武汉地区历史地理的宏大研究计划，希望我来承担近代方面的研究任务，石师当时还有一个 5000 元的项目资助。另一方面，当时我在武汉求学，受资料条件与研究经费等方面的限制，不可能进行全国范围或者其他地区的研究，只能利用当地的条件来做湖北省或者武汉地区的研究。我当时完全依靠每月 220 元的助学金维持生活，没有其他经济来源，能够利用这一笔科研经费对于我来说，也是很重要的。所以我当时一点也不认为这个计划对我有何束缚。记得第一次拟博士学位论文提纲(即开题报告)时，我就是按照写一本武汉近代城市地理变迁史的设想来写的，内容涉及武汉近代工业、交通等经济发展与地理环境变化等多方面的内容。我以为这样既能拿到学位，又可以参与先生的研究项目，从中获得经费支持。但没想到石师对我这个看起来野心勃勃的开题报告非常不满意，认为这个提纲拟得太大，研究起来无从下手，容易流于泛泛而论。我还记得石师多次引用武大著名历史学家也是先生生前好友唐长孺先生的话对我说，治学的关键是要开窍，开不开窍，关键在于能否发现矛盾和问题。他认为一篇好的学术论文切忌平铺直叙，面面俱到，一定要有深度地分析或解决矛盾和问题。他建议我收缩战线，以张之洞清末新政时期的工商业经济活动与武汉一带的地理环境变迁为中心来写，认为这样研究才能深入。我循着先生的指点，首先从当时张之洞在鄂兴办的全国规模最大、对武汉城市地理环境变迁影响最巨的汉阳铁厂(汉冶萍公司)着手进行全面深入的探讨。但随着我对汉阳铁厂研究的逐步深入，我对汉阳铁厂的厂址定位及中国近代的工业布局方面的问题产生了浓厚兴趣，感觉其中大有文章可做，决心要抛弃武汉城市地理变迁的这个主题，另以汉冶萍公司为个案写一篇揭示中国近代工业布局的过程及特点的论文。当我想

要改变选题时，我已经借钱购买了《张之洞全集》等大部头的参考资料，正准备从石先生的课题中报销这笔费用。当我怀着惴惴不安的心情，向石师谈起要改变选题时，先生仔细地听了我的想法，除了表示有点担心我的选题过小，恐对今后的发展不利之外，原则上同意了我自己的选择。但要求我放开视野，真正做到“小题大做”。他还表示，希望我毕业后能够留在武汉大学，继续从事武汉城市地理方面的研究。由于选题的改变，我已无法使用先生手中的武汉城市地理的科研经费。考虑到我的经济困难，石先生慨然决定，我购买书籍的花费，由他自己从工资收入中帮助支付。后来参加工作后，我曾想将这笔钱还给石老师，结果被拒绝了。

石先生对我的宽容还表现在对我最后的工作去向问题上。我入武汉大学念博士的第二年，石先生即表示希望我今后留在武汉大学从事教学与研究工作。石先生是武汉大学历史地理研究所的创始人，在先生多年的努力之下，武汉大学已基本上建立起了一个研究领域从先秦直到明清时期，包括考古、测绘、自然地理等专业方向的历史地理学研究队伍，是当时全国仅有的四个学科博士点之一。但其中没有专门从事近代历史地理研究的人员，所以先生非常希望我毕业后能够留下来补充这方面的力量。我理解先生视研究所如同生命的感情，也很愿意今后继续留在先生身边做学问，所以我当时很痛快地答应了先生的建议。为了将我留下来，先生花了不少力气，其中包括亲自向校长争取留校名额。2001 年春天，当先生好不容易为我争取到了这个留校名额时，我却因为种种原因改变了主意，一心想到北京去找工作。石先生知道我改变主意后，当时颇有些生气，认为我这样突然变卦不仅会让他在学校方面不好交代，还打乱了他的工作计划。但后来从我的角度考虑，先生慢慢地接受了我当时的处境与选择，他曾向我表示，“强扭的瓜不甜”。他还表示，自己培育人才，主要是希望是为“国”所用，而不是为“己”所用，所以他尊重我的选择。

先生对我的宽容和爱护绝不仅仅表现在口头上，而是体现在具体的行动中。当我准备动身去北京找工作时，他正躺在医院的病床上。但他很详细地向我介绍了他所知道的北京各科研机构的情况，包括其学术风气、主要学者的学术特色与风格等，希望我能善加抉择，妥善应对。先生对于世事的体察细致入微，他的许多经验之谈，后来在我同北京学界打交道时，不断地得到印证。在我进京的前夕，师母李涵老师、先生的女儿石莹还特意给我打电话，除了嘱我在路上小心之外，还向我介绍了他们熟悉的几位可以为我在京求职提供帮助的朋友及其联系方式，而我最终在中国社会科学院经济研究所找到职位，还多亏了石莹提供的信息。我刚到北京工作之初，面临着住房等许多生活方面的困难，先生和师母主动利用他们的亲友关系，积极帮我想办法解决。尽管我一直因为未能听从先生意见留在武大，而对先生深怀歉疚，但先生丝毫没有因为这件事情而对我心存芥蒂，我和先生之间亲密无间的师生关系一直保存到了先生最后的时刻。

(二)强调将史料的搜集、鉴别与运用作为历史研究必须掌握的基本功

史学离不开考据学，这是普通的常识，但像石先生那样如此重视考据之学的学者并不多见。教会学生如何考据，从史料中求史实，从史实中获得史识，是先生历史教学最核心的内容。先生总是告诫我，做史学研究首先要尽可能全面地搜集史料，但史料并不等于史实，必须经过严密的考据工作，方能从史料中求出史实。只有在坚实的史实的基

础上，才有可能提炼出真正的史学见解，即“史识”。先生对史料坚持“考而后信”的原则，对时下许多史学工作者不注重考据之学，往往轻信史料或者随意引用对自己观点有利的材料的学风不以为然，认为其结论经不起推敲。先生对于史料的考据与运用，有许多精辟的见解，读者可以参阅他的相关文章，兹不多述。

对于我来说，印象最深刻的是，先生强调对于一条史料，必须首先弄清其是怎样形成的，属于第一手材料还是第二手材料，属于“有意的史料”还是“无意的史料”，史料创作者当时所处的位置及环境如何，有无利害关系，等等，然后才能对这条材料内容的真实性及其所蕴含的信息有准确的把握。史料没有全真的，也没有全假的，真的史料往往也包含了虚假的信息，而一条明显属作伪或造假的材料，如果能够考证出其原委来，也能反映作伪者的动机与心态，假材料又变成真材料了。史料的解释与运用不能孤立，要注意将不同来源、不同类型的史料联系起来，看其能否相互印证，倘若这些材料相互冲突，则需要更进一步地辨析材料，鉴别真伪，定取舍，或者宁可存疑，不可根据自己的先见而主观随意地对材料进行解释或取舍。对史料的鉴别、取舍与运用是史学研究精髓之所在，我在石先生指导下作博士论文时对此有深刻体会。

我的博士论文中最受先生好评的部分，就是分析在对汉阳铁厂之厂址进行决策时，张之洞为何放弃在铁矿所在地大冶附近办厂的计划而执意要在汉阳办厂，我推翻了多年来为学界普遍接受的张之洞本人当时奏折中的解释。结合这一时期张之洞本人所留下来的大量往来电报史料，以及当时参与其事的张氏幕僚、勘矿专家等人的报告、信函等史料，我认为，张之洞这封奏折虽然本身是真实的史料，但所反映的史实不仅与其本人前后的说法自相矛盾，也与当时勘矿专家等人的真实意见不合，他的奏折是一篇受到当时特定的政治环境的限制，有意掩盖事实真相的官样文章。我结合当时张之洞与李鸿章、盛宣怀之间的矛盾冲突，认为张之洞这一决策，是在与李鸿章集团之间围绕钢铁厂控制权之争激烈化的情形下，为确保自身对钢铁厂的控制权而做出的一项重要决策，实际上此前张氏也是力主在铁矿所在地大冶办厂的。在写作过程中，我曾与石师反复讨论，最后先生同意了我的观点，并将这篇文章的写作，视作我在学术上的一个重要进步。

(三)高度重视培养学生的学术精神与品格的提升，而不仅仅是传授一些有用的知识或者方法

这一点可从先生同我谈话的主要内容看出来，先生很少直接指导我如何写论文，也很少直接地向我讲授一些知识性的内容，而是把重点放在指导我学习长辈学者的典范作品，不时地向我介绍他们的生平事迹，对我进行人格熏陶与精神启迪，希望我能够自觉继承前辈学者“独立之思想，自由之精神”。先生自己更是以身作则，通过自己的学术研究与精神风貌来引导学生，教育学生。先生自己每写文章，从来不会轻率地苟同他人的见解，而是对各种流行观点之史料依据及其来龙去脉进行深入的审核，并尽可能穷尽各种史料，对史料进行认真的鉴别与分析，最后得出自己的独到见解。他的有些文章，往往是推翻近千年来既有之成说，不易为学术界所接受。但先生认为，自己写文章本不是为了所谓标新立异，而是为了恢复历史之本来面目，有些结论刚得出来时连自己也觉得惊讶，但经过反复地思考与研究，仍觉得事实不得不如此，所以敢于坚持。先生关于荆楚古代历史地理的研究，由于对流行上千年的历史成说做了较大翻案，他的一系列颇具

创新的学术见解虽然不断为考古发现与地质勘探所证实，但在先生生前，他的学术观点在学术界还只是少数派，不少学者觉得翻案太大，难以接受。先生对此或许不无几分遗憾，但他对自己经过认真考证而得出的新解是有信心的。他绝不会为了迎合他人而放弃或改变自己的学术观点。我清楚地记得，有一次在先生家吃早餐，石先生向我提起英国历史上有几位科学家，他们的学术观点在生前并不受人重视或者不被人接受，而是在死后几十年甚至上百年之后才被世人所接受，他们最终被追认为皇家学会会员。石先生认为，他的学说或许也会有着同样的命运。①

(四)开放的视野与博大的胸襟

由于历史原因，先生治学的黄金岁月曾遭遇“拔白旗”“反右”及“文化大革命”等各种运动的冲击，很多大好的光阴未能自由从事自己所热爱的学术研究。作为著名历史学家陈寅恪先生指导的唯一一名中国近代史研究生，他竟不得不在自己四十多岁的时候放弃中国近代史的教学与研究，将后半生主要精力投注在远离政治的古代荆楚历史地理的专门研究中。先生的论文都写得非常专深，外行一般难以阅读。只有同先生接触的人，才会被先生那渊博的学识与开阔的胸襟所折服。先生的学问贯通古今，像他那样能够从事中国先秦史、隋唐宋元明清史、中国近代史的教学与研究，并出色地指导各个不同研究方向的博士研究生的学者，并不多见。先生学术视野之开阔，突出表现在对不同学科、不同流派、不同学术风格的学者的知识与观点的吸纳与包容之中。由于石先生是一位以长于考据、治学严谨而著称的学者，先生的这一面似乎被人有所忽略。先生在治学过程中，善于吸纳不同学科的理论与知识，石先生与中国科学院武汉水生所蔡述明教授合作撰写的《古云梦泽研究》一书，就是一部历史学者与自然科学家合作研究的典范之作。平时的学习过程中，先生一直要求我们多注意吸纳其他社会科学的优秀成果，利用它们来深化历史学的研究。先生继承陈寅恪先生的学术风格，治学以考据学见长，他的学问应属于“京派”。我记得有一次同先生谈起中国近代学术史上的“京派”与“海派”之分时，石先生还特别告诉我，陈寅恪先生的学问虽然属于“京派”，但陈先生生前对于“海派”学者及其作品也是相当尊重的。学术的发展要靠兼容并包，相互促进，不可党同伐异，唯我独尊。先生的为人正是这方面的典范。先生的学术观点独树一帜，一时很难被许多学者所接受。但先生为人则是虚怀若谷，处处与人为善，从不把学术上的争论带到人际关系中来。他的人格魅力和他的学问一样，受到学术界的普遍尊重。

石先生这种开阔的胸襟体现在对学生的教育上，就是鼓励学生多学科、多渠道地学习知识，多向其他专家学者们请益，毫无门户之见。我进入武大不久，石先生即很谦虚地对我讲，他已多年未从事近代史的研究，恐怕有所生疏，他建议我仍多向华中师大与武汉大学近代史的老师们请教。

记得那是一个秋天的晚上，先生亲自带着我分别上门拜访武汉大学中国近代史教研室的吴剑杰教授与王承仁教授，请他们以后对我多加指点。那是一个月明星稀的夜晚，先生带着一把黑色的雨伞，和我一起行走在武大的校园里，他的步履依然稳健，只是偶尔才会用那把雨伞当着拐杖节省一下体力。上楼梯的时候，他因为心急竟然不顾我的劝

① 据同门师兄徐少华教授、王红星教授介绍，最近一段时间以来，在长江中游地区的诸多考古发现越来越能证明石泉先生一系列学说的科学性和合理性。在荆楚古史学界，石先生的许多学术观点已经逐步由少数派演变为多数派了。

阻，一口气爬上五楼。那天晚上我们在两位老师家里谈得很晚才归，回来的路上，珞珈山下凉风习习，月光皎洁，先生还禁不住同我谈起了他“文革”前在武汉大学教授中国近代史的经历。他的精力是如此的充沛，很难想象这是一个八十多岁的老人，更难让人接受的是，几年之后他竟会病倒，并最终离我们而去……

我毕业后决心到北京中国社会科学院经济研究所工作，并追随朱荫贵教授从事近代经济史的博士后研究。石师对朱荫贵先生的学识和人品评价甚高，他真诚地祝贺我找到了一个好的老师，曾对我说：“朱先生比较年轻，是站在近代经济史非常前沿的学者，他的学识和研究经历正好可以弥补我的不足。”在先生的邀请下，朱老师参加了我的博士学位论文答辩并担任答辩委员会主席。我到北京之后，每年春节前后都会到武汉看望先生。我记得先生还勉励我加强外语学习，抓住机会争取能够出国进一步深造，以开阔学术视野。他对我说，“我还想帮你做的最后一件事，就是给你写一封出国留学的推荐信”。可惜，我在北京申请出国进修时颇为不顺，直到先生去世两年之后，我才在著名经济学家陈志武教授的帮助之下，获得耶鲁大学访问进修的机会，后来又有幸得到美国福特基金会的资助到英国伦敦政治经济学院经济史系学习，而先生已不克分享我的快乐了，思之泪下。

时光飞逝，自 1997 年我与石师结缘，迄今竟已有二十个年头，一转眼我已从二十年前那个内心充满迷茫与梦想的青年变成了年过不惑的中年人，而先生辞世也已十多年了。世事变化如棋，人的许多经历和记忆随着时光而逐渐变得模糊起来，唯有先生那慈祥的面孔，那宽厚而善良的笑容常驻我心，越来越清晰，永远也不会忘却。

谨以此文纪念敬爱的石泉先生一百岁诞辰！

《〈经解入门〉整理与研究》序

北京大学 中文系 漆永祥

2016年10月底，司马朝军教授专程自武汉来访，甫一见面，他便从包中拿出厚厚的三册书稿，郑重交到我手上，然后抱拳躬腰说："此书缘兄而起，当初整理《经解入门》时，亦曾留话请兄将来作序，今书稿已成，兄当捉笔以践前言。"

这可让我好生犯难，原因有二：一是以我的学问与资历，尚未到动不动就给人撰序，说几句不疼不痒话的程度；二是我昔年曾严斥俞樾抄袭江藩《经解入门》而成《古书疑义举例》，惹出轩然大波，一时箭镞四至，而司马兄正是射箭者之一。这就像脸上有个大疮疤，我尽量想涂脂抹粉遮盖，却被他又一次无情地刮开。但思来想去，我似乎也还有话可说，因为我与司马兄正是缘于这场学术争鸣而相识并成为挚友，所以就让我来讲讲这个五味杂陈的故事吧。

1996年春，我正在撰写博士学位论文《乾嘉考据学研究》，写到有关"古书通例归纳法"的问题时，曾参考过旧题清江藩所纂《经解入门》一书。让我极感兴趣的是，《经解入门》卷一"古书疑例"条，竟然与俞樾《古书疑义举例》之大纲细目有着惊人的相似：称名相同、著录条例次序基本相同、条例细目名称雷同、条例数目相当，而且江藩过世时，俞樾仅为十岁之学童，势不能独造一书，然则《古书疑义举例》为全袭江书而成，当无可疑。

我认为自己有惊天的发现，兴奋莫名，用一夜时间撰成短文，投寄《中国语文》杂志。此后即倾全力于《全宋诗》的整理，那时尚不用电脑，所写稿件，多不自留底稿，此后大约有两年的时间，因久无音讯，投稿一事，就忘得一干二净了。

到了1999年初，本专业硕士生谷建小师妹撰成《〈经解入门〉辨伪》一文，论此书是伪书。不久《中国语文》发表我的《俞樾〈古书疑义举例〉系袭江藩〈经解入门〉而成》谬作，当时感觉可以用惶恐莫名来形容！旋不久，西北师范大学伏俊琏教授也大札赐教，论拙文之谬悠。此后在参加台湾"中央研究院"文哲所主办的"乾嘉经学研讨会"上，我特就此文做了解释并向学界致歉！又不久，就在《中国语文》上拜读到了武汉大学司马朝军兄驳正拙文的大作。我感觉就像被反复地"啪啪"抽脸，此正所谓"吾将长见笑于大方之家"了！

按理来说，我的专业是古典文献，研究的方向是清代考据学，无论如何也不该犯如此莽撞的错误。那么，我怎么会如此糊涂而脆生生地上了大当而厚诬前贤呢？

首先，当然是我学力不逮，用心不细，未能认真推敲，发言太易。因为《经解入门》之伪，前人已多有提及，我并未留意，也没深究书中本身存在诸多矛盾。其次，是受误本之害。我所持据的版本，是天津古籍书店1990年影印出版的方国瑜点校本，是书删去了原书末冯德材《跋》等相关信息，而冯跋已"决其非先生(江藩)真本"。假设我读的是光绪十四年(1888)鸿宝斋石印本或其他版本的话，相信就不会有此大误。这当然有推脱责任之嫌，世上没有后悔药，但也充分说明了选择好的版本，对于一个研究者来说多么重要！

此后，在参加扬州大学举办的"清代扬州学派研讨会"，以及在中国人民大学召开的"纪念马建忠诞辰百年纪念会"上，我再二再三郑重地向学界道歉，并且草成《读书不谨的一次教训——关于拙文〈俞樾《古书疑义举例》系袭江藩《经解入门》而成〉之误》，

* 收稿日期：2017-12-29。

对自己的荒谬表示深刻的反省。当时参会的老前辈徐教授通锵先生、胡教授明扬先生对我进行了劝慰，说年轻人敢于认错，不加回护，值得肯定，别背包袱。现两位先生已归道山，每每想到他们的温语励勖，仍令我心存感恩。

这场学术争鸣消歇后，我以为此案也就结了。但后来司马兄说他正为《经解入门》做进一步的辨伪与整理工作，在经过前后十余年的艰辛梳理别辨后，终于形成了今日的《〈经解入门〉整理与研究》三册大作。

司马兄将这件辨伪官司掀了个底儿朝天，他将《经解入门》书中所有条目，搜根导委，一一注明抄袭来源。他先将全书之伪分成十类：版本来历不明，阮序不足为凭，徐德材跋多不实之词，书中多记江藩身后人事，多与江氏殁后著述雷同，与江藩《汉学师承记》多相矛盾，与《古书疑义举例》条例不尽相同，卷八附选之文皆伪，其书盛行于清末，学术分类思想与乾嘉时代不合。在此基础上逐条发其伪踪，指出或抄自前代典籍如《经典释文序录》《困学纪闻》《直斋书录解题》等，或抄自清朝诸家书籍若《日知录》《四库全书总目》《潜研堂文集》《经义述闻》《汉学师承记》《经师经义目录》《古书疑义举例》《輶轩语》《书目答问》《皇清经解》《学海堂集》等。作伪者前后抄撮之书达四十余种，但辨伪者所搜检之范围，必十倍不止，由此可知司马兄花费了多大的心力！

关于《经解入门》究竟是谁伪作，向有崔适、章太炎、缪荃孙三种说法，然均属臆测。司马兄以是书编者应为《皇朝五经汇解》的编纂者——“抉经心室主人”欧景岱。从前举抄袭文章的材料来源看，《经解入门》的编纂者绝非一知半解的平平之辈，而是对清代经学有非常深入的了解，且谨守汉学，不杂他说，“耕余主人”在刻《皇朝五经汇解》时，后附有《经解入门》。又欧景岱《皇朝五经汇解》卷首有俞樾序，《经解入门》又抄自《古书疑义举例》。所有这些同时出现，绝非偶然，故应为刻书者嫌欧景岱寂然无名，故嫁名江藩以达促销其书的目的。司马兄所举新证，虽不能完全砸死夯实，但较前人崔、章、缪伪造说，可谓大大的有据了。

司马兄在做完《经解入门》的辨伪工作后，对于此书的史料来源，已了然于心，接下来为该书进行笺注，便水到渠成。他认为这是一部内容充实的伪书，其材料的主要来源是清代学术名著，“将清初至晚清汉学诸大师的代表作冶于一炉，又作了若干改造加工，非常便于当时的初学者”。也就是说，《经解入门》固非江藩所纂，可是一旦辨清其为伪书，也就瞬间翻身，证成其是一部真书，更是一部好书，这也是司马兄耗以时日笺注此书的美意良图吧。

辨伪与笺注完成，司马兄尚不罢手，而是将《经解入门》卷三《国朝治经诸儒》一节中所列举的 202 位清代学者，上起顾炎武，下迄苗夔，先撰写生平事迹，再择其经学研究相关资料与评论，本着知人论世的宗旨，仿《清儒学案》之例，编为《〈国朝治经诸儒〉研究资料汇纂》，所谓“于主楼(指《经解入门》)之外，别建裙楼(指《研究资料汇纂》)”。此既为著述体例之创新，亦为作者将来“编纂具有自家面貌的‘经学学案’”储材备料，对于研究清代学术的初学者而言，一册在握，既便于检核，又有发踪指示之功用。

司马兄全书的创获已揭示如上，其精义妙筌，读者自可揣摩。捧读之余，求备贤者，尚略有吹索：一是关于《经解入门》的作伪者，司马兄已指出可能为欧景岱所纂，但并未完全落实，如所谓“耕余主人”究为谁何？其与欧景岱是什么关系？似有进一步探究的必要。二是关于全稿的笺注，稍有过求其详之嫌，一些常见词汇似不必一一注出。三

是《研究资料汇纂》部分，司马兄于《检论》《清儒学案新编》征引甚多，而 20 世纪至今百余年来，清代学术研究已是硕果累累，但书中很少称引，是所憾焉。

以上是我捧读司马兄《〈经解入门〉整理与研究》书稿的一些感触，实际上不过是再翻翻我当年贻笑学界的故事，讲讲乐有诤友的感荷之情而已，何敢撰序也哉！

陇右漆永祥匆草于燕园人文学苑研究室
时丙申(2016)冬十月朔

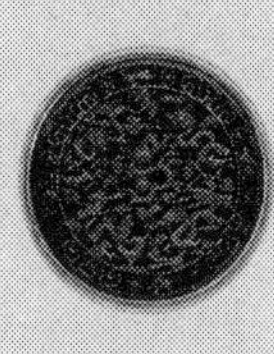

《〈经解入门〉整理与研究》后记

上海社会科学院 历史研究所 司马朝军

本书缘起于1999年的那场关于《经解入门》真伪问题的学术争鸣，我因此一发而不可收，撰写了一系列辨伪论著，“辨伪癖”也与日俱增，对辨伪公案展开了无休止的考辨。在撰写此书的过程中，我始终被两种精神所鼓舞。

其一曰“漆永祥精神”。北京大学中文系漆永祥教授著述等身，在清代学术史研究方面做了大量的工作，特别是对吴派学术(以三惠与江藩为主)进行了系统整理与深入研究。其处女作《乾嘉考据学研究》卓尔不群，不同凡响，但也有不少地方立异以鸣高，以偏纠偏，如否定文字狱与乾嘉考据学的关联，否定乾嘉时代的辨伪学成就，持之似乎有据，但言之难以成理。平心而论，他对《东吴三惠诗文集》《江藩集》的整理，必将惠及学林。《江藩与〈汉学师承记〉研究》也做得比较扎实，是一部相当规范的文献学史研究专著。唯有《汉学师承记笺释》一书，可谓武库之兵，利钝互陈。特别值得关注的是，漆永祥率先在《中国语文》上发表了《俞樾〈古书疑义举例〉系袭江藩〈经解入门〉而成》一文，将《经解入门》卷一《古书疑例第七》与《古书疑义举例》做了简单比较后，他认为“俞樾之条例与江氏之说有着惊人的相似，甚至可以说是完全雷同”，进而断定“《古书疑义举例》是袭江藩之条例而成”，“《古书疑义举例》之大纲细目全袭江书而成定无可疑”。一石激起几层浪，学界为之哗然。但对漆永祥文章的批评之声也随之而起。漆兄为自己的失误一再向学界检讨，早于1999年5月在台湾“中央研究院”文哲所“乾嘉经学研讨会”上他就郑重道歉，后来在中国人民大学召开的“纪念马建忠诞辰百年纪念会”上再次公开道歉，并以《读书不谨的一次教训——关于拙文〈俞樾《古书疑义举例》系袭江藩《经解入门》而成〉之误》为题公开发表。他说：

> 现在看来，拙文发言太易，又相信误本，导致以讹传讹。现趁此次会议机会，再次向学界前辈与时贤澄清事实，并致以深深之歉意！如果对此次教训加以总结的话，首先当然是笔者学力不逮，用心不细，未能认真推敲，发言太易。

在学术研究中难免出现错误，学者不是神，谁都有可能犯错误。但如何对待自己所犯错误，态度可能大不一样。君不见，文过饰非者有之，怨天尤人者有之，迁怒于人者有之，转嫁于人者有之，反唇相讥者有之，压制批评意见者亦有之。“逞一时之血气，与前贤争锋”，固乃学术研究之大忌。漆兄未尊师训，但他自始至终不文过饰非，不迁怒于人，而是严于律己，勇于自我批评。在学术界严重失范之时，在呼唤学术自律之时，他勇敢地站出来，一鞠躬，再鞠躬，只为自己的一点失误。这种勇敢的举动，令每一位以学术为生命的严肃学人肃然而起敬意。他也因此赢得了学界的尊重。

其二曰“许苏民精神”。南京大学中国思想家研究中心许苏民教授以治明清哲学史与思想史蜚声学坛，著述甚丰。许先生在《朴学与长江文化》一书中有如下表述：

> 至于百余年来在学界流传颇广的署名“江藩”所作《经解入门》一书，经谷建先生博考论定，实系清末民初学者所造伪书，证据确凿，无可辩驳。(第141页)

当然，谷建博士的证据尚嫌不足，结论也不太准确，本书已经做了更为细致深入的探讨。谷建博士的文章引起了许苏民先生的关注，许先生在自注中又加以申说：

* 收稿日期：2017-12-29。

> 《经解入门》一书，有光绪十四年(1888)上海鸿宝斋石印袖珍本，光绪十九年(1893)广西书局重印本，光绪上海同文书局《五经汇解》本，1932 年上海文化学社版方国瑜校点本，1990 年天津市古籍书店影印本等等。拙著原稿曾据以论江藩的经学方法论。幸得申屠炉明先生赐教，告知已有谷建先生撰《〈经解入门〉辨伪》一文，考明《经解入门》一书系伪作，故将拙作中论及该书的内容全部删去……在此，谨向申屠炉明先生和谷建先生致以诚挚的谢意。(第 141 页)

当我读到上述文字时，为之肃然起敬！一般学者善于掩盖自己的错误，家丑不可外扬，讳莫如深。而苏民先生采取了完全相反的态度，不是藏拙，而是自暴其丑。他完全可以进行冷处理，回避谈论自己尚未造成任何不良反响的错误。只有严肃认真的学者才敢于进行严肃认真的自我批评，这也是一个成熟学者对学术高度负责的态度。这是一种学术良知，也是一种可贵的学术精神，姑且命之曰“许苏民精神”。

在商业大潮席卷之下，这两种精神皆已成为稀罕之物。“熙熙攘攘，皆为利往。”利字当头，利益驱使，假货猛于虎，泛滥已成灾，天下黎民百姓无不遭其毒害。此种造假之风也日益渗透到学术界，学风因此一度呈现浮躁、浮夸、浮浅、浮华之势。浮而不实，哗众取宠，显然有悖于实事求是之治学宗旨。

400 年前，李卓吾呼唤赤子之心。今天，我们仍然呼唤赤子之心。“漆永祥精神”也好，“许苏民精神”也罢，都是敢于担当，勇于认错，均不失其赤子之心。我由此看到了中国学术复兴的希望。

勘　误

《华中国学》2018年春之卷（总第十卷）刊载的《貛貛之臑：北大简(肆)〈反淫〉篇“臒臒之濡”试析》一文，作者本应是“欧佳、王化平”，误写作“欧佳、王华平”，特向西南大学王化平老师致歉！

《华中国学》编委会

稿　约

《华中国学》是华中科技大学国学研究院编辑出版的大型学术辑刊，每年春秋各出一卷。春之卷每年 11 月截稿，5 月出版；秋之卷每年 5 月截稿，11 月出版。

1.本刊面向海内外征稿，主要登载国学通论、中国历史、中国哲学、中国古代文学、中国古典文献学以及汉语史、古文字学等方面的学术论文；书评、研究综述亦适量刊发。

2.本刊只接受电子稿；编者可酌情根据出版规范对来稿进行编辑甚至删改，若有特殊要求，请在来稿中注明。

本刊审稿期为三个月；来稿一般不退。

来稿一经录用，即表明作者将文章的出版权、网络传播权、复制权和汇编权授予本刊；本刊已加入中国知网，作者著作权使用费与本刊稿酬一次性给付。作者向本刊提交文章发表的行为视为同意我刊上述声明；如作者不同意将该文章编入该数据库，请在来稿时说明，本刊将做适当处理。

3.文责自负，如发生对他人的侵权行为，与本刊无关。

4.为编辑方便，文稿在技术上请遵行以下约定：

——请在正文之前冠以 500 字以内的摘要及关键词；

——除不宜简化的人名、地名和古文字学、汉语史研究中必须使用的繁体字外，应使用规范汉字；

——文稿一律采用脚注，每页单独编号；行文格式（特别是脚注）请参照《〈中国史研究〉文稿技术规范》；

——请务必仔细核对引文，以保证文稿质量。

5.来稿请另页附作者的真实姓名、工作单位、学位、职称、研究方向等简介信息及详细通信地址、E-mail 和电话等联系方式。

来稿请寄：guoxue@mail.hust.edu.cn

华中科技大学国学研究院
《华中国学》编辑委员会
2018 年 2 月 1 日